H.M. DENHAM / GERD RADSPIELER   GRIECHISCHE KÜSTEN

H.M. Denham / Gerd Radspieler

Griechische Küsten

Ionisches Meer, Ägäis und Kreta

Führer für Sportschiffer

Delius Klasing Verlag

Der Autor wie der Verlag übernehmen für Irrtümer, Fehler oder Weglassungen keinerlei Gewährleistung oder Haftung. Die Pläne dienen zur Orientierung und nicht zur Navigation; sie ersetzen also keineswegs Seekarten und andere offizielle nautische Unterlagen.

Von Gerd Radspieler erschienen im Delius Klasing Verlag:

in der Reihe „Häfen und Ankerplätze"
Griechenland 1
Griechenland 2
Griechenland 3
Griechenland 4
Balearen

in der Reihe „Führer für Sportschiffer"
Türkische Küste
Griechische Küsten (Denham/Radspieler)

Die Deutsche Bibliothek − CIP-Einheitsaufnahme
Denham, Henry M.:
Griechische Küsten: Ionisches Meer, Ägäis und Kreta/H. M. Denham; Gerd Radspieler. − 2., überarb. Aufl. − Bielefeld: Delius Klasing, 1993.
(Führer für Sportschiffer)
ISBN 3-7688-0643-X
NE: Radspieler, Gerd

ISBN 3-7688-0643-X

2., aktualisierte Auflage

© Copyright by Delius, Klasing & Co., Bielefeld
Fotos: Gerd Radspieler
Gesamtherstellung: Kunst- und Werbedruck, Bad Oeynhausen
Printed in Germany 1993

Vorwort zur 1. Auflage

H. M. Denham, das kann man ohne Übertreibung sagen, war der Erfinder der Reihe „Führer für Sportschiffer", und das von ihm geprägte Muster, die Art und Weise der Darstellung, hat sich so gut bewährt, daß sie von vielen anderen Autoren übernommen worden ist. „Das Tyrrhenische Meer", „Die Adria", „Ionische Inseln, Kreta und Rhodos", „Die Ägäis" – Titel, die vom Benutzer jeweils schlicht und unverwechselbar „Der Denham" genannt werden – haben den Ruf des grand old man der Fahrtensegelei als zuverlässiger Wegbereiter für Yachtreisen begründet.

Er kennt sein Revier, das Mittelmeer; er hat es so engagiert, so gründlich wie kein anderer Segler vor ihm bereist, hat sich mit Kultur, mit Land und Leuten vertraut gemacht und seinen reichen Erfahrungsschatz in seinen Büchern auf den Punkt gebracht: Da werden präzise die Ansteuerungen beschrieben, die Gegebenheiten von Häfen und Ankerbuchten, das Wetter, die Winde, die Strömungen. Und hat Denham seine Leser erst zum sicheren Liegeplatz gelotst, dann führt er sie zu historischen Stätten, in Kirchen und Museen oder auch in ein verwunschenes Bergdorf oder zu einem besonders schönen Aussichtspunkt.

Der Senior der Fahrtensegler hat sich nun zur Ruhe gesetzt. Seine Werke aber werden weiterbestehen.

Kein anderer schien uns für die Überarbeitung und Aktualisierung von Denhams beiden Führern für Ionisches und Ägäisches Meer so gut geeignet wie Gerd Radspieler, Griechenlandkenner wie Denham, bekannt als Autor der in der Reihe „Häfen und Ankerplätze" erschienenen vier Bände über den griechischen Seeraum und des Führers für Sportschiffer „Türkische Küste". Gerd und Elfriede Radspieler haben die Bücher „Ionische Inseln, Kreta und Rhodos" sowie „Die Ägäis" (ohne Türkei) zusammengefaßt zu „Griechische Küsten", wobei sie sehr behutsam vorgegangen sind. Denhams Erfahrungsschatz blieb unangetastet, und so wird auch dieses Gesamtwerk dem Anspruch gerecht, ein „Denham" zu sein.

Der Verlag

Inhalt

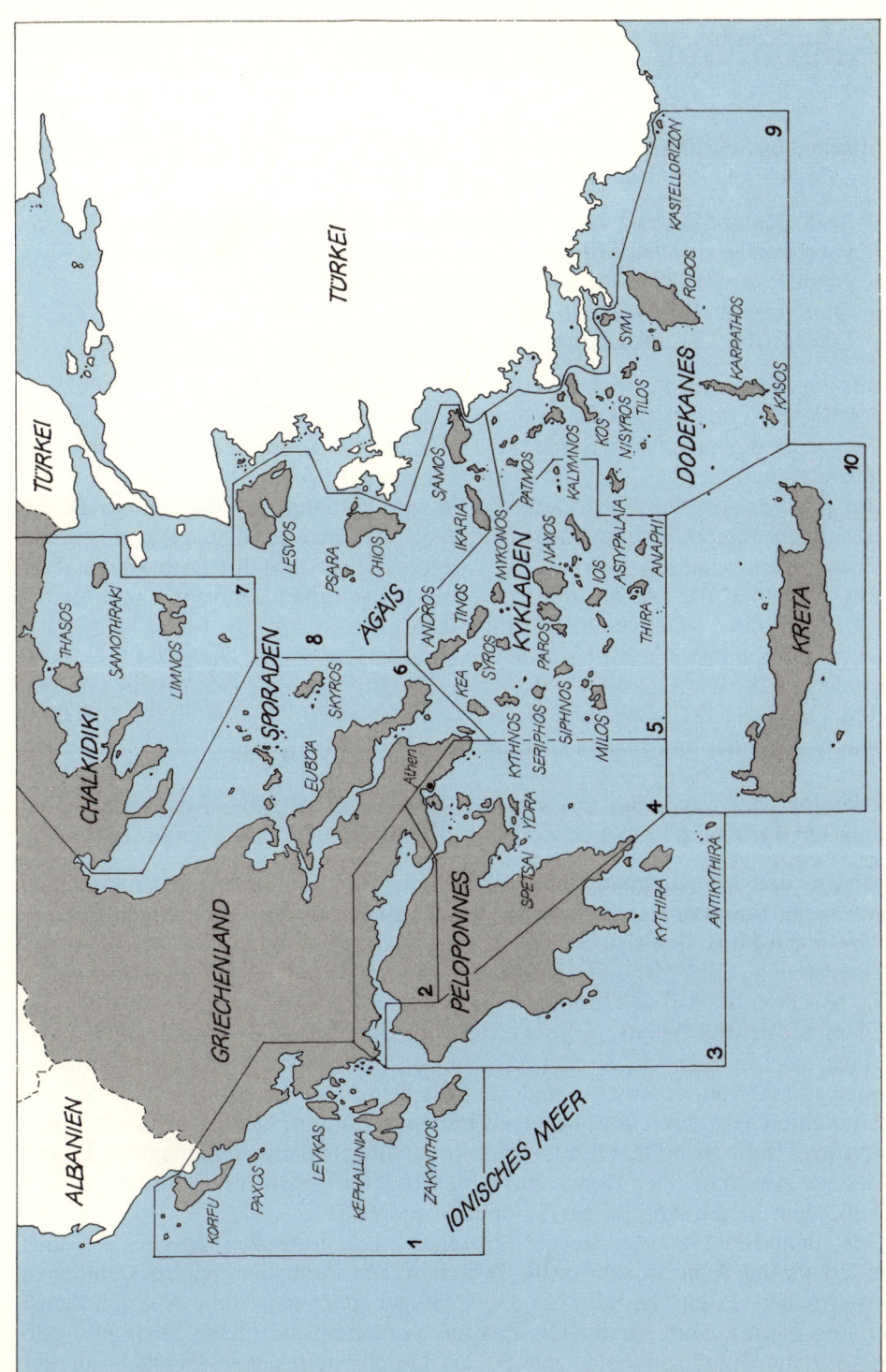

Allgemeine Informationen

Informationsschriften
Die Griechische Zentrale für Fremdenverkehr in

- Neue Mainzer Straße 22, **6000 Frankfurt/Main 1,** Telefon (069) 236561-3
- Pacellistraße 2, **8000 München 2,** Telefon (089) 222035-6
- Abteistraße 33, **2000 Hamburg 13,** Telefon (040) 454498
- Opernring 8, **1015 Wien,** Telefon (01) 525317-8
- Löwenstraße 25, **8001 Zürich,** Telefon (01) 2210105

hält umfangreiches Prospektmaterial über Teilgebiete und Inseln Griechenlands
bereit; sehr nützlich sind für Sportbootfahrer und Autoreisende die Prospekte
„Segeln in der griechischen See" und „Urlaub in Griechenland – Allgemeine
Informationen".
Die Kreuzer-Abteilung des Deutschen Segler-Verbandes (Gründgensstraße 18,
2000 Hamburg 60, Telefon (040) 6320090) gibt das Merkblatt „Wassersport in
Griechenland" heraus; beim ADAC, Referat Sportschiffahrt (Am Westpark 8,
8000 München 70, Telefon (089) 76766107), kann man „Informationen für die
Sportschiffahrt – Griechenland" anfordern.
Die Informationsstelle Mittelmeer der Kreuzer-Abteilung (Dichtlstraße 2, 8000
München 21, Telefon (089) 586282, 9–12 Uhr) und die Münchner YACHT-
Redaktion (Sachsenkamstraße 5, 8000 München 70, Telefon (089) 7600033)
beantworten darüber hinaus spezielle Anfragen.

Literatur über Landschaft, Geschichte, Kunstgeschichte und Archäologie kann
man im Buchhandel erwerben oder in öffentlichen Bibliotheken ausleihen.

Anreise und Verkehrsmittel im Lande. Über direkte Linienflugverbindungen
geben die Reisebüros Auskunft; es bestehen Charterflugverbindungen mit ver-
schiedenen Flughäfen Griechenlands. Das inländische Flugnetz zwischen Athen,
Thessaloniki, Kreta, Rhodos, Korfu und weiteren Inseln ist bestens ausgebaut.
Zu beachten ist, daß der Athener Flughafen zwei Abfertigungsgebäude hat: Die
Olympic Airways benutzen das westliche für internationale wie für inländische
Flüge; alle anderen Gesellschaften benutzen das östliche Gebäude. Man kann
nur per Taxi vom einen zum anderen gelangen.
Autofähren verkehren von und nach Italien auf unterschiedlichen Routen: von
Ancona, Bari, Brindisi, Otranto nach (oder über) Korfu, Igoumenitsa, Patras.
Genaue Auskunft über Route und Abfahrtszeiten geben die Reisebüros.
Außerdem ist die Anreise per Eisenbahn möglich.
Der Inlandsfährverkehr sowohl zwischen den Ionischen Inseln als auch
innerhalb der Ägäis ist sehr dicht. Zwischen dem Piräus und nahezu sämtlichen
griechischen Inseln besteht ein regelmäßiger Personen- und Autofährdienst
(Piräus-Fähre). Vom Yachthafen Zea aus verkehren die Flying Dolphins, gelb
gestrichene Tragflügelboote, mit 30 kn Durchschnittsgeschwindigkeit an der
Küste des Peloponnes entlang bis Gytheion, wobei sie zahlreiche Häfen und

Inseln wie Aigina, Poros, Hydra, Spetsai oder Nauplia und Monemvasia anlaufen. Der gleiche Dienst wird auch zu den größeren Inseln der mittleren Ägäis unterhalten.

Zusätzlich gibt es in der Saison Fährdienste und Ausflugsverkehr zwischen einzelnen Inseln.

Eine Fährlinie berührt von Italien kommend griechische und türkische Häfen. Darüber hinaus verkehren im Sommer kleine Fährschiffe zwischen griechischen Häfen und dem türkischen Festland: Mytilini − Ayvalik, Chios − Çeşme, Samos − Kuşadasi, Kos − Bodrum, Rhodos − Marmaris.

In ganz Griechenland verkehren Busse, die teilweise auch mit Fähren auf Inseln übersetzen. Die Haltestellen erkennt man an den Buchstaben K.T.E.Λ. Außerdem gibt es Bahnbusse (OΣE).

Ein- und Ausreise. Der Schiffsführer einer Yacht, die auf eigenem Kiel in griechische Hoheitsgewässer einläuft, ist verpflichtet, mit direktem Kurs einen der nachstehenden Ports of Entry anzusteuern:

Agios Nikolaos (Kreta), Alexandroupolis, Argostolion (Kephallinia), Chania oder Souda (Kreta), Chios, Ermoupolis (Syros), Igoumenitsa, Iraklion (Kreta), Itea, Kalamata, Katakolon, Kavala, Korfu (Stadt) oder Gouvia, Kos, Lavrion, Myrina (Limnos), Mytilini (Lesvos), Navplion, Patmos, Patras, Preveza, Pylos, Pythagoreion oder Vathy (Samos), Rhodos, Thessaloniki, Vathy (Ithaki), Volos, Vouliagmeni, Zakynthos, Zea Marina (Piräus).

Darüber hinaus gibt es etliche sogenannte Zollhäfen, die jedoch für Yachten weniger in Betracht kommen (siehe Prospekt „Segeln in der griechischen See" von der Griechischen Zentrale für Fremdenverkehr).

Nach Vorlage der Schiffspapiere (Internationaler Bootsschein für Wassersportfahrzeuge o. ä.) wird ein Transitlog ausgestellt, das zum Befahren der griechischen Gewässer berechtigt und sechs Monate gültig ist. Der Yachtname wird in den Paß des Eigners oder Schiffsführers eingetragen; die Eintragung muß bei der Ausreise über See wieder gelöscht werden. Auch das Transitlog ist dann in einem Port of Entry wieder abzugeben. (Siehe hierzu auch die Fußnote auf Seite 10.) Für die übrige Crew mit deutscher Staatsangehörigkeit genügt der Personalausweis.

Trailerboote. Bei der Einreise über Land mit einem Trailerboot werden die Bootsdaten an der Grenze in den Paß des Skippers eingetragen. Er hat bei der Ausreise dafür zu sorgen, daß die Eintragung gelöscht wird. Bevor man das Boot einsetzt, sollte man mit dem Hafenkapitän des betreffenden Hafens Kontakt aufnehmen. Wahrscheinlich will er den Internationalen Bootsschein für Wassersportfahrzeuge sehen. In den großen Häfen sind die üblichen stationären oder Mobilkräne vorhanden. Travellifte stehen in Perama (Nähe Piräus) und in der Olympic-Werft (Gaidouromandra bei Lavrion) zur Verfügung.

Länderwechsel. Eine Privatyacht kann zwischen Griechenland und der Türkei wechseln, wenn jedesmal ordnungsgemäß aus- und einklariert wird. Dagegen erhielt ein Charterboot, das aus dem Ausland kam, bisher in Griechenland kein

Transitlog, weil hier der Betrieb von Charteryachten unter nichtgriechischer Flagge ohne besondere Erlaubnis verboten ist. Neuerdings sollen Charterboote griechische Häfen anlaufen und mit derselben Crew wieder verlassen dürfen. Genaueres sollte man von Fall zu Fall bei den zuständigen Behörden erfragen. Charterboote, die in Griechenland gemietet wurden, und Privatyachten ohne Eigner an Bord haben in der Türkei bei der Einreise mit hohen Gebühren zu rechnen (je nach Schiffsgröße zwischen 400 und 1200 US-Dollar).*

Verchartern, Crewwechsel. Das Gesetz Nr. 438 von 1976 verbietet ausländischen Yachten, in griechischen Gewässern Chartergeschäfte ohne besondere Erlaubnis zu tätigen. Ebenso ist Crewwechsel nur in Ausnahmefällen wie Krankheit gestattet. Verwandte ersten Grades des an Bord befindlichen Eigners dürfen selbstverständlich mitreisen.*

Chartern. In Griechenland werden Segel- und Motorboote mit und ohne Besatzung verchartert, darunter auch von Firmen unter deutscher oder englischer Leitung. Adressen von Agenturen, die Charteryachten (Bareboat, Flottillen, Segeln mit Skipper) anbieten, können dem Anzeigenteil der Wassersport-Zeitschriften entnommen werden.

Führerscheine, Versicherungspflicht. Der Skipper einer Yacht muß einen Befähigungsnachweis gemäß den Bestimmungen des Heimatlandes für den entsprechenden Fahrtbereich besitzen (Sportbootführerschein See). Beim Chartern eines Bootes muß ein zweites Crewmitglied im Besitz eines Bootsführerscheines sein.
Eine Haftpflichtversicherung ist nicht vorgeschrieben, wird jedoch im eigenen Interesse empfohlen.

Steuern. Eine Privatyacht, für die das Transitlog um weitere sechs Monate verlängert wurde, hat nach Ablauf eines Jahres ununterbrochenen Aufenthalts in griechischen Gewässern als Sonderabgabe für den Ausbau und Unterhalt der Häfen 15 US-Dollar pro Fuß Länge über alles zu zahlen. Diese Steuer *kann* von der Kasse des Hafens erhoben werden, in dem das Boot seinen Liegeplatz hat, oder von jeder anderen Hafenkasse, die feststellt, daß die Abgabe bisher nicht entrichtet wurde. Jeder, der ein Winterlager in Griechenland plant, sollte diese Steuer in seine Überlegungen miteinbeziehen und in Zweifelsfällen zuständige Stellen befragen.

---

* Bis zur Drucklegung war nicht zu erfahren, welche Änderungen sich durch die neuen Regelungen im Zusammenhang mit dem Europäischen Binnenmarkt ab 1.1.1993 ergeben werden. Gegebenenfalls erkundige man sich bei den Griechischen Zentralen für Fremdenverkehr (Anschriften siehe Seite 8) oder anderen Informationsstellen über den aktuellen Stand.

Nautisches Material

Schreibweise griechischer Ortsnamen. Wegen der Unterschiede in den Ortsbezeichnungen wurde die Schreibweise in den deutschen Seekarten gewählt, die wiederum manchmal von der neugriechischen abweicht. An einigen Stellen wurde auch ein anderer, im Deutschen oder Griechischen allgemein geläufiger Name hinzugefügt. Außerdem weicht die Schreibweise in den Seekarten vor allem bei den Buchstaben i und y, f und ph, t und th, s und z, u und ou von der auf Land-(Straßen-)karten sowie in Reise- und Kunstführern häufig ab. Das ist besonders beim Gebrauch des Registers zu beachten.

Vom Mittelalter bis in unsere Tage waren die griechischen Inseln und Häfen vor allem im Ionischen Meer bekannt unter den Namen, die ihnen die Venezianer gegeben hatten: Zum Beispiel hieß Kerkyra Korfu, Zakynthos Zante, das Kap Tainaron hieß Matapan, und Pylos war einst Navarino. Im letzten halben Jahrhundert haben die Griechen manche Ortsnamen geändert; sei es, um solche venezianischen oder auch türkischen Ursprungs zu eliminieren, sei es, um an historische Ereignisse beziehungsweise Persönlichkeiten zu erinnern (zum Beispiel Tigani = Pythagoreion). In manchen Fällen haben sie aber auch lediglich veraltete Schreibweisen vereinfacht.

Seekarten. Nachstehend werden die deutschen Seekarten für das in diesem Buch beschriebene Seegebiet aufgeführt, mit einer Ausnahme: GB 712. Für diese englischen Detailpläne gibt es kein deutsches Pendant.

Bei britischen Seekarten (zum Beispiel auf Charteryachten) ist besonders darauf zu achten, ob die Wassertiefen in Fuß und Faden oder in Metern angegeben sind.

Man verlasse sich nicht darauf, daß Seekarten sich bereits an Bord befinden oder in Griechenland mühelos erhältlich wären, denn häufig ist dann gerade die benötigte Karte nicht vorrätig.

Grundsätzlich sollte man nur auf den neuesten Stand berichtigte Seekarten benutzen. Auch Sperrgebiete sind darin eingezeichnet.

Karte Nr.	Titel	Maßstab 1:
INT 1	Zeichen, Abkürzungen, Begriffe in deutschen Seekarten	
D 435	Ionisches Meer	750000
D 604	Straße von Otranto (mit Inseln Korfu, Othonoi, Errikousa, Paxoi, Antipaxoi)	250000
D 605	Ägäisches Meer, nördlicher Teil (Festland von Euböa bis Alexandroupolis, Nördliche Sporaden, Nordägäische Inseln)	300000

D	606	Ägäisches Meer	750000
D	608	Nisos Skyros bis Nisos Psara und Nisos A. Evstratios	150000
D	609	Kavala bis Lagos	100000
		(mit Insel Thasos und Plänen)	
D	610	Ece Limani bis Baba Burnu	150000
		(mit Inseln Limnos und A. Evstratios)	
D	611	Baba Burnu bis Ilica Burnu	150000
		(mit Insel Lesvos)	
D	612	Ilica Burnu bis Kuşadasi	150000
		(mit Inseln Chios, Psara und Plänen)	
D	613	Kuşadasi bis Bodrum	150000
		(mit Inseln Samos, Phournoi, Patmos, Arki, Lipso, Agathonisi, Pharmakonisi, Leros, Levitha, Astypalaia, Kalymnos, Pserimos, Kos, Gyali, Nisyros, Tilos; Plan: Poros Phournon)	
D	614	Bodrum bis Fethiye	150000
		(mit Inseln Tilos, Symi, Rodos Nordküste und Plänen)	
D	658	Nisos Paxoi bis Nisoi Strophades	200000
		(mit Inseln Levkas, Kephallinia, Ithaki und Zakynthos)	
D	659	Patraikos Kolpos und Korinthiakos Kolpos (mit Plänen)	150000
D	667	Häfen an der Ostküste von Griechenland (nur Pläne)	div.
D	669	Volos bis Akrotirion Aliveri (Euböa, Nördliche Sporaden)	150000
D	670	Kykladen, nördlicher Teil (Attikaküste Ost, Süd-Euböa, Andros, Tinos, Mykonos, Syros, Kythnos, Kea)	150000
D	671	Kykladen, südlicher Teil, Blatt I (Seriphos, Siphnos, Milos, Paros, Ios, Sikinos, Pholegandros)	150000
D	672	Akra Velani bis Akra Trikkeri (Argolischer und Saronischer Golf, Attikaküste und Pläne)	150000
D	673	Kykladen, südlicher Teil, Blatt II (Ikaria, Mykonos, Naxos, Ios, Thira, Anaphi, Amorgos, Levitha, Astypalaia und Pläne)	150000
D	677	Peloponnisos, Südküste (mit Plänen)	250000
D	678	Karpathos und Rodos (mit Tilos, Chalki, Kasos und Nordostküste Kretas)	250000

D 702	Nisos Kriti (Kreta), westlicher Teil	150000
D 703	Nisos Kriti (Kreta), östlicher Teil	150000
D 711	Fethiye bis Alanya	300000
D 1080	Häfen und Ankerplätze im nördlichen Ägäischen Meer (nur Pläne)	div.
D 1081	Ansteuerung von Peiraievs (Piräus) (mit Plänen)	12500
D 1082	Thermaikos Kolpos (mit Plan Limin Thessalonikis)	50000
D 1084	Häfen und Ankerplätze an der Westküste der Türkei, Blatt I (nur Pläne auch griechischer Häfen)	div.
D 1085	Häfen und Ankerplätze an der Westküste der Türkei, Blatt II (nur Pläne griechischer Häfen)	div.
D 1089	Häfen und Ankerplätze der Kykladen, Blatt I (nur Pläne)	div.
D 1090	Häfen und Ankerplätze der Kykladen, Blatt II (nur Pläne)	div.
D 1091	Häfen und Ankerplätze der Kykladen und Dodekanes, Blatt III (nur Pläne)	div.
D 1092	Häfen und Ankerplätze an der Westküste Griechenlands (nur Pläne)	div.
D 1093	Häfen und Ankerplätze an der Küste von Kriti (Kreta) (nur Pläne)	div.
GB 712	Harbours and Anchorages on the South-East Coast of Greece (nur Pläne)	div.

Seebücher. Veröffentlichungen des Bundesamtes für Seeschiffahrt und Hydrographie (BSH), Hamburg:
- Mittelmeer-Handbuch, IV. Teil: Jugoslawien, Albanien und Griechenland. Bestell-Nr. 2030.
- Mittelmeer-Handbuch, V. Teil: Die Levante, Schwarzes Meer und Asowsches Meer. Bestell-Nr. 2031.
- Verzeichnis der Leuchtfeuer und Signalstellen, Teil V: Mittelmeer und Schwarzes Meer. Bestell-Nr. 2105.
- Jachtfunkdienst Mittelmeer. Bestell-Nr. 2159.

Bezugsquellen. Die vom BSH herausgegebenen nautischen Karten und Bücher werden von autorisierten Vertriebsstellen und deren Auslieferungsstellen verkauft. Dort können auch britische Seekarten bestellt werden. Hier sind einige Anschriften:

13

1000 Berlin 45
Dietrich Reimer, Unter den Eichen 57,
Tel.: 030/8314081

2000 Hamburg 11
Bade & Hornig GmbH, Herrengraben 31,
Tel.: 040/374811-0

2000 Hamburg 11
Eckardt & Messtorff GmbH, Rödingsmarkt 16
Tel.: 040/374842-0

2000 Hamburg 73
Versandbuchhandlung K. Radtke & Sohn
Hohenkamp 30, Tel.: 040/6472250

2300 Kiel 17
Nautischer Dienst, Kapt. Stegmann & Co.,
Maklerstr. 8, Postfach 8070
Tel.: 0431/331772, 332353

2400 Lübeck-Travemünde
Buchhandlung W. Nitz oHG, Postfach 150220
Rose 2, Tel.: 04502/2868

2800 Bremen 1
„Seekarte", Kapt. Dammeyer, Korffsdeich 3
Tel.: 0421/395051/52

2850 Bremerhaven
Datema GmbH, Am Seedeich 39
Tel. 0471/799815

2980 Norden 2
M. Wagner, Yacht- u. Bootszubehör
Fischereihafen 5, Postfach 1106
Tel.: 04931/81300

4000 Düsseldorf-Hafen
Wassersport am Rheinturm
Olbermann & Gulla GmbH, Kaistraße 11a
Tel.: 0211/305023

5000 Köln 1
Buchhandlung Sieger am Dom, Komödienstraße 7,
Tel.: 0221/2576714

6000 Frankfurt/M. 1
R.A. Lust, Liliencronstraße 11,
Tel.: 069/561698

6232 Bad Soden
Verlag Rheinschiffahrt, Sperberstr. 25
Postfach 1325, Tel.: 06196/28866

8000 München 2
GEOBUCH GmbH, Rosental 6,
Tel.: 089/265030

8000 München 45
Leonhartsberger, Seekarten & Jacht-
zubehör, Marienbader Straße 12
Tel.: 089/3110050

O-2300 Stralsund
Seemännisch-Technische Handelsgesellschaft
mbH, Querkanal 4a
Tel.: 03831/293063 u. 297493

O-2540 Rostock-Überseehafen 40
Nautischer Dienst, Kapt. Stegmann
Niederlassung Rostock, Postfach
Tel.: 0381/3663 1600

A-1010 Wien
Freytag-Berndt & Artaria
Kohlmarkt 9, Tel.: 01/5332094/95

A-6020 Innsbruck
Freytag-Berndt & Artaria,
Wilhelm-Greil-Str. 15,
Tel.: 05222/25130

A-1140 Wien
Chr. Bernwieser
Schanzstr. 15, Tel.: 01/955166

CH-5042 Hirschthal
Cumulus/S. Ragoni
Hauptstr. 84, Tel.: 064/813562

*Eine vollständige Adressenliste der Vertriebs- und Auslieferungs-
stellen kann beim Bundesamt für Seeschiffahrt und Hydrographie (BSH), Bernhard-Nocht-Straße 78, 2000 Hamburg 36,
Telefon 040/31902070, angefordert werden.*

Revierkunde

Klima und Wetter. Nur in wenigen Ländern von der geringen Größe Griechenlands herrschen dermaßen unterschiedliche Witterungsbedingungen. In manchen Jahren erlebt man schon gegen Ende März bei Kalamata und auf Rhodos
das schönste Sommerwetter, während in Epirus und Makedonien noch winterliche Temperaturen herrschen. Dessen ungeachtet sind in der ganzen Ägäis die
zweite Hälfte April sowie die Monate Mai und Juni im allgemeinen die gün-
stigste Zeit für eine Kreuzfahrt. Mitte Juni beginnt die Temperatur stark anzu-
steigen, und im Juli wie auch im August kann die Hitze drückend sein. Die
zweite Hälfte September und der Oktober sind dann für gewöhnlich wieder
angenehm zum Segeln.

Windverhältnisse. Die alten Griechen verbanden die acht Winde mit gewissen
jahreszeitlichen Erscheinungen. Dieses Phänomen ist wohl mit am eindrucksvollsten dargestellt durch die Skulpturen auf dem marmornen „Turm der
Winde", der in Athen zu Füßen der Akropolis steht. Einst enthielt dieser Turm
eine Wasser- und eine Sonnenuhr. Seine acht Seiten sind nach den Haupt-
punkten der Kompaßrose ausgerichtet, und jede ist mit einem Relief
geschmückt, dessen Figur einen der acht Winde symbolisiert.

Agiliotis (Ostwind) vom Turm der Winde

N   *Boreas (Vorias)* oder *Tramontana* beziehungsweise *Anemos vorios*, der wilde, durchdringende Nordwind, dargestellt als bärtiger, alter, von einem Mantel umhüllter Mann in Stiefeln, der seine Kapuze festhält.

NO   *Kaika*, jetzt *Grego* genannt oder *Vorio Anatolikos*, der an der attischen Küste besonders kalt wehende Nordostwind – auch er ein Greis, dem die Oliven aus der Schüssel fallen, wodurch der unfreundliche Charakter dieses Windes und seine Schädlichkeit für die lebenswichtigen Obstgärten Athens angedeutet werden.

O   *Agiliotis*, heute *Levante* oder *Anatolikos* genannt, der etwas freundlichere Ostwind, wird als ein hübscher Jüngling dargestellt, der verschiedene Arten der durch diesen Wind begünstigten Früchte trägt.

SO   *Euros*, heute *Siroko* oder *Notio Anatolikos*, der oftmals stürmische, durch einen alten Mann symbolisierte Südost.

S   *Notos*, heute *Ostra* oder *Notios*, der Südwind, ein trauervoll umwölktes Haupt, in dem sich Hitze und Nebel versinnbildlichen. Der Umstand, daß der Gott einen Wasserkrug leert, deutet seine Funktion als Bringer heftiger Regenschauer und schwülen Wetters an.

SW   *Libs*, heute *Garbis* oder *Notio Ditikos*, der Südwest – ein ernst und streng dreinblickender Mann, der sich gegen den Bug eines Schiffes stemmt, was besagt, daß dieser Wind ungünstig für die von Athen auslaufenden Schiffe ist.

W   *Zephyros*, jetzt *Ponente* oder *Ditikos*, der sanfte, freundliche West, dargestellt durch einen leicht bekleideten, mit Blüten und Blumen ruhig dahinschwebenden Jüngling.

NW   *Skeiron*, heute *Maistro* oder *Vorio Ditikos*, der trockene Nordwest – ein robuster, bärtiger kleiner Mann mit Mantel und Schuhen, der aus einem Krug Wasser versprengt, um damit die gelegentlichen Regenschauer aus jener Himmelsrichtung anzudeuten.

Aus Schiffstagebüchern aus den letzten Jahrhunderten geht hervor, daß die griechischen Seeleute so gut wie keine Vorstellung von den wahren Ursachen eines Witterungsumschlages besaßen. Ihre Vorhersagen wurden gewöhnlich dadurch bestimmt, daß sie gewisse Veränderungen an Sträuchern und Pflanzen beobachteten; so glaubten zum Beispiel einige, daß dem ersten Erscheinen der Auberginen stets ein beständiger Nordost zu folgen pflege. Und wenn sie es auf See mit widrigen Winden zu tun bekamen, suchten sie gleich Schutz, denn bei ihrer großen Ehrfurcht vor den Elementen kam es ihnen nicht in den Sinn, gegen die Naturgewalten anzukämpfen.

Wie in allen warmen Ländern resultiert ein Teil der Winde aus Luftdruckunterschieden, ein anderer aus Temperaturdifferenzen. Letztere bewirken das vertraute Land-Seewind-System, wobei am Morgen eine leichte Brise weht oder Flaute herrscht, Seewind am frühen Nachmittag einsetzt und während der Nacht Flaute ist oder ein ganz leichter Landwind aufkommt.

An den freundlichen Gestaden des Ionischen Meeres hat man es im Sommer für gewöhnlich mit Winden aus Nord bis Nordwest zu tun. In den Golfen von Patras und Korinth folgt der morgendlichen Flaute am Nachmittag West- oder Südwestwind. Nordwestwinde herrschen um Zakynthos vor; je weiter man nach Süden kommt, um so mehr brisen sie auf und drehen auf West. Bis zum Kap Maleas dominiert die westliche Tagesbrise. Der Meltemi macht ab Mittsommer daraus einen kräftigen Nordost. Entlang der Nordwestküste Kretas überwiegen Nord- und Nordwestwinde, im Raume Rhodos westliche. Die Südküste Kretas ist berüchtigt für ihre Fallböen, die ebenso plötzlich wie heftig von den Bergen herabbrausen.

Der vorherrschende Sommerwind in der Ägäis ist der als Etesien (griechisch) oder Meltemi (türkisch) bekannte Wind. Herodot zufolge beginnt er mit dem Aufgang des Sirius zu wehen und steht bis gegen Ende des Sommers durch. Man kann also von Anfang Juli bis manchmal Mitte September auf den Meltemi rechnen. Die Richtung dieses Windes, der durch ein umfangreiches Hitzetief über Südwestasien und der Türkei hervorgerufen wird, schwankt vorwiegend zwischen Nordwest und Nordost, ausgenommen im Raum um Kythira und im Gebiet um Rhodos, wo es fast immer von Westen her weht.

Man kann darauf bauen, daß er sich täglich um die Mittagszeit erhebt, am Nachmittag Stärken von 5 bis 6 und bisweilen 7 Bft erreicht, gegen Abend jedoch mehr und mehr abflaut. Gelegentlich aber weht er die ganze Nacht über mit unveränderter Stärke durch. Seine größte Stärke erreicht der Meltemi in der südlichen Häfte der Ägäis etwa von deren Mitte ab.

Die hohen Inseln, in deren Lee, wie man meinen könnte, eine Segelyacht unter Umständen nach Norden aufkreuzen kann, bieten tatsächlich jedoch keinerlei Vorteile, denn fast immer erweist sich der Wind dicht unter einer Steilküste um vieles heftiger als einige Meilen weiter draußen auf See. Auf einigen Inseln, Andros, Tinos und Amorgos zum Beispiel, bildet sich über den Bergen manchmal eine schwere Wolkenkappe − ein Zeichen für starke Winde aus Nord. Die Winde können, obschon sie sich zumeist voraussehen lassen, doch auch ganz plötzlich, ohne jede Vorwarnung aufkommen. Die Ägäis ist jedoch verhältnismäßig klein und dicht mit Inseln besetzt, so daß man stets eine schutzbietende Küste in erreichbarer Nähe findet.

Für den Fall, daß man eine ausgedehnte Kreuzfahrt beabsichtigt, sollte man klugerweise aus dem Vorherrschen nördlicher Winde Nutzen ziehen und seine Pläne danach ausrichten. Es empfiehlt sich, während der Periode wechselnder Winde, im Mai und im Juni, so weit wie nur irgend möglich nach Norden und dann, wenn Anfang Juli der Meltemi zu wehen beginnt, mit frischem bis starkem raumem oder achterlichem Wind südwärts zu segeln. Fahrzeuge mit Maschine, die nach Norden wollen, pflegen nachts oder am frühen Morgen, wenn die See sich beruhigt hat, ankerauf zu gehen und ihre Reise so lange fortzusetzen, bis der Meltemi ein weiteres Vordringen am folgenden Nachmittag unmöglich macht.

Nach der Meltemi-Periode, Ende September und Anfang Oktober, gibt es oftmals recht brauchbare Segelbrisen. Doch im Dezember, Januar und Februar sind steife Winde oder gar Stürme aus Nordost, Süd und Südost keine Seltenheit. Heutzutage lassen es manche der griechischen Kaïken darauf ankommen und gehen auch während dieser Sturmperiode in See, während sie früher im Hafen blieben, und in den Zeiten der Venezianer wurden Schiffer, die es während des Winters riskierten, heimzufahren, sogar bestraft.

Wegen der Heftigkeit ihrer Winde kann die Ägäis − zumindest die mittlere Ägäis an den Sommernachmittagen − nicht als ideales Segelrevier bezeichnet werden; doch wird dieser Mangel durch den Reiz ihrer kleinen, geschützten Häfen und Ankerplätze sowie auch durch die kühnen, von eindrucksvollen Kontrasten belebten Landschaftsbilder mehr als wettgemacht. Die ägäischen Gewässer gelten deshalb als eine der anziehendsten Gegenden des Mittelmeeres.

Gezeiten und Strom. Hydrographischen Angaben zufolge beträgt der Tidenhub an einigen Orten nur wenige Zentimeter, an anderen jedoch mehr als einen halben Meter. Tatsächlich aber werden Wasserstandsschwankungen mehr durch Wind und durch die jahreszeitlich bedingte Witterung hervorgerufen als durch den Gezeitenwechsel; sie brauchen daher praktisch nicht berücksichtigt zu werden.

Während starken, lange anhaltenden Windes ist es jedoch notwendig, den Wasserstand zu beobachten und sich vor Augen zu halten, daß unter solchen Verhältnissen der Wasserspiegel in einigen Buchten der nördlichen Ägäis um einen dreiviertel Meter sinken kann und während der Wintermonate sogar für mehrere Wochen auf diesem Niveau verbleibt.

Dort, wo heftige Böen von den Bergen her einfallen, können Seiches, Miniatur-Flutwellen, entstehen, deren Brandung dann wohl einmal um die Mole rauscht und eine Überprüfung der Festmacher nötig macht.

In der Ägäis gibt es einen allgemeinen, von Nord nach Süd gerichteten Strom. Bei leichtem, beständigem Wetter ist er ziemlich schwach; wenn es jedoch heftig und anhaltend von Norden her weht, kann er in einigen Durchfahrten Geschwindigkeiten bis zu 4 oder 5 kn erreichen − dies ganz besonders im Raum Euböa, Andros, Tinos und Kea. Nur bei den freilich selten auftretenden Starkwinden aus Süd im Herbst läuft der Strom möglicherweise in entgegengesetzter Richtung.

Einen leichten, nordwärts gerichteten Strom findet man vor dem südlichen Teil der Westküste Anatoliens. Nördlich von Kos trifft er auf den nach Süden drängenden Hauptstrom, und dort, wo die beiden Ströme sich kreuzen, setze sich, so meint man, der Sand ab, der allmählich die Strände der türkischen Küste erhöht und den Hafen von Kos versanden läßt.

An der Einfahrt zum Ambrakischen Golf und im Golf von Patras kann ein Strom von 3 kn setzen.

Seewetterberichte. Der griechische Rundfunk in Athen sendet werktags um 0630 Uhr Ortszeit auf 729 kHz einen Seewetterbericht in griechischer und englischer Sprache. Weitere Frequenzen sind dem „Jachtfunkdienst Mittelmeer" zu entnehmen (siehe Seite 13).

Sturmwarnung (Gale-warning) wird bei zu erwartenden Windstärken von 8 Bft und mehr gegeben; sonst lautet die Durchsage: „No gale". Es folgen die Wetterlage (Synopsis), die Vorhersage (Forecast) und die Aussicht (Outlook) für die nächsten 12 beziehungsweise 24 Stunden.

Da die Vorhersagen jeweils sehr große Seegebiete umfassen, können gemeldete Windstärke und -richtung erheblich von den lokal tatsächlich herrschenden Verhältnissen abweichen. Dies gilt vor allem für einzelne Inseln.

Küstengewässer

1	Saronicos	9	SE-Aegan
2	S Evvoicos	10	Samos Sea
3	Thermaicos	11	Thrakiko
4	Korinthiacos	12	Kos-Rodos Sea
5	Patraicos	13	W Karpathio
6	NW Aegean	14	E Karpathio
7	NE Aegean (Nordhälfte)	15	E Kretan
	Central Aegean (Südhälfte)	16	W Kretan
8	SW Aegean	17	Kithira Sea

Seegebiete

A	North Adriatic	I	Libyan Sea
B	South Adriatic	J	Ierapetra Sea
C	North Ionian Sea	K	Delta
D	South Ionian Sea	L	Crusade
E	Boot	M	Taurus
F	Melita	N	East Black Sea
G	Gabes	O	West Black Sea
H	Sidra	P	Marmara

Je nach Wetterlage werden die Gebiete zusammengefaßt oder unterteilt, so daß die angegebene Reihenfolge nicht gewährleistet ist.

Mit ein wenig Übung wird man nach kurzer Zeit in der Lage sein, auch die griechischen Wettervorhersagen zu verstehen; dazu muß man sich aber die Bezeichnungen der Winde einprägen:

Griechische Bezeichnungen der Windrichtungen
N = animi vorii
NE = vorio anatolikos
E = anatolikos
SE = notio anatolikos
S = notios
SW = notio ditikos
W = ditikos
NW = vorio ditikos

Auch der Österreichische Rundfunk und die Deutsche Welle strahlen einen Mittelmeer-Seewetterbericht aus. Angaben über Frequenzen und Sendezeiten sind in dem jährlich im Frühjahr erscheinenden „Jachtfunkdienst Mittelmeer" (siehe Seite 13) enthalten.

Uhrzeit. Für Griechenland gilt die osteuropäische Zeit, das heißt UTC + 2 Stunden, während der Sommerzeit UTC + 3 Stunden.

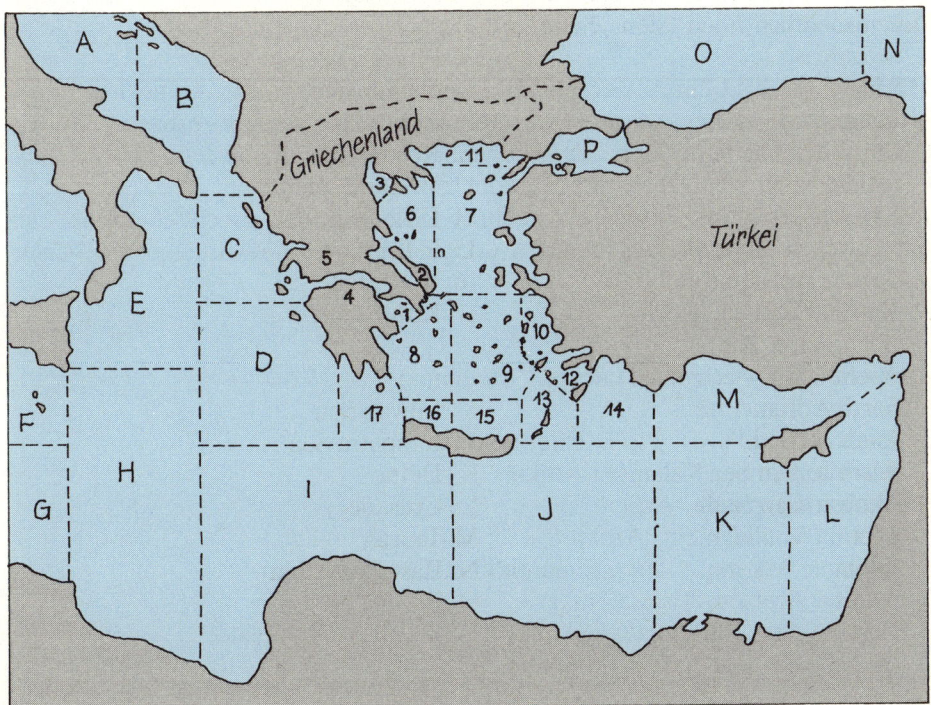

Die Karte zeigt die Vorhersagezonen, unterteilt nach Küstengewässern und Seegebieten (gemäß „Jachtfunkdienst Mittelmeer")

Wissenswertes

Im Hafen. Gewöhnlich bringen Yachten den Buganker aus und gehen mit dem Heck an den Kai. Diese Art des Festmachens hat den Vorteil, daß die Bordwände nicht am Kai scheuern und man den Blicken Neugieriger nicht ganz so ausgesetzt ist. Zum Übersteigen ist eine Art Laufplanke nützlich. Kleinere Yachten ankern mit dem Heckanker und machen über Bug am Kai fest. Vor allem bei unreinem Grund und vorspringenden Teilen am Kai ist dies vorzuziehen. Nur in Ausnahmefällen wird es zweckmäßig sein, längsseits anzulegen; auch dürfte dafür der Platz in den engen Häfen selten ausreichen.

Hafenbehörden. Fast in jedem griechischen Hafen gibt es sowohl ein Zoll- als auch ein Hafenamt. Hafenbeamte tragen die gleiche Uniform wie die Marine, obwohl sie weder Seeleute sind noch der Admiralität unterstehen. In sehr kleinen Häfen nimmt der Ortspolizist die Pflichten dieser Behörden wahr.
Im allgemeinen wird das Transitlog kontrolliert und eine Crewliste gefordert, die den Namen der Yacht sowie die Namen, Geburtsdaten und Paß- oder Ausweisnummern der Crewmitglieder enthalten soll. Man sollte gleich mehrere Exemplare davon bereithalten. Manchmal wird das Transitlog bis zur Weiterfahrt einbehalten. Eine geringe Hafengebühr wird kassiert, allerdings nicht in jedem Hafen. Die Gebühren für das Passieren des Kanals von Korinth sind allerdings außerordentlich hoch (siehe Seite 76).

Marinas. Liegegebühren werden im allgemeinen nur in den wenigen Marinas erhoben, wo es besondere Versorgungseinrichtungen gibt, etwa in Gouvia (Korfu), Vouliagmeni oder Zea. Hier muß man aber mindestens für drei Tage bezahlen, auch wenn man nur ein oder zwei Tage bleibt.
Die bereits erwähnte Informationsschrift „Segeln in der griechischen See" der Griechischen Zentrale für Fremdenverkehr führt zwölf Yachthäfen mit Versorgungseinrichtungen auf:
− Marina Gouvia, Korfu
− Yachthafen Patras
− Yachthafen Methana, Halbinsel Methanon
− Marina Zea, Piräus
− Yachthafen Flisvos, Paleo Faliron/Attika
− Marina Alimos, Kalamaki/Attika
− Marina Glyphada, Attika
− Marina Vouliagmeni, Attika
− Olympic Marine, Gaidouromandra bei Lavrion/Attika
− Marina Aretsou, Thessaloniki
− Porto Carras, Sithonia/Chalkidiki
− Yachthafen Mandraki, Rhodos

Bedingungen und Liegegebühren nach dem neuesten Stand erfragt man am besten an Ort und Stelle, denn sie sind nicht überall gleich.

Winterlager und Reparaturen. Will man die Yacht für längere Zeit oder für den Winter in einer der Marinas unterbringen, sollte man vorher dort anfragen, ob ein Platz frei ist. Noch besser wäre es, den Hafen zu besuchen, bevor man sich festlegt. Dies gilt auch für einen Überwinterungsplatz an Land. Es gibt vielerorts die Möglichkeit, eine Yacht in sicherer Obhut zu lassen, doch sollte man sich selbst von der Sicherheit des Platzes und von der Zuverlässigkeit des angeheuerten Wachmannes überzeugen, wenn es sich nicht um eine offizielle Marina handelt.

Unbedingt zu beachten ist, daß das Transitlog nur sechs Monate gilt und bei längerer Abwesenheit des Eigners im nächsten Zollhafen abzugeben ist (siehe auch „Steuern" Seite 10).

In Navplion und Porto Cheli (Argolischer Golf) gibt es Yachtbetreuungsstationen unter deutscher Leitung. Angeboten werden Dauerliegeplätze im Wasser und Stellplätze an Land mit Wartung und Reparaturmöglichkeiten aller Art.

Reparaturen unterwegs: Ergibt sich im Laufe einer Kreuzfahrt die Notwendigkeit, einen Schaden reparieren zu müssen, der sich mit Bordmitteln nicht beheben läßt, dann kann man sicher sein, in jedem größeren Hafen Krananlagen und Handwerker zu finden. Auch auf den Inseln und selbst in kleineren Häfen kann man Notreparaturen ausführen lassen.

Travellifte: In einer Werft in Perama bei Piräus (Eigenarbeiten möglich, jedoch keine Stellplätze auf Zeit); Olympic Marine Boat Yard S.A., Ormos Gaidouromandra bei Lavrion/Attika; Nereus Boatyard of Rhodes, Odos Australias 19, Rhodos.

Vokabeln. Folgende griechische Ausdrücke, nahezu alle italienischer Herkunft, mögen von Nutzen sein:

karina	Kiel	*lagouthéra*	Pinne
plóri	Bug	*lásca*	fieren
prími	Heck	*víra*	holen
kouvérta	Deck	*flókos*	Klüver, Fock
taboúkio	Kajütdach	*mezzána*	Besan
albouro	Mast	*paní*	Großsegel
bastóuni	Bugspriet	*mandári*	Fall
mátsa	Baum	*aristerá*	Backbord
timóni	Ruder	*dexiá*	Steuerbord

Trinkwasser. Normalerweise kann man überall auf dem griechischen Festland und auf größeren Inseln Wasser bekommen, und sei es per Kanister. Problematisch ist vor allem im Sommer die Wasserversorgung auf manchen Inseln der Ägäis. Bei der Beschreibung der einzelnen Orte wird auf Wasseranschlüsse in Häfen hingewiesen, so daß man sich rechtzeitig versorgen kann.

Kraftstoff. Außer in den Yachthäfen erhält man in fast jedem größeren Hafen Diesel per Tankwagen, oder man holt den Kraftstoff mit Kanistern von einer Tankstelle. Auch Benzin ist im allgemeinen an jeder Tankstelle zu bekommen.

Nur noch vereinzelt erkennt man in den Häfen an den blauen und gelben Schrägstreifen am Kai die früheren „Yacht-Service-Stationen". Bei der Annäherung an einen solchen Kai ist Vorsicht geboten, weil man sich nicht darauf verlassen kann, daß die Wassertiefe für Kielyachten ausreicht. Die auf dem Kai aufgestellten Dieseltanks sind großenteils außer Betrieb, weil sich die Anlieferung mit Tankwagen als zweckmäßiger erwiesen hat.

Flaschengas kann man in fast jedem Ort bekommen, doch haben die griechischen Gasflaschen gegenüber den in Deutschland gebräuchlichen unterschiedliche Anschlüsse. Manchenorts findet man auch eine Füllstation für die eigenen Flaschen, z. B. in Gouvia, Irakleion, Kalamata, Kalymnos, Lesvos-Pamphylla, Patras, Piräus, Preveza, Samos.

Essen und Trinken. Da die Freude an einer Kreuzfahrt in diesen Gewässern nur allzu leicht durch Magenbeschwerden beeinträchtigt werden kann, erscheinen einige Bemerkungen über die landesüblichen Nahrungsmittel und Getränke angebracht. Nicht alle Mitteleuropäer sind unempfindlich gegen griechische Speisen, die fast immer mit Olivenöl zubereitet werden.
Als Vorspeise wird meist ein griechischer Salat angeboten, bestehend aus Tomaten, Gurken und Zwiebeln, mit Oliven, Schafskäse und einem tüchtigen Schuß Olivenöl darüber.
In den kleineren Restaurants oder Tavernen ist es Brauch, daß der Gast die Küche aufsucht und sich seine Gerichte selbst aus den großen Töpfen und Pfannen zusammenstellt. Im allgemeinen gibt es da Geflügel, Rind- und Hammelfleisch, Fischsuppen und Hackfleischgerichte, Reis und Fleisch in Weinblättern (Dolmadakia), gefüllte Tomaten und Paprikaschoten, einen Auflauf mit Kartoffeln, Auberginen und Fleisch (Mousaka) oder gebackene Makkaroni mit Fleisch und Käse (Pastitsio) – alles recht appetitlich aussehend.
Auf dem Holzkohlengrill oder in der Pfanne frisch zubereitet werden Schweine- oder Lammkoteletts und Fische. Fisch ist teurer als Fleisch, preiswert sind die kleinen frittierten Tintenfische (Kalamarakia). Ausgezeichnet sind die kleinen Fleischspieße in den Grillstuben.
Als Nachtisch gibt es manchmal Baklava (Honigkuchen mit Mandeln) oder Karamelspeise. Den griechischen Kaffee (Mokka) bekommt man auf Wunsch mehr oder weniger süß oder ohne Zucker.
Die gängigsten Weinsorten stehen zur Auswahl aufgereiht; nach lokalen Weinen muß man oft eigens fragen. An Retsina, den sehr bekömmlichen Wein mit Harzgeschmack, muß man sich erst gewöhnen. Bier der verschiedensten europäischen Marken erhält man überall. Ouzo heißt ein einheimischer Anisschnaps unterschiedlicher Qualität. Man kann ihn auch vom Faß kaufen. Oft wird er mit Wasser verdünnt getrunken.
Die Auswahl an Lebensmitteln in den Geschäften wird gebietsweise vom Fremdenverkehr bestimmt. In Großstädten und Touristenorten bekommt man sogar ausländische Erzeugnisse, die allerdings sehr viel teurer sind als einheimische Produkte. Vom Frühsommer bis zum Herbst gibt es Obst- und Gemüsesorten zu kaufen, wie sie die Gegend hervorbringt. Dadurch ist das Angebot manchmal etwas eingeschränkt, die Ware aber immer frisch.

Für Grundnahrungsmittel sind überall annähernd die gleichen Preise zu zahlen, in Restaurants dagegen fallen erhebliche Preisunterschiede zwischen kleinen Orten und Touristenzentren auf. Dies gilt auch für Taxifahrten und andere Dienstleistungen.

Post/Telefon. Die Post (Tachydromion) ist vom Fernsprech- und Telegrafendienst getrennt. Telefongespräche können von den öffentlichen Telefonämtern (OTE) oder häufig auch von Kiosken aus geführt werden. Mit den meisten westlichen Ländern besteht Selbstwählverkehr. (Vorwahlnummer für Gespräche in die Bundesrepublik: 0049, in die Schweiz: 0041, nach Österreich: 0043.)
Je nach Bedeutung des Ortes haben die Post- und Telefonämter unterschiedliche Öffnungszeiten, meist sind sie nur vormittags geöffnet. Samstags und sonntags sind sie − wie auch Banken − geschlossen; in Touristenorten werden Ausnahmen gemacht.
Briefe kann man postlagernd (Poste restante) oder an das Büro einer Marina adressieren lassen.

Gesundheitsvorsorge. Wie für alle südlichen Länder wird man im Reisegepäck Sonnenschutzmittel und Medikamente gegen Magen- und Darmverstimmungen mitführen. In den wohlsortierten Apotheken auch kleinerer Orte erhält man bei Beschwerden rezeptfreie Präparate oder die Adresse eines Arztes. Kliniken und Erste-Hilfe-Stationen sind mit einem Rot-Kreuz-Schild gekennzeichnet. Jede Insel hat einen Hubschrauberlandeplatz für Notfälle.
Leitungswasser ist in Großstädten gechlort und kann unbedenklich getrunken werden. Erfahrungsgemäß schadet eher ein Getränk, das zu kalt oder mit Eiswürfeln genossen wird.

Gewässerverschmutzung. Die griechischen Gewässer scheinen weniger verschmutzt zu sein als andere Teile des Mittelmeeres. Deutlich wahrnehmbar sind jedoch die Auswirkungen ungeklärter Abwässer und unbekümmerter Öleinleitungen vor allem im Saronischen Golf, das heißt um Piräus und nördlich von Salamis, sowie im Golf von Thessaloniki. Im Raum der Badestrände und Marinas an der Attikaküste ist die Schadstoffbelastung ein wenig geringer. Ab Vouliagmeni zum Kap Sounion hin ist die Sauberkeit des Wassers bereits sichtbar.
Daß auch große Häfen wie etwa Volos, Rhodos oder Korfu total verschmutzt sind, ist eine Tatsache, die den Griechen selbst Sorgen macht, obwohl das Umweltbewußtsein sich bei der Bevölkerung noch lange nicht durchgesetzt hat. Zwar gibt es Gesetze, die es verbieten, in Häfen und Buchten oder überhaupt in griechischen Gewässern irgendwelchen flüssigen oder festen Abfall über Bord zu geben, doch täglich kann man Verstöße beobachten. An vielen Orten werden Kläranlagen gebaut, aber die Entwicklung hinkt den tatsächlichen Verhältnissen weit hinterher.
Auch der zunehmende Fremdenverkehr trägt zur Verschmutzung des Meeres und der Strände bei. Der Yachttourismus ist dabei nicht auszunehmen; denn ganze Flottillen schwärmen aus und bevölkern die Buchten, in denen früher ein-

zelne Boote vor Anker lagen. Dadurch wird die Wasserqualität – zumindest zeitweise – nicht gerade verbessert.

Läßt man aber wissenschaftliche Untersuchungsergebnisse einmal unberücksichtigt, so kann man behaupten, daß die griechischen Gewässer zum größten Teil immer noch von begeisternder Klarheit sind.

Fischerei. Die Binnenfischerei ist auf die Seen und Flüsse in Epirus und Makedonien beschränkt, wo es Forellen und Barsche gibt, die auf einheimische Art geangelt werden. Die Nachtfischerei auf See findet wie folgt statt: Zwei bis fünf sogenannte „Entchen" (*grigriá*), jeweils mit einem Mann besetzt und mit riesigen Gaslampen am Heck, werden vom Mutterschiff, einem *trehandiri,* zu den Fischgründen geschleppt, gefolgt von einem Boot mit Netzen. Gewöhnlich sind sie die ganze Nacht draußen und kehren erst nach Sonnenaufgang zurück.

Ganz allgemein wurde Fisch selten und folglich zu einer teuren Delikatesse. Daran ist aber die Umweltverschmutzung weniger schuld als die engmaschigen Netze und die – inzwischen streng verbotene, aber gelegentlich immer noch betriebene – Dynamitfischerei. Schalentiere sind in Griechenland rar geworden. Nur wenige Thunfische gelangen noch ins östliche Mittelmeer, während sie in der Antike dort wie im gesamten Mittelmeergebiet ein Volksnahrungsmittel waren. Vereinzelt werden Schwertfische gefangen. Gewöhnlich sieht man nur kleine Fischarten, wenn die Fänge angelandet werden. Zumeist ist auch ein Oktopus dabei, der dann auf dem Kai geschlagen wird. Fischereiflotten, wie sie in Italien zu sehen sind, gibt es in Griechenland nicht. Manche Fischerkaïken dienen jetzt als Ausflugsboote für Touristen.

Delphine halten sich in weit offenen Gewässern auf, deshalb trifft man sie manchmal auf langen Fahrten mit geradem Kurs an. Plötzlich nähern sie sich mit großer Geschwindigkeit in einem ganzen Rudel, abwechselnd aus dem Wasser springend und wieder eintauchend. Sie umkreisen die Yacht, schwimmen wie zu

Fresko mit Delphinen an den Mauern von Knossos
(minoische Epoche)

ihrem Vergnügen vor und zurück, verschwinden unter dem Kiel und tauchen wieder auf. Dann: ein letzter Sprung − und der Schwarm entfernt sich, wobei Spritzer seinen Weg markieren.

Im Mittelmeer leben nur zwei der über 30 Delphinarten; zu unterscheiden sind sie an ihrem Maul: Bei der einen ist es breit, flaschenförmig, bei der anderen lang und schmal. Diese Art ist insgesamt zierlicher, hat einen dunkelbraunen Rücken und weißen Bauch mit grauen, gelben und weißen Streifen auf jeder Seite. Ganz ausgewachsen sind sie 2,50 m lang. Sie sind alle hervorragende Schwimmer, die kurzzeitig 30 kn erreichen bei einer „Reisegeschwindigkeit" von 15 kn. Als Säugetiere müssen sie von Zeit zu Zeit auftauchen, um Luft zu holen. Dies geschieht durch eine trichterförmige Höhlung im Kopf gleich dem Blasen der Wale. Das Maul dient ausschließlich zum Fangen der Fische, von denen sie leben.

In vielen Geschichten wird berichtet, wie zahm sie sind. In der Antike haben einige bedeutende Naturforscher wie Aristoteles und Plinius Beobachtungen an Delphinen angestellt. Stets wurden sie als Freunde der Menschen betrachtet. Im Vergleich zu früheren Jahren gibt es in den griechischen Gewässern jetzt nur noch wenige Delphine.

1 Ionische Inseln und Festlandsküste

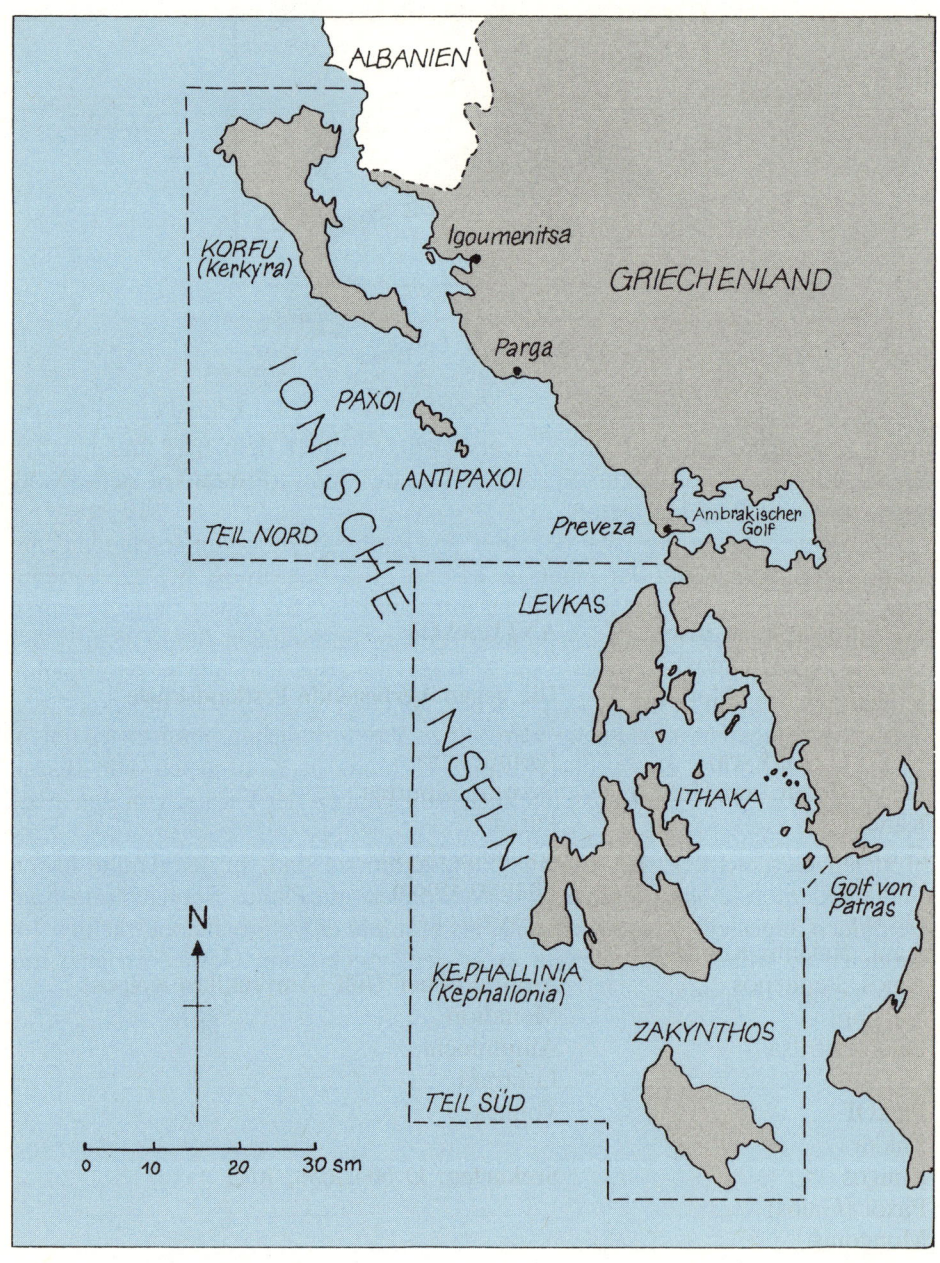

Teil Nord Korfu bis Antipaxoi – Festlandsküste bis Ambrakischer Golf

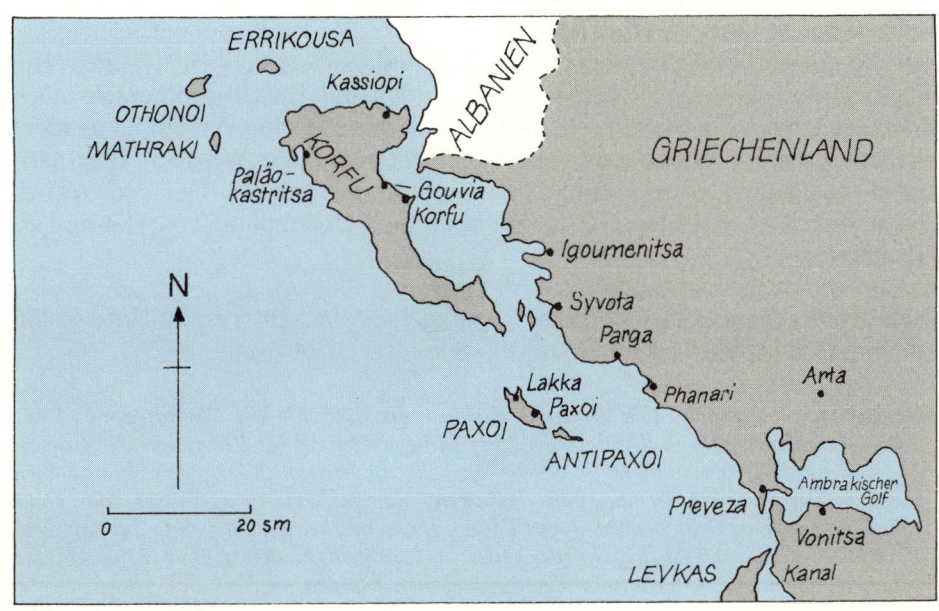

Die vorgelagerten Inseln
OTHONOI (Phanos)
ERRIKOUSA (Merlera)

KORFU (Kerkyra)
Korfu (Stadt und Hafen)
Kanoni
Garitsa
Gouvia
Dassia
Agni, Kalami, Kouloura
Agios Stephanos
Kassiopi
Paläokastritsa

PAXOI
Lakka
Longos
Paxoi (Gaios) *sehr schön*
Mongonisi

ANTIPAXOI

Die gegenüberliegende Festlandsküste
Lygia
Igoumenitsa
Syvota, Mourtos *schön*
Parga *– sehr schön*
Johannis-Bucht
Phanari-Bucht
Preveza *– häßlicher Ort*

Ambrakischer Golf (Amvrakikos Kolpos)
Menidion
Amphilochia
Loutraki
Vonitsa *schön*

Seekarten: D 604, 658, 1092

Die vorgelagerten Inseln Othonoi und Errikousa

Die beiden Inseln sind teils bewaldet, teils landwirtschaftlich genutzt. Im Inneren liegen einige Weiler, doch nimmt die Zahl der Bewohner ständig ab, weil die jungen Leute ihren Lebensunterhalt anderswo zu verdienen suchen. Die um die Inseln gefangenen Schalentiere werden mit Kaïken größtenteils nach Korfu geliefert. Im Sommer herrscht ein wenig Ausflugsverkehr, außerdem werden Othonoi und Errikousa gern von Yachten auf dem Wege von oder nach Italien angelaufen. Beide Inseln haben gutes Quellwasser. Die Ankerplätze liegen jeweils an der Südküste und sind an der Ansammlung von Häusern zu erkennen.

OTHONOI (Phanos) Der Bergrücken parallel zur Westküste ist im Nordwesten 298 m hoch, im Südwesten 393 m; die Südküste ist begrünt.

Einsteuerung: Nähert man sich der Ankerbucht an der Südküste von Westen, gibt es keine Schwierigkeiten: Die Südwesthuk der Insel ist befeuert, und bis 100 m vor der Küste ist das Wasser tief. Kommt man von Osten, ist größte Vorsicht am Platze, denn 500 m südlich des Ankerplatzes gibt es überspülte Felsen mit weniger als 1,50 m Wasser. Man sollte deshalb zunächst einen großen Bogen um die Bucht machen und erst dann auf das Land zuhalten, wenn man das Leuchtfeuer genau in Nord peilt. Steuert man in 100 m Abstand parallel zur Küste, entgeht man allen gefährlichen Klippen.

Ankerplatz: In der westlichen Hälfte der Bucht auf 3,50 − 7 m Wasser über reinem Sandboden. Wenn nicht von Fähr- oder Ausflugsbooten belegt, kann man bei ruhiger Wetterlage auch an dem Anleger hinter der Steinschüttung festmachen. Bei Südwind ist die Bucht unbrauchbar. − Der sehr kleine Hafen für Fischerboote ostwärts der Ansiedlung hat nur 1 m Wassertiefe.
Die Nordbucht ist selbst bei ruhiger Wetterlage als Ankerplatz ungeeignet. Plötzlich aufspringender Nordwestwind ließ hier schon manche Yacht auf Legerwall geraten!

ERRIKOUSA (Merlera) erreicht nur 121 m Höhe; es hat auch weniger Einwohner, lockt aber doch ein paar Sommergäste an.

Einsteuerung: Der Ankerplatz liegt auch auf dieser Insel in der Südbucht. An beiden Huks, die die Bucht begrenzen, erstrecken sich Felsen unter Wasser weiter hinaus, als die Karte zeigt, und zwingen zu entsprechender Vorsicht.

Ankerplatz: Östlich des kleinen Hafens, der am Kai hinter der Mole um 3 m Wassertiefe hat, jedoch den Fischern und der Fähre vorbehalten ist, findet man vor dem Strand Sandgrund und genügend Platz zum Schwojen. Das Wasser ist hier bemerkenswert klar.

KORFU (Kerkyra)

Immer schon liegst du, dem Schilde gleich, dunkel auf tiefblauem Meere da.
Homer, Odyssee V, 281.

Seitdem Hellenen rund um das Mittelmeer Kolonien besaßen, hat Korfu ununterbrochen eine Rolle in der Seegeschichte gespielt: Thukydides berichtet über „jene glänzende Armada, die bestimmt war, bei Syrakus unterzugehen"; 400 Jahre später segelten Oktavians Schiffe auf dem Wege nach Aktion hier vorbei. Und wiederum 16 Jahrhunderte später führte Don Juan d'Austria seine Flotte von Korfu aus zur Vernichtung der Türken bei Lepanto.
Damals stand Korfu zusammen mit den sechs anderen Ionischen Inseln für Jahrhunderte unter venezianischer Herrschaft. Als Venedig 1797 seine Freiheit verlor, kamen diese Inseln an Frankreich. Nach mehrmaligem Besitzerwechsel in der Folgezeit gelangten sie in britische Hand und wurden ein Protektorat, bis sie 1863 zu Griechenland zurückkehrten.

Das Land ringsum mit seinen zahlreichen Dörfern bietet mit den dichtbewaldeten Hügeln, der immergrünen farbenreichen Phrygana (Macchia) und den vielen wilden Blumen einen wohltuenden Anblick. Die großen, nicht beschnittenen Olivenbäume, knorrig und sehr alt, sind noch ein Andenken an die Venezianer. Ihr Öl ist nach wie vor von guter Qualität.
Im Frühling ist die Insel für ihre hohe Luftfeuchtigkeit bekannt, im Winter für die kräftigen Regenfälle bei milden Temperaturen. Die Sommertemperaturen klettern regelmäßig auf über 30 °C, werden aber nie als drückend empfunden.
Die Winde auf der Ostseite von Korfu stimmen nur selten mit der amtlichen Wettervorhersage für die Ionischen Inseln überein. Während der Sommernächte weht eine sanfte Landbrise bis weit in den Vormittag, der eine Flaute folgt. Am Nachmittag herrscht ein leichter Nord- bis Nordwestwind vor, die Tagesbrise, die allerdings gelegentlich auch aus Nordost weht. Ab und zu wird aus der leichten Brise ein frischer Boreas. Nur an einem von vier Tagen kann eine Südostbrise erwartet werden.
Ein Skipper kann sich glücklich schätzen, wenn er Korfu im ersten Tageslicht ansteuern kann, denn es gibt kaum einen Anblick auf dieser Erde, der schöner wäre als diese Insel vor dem Pindusgebirge in weiter Ferne. Bei der Passage zwischen Korfu und Albanien sollte er jedoch Plan D der Seekarte D 604 genau beachten; denn Albanien bringt bei Verletzung der Hoheitsgewässer alle Schiffe rücksichtslos auf und läßt selbst Havarie oder höhere Gewalt nicht als mildernden Umstand gelten.

Hafen Korfu (Limin Kerkyras, Plan F der D 604; Port of Entry).

Liegeplatz und Versorgungsmöglichkeiten: Im Schutz des Wellenbrechers Nähe Handelskai Yachtversorgungsstation mit Wasser und Diesel. Durchgang nur durch das Zollgebäude, in dem alle Behörden untergebracht sind. Dieser Liegeplatz kann bei Nordwestwinden, die manchmal sehr plötzlich und heftig auftreten, gefährlich werden. Dann sollte man nach Gouvia verlegen oder rund Kap Sidero in der Garitsa-Bucht südlich der Zitadelle ankern (siehe Seite 31).

Im Fischerhafen östlich des eisernen Steges ist der Schutz besser, doch nur an der Innenseite des Wellenbrechers sind Wassertiefen um 3−4 m. Die gekennzeichneten Plätze der Ausflugsboote sind freizuhalten. Starke Geruchsbelästigung durch Abwässer.

Der ehemalige venezianische Galeerenhafen unter der alten Festung ist Marinehafen, darf jedoch widerruflich von einem privaten Yachtclub benutzt werden.

Mechaniker, Schiffsbedarf (auch Seekarten), weitere Tankstellen, Restaurants, Cafés an der Wasserfront; Post, Telefon und Geschäfte in der Stadt (10 min Fußweg).

Verkehrsverbindungen: Täglich Fähren nach Brindisi, Igoumenitsa und über Patras nach Athen. Autofähre mehrmals täglich nach Igoumenitsa. Küsten- und Kreuzfahrtschiffe legen regelmäßig an. Flugverbindung mit Athen und dem Ausland.

Die **Stadt Korfu** (36000 Einwohner, Verwaltungssitz für die Ionischen Inseln) hat manche Sehenswürdigkeit zu bieten. Hauptattraktion im Archäologischen Museum ist der monumentale Gorgogiebel vom Artemistempel (590 v. Chr.), der 1911−1914 auf Anregung und unter persönlicher Mitarbeit Kaiser Wilhelms II. unter der Leitung Wilhelm Dörpfelds ausgegraben wurde.

Folgt man der Küstenstraße in die Stadt hinein, erreicht man bald den ehemaligen britischen Gouverneurspalast (aus maltesischem Sandstein 1816 erbaut) und die lange Fassade dreistöckiger Häuser im Stile der französischen Architektur des 18. Jahrhunderts mit eindrucksvollen Arkaden. Man hat die Esplanade, den Kricketplatz und die als „Altes Fort" bekannte massige Zitadelle vor sich, die einen herrlichen Rundblick über das Meer und die epirotischen Gebirge drüben auf dem Festland ermöglicht.

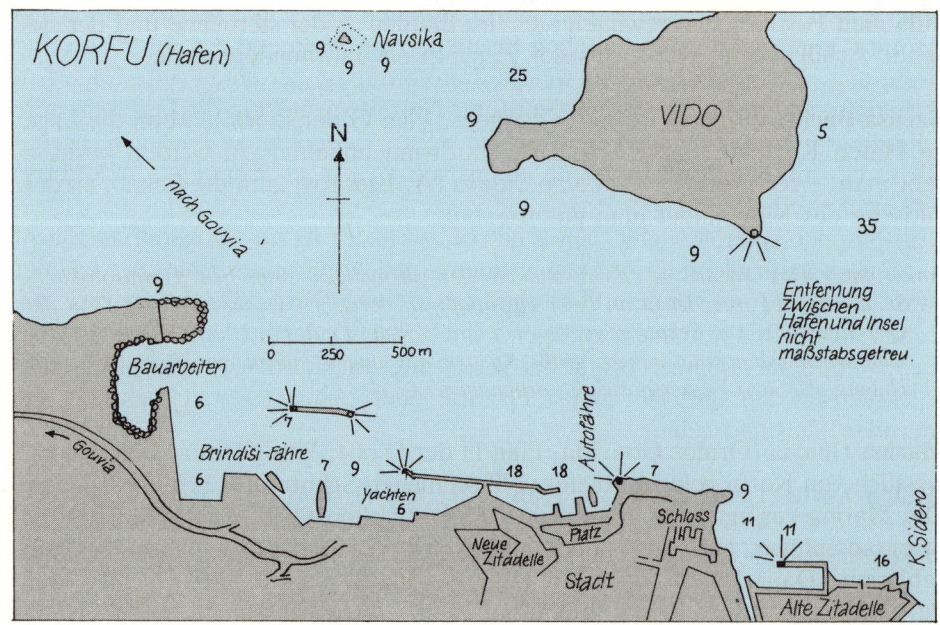

Niemand wird es wohl versäumen, den einen oder anderen lohnenden Ausflug zu unternehmen – die Insel bietet in reichem Maße Möglichkeiten dazu. Es gibt eine ganze Reihe interessanter Stellen, die mit einem Taxi oder dem Bus leicht zu erreichen sind. Andere wird man mit dem Boot aufsuchen. Abgesehen von Paläokastritsa an der Nordwestküste und einer Reihe von Badestränden an der Nordküste gehören dazu einige besonders sehenswerte Plätze südlich der Stadt, zum Beispiel

Kanoni, vor zweieinhalb Jahrtausenden Hafen der Athener Flotte. Damals war die Bucht westlich von Ak. Kanoni viel größer, für die Startbahn des Flughafens wurde sie teilweise zugeschüttet. Von dem Aussichtspavillon auf der Anhöhe aus hat man den berühmten Postkartenausblick auf die beiden Eilande, die die Einfahrt in die seichte, aber malerische Bucht bewachen.

Ankerplatz: Das südliche der beiden Eilande, Pontikonisi (Mäuseinsel), hat an seiner Nordseite 3,50 m Wassertiefe; dort kann man bei gutem Wetter vorübergehend ankern, um sich der sehenswerten Umgebung zu erfreuen. Für längere Zeit wird ohnehin niemand bleiben wollen: Die Stelle liegt exakt unter der Einflugschneise.

Auf Umwegen kommt man von Kanoni nach Analipsis, wo auf einem zum Meer abfallenden Hang einst der ummauerte Hauptort der Insel lag. Das Mauerwerk der antiken Akropolis wurde im Mittelalter von den Venezianern zum Bau des neuen Forts verwendet.
Vom Ankerplatz geht der Blick über die grünen Hügel hinauf zum 1890 erbauten Achilleion, zuerst Sommerresidenz der Kaiserin Elisabeth von Österreich („Sissi"), später jedes Frühjahr für einige Wochen Urlaubsdomizil Kaiser Wilhelms II. und heute beliebtes Ausflugsziel und Spielkasino. Die beiden auf Millionen Postkarten verewigten Achilles-Statuen – der sterbende und der siegende Achill – sind Werke aus der Zeit um die Jahrhundertwende.

Garitsa-Bucht (Ormos Garitsas, Kastrades, Plan G der D 604). Wenn die Lage im Hafen Korfu bei auffrischendem Nordwind unhaltbar zu werden beginnt, geht man – rechtzeitig! – bei Kap Sidero (A. Isidoros) „um die Ecke"; an der Südseite des Kaps findet man guten Schutz.

Ankerplatz: Das Wasser ist dicht südlich der ehemaligen britischen Garnisonskirche St. Georg, die man leicht an ihrer ebenmäßigen dorischen Fassade erkennt, 7 m tief, Grund Schlick. Der Schutz gegen Norden und Westen ist gut. Die Unterwasserfelsen kann man sehen. Manchmal ankern große Yachten mit langen Leinen zur Mole des kleinen Hafens, der dem Wassersportclub vorbehalten ist.

Marina Gouvia (Ormos Gouvion, Plan H der D 604; Port of Entry), 3 sm nordwestlich von Korfu gelegen, bietet vollkommenen Schutz auch bei Nordwinden. Die Marina verfügt zwar immer noch nicht an allen Plätzen über Wasser- und Stromanschlüsse, auch nicht über Slip und Werkstätten, dennoch gibt es hier zahlreiche Dauerlieger, auch zum Überwintern. Die Liegeplätze werden vom Personal zugewiesen. Liegegebühren.

Einsteuerung: Auf die ausgelegten Leuchttonnen kann man sich nicht verlassen; zeitweise fehlt eine, dann wieder werden alle drei eingezogen. Die Einsteuerung bei Nacht durch die teils flache Einfahrt ist deshalb nicht einfach. Bei Tage kann es nicht schaden, sich nach der Skizze zu richten.

Ankerplatz: Im nördlichen Teil der Bucht auf 4 m Wassertiefe über Schlickgrund ist der Schutz noch besser als in der Marina, doch kann man wegen des rundum weichen Bodens schwer an Land kommen. Bei der Ansteuerung unbedingt loten.

Versorgungsmöglichkeiten: Waschwasser am Kai, Trinkwasser und Diesel per Tankwagen (über das Personal zu bestellen); kleine Mengen Treibstoff auch per Taxi von der Tankstelle am Ortsausgang von Kontokali, dem Dorf parallel zur Marina. Supermärkte und reichlich Restaurants. Busverbindung mit Korfu.

Dassia, eine offene Bucht am Ormos Krevatsoula dicht nördlich der Gouvia-Bucht, ist als zeitweiliger Ankerplatz ganz hübsch, und zwar in der Südecke. Bei ruhigem Wetter kann man auch vor dem Strand mit den Hotels, Restaurants und Tavernen ankern.

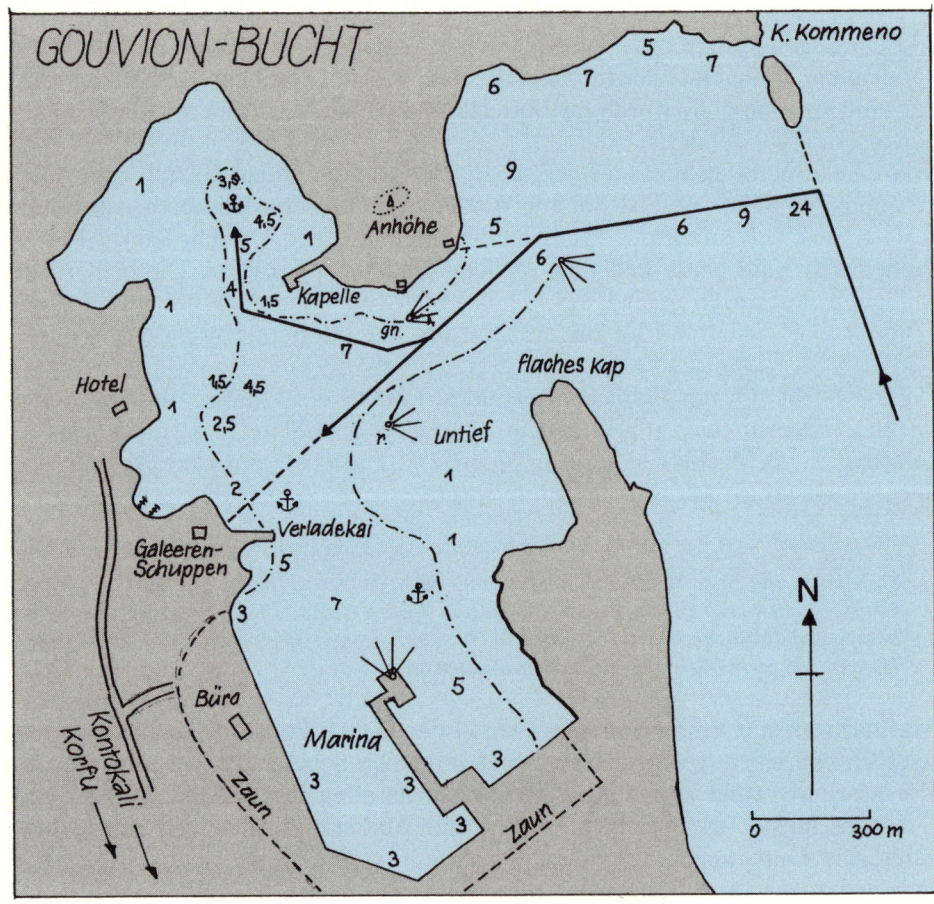

Agni, Kalami und **Kouloura** sind anmutige Buchten, die sämtlich auf Plan D der D 604 verzeichnet sind. Mit Kalami, südlich von Kap Kouloura, trifft man die beste Wahl. Man ankere auf 7 m Wasser am Ende der Bucht. Der Sandboden ist dünn verkrautet. In einer kleinen Taverne, einst das Haus von Lawrence Durrell, kann man eine Mahlzeit bekommen. Kouloura ist anziehender, bietet aber weniger Schutz. Die südliche Huk muß man mit großem Abstand runden.

Agios Stephanos, eine schmale Bucht an der engsten Stelle der Wasserstraße zwischen Korfu und Albanien, hat einen guten Ankerplatz zu Füßen der Militärbeobachtungsstation und Tavernen am Ufer.

Kassiopi liegt an der Nordküste 2 sm westlich der Einfahrt in die Straße von Korfu. Eine kurze Mole schützt einen sehr kleinen Hafen, wo man mit einer Yacht bis mittlerer Größe nur bei ruhigem Wetter anlegen kann. Der Grund ist stark verkrautet und durch Felsblöcke unrein. Es gibt eine Reihe von Tavernen, einige Geschäfte und viele Touristen.
Die Ruine auf dem Vorgebirge war einst eine Festung, die im 13. Jahrhundert von den Anjou erbaut wurde. Die Venezianer fürchteten als spätere Herren von Korfu die Eroberung der Festung durch die Genuesen, weshalb sie vorsichtshalber geschleift wurde. Kassiopi war bereits in homerischer Zeit besiedelt und später eine römische Ortschaft. Hier trat Nero während seiner Griechenlandreise als Tänzer und Sänger auf.
Alle anderen Buchten an der Nordküste von Korfu kann man nicht empfehlen, weil sie der am Nachmittag wehenden Seebrise ausgesetzt sind.

Paläokastritsa (Ormos Liapades) an der Westküste ist ein vielbesuchter Ferienort, denn die umliegenden Buchten im Ormos Liapades sind ideal zum Baden und Tauchen und bieten manchen schönen Ankerplatz. Hinter der schützenden Mole von Paläokastritsa finden Yachten zwischen den Fischerbooten einen guten Liegeplatz auf 3−4 m Wassertiefe. Bei Südsturm kann der Hafen nicht angelaufen werden.
Restaurants gibt es in nächster Nähe, Lebensmittel in einem Supermarkt an der Straße Richtung Paläokastritsa.
Das Kloster Panagia Theotokos erreicht man auf einer Straße, die an der westlichen Nachbarbucht entlangführt.

PAXOI

Diese Insel ist 10 km lang und 4 km breit, verhältnismäßig dicht bewaldet und hat hübsche und − was am wichtigsten ist − bei jeder Wetterlage sichere Ankerplätze.

Lakka ist eine weit ausladende sandige Bucht gleich im Norden der Insel. Die Umgebung ist hübsch, der Schutz hervorragend, doch bei starken nördlichen Winden gibt es Schwell. Die Wassertiefe nimmt von 6 m bei der befeuerten Einfahrt bis auf 3 m vor dem Fähranleger ab. Hier kann man mit Bug- oder Heckanker anlegen, muß den Platz aber für die Fähre freilassen. Bei freiem Ankern sind die im westlichen Teil der Bucht ausgelegten Begrenzungsbojen zu beachten.

Versorgungsmöglichkeiten: Restaurants, Tavernen und Cafés sowie Lebensmittelläden im Ort; Trinkwasser gibt es nicht immer. Die Fähre von oder nach Korfu legt zweimal täglich an, außerdem verkehrt ein Bus nach Paxoi.

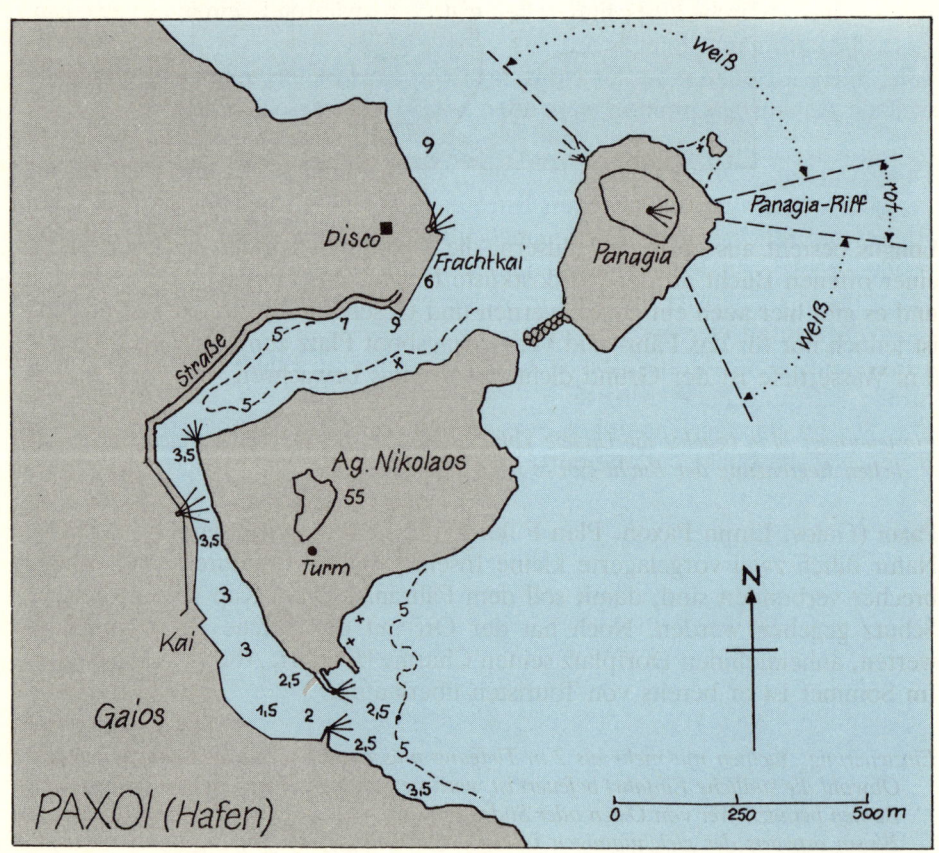

PAXOI (Hafen)

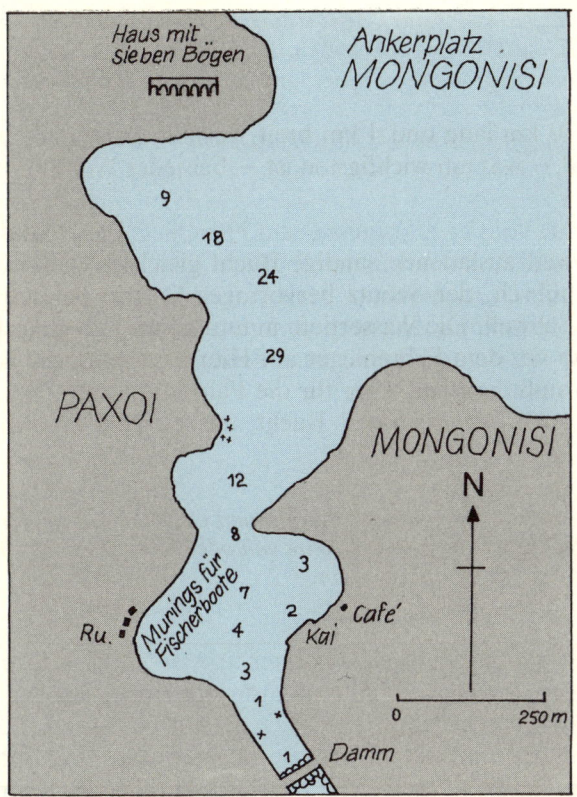

Longos besteht aus ein paar Häusern, die zusammengedrängt in der Westecke einer offenen Bucht an der Nordostküste liegen. Das Dorf ist zwar recht urig, und es gibt hier auch ein paar Tavernen und Geschäfte, hinter der kurzen Mole ist jedoch nur für das Fähr- und Versorgungsboot Platz zum Anlegen. Bei etwa 3 m Wassertiefe ist der Grund dicht mit Seegras bewachsen.

Einsteuerung: Man beachte die Untiefe Yph. Paxoi 4 kbl vor der Küste. Auch vor der südlichen Begrenzung der Bucht gibt es noch einige Felsen.

Paxoi (Gaios, Limin Paxon, Plan F der D 1092). Den reizenden Hafen hat die Natur durch zwei vorgelagerte kleine Inseln gebildet, die durch einen Wellenbrecher verbunden sind; damit soll dem Fähranleger am Kap Kiavari besserer Schutz gegeben werden. Noch hat der Ort mit der Kirche auf dem sehenswerten, anheimelnden Dorfplatz seinen Charme bewahrt. Aber wie lange noch? Im Sommer ist er bereits von Touristen überlaufen.

Einsteuerung: Yachten mit mehr als 2 m Tiefgang müssen die nördliche Einfahrt benutzen. Obwohl die südliche Einfahrt befeuert ist, wird sie im allgemeinen nur von einheimischen Booten benutzt. Wer von Osten oder Süden kommt, muß sich vor dem Yphalos Panagias 2¼ sm ostwärts der gleichnamigen Insel in acht nehmen, der bei Nacht von dem roten

Sektor des Panagia-Leuchtfeuers abgedeckt wird. Hier verloren die Venezianer ein Silber-schiff und 1817 die Briten zwei Fregatten.
Liegeplatz: Nördlich oder südlich vor dem Ort vor Bug- oder Heckanker; der Kai vor dem Platz ist für Fährboote reserviert.
Versorgungsmöglichkeiten: Mehrere Lebensmittelgeschäfte, Cafés und Tavernen. Die Korfu-Fähre verkehrt zweimal täglich, Busverbindung mit Lakka.

Mongonisi-Bucht. Vor der Südostecke von Paxoi liegt das Eiland Mongonisi, mit Paxoi durch einen Damm verbunden (auf den Seekarten D 604 und D 658 noch nicht eingezeichnet). Das auffällige Haus auf der Nordwesthuk vor der Bucht ist eine hinreichende Landmarke. Man kann frei schwojend ankern oder, falls der Platz beengt ist, eine lange Leine zum Felsufer ausbringen. So liegt man gut geschützt (siehe Skizze Seite 35).

ANTIPAXOI

Die kleine Insel hat nur wenige Bewohner und ist lediglich für Badeaufenthalte interessant. Einen Ankerplatz findet man in der Bucht auf der Ostseite, in der meist einige Fischerboote am Strand liegen. Auf der Insel wächst etwas Wein, aus dem man einen undiskutablen roten Schaumwein produziert.
An der Ostküste gibt es noch ein paar wundervolle Badestrände, die gele-gentlich von Ausflugsbooten mit Touristen besucht werden.

Die gegenüberliegende Festlandsküste

Schon bei einem flüchtigen Blick auf die Seekarte entdeckt man an dieser reich-gegliederten Küste eine Reihe von Buchten, die je nach der Windrichtung ent-sprechend guten Schutz bieten und als Ankerplatz interessant sind.
Im Sommer beginnt mit der Morgendämmerung eine Landbrise zu wehen, die drei bis vier Stunden anhält und dann von Flaute abgelöst wird. Die Nordwest-brise weht etwa ab Mittag.
Von der albanischen Grenze südwärts steuert man an einer Küste entlang, deren Bergwälder ziemlich steil ansteigen. Gegenüber von Korfu gibt es eine ganze Reihe von Ankerplätzen, die aber nur von wenigen Yachten aufgesucht werden, weil fast alle den Verlockungen Korfus erliegen.

Lygia-Bucht (Ormos Lygia). Sie ist der hintere Teil der Bucht Valtou (Livitatsa), einige Seemeilen westnordwestlich von Igoumenitsa. Man hat hier vollkom-menen Schutz in einer hübschen Umgebung − sonst nichts.

Einsteuerung: Von der befeuerten Insel Prasoudi steuert man nordwärts. Hat man Kap Vatatsa gerundet, steuert man 1¼ sm Ostkurs bis hinter die zweite Halbinsel. Unmittelbar dahinter ankert man vor dem Südufer. Nord- und Ostteil der Bucht sind sehr seicht.

Igoumenitsa (Ormos Igoumenitsis, Plan C der D 604; Port of Entry), Anlegeplatz der Autofähren nach Italien, liegt am Fuße des Pindusgebirges inmitten von Sandstränden und vor einer Ebene mit Olivenhainen.

Einsteuerung: In diese weiträumige und fast 30 m tiefe Bucht gelangt man wegen einer ausgedehnten Sandbank nur durch ein auf 6 m ausgebaggertes Fahrwasser, das durch drei Leuchttonnenpaare markiert ist. Da im Norden der Bucht ein Fluß mündet, steht gelegentlich deutlich spürbarer Strom gegenan.

Liegeplatz: Eine breite Mole mit einem Feuer auf ihrem seewärtigen Ende dient zwar der Fähre und der übrigen Großschiffahrt, bietet aber an ihrer Innenseite meist genügend Platz für Yachten. Der Schutz ist ausreichend für einen kurzen Aufenthalt, doch nicht bei längerer Abwesenheit.

Versorgungsmöglichkeiten: Man erhält etwas umständlich Wasser und Diesel. Es gibt Hotels, Restaurants und Lebensmittelgeschäfte, Post- und Telefonamt. Mehrmals täglich verkehrt eine Autofähre nach Korfu.

Nisoi Syvota (Mourtos, Agios Nikolaos, Mikro Mourtemeno) und **Hafen Mourtos.** Die beiden größeren Inseln sind dicht bewaldet und heben sich von See aus gut gegen das Festland ab. Das Wasser zwischen den beiden Inseln ist im Süden weniger als 1 m tief, zwischen Agios Nikolaos und dem Festland sind

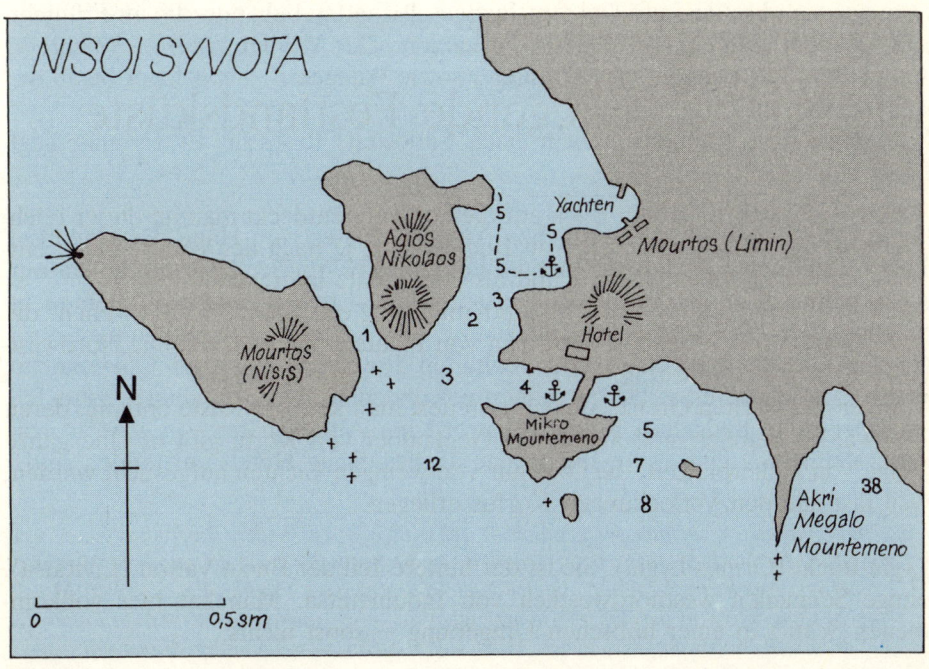

es knapp 2 m über Seegrasgrund. Auf der Nordwestecke von Mourtos steht ein Leuchtfeuer mit 11 sm Tragweite.

Ankerplätze: Die Inseln haben zwar Buchten, die aber aus unterschiedlichen Gründen nicht zu empfehlen sind. Dafür gibt es am Festland drei zur Auswahl: alle drei angenehm, zumindest für eine Nacht.
– Der Hafen Mourtos. Von der verbreiterten Wasserfront ragt eine Pier für Fischer- und Ausflugsboote nach Westen. Yachten können am Kai nördlich der Pier auf knapp 2 m Wassertiefe festmachen, die Zufahrt hat aber stellenweise nur 1,80 m Wasser über steinigem Grund mit Seegras. Die Nachmittagsbrise aus Nordwest steht freilich in den Hafen und verursacht Schwell; besser liegt man deshalb in den Buchten. In Mourtos kann man sich verproviantieren. Tavernen am Hafen.
– Die nächste Bucht ist von Mourtos durch einen mit Olivenbäumen bestandenen Hügel getrennt, auf dem sich die Ferienanlage des Robinsonclubs ausdehnt. Wer sich für diese Bucht entscheidet, sollte die Inseln wegen der verkrauteten Durchfahrt außen runden und von Süden her einlaufen. Eine Yacht mit geringem Tiefgang kann natürlich von Norden her kommen. Man ankere auf 3–5 m Wassertiefe über Sandboden. Der überspülte Sanddamm bildet den Scheitel dieser Bucht zwischen Mikro Mourtemeno und dem Festland. Beim Ankern ist der Bade- und Surfbetrieb zu berücksichtigen.

Die Inseln waren in der Antike als „Schweineinseln" bekannt und gehörten zu einem Ort auf dem Festland an der Stelle des heutigen Mourtos. Bei Thukydides hieß es das „festländische Syvota", wo die Korinther einst zur Erinnerung an eine Seeschlacht ein Denkmal errichtet hatten, von dem nichts mehr zu sehen ist. (Heute trägt der etwas landeinwärts gelegene Ort den Namen Syvota.) Erst hundert Jahre ist es her, daß Reisende von hier über Rot- und Schwarzwild berichteten. Und noch zu Beginn unseres Jahrhunderts waren die Inseln und die Orte auf dem Festland als Ziel von Jagdgesellschaften bekannt, die im Frühjahr und Oktober mit großen Yachten herkamen. Der Wildreichtum – Wachteln, Sumpf- und Waldschnepfen, Rebhühner sowie Wildenten – zog Jäger bis in die letzten Jahre an.
Das steile Küstengebirge streicht nach Südosten. In 12 sm Entfernung liegt Parga.

Parga bietet einen recht erfreulichen Anblick, wie es vom Hang der Halbinsel auf zwei hübsche, geschützte Buchten herabblickt. Von See her sind die Häuser gut auszumachen, eine nächtliche Ansteuerung ist trotz des Leuchtfeuers nicht zu empfehlen. Die Ruine der venezianischen Festung beherrscht immer noch den Ort, dessen Einwohner vom lebhaften Tourismus und vom Olivenanbau leben. Das Städtchen selbst mit seinen gewundenen, engen Straßen – zum Teil als Treppen – und alten weißen Häusern hat Atmosphäre. – Ostwärts von Parga dehnt sich eine weite Bucht aus, an der einige Hotels entstanden sind.

Ankerplatz: Obgleich Yachten gelegentlich in der östlichen der beiden Buchten ankern, weil von dort die Stadt leichter zu erreichen ist, wird normalerweise die sandige Westbucht bevorzugt. Ankert man nämlich in der Nähe des äußersten Punktes der „antiken Mole", entgeht man dem von der Tagesbrise erzeugten Schwell. Noch besser liegt man hinter der 200 m langen, nordwärts gerichteten Mole, deren Steine zum Teil unter Wasser vorkragen.

Dieses Becken ist in der Mitte 3 m tief. Man kann an der hoch gebauten Mole mit langen Leinen festmachen. Beim Manövrieren ist auf die Wassertiefe und auf schwimmende Leinen zu achten!

Versorgungsmöglichkeiten: An der Anlegebrücke vor Parga kann man kurzfristig festmachen, um Wasser und Treibstoff zu bunkern und einzukaufen. Hotels, Restaurants und Tavernen sind ebenfalls vorhanden. Busverbindung mit Levkas und Igoumenitsa.

Johannis-Bucht (Ormos Agios Ioannou). Sie liegt inmitten einer schönen Berglandschaft und ist als Ankerplatz für eine Sommernacht gut geeignet. Gegen Winde aus dem IV. Quadranten bietet sie guten Schutz. Man ankere in der Westhälfte. Der Schlickboden fällt steil ab, deshalb muß man eine Warpleine zum Ufer ausfahren. Bewohner gibt es hier keine; die Straße nach Parga führt weit oberhalb vorbei.

Phanari-Bucht (Ormos Phanari), nur gegen Winde aus dem III. Quadranten offen. Von einer unangenehmen Dünung nach der Tagesbrise abgesehen, ist der Schutz gut. Die Bucht ist in ständiger Auflandung begriffen, da sie im Aufschüttungsgebiet zweier Flüsse liegt. Das Wasser ist kalt und durch das Flußwasser verfärbt.

Ankerplatz und Versorgungsmöglichkeiten: Man steuere die Nordecke an, soweit es der Tiefgang zuläßt; andernfalls ankere man inmitten der Bucht, die von einem breiten Badestrand mit Campingbetrieb umgeben ist. Wasser kann man in den zwei, drei Tavernen holen.

Weiter nach Süden fährt man an einer grünen, von Bergen begleiteten Küste entlang, häufig landwirtschaftlich genutzt, gelegentlich von einem Strand unterbrochen.

Preveza (Plan B der D 1092; Port of Entry). Als Verbindungsglied zwischen Igoumenitsa – Parga – Levkas werden die Autofähren von Preveza nach Aktion viel benutzt. Für den Yachttourismus ist Preveza nur interessant, wenn man in den Ambrakischen Golf segeln oder die römische Ruinenstadt Nikopolis besuchen will.

Einsteuerung: Es sollte keine Schwierigkeiten geben, bis man sich dem Ende der Fahrrinne nähert. Die mit Leuchttonnen markierte Fahrrinne durch die Barre wird regelmäßig ausgebaggert, so daß man mit mindestens 5 m Wassertiefe rechnen kann (Skizze Seite 40).

Liegeplatz: Die bevorzugten Liegeplätze in Stadtnähe sind am nördlichen Ende des Kais (siehe Skizze). Der Tidenhub ist gering, und man kann sich mit Bug oder Heck auf 6 m Wasser an den Kai legen. Auch im Hafenbecken ist Platz für Yachten; es hat nahe der Einfahrt um 5 m Wassertiefe, nach innen auf 2 m abnehmend. Die Fischerboote verursachen Schwell. – Ein Ankerplatz, allerdings etwas entfernt von der Stadt, befindet sich in Ormos Vathy nördlich des Hafens. Die Bucht ist bei Nacht sehr ruhig und gut geschützt.

Versorgungsmöglichkeiten: Wasserkästen entlang dem Hafenbecken; Wasserwart kommt gegen Abend. Treibstoff an der Straßentankstelle. Markt und Lebensmittelläden können auch gehobene Ansprüche befriedigen. Es gibt Hotels, Banken und etliche Tavernen.

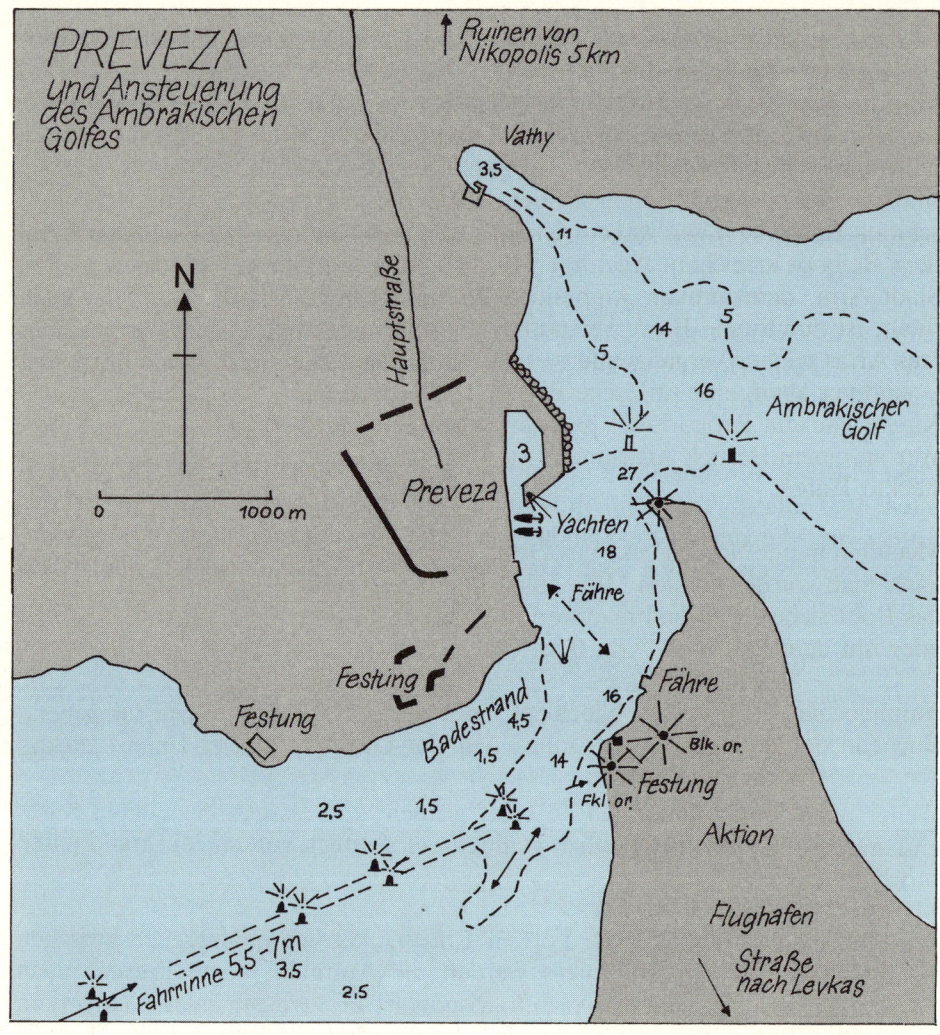

Gewöhnlich kann man günstig Fisch kaufen – der Golf ist noch recht fischreich. Am nördlichen Ufer Werft mit 50-t-Kran.

Die Stadt (12000 Einwohner) bekommt jetzt langsam ein modernes Gesicht, nach Jahrhunderten türkischen Einflusses. Das Hinterland ist flach, bewachsen mit ausgedehnten Olivenkulturen. Ein Großteil des Fischfangs aus dem Ambrakischen Golf gelangt zunächst nach Preveza und wird von dort mit Lkws nach Patras und Athen transportiert.

Wenige Kilometer nördlich liegen die ausgedehnten Ruinen von Nikopolis, einer Gründung des Kaisers Augustus (vormals Oktavian) zur Erinnerung an seinen Sieg in der Seeschlacht bei Aktion über Mark Anton im Jahre 31 v. Chr.

Ambrakischer Golf

Der Amvrakikos Kolpos ist immerhin rund 40 km lang sowie 20 km breit und mit über 650 km^2 um gut ein Viertel größer als der Bodensee. Für Wasservögel sind die weiten Schilfflächen an der Nordküste ein Paradies, doch der Sport-schiffer kann die Ufer wegen der ausgedehnten Verlandungen höchstens mit dem Beiboot erreichen. Auch die Mündung des Arachthos, der an der uralten Stadt Arta, dem antiken Ambrakia (das dem Golf den Namen gab), vorbei-fließt, ist durch eine Barre versperrt.

Aus Artas reicher Vergangenheit − 640 v. Chr. als Korinther Kolonie gegründet − sind vor allem eine türkische Brücke (17. Jahrhundert) und die byzantinische Kirche Panagia Parigoritisa (13. Jahrhundert) erhalten geblieben.

Wer an einem Besuch Artas interessiert ist, dem sei als Ausgangspunkt der ver-steckte Hafen

Menidion in der Nordostecke des Ormos Koprainis empfohlen. Je nach Tiefgang kann man vor der kleinen Mole ankern oder an ihrem Kopf anlegen. Hier liegt das Boot sicher, während man im Ort einkauft, in einer der Fischtavernen sitzt oder mit dem Bus nach Arta fährt.

Amphilochia (Ormos Amphilochias) heißt die von grünen Hügeln umgebene Bucht in der Südostecke des Golfes. Vor der Ortschaft gibt es einen Ladekai,

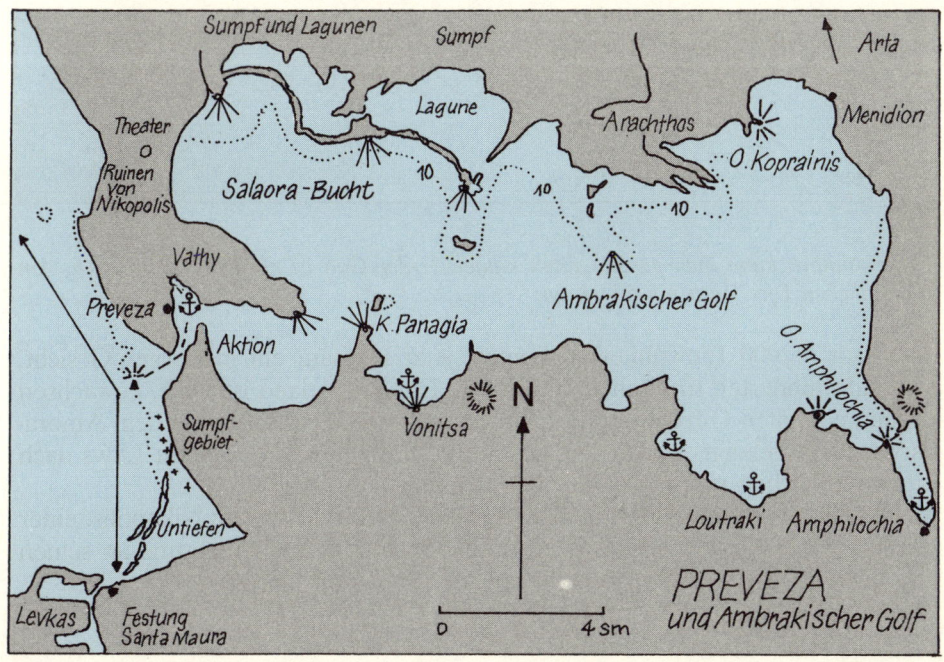

der von Kümos angelaufen wird. Dort kann man längsseits anlegen, wenn die See ruhig ist. Bei Schwell ankert man besser in einigem Abstand vom Kai. Von den Fischtavernen an der Wasserfront aus hat man einen schönen Blick auf den Golf. In der Ortschaft kann man alles Nötige kaufen, ein Wasserhahn ist am Kai.

Loutraki ist ein urtümlicher Weiler in der Bucht westlich von Amphilochia. Man kann dort bequem vor einer Landzunge ankern, aber zu sehen gibt's nichts.

Vonitsa, ebenfalls in grüner Umgebung an der Südküste gelegen, wird von einem venezianischen Fort überragt. Dahinter breitet sich eine landwirt-schaftlich genutzte Ebene aus. Die Straße, die rund um den Ambrakischen Golf führt, hat sich auch für Vonitsa günstig ausgewirkt und ein wenig Fremden-verkehr gebracht. Am Kai Trinkwasser und einige Tavernen; Lebensmittel, Post, Telefon und Tankstelle im Ort.

Liegeplatz: Die Pier mit dem Leuchtfeuer sollte man wegen der Felsbrocken rundum meiden, doch ca. 100 m westlich davon kann man an dem kurzen Kaivorsprung mit Bug oder Heck anlegen. Die Tagesbrise wirft gewöhnlich eine kurze See auf; dann ist freies Ankern in einigem Abstand ratsam.

Teil Süd Levkas bis Zakynthos –
Die Festlandsküste
mit vorgelagerten Inseln

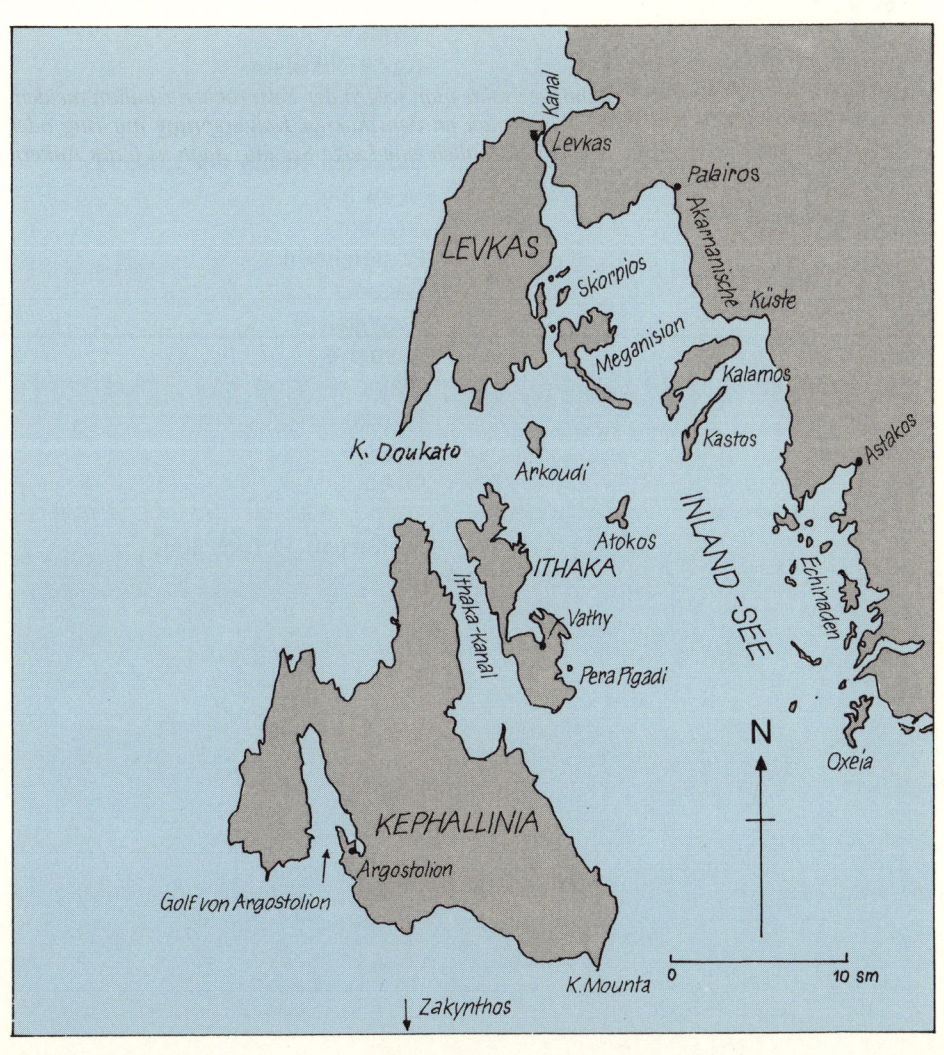

LEVKAS und die umliegenden Inseln
Levkas (Kanal und Hafen)   *mittel*
Lygia
Palairos (Festland)
Vlychon   *schön*
Nydrion
„Tranquil Bay"
SKORPIOS
Syvota
Vasiliki
MEGANISION
  Atheni   *schön*
  Ambelaki   *Ankern ö*
  Vathy
  Spilia
KALAMOS
KASTOS   *schön*
ARKOUDI
ATOKOS   *schön*

ITHAKA (Ithaki)
Vathy   *sehr schön*
Kioni
Phrikes
Polis
Agios Andreou
Pera Pigadi
Sarakiniko

KEPHALLINIA (Kefallonia)
Argostolion
Lixourion
Assos
Phiskardo
Kakongylos
Agia Evphimia
Sami
Poros (Pronos)
Katelios

ZAKYNTHOS (Sakinthos)
Zakynthos (Hafen und Stadt)
Keri
Vromi
Agios Nikolaos

**Die Festlandsküste und die
südlichen Inseln der „Inlandsee"**
Marathia
Astakos
Panteleimon
Pogonia
Platygiali
Komaros
Plaka
Provati
Petalas
Oxeia

Seekarten: D 658, 1092

Levkas und die umliegenden Inseln

Das Santa Maura der Venezianer, Levkas, ist überhaupt nur eine Insel, weil man die Sümpfe mit einem Kanal durchschnitten hat, der es von der Küste Akarnaniens trennt. Eine Gebirgskette streicht von Nordosten nach Südwesten durch die Insel und erreicht an ihrem höchsten Punkt, dem Oros Elati, 1158 m Höhe. Nord- und Westküste sind öde und wenig einladend, aber gegenüber dem Festland öffnen sich die Täler zur Küste hin, das Land ist grün, es gibt hübsche Dörfer mit Orangen- und Olivenhainen. Wenn auch der Haupthafen wenig zu bieten hat, so entschädigen dafür einige bewaldete Buchten im Südosten sowie die fast völlig abgeschlossene, ovale Vlychon-Bucht. Die ausgedehnten Eichenwälder sind weitgehend verschwunden und damit auch das Hochwild. In den Dörfern tragen noch viele ältere Frauen die traditionelle Tracht und verbringen viel Zeit mit der Herstellung schöner Webwaren.
Die größte Geißel Levkas' sind die alle 20 bis 30 Jahre auftretenden Erdbeben. Die letzten folgenschweren waren 1948 und 1953, als auch Kephallinia und Ithaka zerstört wurden.

Kanal und Hafen Levkas (Plan C der D 1092 und Skizze Seite 46).

Einsteuerung: a) Kommt man von Norden, so kann man die venezianische Festung Sta. Maura bereits auf einige Meilen in ihrer flachen Umgebung ausmachen. Aber sie wird teilweise durch ein großes, weißes Gebäude verdeckt, das dicht nordnordwestlich der Festung liegt und ebenfalls schon von weit draußen zu sehen ist. Erst auf ganz kurze Entfernung kann man die Spitze der nördlichen Landzunge klar erkennen. Wenn nun eine Yacht auf diesen gefährlichen Legerwall zuhält — vielleicht zum erstenmal —, können auch mutige Skipper Angst bekommen, weil sich das Erkennen der richtigen Einfahrt verzögert — vor allem wenn einen die raume Nachmittagsbrise mit sechs Beaufort vorwärtstreibt! Die Festung Sta. Maura ist dann zwar zu sehen, aber durch die Gleichförmigkeit der Umgebung kann womöglich die bewußte nördliche Spitze doch nicht gleich erkannt werden. Es mag dann helfen, wenn man die Leuchttürme auf der Spitze und auf der Festung unter 193° in Deckung bringt. Vor der Einfahrt bleibe man in gehörigem Abstand von der flachen, sandigen Nordspitze und drehe dann in den Kanal, wobei die beiden rostigen Fässer, die Unterwasserfelsen markieren, an Backbord bleiben. Die häufig verkehrende Seilfähre (für Lasten über 16 t) stimmt den Betrieb mit der dahinter liegenden neuen Schwenk- und Klappbrücke ab, über die der gesamte Autoverkehr zwischen Festland und Levkas fließt (Tag und Nacht in Betrieb). Solange die Brücke geschlossen und das Drahtseil der Fähre gespannt ist, muß man im Vorhafen kreisen. Die neue Brücke wird für die Großschiffahrt zur Seite geschwenkt, für die Durchfahrt von Yachten und Fischerbooten an der Westseite hochgeklappt (Öffnung 10 m breit). b) Wenn man von Süden kommt, ist das massige Fort St. Georg schon auf weite Entfernung eine markante Landmarke. Vier Leuchttonnenpaare kennzeichnen die Einfahrt in den Kanal, den weiteren Verlauf markieren Stangen bis in den Hafen (während der Baggerarbeiten blaue Plastikkanister). Der Kanal wird von Kümos und großen Fischerkaïken benutzt und hat eine Mindestwassertiefe von 5 m. Schon die alten Korinther gruben einen Kanal, der ebenso wie der von den Römern wiederhergestellte verlandete. Der Levkas-Kanal in seinem heutigen Aussehen wurde um die Mitte des letzten Jahrhunderts von der britisch-ionischen Verwaltung gebaut.

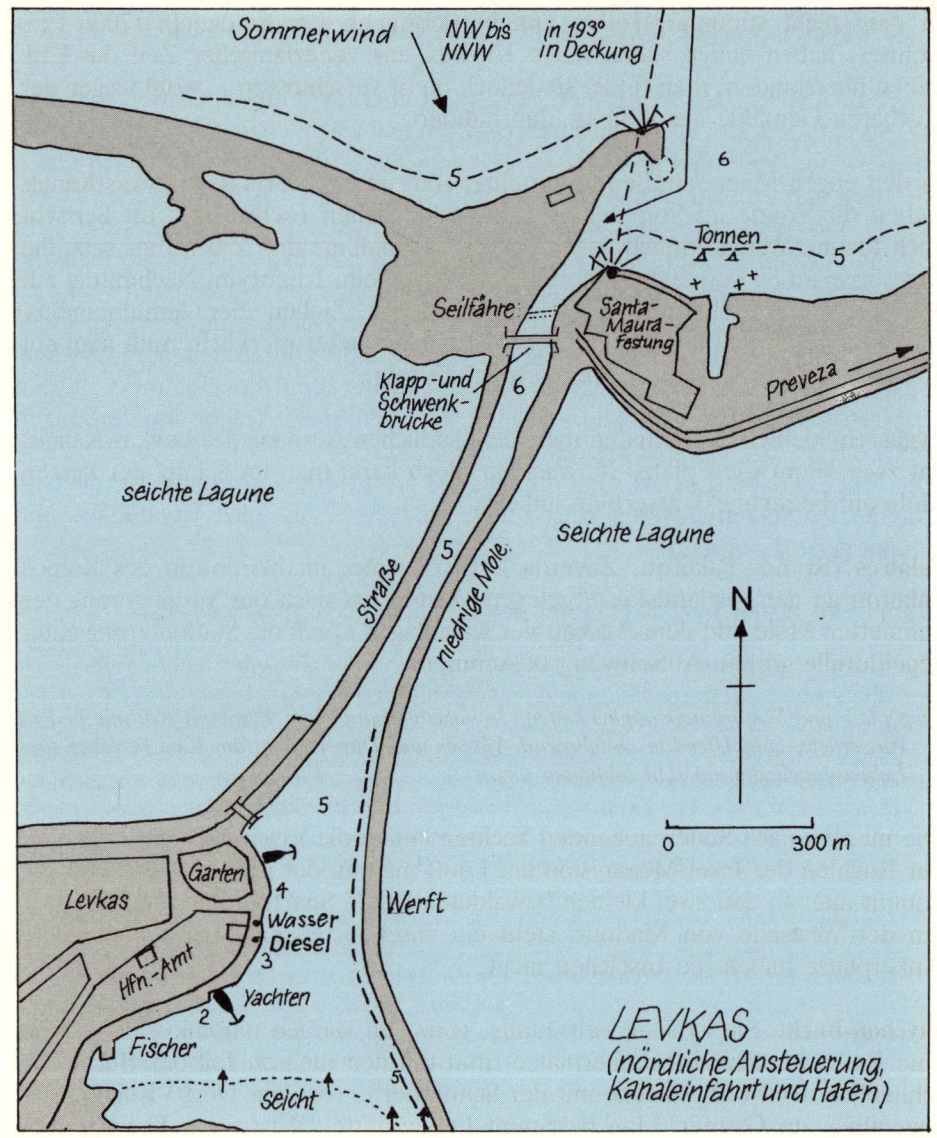

LEVKAS
(nördliche Ansteuerung,
Kanaleinfahrt und Hafen)

Liegeplatz: Der „Hafen" ist mehr ein gut geschützter Kai im Winkel zwischen dem Damm und der Insel vor einem aufstrebenden Ort. Entlang dem Kai kann man anlegen, wo Platz ist. Der Schlickgrund hält den Anker gut. Die Seebrise bringt angenehme Kühlung. Es herrscht reger Betrieb durch Segelflottillen, Ausflugsboote und gelegentlich Kümos. Will man für längere Zeit bleiben, legt man sich möglichst um die Ecke. Dort wurden für die Fischerboote zusätzliche Anlegeplätze geschaffen.

Versorgungsmöglichkeiten: Kraftstoff und Wasser am Kai, eine ganze Reihe von Lebensmittelgeschäften, Restaurants und Tavernen im Ort. Auf Levkas wächst ein guter, leichter Wein (Retsina).

In dem recht stimmungsvollen und betriebsamen Landstädtchen (7000 Einwohner) haben einige sehenswerte Kirchen aus venezianischer Zeit das Erdbeben überstanden; man findet sie jedoch meist verschlossen — wohl wegen der kostbaren Gemälde aus dem 18. Jahrhundert.

In den engen Meeresstraßen unmittelbar süd- und ostwärts des Levkas-Kanals wehen die Winde im Sommer aus unterschiedlichen Richtungen; oft herrscht auch Flaute. Weiter südlich gegen Ithaka, Kephallinia und Zakynthos setzt die Tagesbrise an 80 von 100 Sommertagen mittags ein, frischt am Nachmittag auf 3 — 4 Bft auf und schläft mit Sonnenuntergang ein. Ziehen aber Cumulonimbuswolken am Himmel auf und fällt dabei das Barometer merklich, muß man auf Starkwinde aus dem IV. Quadranten gefaßt sein.

Lygia, ein kleiner Fischerhafen nahe dem südlichen Ausgang des Levkas-Kanals, hat zwar kaum Liegeplätze für Yachten, doch kann man im Schutz der kurzen Mole auf bequemer Wassertiefe ankern.

Palairos (Kolpos Palairou, Zaverdas). Der kleine, im Nordosten des Kolpos Palairou an der Festlandsküste gelegene Hafen hat nach der Verlängerung der befeuerten Mole und dem Ausbau der Kaianlagen durch die Stationierung einer Segelflottille großen Aufschwung bekommen.

Liegeplatz und Versorgungsmöglichkeiten: Je nach vorhandenem Platz am Kai mit 3—4 m Wassertiefe, zum Ufer hin abnehmend. Wasser und Diesel direkt am Kai, Tavernen und Lebensmittelläden im sehr lebhaften Ort.

Die meisten nach Süden gehenden Yachten laufen die Vlychon-Bucht oder eine der Buchten der Insel Meganision an. Läuft man an der grünen Küste entlang, kommt man an den zwei kleinen bewaldeten Inseln **Sparti** und **Madouri** vorbei. An der Westseite von Madouri steht ein ansehnliches Landhaus. Geschützte Ankerplätze haben die Inselchen nicht.

Vlychon-Bucht. Sie ist sehr weiträumig, ganz von Bergen umschlossen und hat eine Reihe brauchbarer Ankerplätze rund um den inneren Teil der Bucht einschließlich der Nordwestecke mit der Schiffswerft, vor dem Dorf Vlychon oder gegenüber am Ostufer. Man bekommt Lebensmittel, Wasser am Kai vor dem Minimarkt, Diesel per Tankwagen.
Nahe der Einfahrt an der Ostküste liegt die ehemalige Villa des berühmten deutschen Archäologen Wilhelm Dörpfeld, der auf Grund von Funden aus mykenischer Zeit die inzwischen widerlegte Theorie vertrat, nicht Ithaka, sondern Levkas sei die Heimat des Odysseus gewesen. Dörpfeld starb 1940 und wurde auf demselben Grundstück nahe dem Kap Agia Kyriaki begraben.

*Ankerplätze: a) Auf der Westseite der Einfahrt liegt **Nydrion** mit einem Kai, an dem man kurzfristig zum Wasserbunkern und Einkaufen festmachen kann, soweit er nicht von den lokalen Fährbooten beansprucht wird. Tankstelle in der Hauptstraße (auch mit Tankwagen).*

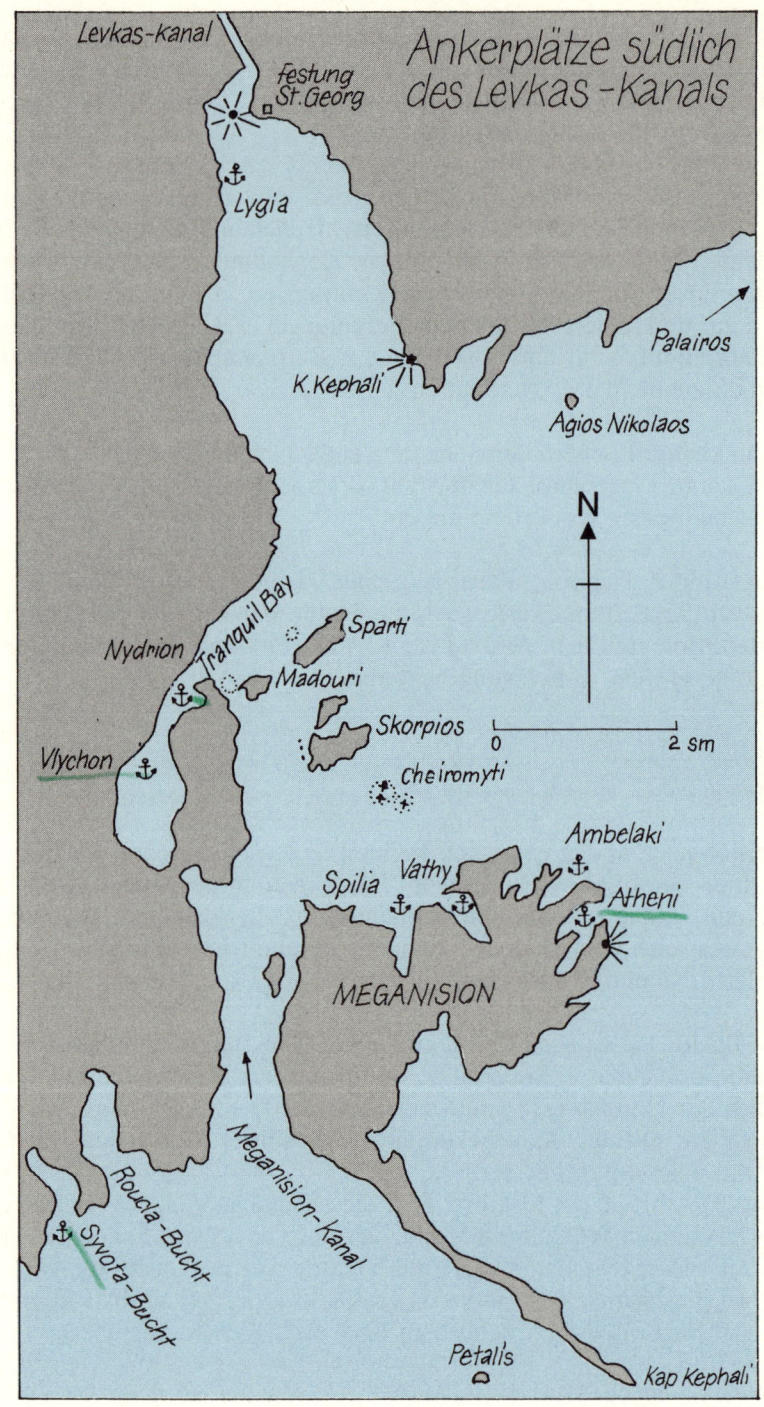

Ankerplätze südlich des Levkas-Kanals

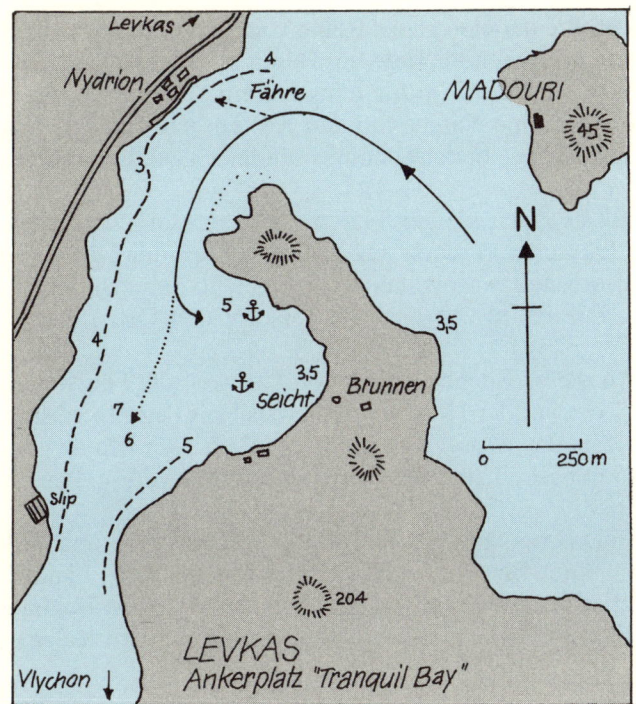

b) Die „Tranquil Bay" ist ein friedlicher Platz mit angrenzenden grünen Ufern. Sie liegt jenseits von Nydrion östlich der Einfahrt (siehe Skizze). Den Namen bekam sie von dem französischen Fahrtensegler Germain Gerard.
Die Südküste von Levkas wird ab Seite 51 beschrieben.

SKORPIOS. Die Insel gehörte Aristoteles Onassis und sieht von See her wie ein Landsitz in einem wohlgepflegten Park aus. Eine Straße führt rund um die Insel, und man kann die kleinen Häuser der Angestellten, die Anpflanzungen und die Lagerhäuser sehen.
Auf den meist eben überfluteten Felsen 1 kbl westlich vor Skorpios muß man bei einer Umrundung der Insel ebenso achtgeben wie auf die in der Karte D 658 verzeichnete Untiefe Cheiromyti zwischen Skorpios und Meganision. Dicht ostwärts davon gibt es noch eine 3,50-m-Stelle.

MEGANISION hat an seiner zerklüfteten Nordseite einige als Ankerplätze recht brauchbare Buchten.

Atheni-Bucht. Eine weit ins Land reichende hübsche Bucht. Wer allein bleiben will, ankere beim Scheitel des nördlichen Arms; wer besseren Schutz und farbiges Landleben sucht, ankere nahe dem Scheitel des längeren, südlichen Armes. Dort liegen einige offene Fischerboote am befestigten Ufer. Der Anleger hat knapp 2 m Wassertiefe. Dem Riff vor der Nahtstelle zwischen den beiden Armen sollte man gebührend ausweichen!

Ambelaki-Bucht. Sie hat eine ganze Reihe von Seitenarmen, in denen eine Yacht auf Sandboden und passender Tiefe mit Raum zum Schwojen ankern kann. Man sollte seine Wahl nach der Windrichtung treffen. Taverne in der Südecke.
Die nächste Bucht, ohne Namen auf den Karten, jedenfalls die unmittelbar ostwärts von Kap Makrya, bietet ebenfalls einige brauchbare Seitenarme.

Vathy. Hier gibt es einen kleinen Hafen vor dem Dorf, der gegen Nordwesten offen ist. Die Häuser sind schon aus einiger Entfernung klar zu erkennen. Das Wasser ist im Bereich des Molenkopfes 3 m tief, so daß man mit Bug oder Heck anlegen kann. Die Fähre von Nydrion versorgt den Ort.

Spilia-Bucht. In dieser Bucht westlich von Vathy ist die Fährstation für den Ort Spartochorion, der auf der Höhe oberhalb des Kais liegt. Der Meeresboden fällt vom Kai, vor dem das Wasser 3 m tief ist, steil ab. Der Schutz gegen Winde aus dem I. Quadranten ist dürftig. Fährverbindung mit Nydrion. Am Ufer Tavernen.

KALAMOS. Die schön bewaldete Insel ist relativ groß und bis 750 m hoch (Oros Vouni). Die Bewohner leben vorwiegend von Landwirtschaft und Fischfang, und zwar größtenteils in dem kleinen Hafenort Kalamos, der Bootsverbindung mit dem Festland unterhält. Von Yachten wird Kalamos gern aufgesucht.

Einsteuerung und Liegeplatz: Die 150 m lange Mole erstreckt sich in nordöstlicher Richtung. Sie schützt den Hafen vor den üblichen Sommerwinden. Das Wasser vor dem Kai ist 3 – 4 m tief; man kann auch etwas abseits auf 5 m Wassertiefe ankern. Der Sandboden mit kurzem Kraut hält gut. Ein Trinkwasserhahn ist in der Nähe der beiden Tavernen. Lebensmittel und Gemüse gibt es im Supermarkt am Hafen, Brot im Dorf oberhalb.
*Die **Leone-Bucht,** 2,5 sm südwestlich von Kalamos (in der D 658 ohne Bezeichnung), dürfte bei steifem Nordwind mit seinen Fallböen angenehmer sein als der Hafen, obwohl sie ziemlich tief ist.*

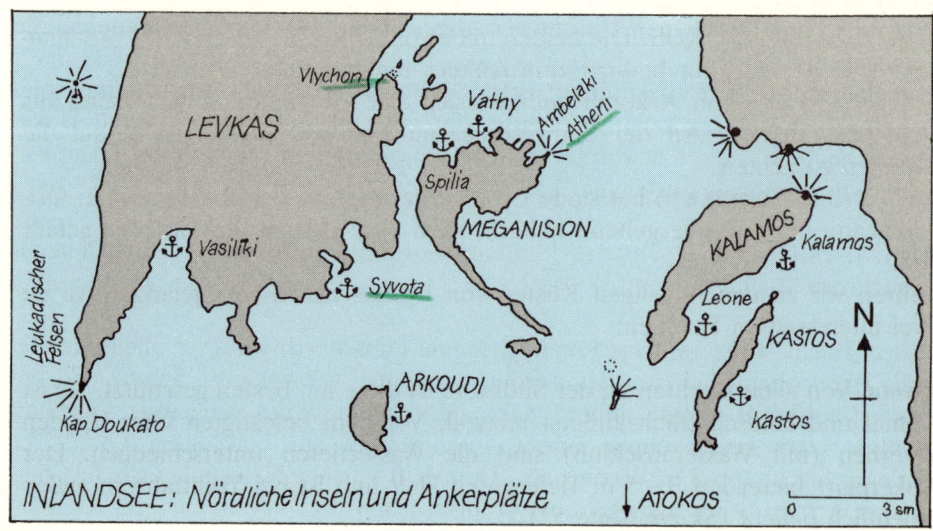

INLANDSEE: *Nördliche Inseln und Ankerplätze*

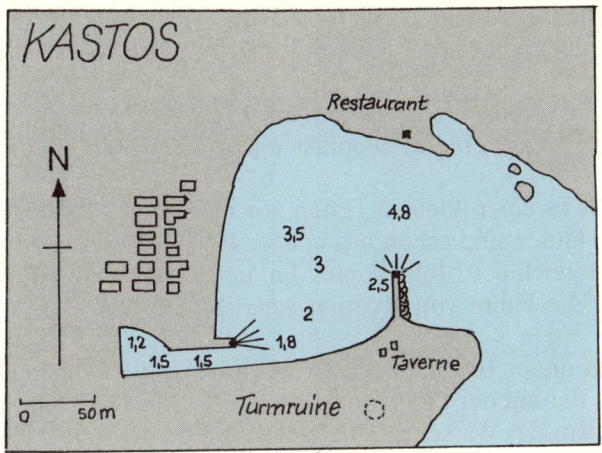

KASTOS. Diese lange, schmale Insel ist nur bis 155 m hoch. Nur hier und da sieht man ein Stück bebauten Landes. Der gleichnamige Hafenort liegt an der Ostküste oberhalb einer Bucht, die man mit Hilfe einer Windmühlenruine auf dem Einfahrtskap leicht ausmachen kann.

Liegeplatz: Die Mole an der Südseite der Bucht hat 2,50 m Wasser an der Innenseite ihrer vorderen Hälfte. Weiter binnen und an der Außenseite liegen Felsen. Einer Yacht mit entsprechendem Tiefgang bietet sie Schutz außer bei Schirokko; dann werden die Wellen von den Kliffs an der Nordseite der Bucht reflektiert. Eine schmale, 1,50 m tiefe Einfahrt führt in einen Bootshafen mit 1,80 – 1,20 m Wassertiefe. Fischerboote finden dort vollkommenen Schutz.

Versorgungsmöglichkeiten: Man kann kaum mehr als ein paar Grundnahrungsmittel kaufen, doch gibt es im Sommer zwei Tavernen. Bei Bedarf geht ein Boot nach Astakos auf dem Festland.

ARKOUDI und **ATOKOS.** Die beiden unbewohnten, aber durch ihre Form markanten Inseln sind nur bedingt zum Ankern brauchbar.
Auf der Ostseite von Arkoudi befindet sich eine Einbuchtung mit Grund aus Sand und Steinen. An der Südwesthuk und vor der Südosthuk ist auf die Untiefen zu achten.
Atokos (bis 333 m hoch) hat steile Ufer. In der offenen Sandbucht auf der Ostseite kann man vorübergehend ankern, muß aber ständig auf Fallböen gefaßt sein.
Kehren wir zu den hügeligen Küsten von Levkas zurück, so gelangen wir zu zwei interessanten Buchten:

Syvota. Von allen Buchten an der Südküste ist diese am besten geschützt. Sie ist schmal und landschaftlich äußerst reizvoll. Vor dem befestigten Ufer bei den Tavernen (mit Wasseranschluß) sind die Wassertiefen unterschiedlich. Der Ankerplatz bietet auf 3 – 5 m Tiefe guten Halt und ist bei Yachtfahrern außerordentlich beliebt (Skizze Seite 52).

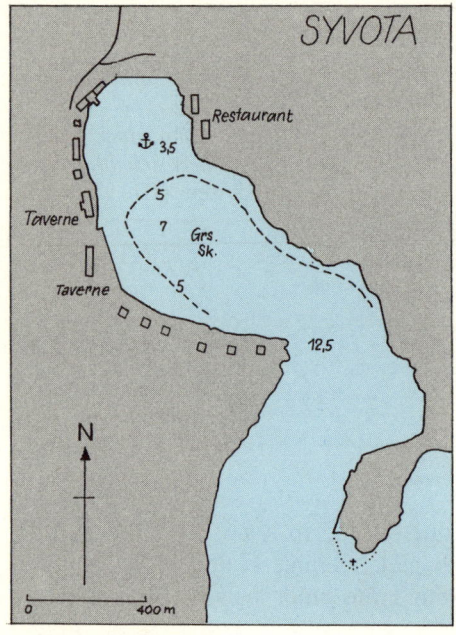

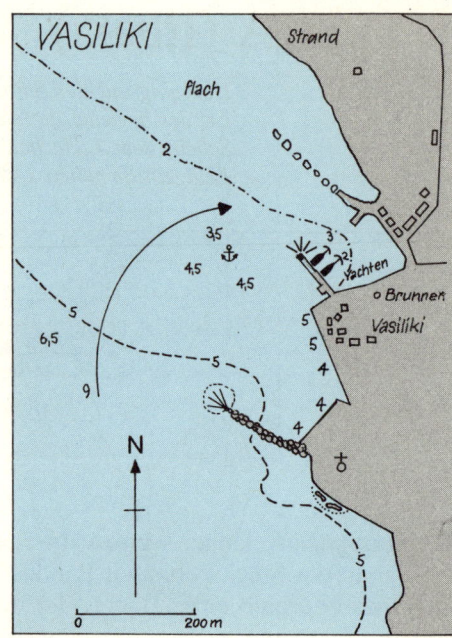

Vasiliki (Ormos Vasilikis; Plan G der D 1092). Die Bucht mit dem hübschen kleinen Hafen an ihrer Ostseite ist ziemlich weiträumig und Fallböen von dem über 700 m hohen Bergrücken ausgesetzt, deshalb wird sie nur unter Vorbehalt empfohlen.

Einsteuerung: Auf der äußeren, verlängerten und verstärkten Mole ist das Feuer möglicherweise noch nicht in Betrieb. Im neuen Hafenbecken beträgt die Wassertiefe 4 − 5 m.

Liegeplatz: Yachten legen zunächst noch im alten, inneren Hafen an. In der ersten Hälfte kann man mit 3 − 2,50 m Wasser rechnen. Tiefergehende Yachten ankern westlich des Molenkopfes (nicht nordwestlich, da sie sonst beim Schwojen in flaches Wasser geraten). Die Tagesbrise sorgt für heftige Fallböen und trifft Yachten an der Mole breitseits. Wenn am Nachmittag der Wind zunimmt, kann die Arbeit für beide − die vor Anker und die an der Mole − hart werden . . .

Rundet man den südlichsten Punkt der Insel Levkas, Kap Doukato, und läuft etwa 1 sm an der ungeschützten Westküste nordwärts, sieht man ein wildromantisches weißes Kliff von 72 m Höhe, das senkrecht zum Meer abfällt: den Leukadischen Felsen. Angeblich soll sich die berühmteste Dichterin des Altertums, Sappho, um 600 v. Chr. hier in die Tiefe gestürzt haben. Abgesehen von dieser Legende war es Sitte, am Fest des Apollon Schwerverbrecher von diesem Felsen in die See zu stürzen. Um den Aufprall zu mildern, durften sie sich Vogelschwingen anbinden. Überlebten sie den Sturz, wurden sie mit Netzen aufgefischt und waren durch das Gottesurteil frei.

ITHAKA (Ithaki)

Hell ging auf der Stern wie so oft in entschwundenen Jahren.
Er, der begleitet die dämmernde Eos seit uralten Zeiten.
Scheint sein Licht heut', ist getan die Reise auf schäumenden Wogen:
Leidgeprüft nähert Odysseus der Heimat sich, nähert sich Ithaka.

Homer, Odyssee XIII, 93 ff.

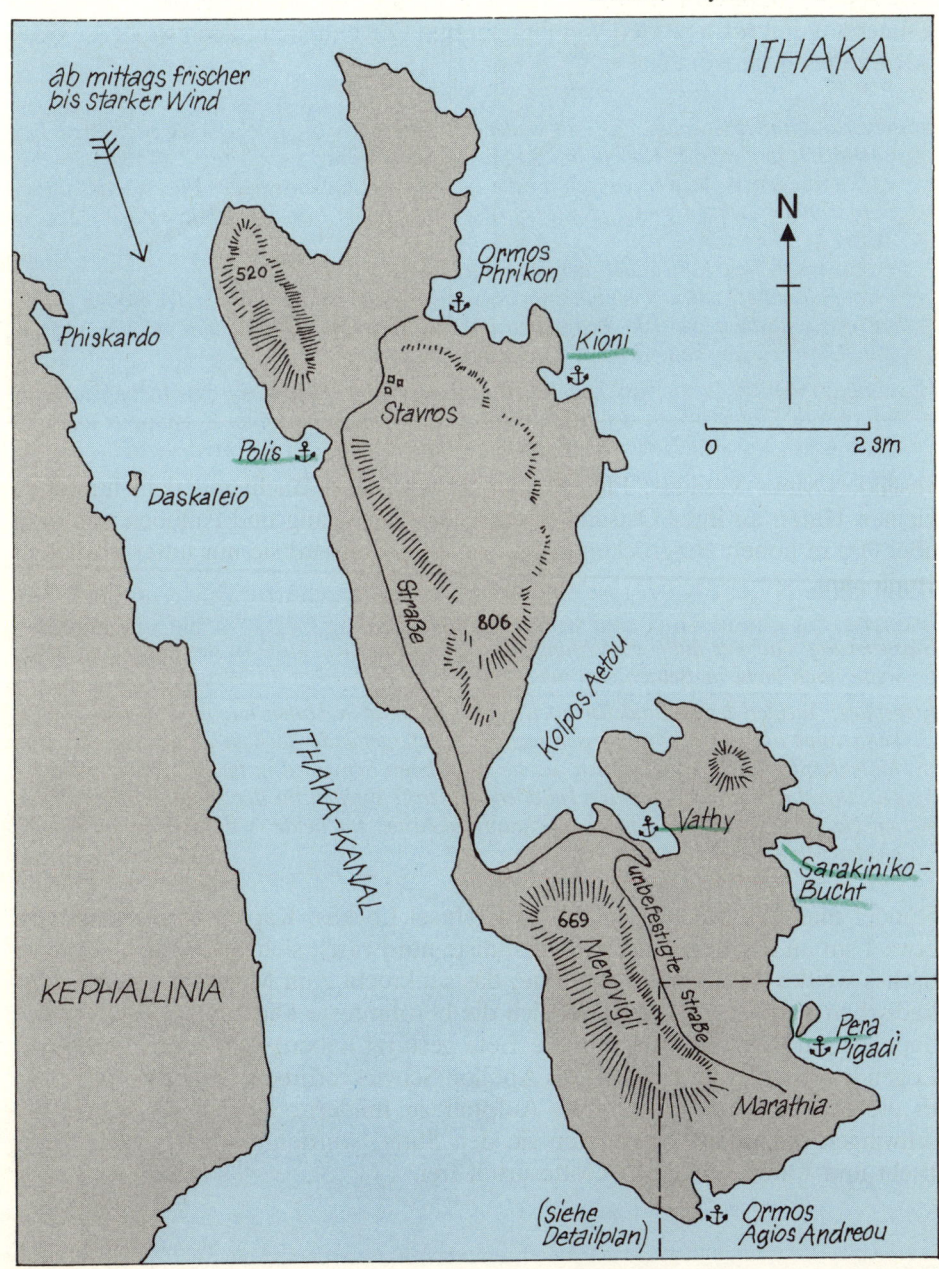

Die beiden Hälften dieser gebirgigen Insel (806 und 669 m) sind durch eine flache und sehr schmale Landenge verbunden. Da die Insel an ihrer Ostseite reichgegliedert ist, ergeben sich etliche geschützte Ankerplätze. Dank ihrer Vergangenheit trifft man auch auf zahlreiche Sehenswürdigkeiten.

Vathy (Kolpos Aetou, Plan L der D 1092; Port of Entry) ist der Hauptort der Insel. Sein entzückender kleiner Hafen liegt in einer ansprechenden, gebirgigen Umgebung mit terrassierten Weinbergen und Olivenhainen, doch weite Strecken des Landes liegen brach.

Einsteuerung und Liegeplatz: Es gibt weder bei Tage noch bei Nacht Schwierigkeiten. Das Eiland mit der weißen Kapelle muß man an Steuerbord lassen.
– Die meisten Yachten legen sich an die Innen- oder Außenseite der Pier, die das innere vom äußeren Becken trennt. Natürlich liegt man innen besser geschützt auf 2 – 2,50 m Wasser.
– Am westlichen Kai südlich der Fähranlegestelle.
– Im Falle einer steifen Nachmittagsbrise ist es angenehmer, im Norden der großen Hafenbucht (nordöstlich von Ak. Pierou) zu ankern. Der Grund fällt allerdings bereits 50 m vom Ufer steil ab, außerdem ist der Halt Glücksache.

Versorgungsmöglichkeiten: Wasser und Treibstoff per Tankwagen. Größeren Bedarf an Treibstoff bei der Tankstelle in der Ausfahrtsstraße bestellen. Geschäfte, Restaurants und eine Bank liegen um den Hafen. Der schwarze Wein von Ithaka ist hervorragend, aber rar. Stangeneis ist beim Fischhändler zu haben. Inselfährverkehr.

Kioni (Plan N der D 1092) ist eine liebliche, gut geschützte Bucht an der Nordostküste mit einem Dorf und Sommerhäusern, eingebettet in die umgebenden

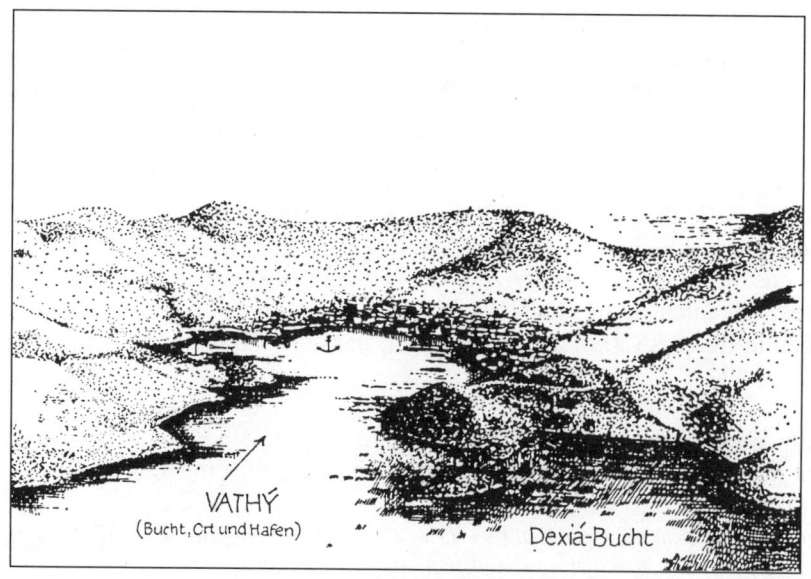

VATHÝ
(Bucht, Ort und Hafen)

Dexiá-Bucht

Hügel. Die drei alten Windmühlen auf dem Hang südlich der Einfahrt sind nicht zu übersehen.

Liegeplätze: a) Bug oder Heck zum Kai im Nordosten im Schutz der Mole.
b) Man lasse den Anker auf 9 m Tiefe am Ende der Bucht fallen.
c) Man ankert etwa in der Mitte am Südufer der Bucht vor dem Friedhof.

Versorgungsmöglichkeiten: Tavernen am Kai, ein Laden im Dorf. Im Sommer verkehrt eine Fähre nach Vathy, vielbenutzt von den Athenern, denen die meisten der Landhäuser gehören.

Phrikes (Ormos Phrikon, Plan H der D 1092). In dieser hübschen Bucht im Nordosten Ithakas gibt es eine Mole, an deren Außenseite die Levkas-Fähre anlegt, und einige Häuser, darunter Tavernen und ein Gemischtwarenladen. Der Hafen dient dann und wann der Verschiffung landwirtschaftlicher Produkte aus der fruchtbaren Ebene in der Nordhälfte der Insel.

Einsteuerung und Liegeplatz: Eine Windmühle auf Kap Akrotiri markiert die Südseite der Einfahrt. Die Mole hat 5 m Wasser an ihrem befeuerten Kopf und längsseits. Bug oder Heck zur Mole und den Anker zur Küste hin. Man muß aber genug Kette stecken, denn der Halt ist unsicher, und kräftige Fallböen stellen das Ankergeschirr auf die Probe.

Eine Straße führt durch das Tal hinauf nach Stavros, einem modernen Ort mit Cafés und kleinen Geschäften, in denen man Lebensmittel bekommt. Stavros liegt auf dem Sattel des Höhenrückens, der Phrikes von der halbkreisförmigen Polis-Bucht an der Westküste trennt.

Polis-Bucht (Ormos Polis, Plan K der D 1092). Die weiträumige, nach Südwesten offene Bucht liegt an der Meerenge zwischen Ithaka und Kephallinia.

Ankerplatz: Im Scheitel der Bucht, wo der Boden steil auf 5 m ansteigt. An der kurzen Pier in der Nordostecke kann man mit dem Beiboot landen oder, falls Platz vorhanden, mit dem Heck festmachen. Die Wassertiefe von 2 m am Kopf nimmt nach Westen hin schnell zu.

Es gilt als gesichert, daß diese Bucht dem antiken Polis in der Nähe des heutigen Stavros als Hafen diente. Funde aus mykenischer Zeit lassen auf eine Ansiedlung schließen, und die Archäologen glauben, daß der Palast des Odysseus nördlich gegen den Pelikata-Hügel zu stand, nahe der Quelle des Flusses, der auch heute noch Wasser führt.
Droben in Stavros (30 min Fußweg) steht in einem kleinen Park eine Odysseus-Büste.

Ormos Agios Andreou (Plan P der D 1092 und Skizze Seite 56), eine einsame Bucht im Süden der Insel, ist malerisch von Hügeln umgeben.

Ankerplatz: Vor dem Kiesstrand auf 9 – 12 m Tiefe. Es ist wenig Raum zum Schwojen, Kraut und Felsbrocken machen den Halt ungewiß.

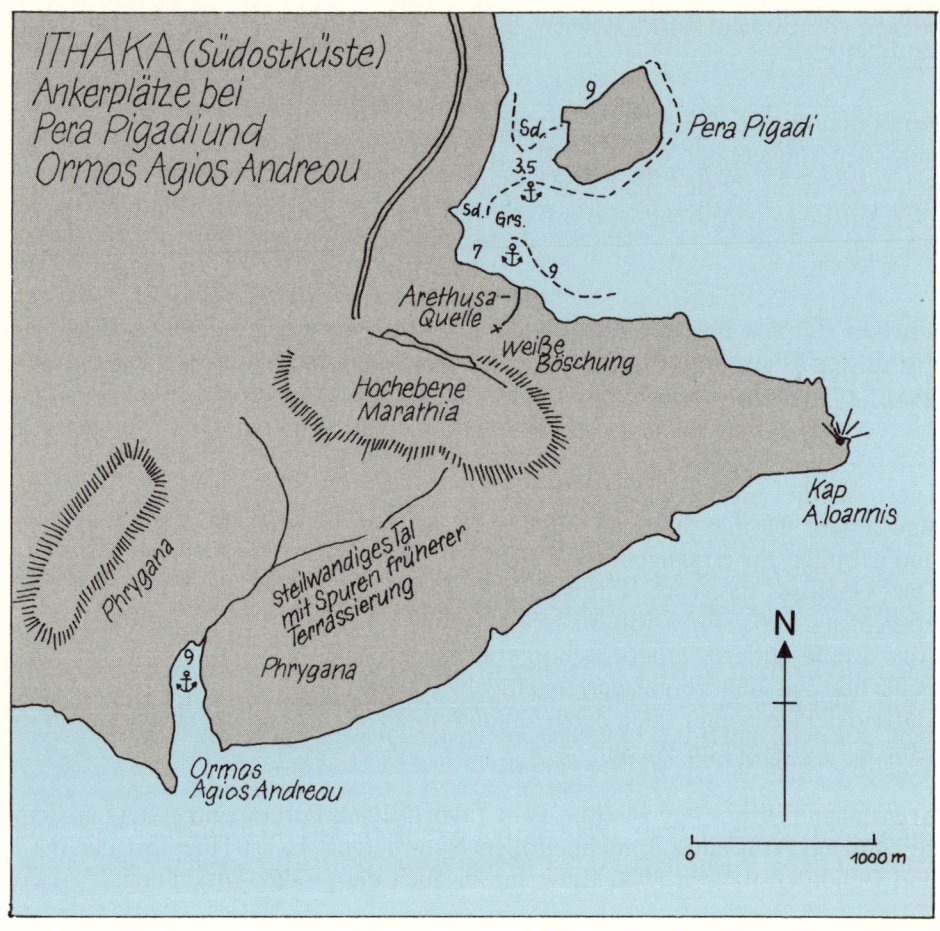

Steigt man in dem grobkiesigen, sommertrockenen Flußbett aufwärts, vorbei an längst aufgegebenen Terrassen mit einigen verwilderten Olivenbäumen, so gelangt man auf die Hochebene Marathia, wo Eumaios, der Schweinehirt, seine Stallungen gehabt haben soll. Odysseus' Sohn Telemach mag nach seiner Rückkehr von Pylos und Sparta ebenfalls diesen Weg genommen haben, um dem Hinterhalt zu entgehen, den Penelopes Freier ihm auf der Insel Daskaleio zwischen Ithaka und Kephallinia gestellt hatten.

Pera Pigadi (Plan Q der D 1092). Bei ruhigem Sommerwetter kann man zwischen Ithaka und dieser flachen Insel einen angenehmen, wenn auch offenen Ankerplatz auf 3 – 9 m Tiefe finden. – Der kleine private Anleger an der Westseite von Pera Pigadi hat große Wassertiefen in geringer Entfernung (Rattengefahr!).
Etwa eine halbe Seemeile südlich der Insel erkennt man eine steile Rinne unter einer weißen Böschung. Vom Strand aus kann man zu Arethusas Quelle hinauf-

1   1

1   Paläokastritsa ist der einzige
    Hafen an der Westküste
    Korfus

2   Türkisgrünes Wasser und
    Ginster am felsigen Ufer –
    ein traumhafter Ankerplatz
    bei der Insel Antipaxoi
    (Ionisches Meer)

3 Über der Ruinenstätte von
Alt-Korinth erhebt sich Akrokorinth

4 An der Ostseite der Insel
Ithaka liegt die malerische
Sarakiniko-Bucht

5 Der Apollontempel von
Delphi kann von Itea oder
Galaxeidi aus besucht werden

6

6 Kap Doukato mit dem
  Leuchtturm in 70 m Höhe ist
  der südlichste Punkt der Insel
  Levkas

7 Bis 75 m hoch ragen die Kalk-
  steinwände des Kanals von
  Korinth auf

8 Blick von der Arethusa-
  Quelle aus auf die Insel Pera
  Pigadi bei Ithaka

8

7

9

10

11

9 Kyparissia an der Westküste
   des Peloponnes mit umfassendem Rundblick auf das
   Ionische Meer

10 Wohntürme auf der Halbinsel
   Mani (Südlicher Peloponnes);
   im Hintergrund das Taygetos-
   Gebirge

11 Blick vom Leuchtturm Sapientza auf die südlichste
   Landspitze des Peloponnes

steigen (Bordwache zurücklassen!). Sie strömt jetzt weit weniger reichlich als zu Homers Zeiten.

Sarakiniko-Bucht. Sie bietet einen geschützten, abgeschiedenen Ankerplatz in hübscher Umgebung. Der Grund hält den Anker gut. Reicht der Platz zum Schwojen nicht, bringe man eine Leine zu einem der Olivenbäume aus.
Der Aufstieg zur Anhöhe wird mit einer herrlichen Aussicht hinüber nach Vathy belohnt.

KEPHALLINIA (Kefallonia)

Dies ist die größte und höchste aller sieben Inseln mit nahezu 60000 Bewohnern. Homer und auch Strabo beschrieben sie bereits als rauh, zerklüftet und gebirgig. Ihr ermangeln die weichen Formen und die schöne Glätte Korfus. Das Gebirge, das von Nordwesten nach Südosten die Insel durchstreicht, erreicht im Oros Ainos 1618 m Höhe. Man kann den Berg, der sich nur 4 km vom Strand entfernt erhebt, schon von weit draußen auf See ausmachen. Am Fuße und auf den vorgelagerten Hügeln wächst Wein, auch sieht man einige Getreidefelder; weiter oben deckt Tannen- und Kiefernwald die Hänge. Doch es fehlt auf der Insel an Wasser.

Argostolion (Ormos Argostoliou, Plan J der D 1092; Port of Entry) liegt an dem geschützten Arm eines immens großen Naturhafens. Es ist Hauptort der Insel und Behördensitz, mit 8000 Einwohnern auch die größte Ansiedlung.

Einsteuerung: Umlaufende Winde in der großen Bucht lassen ein Einlaufen unter Maschine ratsam erscheinen. Da die Untiefen alle markiert und meist auch befeuert sind, bilden sie keine Gefahr. Die Leuchtbake unmittelbar vor dem Hafen kann man an Backbord lassen.

Liegeplatz: Entweder legt man sich mit Bug oder Heck an den Yachtkai, Anker südwärts, oder man geht längsseits an den Kai vor dem Hafenamt. Dieser Teil des Hafens ist eingezäunt. Man kann natürlich auch entsprechend dem Tiefgang querab ankern, ist dann aber der Nachmittagsbrise ausgesetzt, die 5 Bft und im Spätsommer auch 6 Bft erreicht und Schwell erzeugt.

Versorgungsmöglichkeiten: Wasser und Treibstoff auf dem Kai; Bank, Restaurants und Lebensmittel in der Stadt. − Flugverbindung mit Athen.

In Argostolion wetteiferten Venedig und Großbritannien um den größeren Einfluß: Zahlreiche bekannte Juristen, Ärzte, Reeder und Großgrundbesitzer heirateten Venezianerinnen und lebten in der Hauptstadt Kephallinias.
Deshalb bestand die Stadt bis zu ihrer schweren Zerstörung durch das Erdbeben 1953 größtenteils aus schönen dreistöckigen Herrschaftshäusern mit schmiedeeisernen Balkonen. Inzwischen ist sie modern wiederaufgebaut worden und unterscheidet sich kaum von anderen europäischen Großstädten.

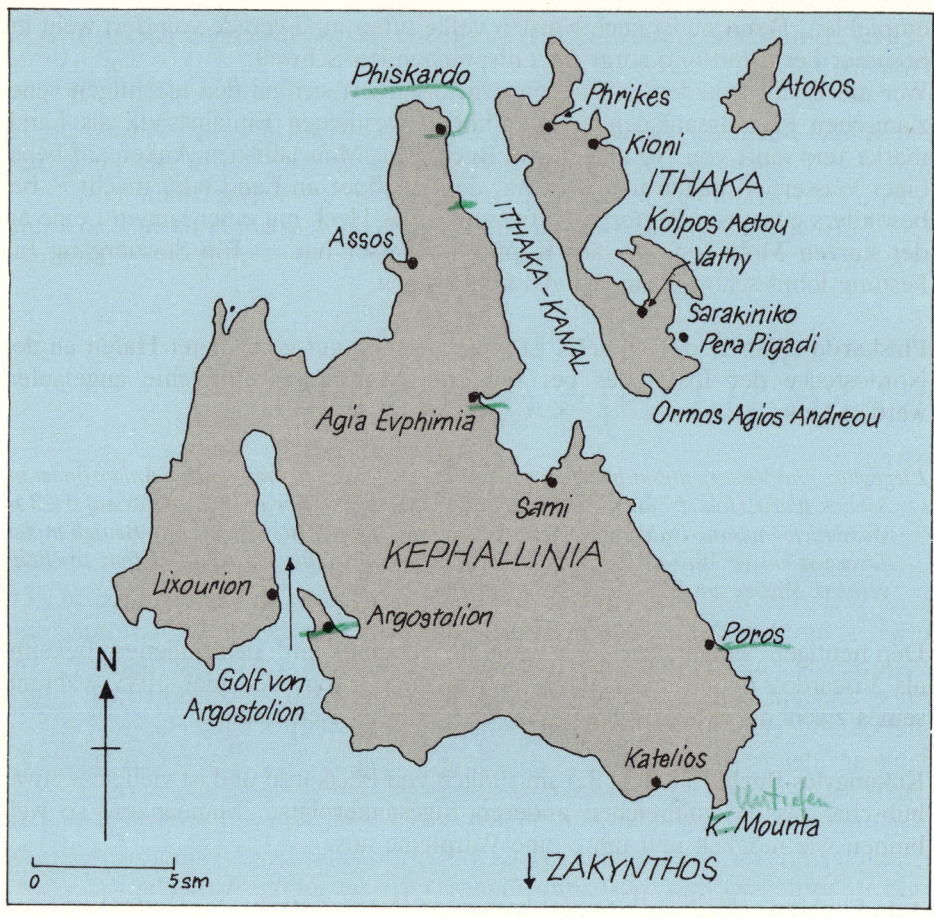

Eins der Phänomene, für die Kephallinia bekannt ist, sind die Meerwasser-mühlen von Argostolion, die durch einströmendes Wasser angetrieben wurden, das dann in einem Erdspalt verschwand. Wissenschaftler stellten mittels Farb-stoff fest, daß das Wasser durch unterirdische Gänge floß und nahe der Bucht von Sami wieder zutage kam. Seit dem Erdbeben sind die Bodenverhältnisse verändert; nur noch eine der Mühlen wird als Touristenattraktion gezeigt.

Lixourion liegt auf der anderen Seite des Golfes, Argostolion genau gegenüber. Es hat zwar 6000 Einwohner, ist aber für Wassersportler ohne besonderes Interesse. Der kleine Hafen mit zwei Wellenbrechern ist bei steifem Süd- oder Ostwind zu wenig geschützt. Frachter laden und löschen an den Kais (Wasser-tiefe um 3 m). Die Fähre benötigt von Argostolion eine halbe Stunde.

Assos ist ein Dorf an einer nicht weit ins Land reichenden Bucht (Ormos Assou) an der Westküste der großen nördlichen Halbinsel. Obwohl die Bucht durchaus hübsch und die Taverne am Südufer gut ist, kann man sie als Ankerplatz nicht empfehlen. Denn sie ist nach Norden völlig offen, und gerade von dort weht im Sommer der Wind und sorgt für entsprechenden Schwell.

Wer die Bucht trotzdem aufsuchen will, orientiert sich an den mächtigen venezianischen Festungsanlagen auf der hohen westlichen Einfahrtshuk als Landmarke und läuft von Norden in die Bucht ein. Man läßt den Anker auf beliebiger Wassertiefe fallen und geht mit dem Beiboot an Land oder macht — bei besonders günstigen Wetterverhältnissen — das Heck mit einer langen Leine an der kurzen Mole fest, die am Kopf 3 m Wasser hat. — Ein Spaziergang zur Festung lohnt schon allein der Aussicht wegen.

Phiskardo (Plan D der D 1092) ist ein reizender, gut geschützter Hafen an der Nordostecke der Insel, der bei Tag und Nacht ohne Probleme angelaufen werden kann.

Liegeplatz und Versorgungsmöglichkeiten: Am Kai auf 2 – 3 m Wasser. Der Anker findet im Schlick guten Halt. Ist kein Platz vorhanden, kann man vor dem Nordufer auf 5 – 8 m Wassertiefe ankern. Da der Hafen ein beliebter Seglertreff ist, herrscht viel Betrieb in den Tavernen an der Wasserfront. Es gibt hier kleine Geschäfte, Post und Telefon; Inselfährverkehr. Wasser am Westkai, Treibstoff per Tankwagen.

Den heutigen Namen hat der Ort nach Robert Guiscard, den Italienern bekannt als Viscardo, dem erfolgreichen Normannenherzog, der hier 1085 während seines zweiten Feldzuges gegen das Oströmische Reich starb.

Kakongylos-Bucht. Sie liegt 3,5 sm südlich von Phiskardo und ist vielleicht etwas hübscher als die zahlreichen anderen Tagesankerplätze. Man ankere so weit binnen wie möglich und fahre eine Warpleine aus.

Agia Evphimia (Heilige Eufemia) liegt in der Nordwestecke des Golfes von Sami und hat eine kurze, guten Schutz gewährende Mole, hinter der mehrmals täglich Fähren anlegen. Yachten machen unter Berücksichtigung der unterschiedlichen Wassertiefe am Nordkai fest. Dort liegt ein Wasserschlauch aus. Diesel wird mit

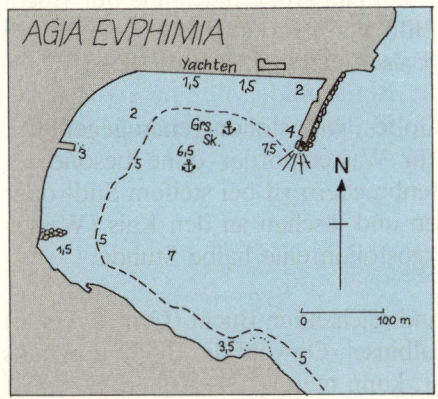

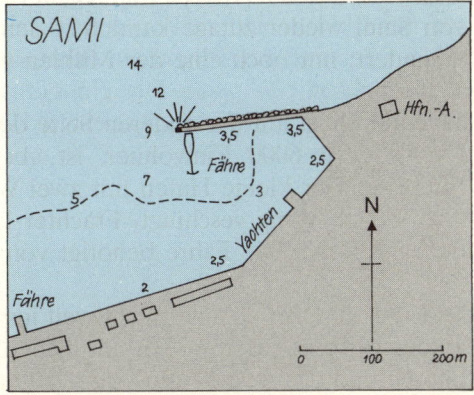

dem Tankwagen geliefert. Tavernen und Minimarkt in der Nähe. Busverbindung mit Sami und Argostolion.

Sami (Kolpos Samis) hat als Fährhafen (Autofährverkehr mit Patras, Piräus und den Inseln) Argostolion längst überflügelt, wiewohl der nach dem Erdbeben von 1953 völlig neu aufgebaute Ort kaum Annehmlichkeiten bietet. Die neue Straße unterstreicht die wirtschaftliche Bedeutung.

Liegeplatz und Versorgungsmöglichkeiten: Bug oder Heck zum neuen Kai auf 3 – 4 m Wassertiefe, nach Südwesten hin abnehmend (siehe Skizze Seite 59). Starker Schwell bei der auflandigen Tagesbrise macht Längsseitsliegen gefährlich! – Trinkwasser, Tankstelle und Lebensmittel gibt es in der Nähe, außerdem einige Tavernen und eine Bank.

Wenn man nach Norden durch die Meerenge zwischen Kephallinia und Ithaka segelt, sollte man stets daran denken, daß im Sommer jeden Nachmittag ein frischer nördlicher Wind weht, gegebenenfalls als böiger Fallwind von den Bergen.

Poros (Pronos, Ormos Porou, Plan O der D 1092). Der Ort mit einer eindrucksvollen Schlucht liegt zwar zauberhaft in der Landschaft, doch die sich über 100 m nach Osten erstreckende Mole mit 3,50 m Wasser an ihrem befeuerten Ende gibt nur der häufig verkehrenden Fähre, die die gesamte enge Hafenbucht zum Manövrieren benötigt, einigen Schutz. Wenn die Nordostwinde kräftig genug sind, steht der Seegang voll hinein. Zeitweilig hier zu ankern, um die Schlucht oder eine der Tavernen zu besuchen, kann deshalb nur bei ruhiger See empfohlen werden. Nach Beendigung der umfangreichen Bauarbeiten dürften die Liegemöglichkeiten besser werden.

Will man auf dem Weiterweg nach Süden das eindrucksvolle Kap Mounta runden, so heißt es weit, weit ausholen, denn der Meeresboden hat sich bei den vorgelagerten Kakava-Untiefen merklich gehoben, so daß die Kartenangaben überholt sind.

Katelios ist ein Dorf in hübscher Umgebung in der sehr offenen Bucht Ormos Kateleios östlich des befeuerten Kaps Kateleios. Der Ankerplatz mit 5 m Wasser auf Sandboden, 150 m vor der Küste, sollte nur mit äußerster Vorsicht bei ruhiger See und guter Sicht auf den Grund angesteuert werden, denn die Bucht ist gespickt mit Klippen. Die einheimischen Boote finden in einem aus unbehauenen Steinen gebildeten seichten Becken in der Nähe der Häuser Schutz.

ZAKYNTHOS (Sakinthos)

Diese Insel steht unter den Ionischen Inseln an dritter Stelle hinter Korfu und Kephallinia. In der Antike pries sie Strabo wegen des Reichtums ihrer Wälder und Ernten. In jüngerer Zeit wurde sie von den Venezianern gerühmt als „Blüte der Levante". Nähert man sich von See, scheint das eher übertrieben. Doch steht man auf einer der Höhen im Süden und blickt hinab auf die große Ebene davor, ist man über das reiche Grün angenehm überrascht. Der Ausblick hinüber zum 830 m hohen Vrachiones ist wirklich schön.

Zakynthos (Ormos und Limin Zakynthou, Plan E der D 1092; Port of Entry). Der Hauptort trägt denselben Namen wie die Insel und verfügt über einen der größten Häfen auf den Ionischen Inseln überhaupt. Durch die Jahrhunderte venezianischer Herrschaft und danach unter britischem Protektorat hatte er für den Handel große Bedeutung. Die hübsche moderne Stadt liegt zwischen teilweise kahlen Hügeln.

Einsteuerung: Folgt man vom Festland her der in der Skizze gestrichelten Linie zwischen Kyllini und Zakynthos, so umfährt man die unmarkierten Untiefen Yph. Montengiou, die allerdings mit Wassertiefen um 5 m für Sportboote nicht gerade gefährlich sind. An den Sommernachmittagen kann man im Südteil der Meerenge zwischen Zakynthos und dem Festland eine frische nördliche Brise erwarten. Von Norden kommend, halte man auf den nördlichen Molenkopf zu, den man rundet. Kommt man von Süden, muß man von Kap Davia an 1 sm Abstand halten, um allen Felsen, Tankerfüllstutzen und Untiefen aus dem Weg zu gehen, bis man den nördlichen Molenkopf über West peilt.

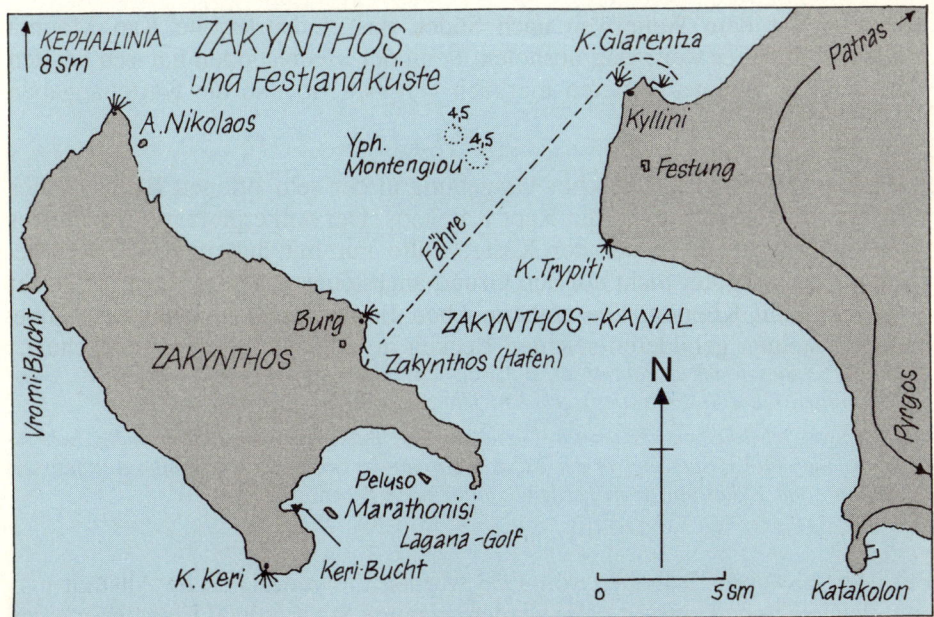

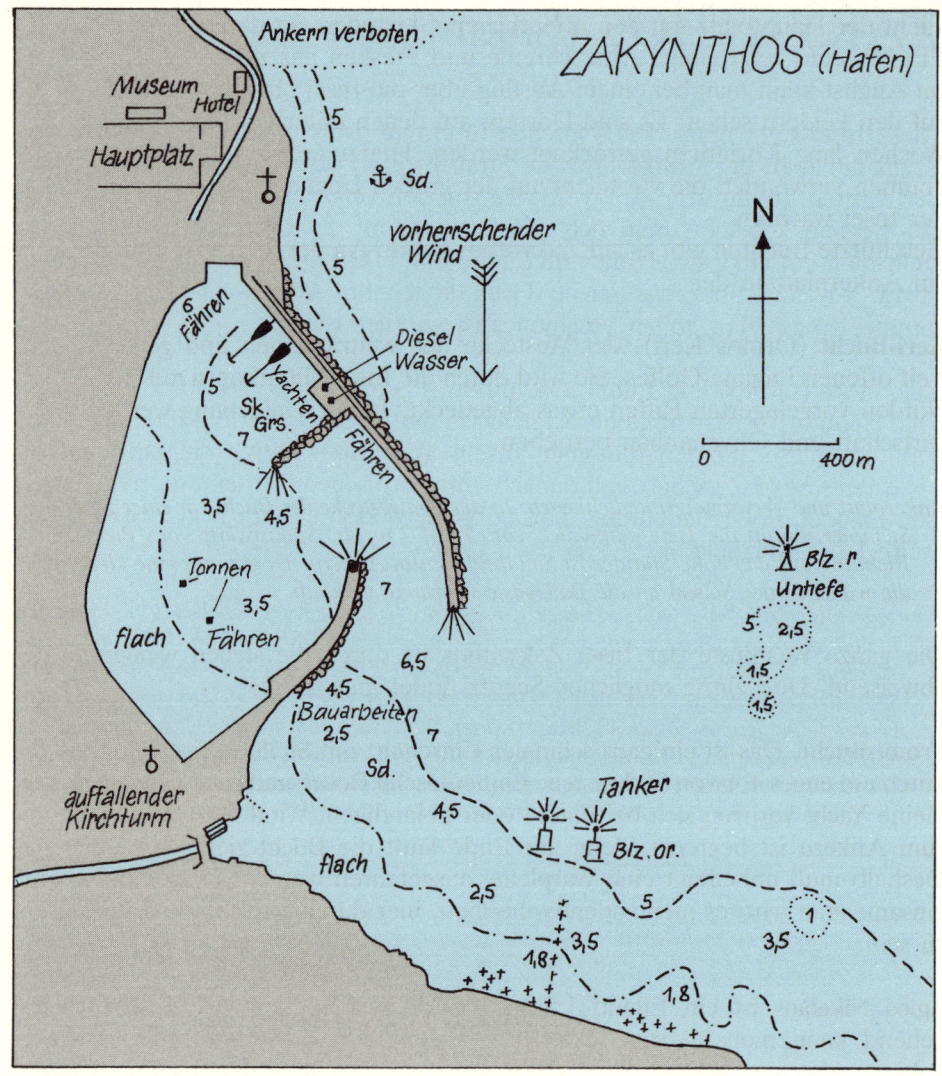

Liegeplatz: Hinter der niedrigen Steinschüttung mit dem provisorischen Molenlicht (das nicht immer brennt!) befindet sich der Yachtkai. Ankergrund ist weicher Schlamm, der Halt hinreichend.

An der Südmole legen Fähren an, außerdem werden dort Erzeugnisse der Insel (Gips, Korinthen, Olivenöl, Zitronen) geladen. Die Südecke des Hafens ist seicht.

Versorgungsmöglichkeiten: Wasser und Diesel am Kai, Tankstellen auf der Stadtseite, Lebensmittelläden und Restaurants in der Nähe. Während des Sommers regelmäßig Autofährverbindung mit Kyllini auf dem Festland, Flüge nach Athen.

Bei dem schweren Erdbeben von 1953 wurden die venezianische Altstadt und damit viele Kirchen zerstört. Die wiedererrichtete Stadt (10000 Einwohner), vor allem der Hauptplatz mit den öffentlichen Gebäuden, ist durchaus sehenswert. Ein Museum zeigt einige Altarschreine und Fresken aus zerstörten Kirchen. Im August kann man bei einem Ausflug über die Insel oft farbenfrohe Gestelle auf den Feldern sehen: Es sind Dörren, auf denen unter der heißen Sonne drei Wochen lang Korinthen getrocknet werden. Hierzu werden kleine, ganz reife Trauben verwendet, die vor allem auf der großen Ebene in der östlichen Hälfte der Insel wachsen.

Geschützte Buchten gibt es auf Zakynthos kaum. An der Südspitze befindet sich ein Ankerplatz in der

Keri-Bucht (Ormos Keri), der Westecke des weiträumigen und gegen Süden weit offenen Lagana-Golfes. Sie wird durch die Insel Marathonisi mit den ihr im Norden vorgelagerten Riffen etwas abgedeckt. In der Umgebung werden Viehwirtschaft und Olivenanbau betrieben.

Ankerplatz und Versorgungsmöglichkeiten: In der Südwestecke der Bucht vor einer zerstörten Steinpier nimmt die Tiefe allmählich von 5 auf 3 m ab. Südostwärts vom Pierende in Richtung auf das hohe Südufer ist Sandboden zum Ankern. Es gibt nur eine kleine Bar, die während der Saison an die Badegäste Getränke verkauft.

Die ganze Westküste der Insel Zakynthos ist durch die steilen weißen Kliffe abweisend. Den einzig möglichen Schutz findet man in der

Vromi-Bucht. Das ist ein ganz schmaler Einschnitt mit Steilufern, zugänglich nur durch ein enges Tor von Südwesten. Einheimische Boote und ganz vereinzelt eine kleine Yacht verirren sich bei Flaute oder ablandigem Wind hierher. Der Raum zum Ankern ist begrenzt, denn am Ende läuft die Bucht ziemlich schmal zu. Deshalb muß unbedingt eine Warpleine ausgefahren werden. Der Platz ist sehr einsam; man wird es niemandem wünschen, hier durch Starkwinde festgehalten zu sein.

Agios Nikolaos ist ein Eiland 1,5 sm südlich des Nordkaps Skinari. Vorübergehend kann man in der Meerenge zwischen diesem Eiland und der Küste ankern. Aber der Halt in dem harten Sand ist schlecht, zudem blasen Fallböen das Tal herunter. An der Küste gibt es einige Häuser, darunter eine Taverne.

Kythira und Antikythira, die ebenfalls zu den Ionischen Inseln gehören, werden ab Seite 94 beschrieben.

Die Festlandsküste und die südlichen Inseln der „Inlandsee"*

Die geschützte „Inlandsee" (Thalassa Echinadon) erstreckt sich zwischen der äußeren Linie der großen Inseln Levkas, Ithaka und Kephallinia sowie der reichgegliederten gebirgigen Festlandsküste. Folgt man dieser Küste vom Levkas-Kanal nach Süden, so findet man etwa 25 sm weiter auf zahlreichen Ankerplätzen vollständigen Schutz.

Marathia-Bucht. Sie liegt an der Nordeinfahrt in die große Astakos-Bucht neben dem Kap Tourkoviglas ziemlich einsam da. Umgeben von grünen Bergen, sollte man auf 5 m Tiefe seinen Anker in festen Grund fallen lassen. Raum zum Schwojen hat man genug.

Astakos (Ormos Astakou). Dieser kleine Hafen, gut geschützt durch eine 120 m lange befeuerte Mole vor dem gleichnamigen großen Ort, liegt beinahe im Scheitel der Astakos-Bucht.

Einsteuerung: Fallböen von dem 930 m hohen Veloutsa können schon weit vor dem Hafen einsetzen und das Einlaufen unter Segeln erschweren. Deshalb sollte man rechtzeitig die Segelfläche verkleinern und die Maschine mitlaufen lassen.

Liegeplatz: Besser nicht an der Mole, deren Steinschüttung vorkragt, sondern am Kai vor dem Ort nahe dem vorspringenden Fähranleger auf 3–4 m Wassertiefe.

Versorgungsmöglichkeiten: Nördlich vom Fähranleger ist ein Wasserhahn; Geschäfte und Post befinden sich in der Nähe, eine Tankstelle außerhalb des Ortes. Restaurants und Cafés gibt es an der Wasserfront. Busverbindung besteht zur Hauptstrecke Agrinion – Arta; eine neue Straße, die man in den Berghang gesprengt hat, führt um die Akarnanischen Berge über Palairos nach Vonitsa am Ambrakischen Golf.

Von hier aus ist die Küste bis zum Golf von Patras besonders reich gegliedert. Folgt man ihr südwärts, so reiht sich beinahe eine Bucht an die andere. Sind auch die meisten von Felsufern gesäumt, so eignen sich doch fast alle als Ankerplatz. Anstatt hoher, abweisender Berge begleiten nun freundliche Hügel das Ufer, mit Phrygana bestanden, unter die sich verwilderte Olivenbäume mischen. Als „Perlen" unter den vielen seien folgende beschrieben:

Panteleimon-Bucht. Sie ist die erste der größeren Buchten, mit zwei Armen an ihrem Ende, die sich jeweils nochmals gabeln. Die beiden Zweige des nördlichen Arms können nur Yachten mit geringem Tiefgang benutzen. Sie sollten gegenüber den Häuserruinen ankern. Größere Yachten sollten im südlichen Arm an der Stelle ankern, wo er sich teilt. Dort ist das Wasser 9 m tief, der Grund hält gut, der Schutz ist ebenfalls gut.

---

* Siehe Übersichtsplan auf Seite 43.

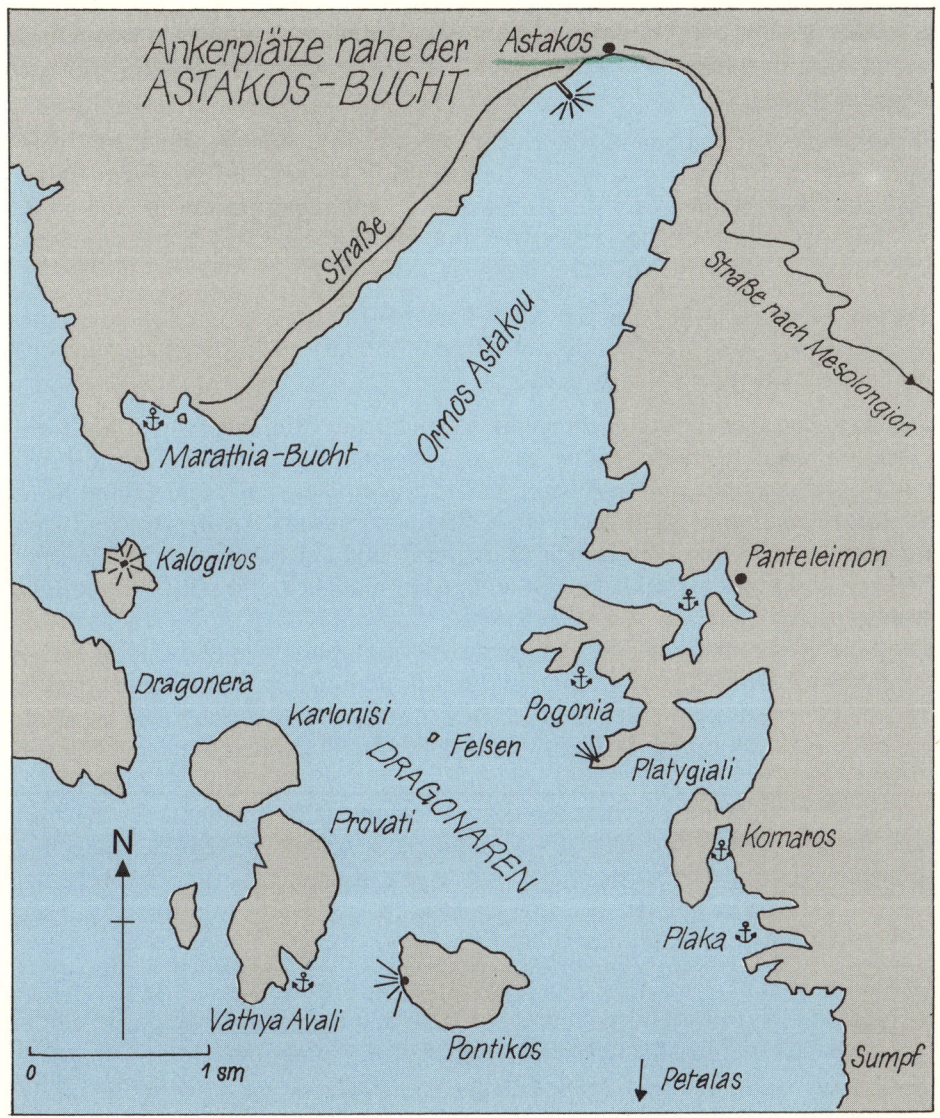

Pogonia-Bucht. Sie schneidet 300 m weit in die Halbinsel ein, ist nach Süden offen und hat gut haltenden Schlickboden in 5 m Tiefe. Der Raum reicht zum Schwojen aus.

Limin Platygiali. Ungemütlich groß, aber gut geschützt, reicht der Platz in dieser Bucht für eine ganze Flotte. Im Scheitel soll eine Abwrackwerft sein.

Komaros-Bucht. Die etwa 500 m lange Bucht ist nur durch ein schmales Tor erreichbar, das sich nach Süden öffnet; man halte sich an die Ostseite, da die Westseite seichter ist. Ankern sollte man 100 m vor dem Ende der Bucht auf

5 m Wasser über Sand und Schlick. Um den Raum beim Schwojen einzuengen, dürfte eine Warpleine zum Ufer nützlich sein. Am Ende der Bucht gibt es ein paar Ruinen.

Plaka-Bucht. Dies ist eine kleine Bucht, die sich nach Westen öffnet. Man laufe durch bis an ihr Ende und ankere dort auf 5 m Wasser und sandigem Boden. Südlich dieser Bucht treten die Hügel zurück und geben Raum für eine große, weithin versumpfte Ebene, die der Acheloos durchfließt, aber nicht hinreichend entwässert, weshalb sie teilweise drainiert wird.

Provati. Diese nicht weit vor der Küste liegende Insel hat an ihrer Südküste eine nach Südosten geöffnete Sandbucht namens Vathya Avali. Sie ist ziemlich eng, im Scheitel jedoch noch 7 m tief.

Petalas. Diese Insel liegt nicht mehr weit von der Einfahrt in den Golf von Patras entfernt. In ihrem Schutz, besser: ostwärts ihrer Südspitze, ist noch mal ein Ankerplatz mit 4–5 m Wasser und Schlickboden, auf dem feines Kraut wächst. Schutz und Halt sind gut. Zwischen diesem Ankerplatz und dem Festland ist der Limin Petala sehr seicht; dort sind Fischgründe mit zahlreichen Stangen und meist auch kleinen Booten. Man muß sich also näher an die Insel halten.

Die beiden vorgelagerten Inselgruppen, die größtenteils unbewohnten Dragonaren (Nisoi Dragonares) im Norden und die Echinaden (Nisoi Echinades) im Süden, haben keinen anderen nützlichen Zweck, als den Schiffsführer in der Navigation zu üben und darüber hinaus durch die Schönheit der Umgebung zu erfreuen.

Unmittelbar südlich der Echinaden liegt gleichsam als Wendemarke für den Golf von Patras Oxeia. Wenn man die Mündung des Acheloos passiert, sollte man größeren Abstand zur Küste halten, als es die Karten erforderlich erscheinen lassen, denn dieser Fluß führt reiche Geschiebe- und Schwebstofffracht mit sich und landet entsprechend stark auf.

Oxeia. Diese relativ kleine, unbewohnte Insel ist hügelig – 421 m größte Höhe im Norden, 157 m im Süden – und hat steile Ufer. An ihrer Nordküste gibt es einen bei beständigem Wetter recht brauchbaren Ankerplatz.

Ankerplatz: Man laufe durch bis zum Ende der Bucht und lasse den Anker auf 5–7 m Wassertiefe in den gut haltenden Grund fallen. Dort hat man hinreichend Raum zum Schwojen. Die Windwirkstrecke nach Norden beträgt etwa 1,5 sm. An der Westküste von Oxeia gibt es eine weitere, steilwandige Bucht, aber die Wassertiefe ist für normale Ankerketten oder -trossen ziemlich groß.

Weiter süd- beziehungsweise ostwärts segelnd, läuft man in den Golf von Patras ein, wobei man beachten muß, daß es noch eine Meile vor der durchbrochenen Nehrung seicht ist.

Hier war es, wo 1571 die türkische Seemacht durch die Flotte der Christlichen Liga unter der Führung von Don Juan d'Austria in der „Seeschlacht von Lepanto" vernichtend geschlagen wurde. Lepanto, das heutige Navpaktos, war vor der Schlacht der Stützpunkt der türkischen Flotte gewesen; der Golf von Patras wurde damals Golf von Lepanto genannt.

2 Die Golfe von Patras und Korinth

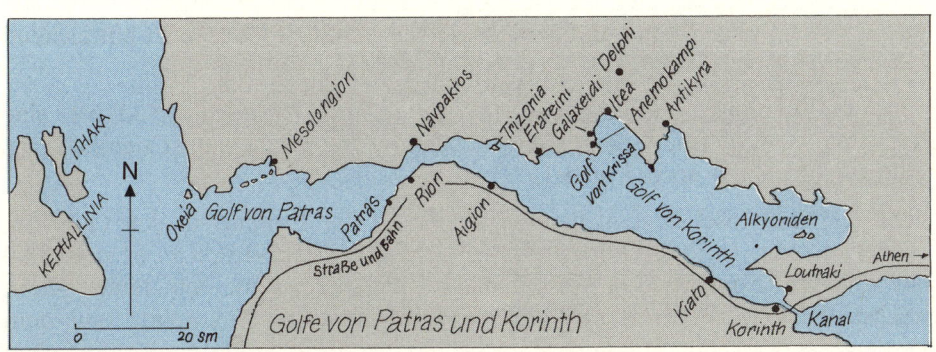

Golf von Patras (Patraikos Kolpos)
Mesolongion
Patras (Patrai)

Golf von Korinth (Korinthiakos Kolpos)
Nordküste
Navpaktos
Trizonia
Erateini
Golf von Krissa (Kolpos Krissaios)
Anemokampi
Galaxeidi
Itea
Antikyra
Alkyoniden (Kala Nisia)
Loutraki
Korinth (Korinthos)
Kanal von Korinth (Dioryx Korinthos)
Südküste
Kiaton
Aigion

Seekarte: D 659

Golf von Patras

Der Golf von Patras ist an seiner Mündung 5 sm breit; einschließlich der Lagune von Mesolongion sind es doppelt soviel. Von der felsigen Insel Oxeia sind es 30 sm bis Patras, einem großen Hafen in grüner Umgebung nahe dem Scheitel des Golfes. An der Südküste um Kap Pappas befindet sich ein Sperrgebiet.

In den Sommermonaten herrscht während der Nacht und am Vormittag meist Flaute; gegen Mittag setzt aus westlicher Richtung die Seebrise ein, die vor dem Hafen Patras eine kurze Welle aufwerfen kann. Fährt man weiter auf die Enge von Rion zu, wird die Gebirgslandschaft wunderschön.
In den seichten Seitenarmen ist eine ganze Anzahl von Fischerbooten beheimatet; bei Nacht werfen ihre Lampen ein blendendes Licht über das Wasser des Golfes. Außer Meeräschen, Brassen und Sardinen sieht man im frühen Sommer oft Schildkröten, die in die Lagunen ziehen.

Mesolongion (Limin Mesolongiou, Plan B der D 659). Den vollkommen geschützten Hafen mit dem historischen Städtchen erreicht man durch ein 3 sm langes Fahrwasser, das durch das Lagunengebiet führt.

Einsteuerung: Die Navigation in diesem gleichförmigen, seichten bis sumpfigen Seegebiet ist zwar schwierig, doch die Leuchttonnen am Südende des Fahrwassers sind gut auszumachen. Es folgen vier weitere Leuchttonnenpaare. Das Fahrwasser wird auf 4,50 m Tiefe gehalten; trotzdem sollte man sich in der Mitte halten.
Liegeplatz: Im Hafenbecken kann man mit 5 m Tiefe rechnen. Einige Kümos benutzen regelmäßig den Hafen, so daß man wegen der Ladearbeiten eventuell von einem zum anderen Kai wechseln muß. Meist ist Platz genug zum Längsseitsanlegen. Bei Lärmbelästigung kann man in der Westhälfte auch ankern. Der Schutz ist hervorragend.
Versorgungsmöglichkeiten: Wasserhähne sind in der Nähe. Diesel wird per Tankwagen angeliefert. Geschäfte und Restaurants gibt es in der Stadt (10 min Fußweg).

Mesolongion (12000 Einwohner) hat sich in den letzten Jahren zu seinem Vorteil verändert. An Sommerabenden sitzen viele Leute vor den Cafés um den Hauptplatz und sehen den Farbspielen des Brunnens zu.
Die Stadt ist bekannt für ihre Tapferkeit während des Befreiungskrieges in den zwanziger Jahren des vorigen Jahrhunderts, als sie sich bravourös gegen die vordringende türkische Armee verteidigte und damit das Interesse der Welt an der griechischen Sache weckte. Der englische Dichter Lord Byron, der vergeblich versuchte, die zerstrittenen griechischen Anführer zu einigen, starb hier mit 36 Jahren an Sumpffieber. Im Heldenpark wurde ihm neben anderen Freiheitskämpfern ein Denkmal gesetzt.

Patras (Patrai, Limin Patron, Plan G der D 659; Port of Entry), ein mittelgroßer Handelshafen und Hauptstadt des Peloponnes, ist mit über 100000 Einwohnern die drittgrößte Stadt Griechenlands.

Einsteuerung: Man kann den quer vor dem Hafen liegenden, befeuerten Wellenbrecher nördlich oder südlich umfahren. Beim Einlaufen in den Hafen wird der schöne Blick auf die umgebenden grünen Berge nach und nach durch die größeren Gebäude der Stadt verdeckt.

Liegeplatz: Die Mittelmole wurde zu einem breiten Promenadenkai ausgebaut, der an beiden Seiten eher zu große Wassertiefen hat, so daß man viel Kette braucht. Wenn der Platz nicht durch Berufsschiffe eingeschränkt ist oder die Hafenpolizei anderweitige Anweisungen gibt, kann man nach Belieben anlegen, wegen der im Sommer ab Mittag vorherrschenden Westwinde besser auf der Nordseite. Gegebenenfalls ist ein Platz in der nordöstlich außerhalb des Hafens gelegenen Marina zu erhalten.

Versorgungsmöglichkeiten: Trinkwasser auf dem Kai, Diesel per Tankwagen. Banken, Lebensmittelläden und einige gute Restaurants nahebei. Reparaturmöglichkeiten sind gegeben. Autofährverbindung mit Korfu − Brindisi, Ancona, Genua, Athen; Fähren nach Kephallinia. Autobahn nach Athen, Eisenbahn über den Peloponnes und nach Athen.

Das heutige Bild der Stadt mit ihren rechtwinklig sich kreuzenden Straßen und schattenspendenden Arkaden wurde im frühen 19. Jahrhundert durch ihre wirtschaftliche Blüte geprägt. Folgt man der vom Hafen ausgehenden Hauptschlagader des Verkehrs aufwärts, gelangt man über eine von Oleanderbüschen flankierte Freitreppe zum venezianischen Kastell. Von dort oben hat man einen grandiosen Ausblick: Die fernen Berge von Zakynthos und Kephallinia schimmern über dem westlichen Horizont, nach Nordwesten hin ist das massige Oxeia sichtbar. Weiter nach rechts schließt die unendlich erscheinende Lagune von Mesolongion an. Zum Greifen nahe die Berge Varasova (914 m) und Klokova (1039 m) am jenseitigen Ufer des Golfes. Und schließlich im Nordosten die beiden Festungen, die die Enge von Rion-Antirrion bewachen, sowie die Mauern des einstigen Lepanto (Navpaktos). Die Landschaft rundherum ist schön und teilweise bewaldet. An den Hängen wachsen Orangen und Wein.

Golf von Korinth

Durch die kaum 1,5 sm breite Meerenge von Rion-Antirrion, einst bekannt als die „kleinen Dardanellen", verläßt man den Golf von Patras und läuft in den Golf von Korinth ein.

Ab Kap Agyia setzt Wind oft plötzlich einen merklichen Strom in Gang, der es nötig macht, die Enge unter Maschine zu passieren. Die gut geschützten Rampen beiderseits der Enge ermöglichen den Auto-Fährverkehr über die Meeresstraße in der notwendigen Dichte.

Einschließlich des Kanals von Korinth ist der Golf bis zu seinem östlichen Ende 65 sm lang. Die Landschaft ist zu beiden Seiten gebirgig: Grüne Abhänge flankieren das Nordufer, langsam zum 2457 m hohen Parnaß ansteigend; am Südufer sind es die nicht so hohen Ketten des Peloponnes. Während die Nordküste reichgegliedert ist und infolgedessen eine Reihe von schutzbietenden Plätzen aufweist, ist die Südküste ungegliedert und schutzlos.

Während der Sommermonate erhebt sich gegen Mittag ein frischer Westwind, der mit dem Sonnenuntergang einschläft. Bei Nacht weht oft eine leichte Brise aus Ost, die bis in den Vormittag andauern kann. Unter ungünstigen Bedingungen kommen Fallböen mit beachtlicher Stärke von den Bergen. Ein gefährliches Wettervorzeichen sind feuchte Ostwinde, denn dann macht der Wind sehr bald eine plötzliche Drehung um 180° und bläst mit großer Wucht aus West — für ein paar Stunden oder länger, jedenfalls schläft er genauso plötzlich wieder ein.

DIE NORDKÜSTE DES GOLFES VON KORINTH

Navpaktos (Naupaktos, das ehemalige Lepanto; Ormos Navpaktou, Plan A der D 659) ist ein winziger Fischerhafen innerhalb einer Festungsanlage und mit einer reichen Vergangenheit.

Einsteuerung: Die den Ort überragende mittelalterliche Festung kann man schon aus der Ferne ausmachen. Das in den Hafen führende „Stadttor" ist leicht zu erkennen. Bei Nacht ist zu bedenken, daß nur der nordöstliche Torturm ein grünes Feuer trägt, das dann dicht an Steuerbord bleiben muß.

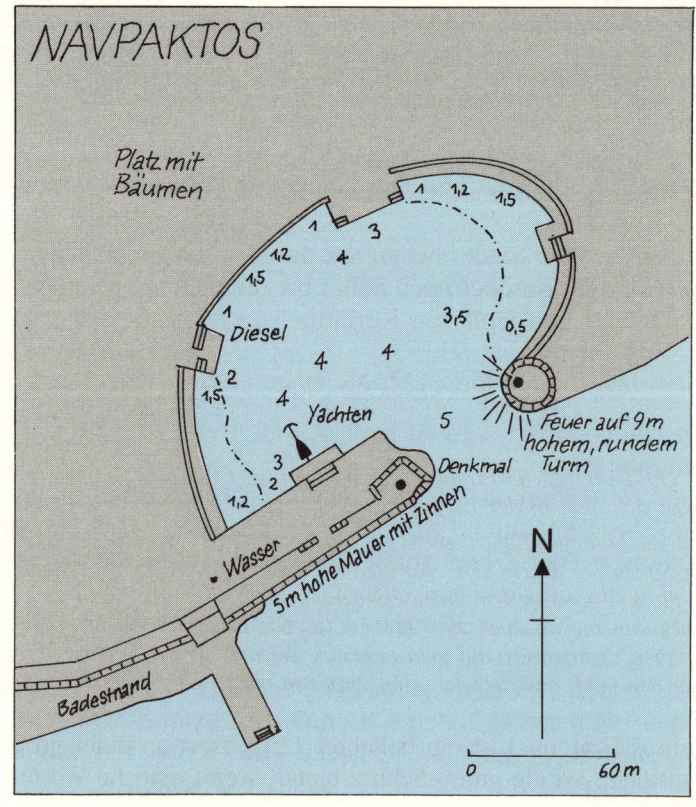

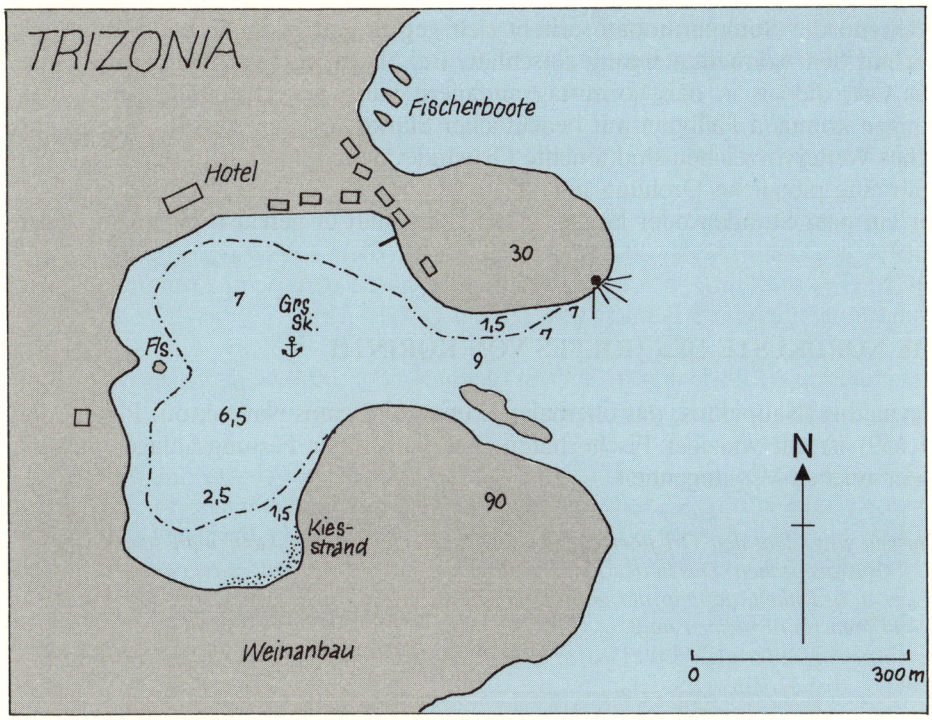

Liegeplatz: Den besten Schutz bietet die Westseite. Wegen der geringen Ausmaße des Hafens ist das Manövrieren etwas beschwerlich und Ankersalat unvermeidlich.

Versorgungsmöglichkeiten: Wasser neben dem Tor zur Außenmole im Südwesten oder von der Tankstelle, die an dem westlichen Vorsprung Diesel liefert. Geschäfte in der Straße östlich des Platzes. Viele Restaurants außerhalb am Strand entlang.

Von der mittelalterlichen Stadt blieben nur die Mauern. Spaziert man durch die Gassen zum Glockenturm oder noch höher bis zur Festung, hat man einen wundervollen Blick über den Golf von Korinth.

Trizonia. Diese Insel hat an ihrer Ostseite einen geschützten, hübsch gelegenen Ankerplatz.

Einsteuerung: Da die nördliche Einfahrtshuk befeuert ist, kann man bei Tag und Nacht einlaufen, sollte sich aber in der Einfahrt etwa 75 m vom Nordufer fernhalten.

Liegeplatz und Versorgungsmöglichkeiten: Vor dem Ort mit dem befestigten Ufer ist es seicht, ebenso im Süden der Bucht. Der Nordteil soll zum Kai ausgebaut werden. Man prüfe sorgfältig, ob der Anker in dem dichten Seegras gefaßt hat. Wasser kann man per Kanister im Dorf bekommen, wo auch eine Taverne ist. Die Bauern versorgen sich per Boot in dem gegenüberliegenden Ort auf dem Festland, der mit Zypressen und grasgrünen Weinstöcken vor den sanft ansteigenden Hängen einen malerischen Hintergrund abgibt.

Erateini (Ormos Erateinis) ist ein beliebter Urlaubsort an einer großen Bucht, die gegen westliche Winde guten Schutz bietet, wenn man im Westen vor dem

Strand auf 5–6 m Wassertiefe ankert. Bei Starkwind steht Schwell herein. Es gibt Lebensmittelläden und Tavernen. Durch die nahe Küstenstraße sind gute Verkehrsverbindungen gegeben; von A. Nikolaos verkehrt eine Fähre nach Aigion auf dem Peloponnes. In der Umgebung werden Oliven, Gerste und Gemüse angebaut.

Golf von Krissa (Krissaios Kolpos, Plan C der D 659). An der Westküste dieses Golfes liegt zunächst die Bucht Anemokampi, dann folgen der hübsche kleine Hafen Galaxeidi und im Scheitel der Handelshafen Itea; beide kommen als Ausgangspunkt für einen Besuch von Delphi in Betracht.

Anemokampi, eine in ihrem Südteil weitgehend geschlossene Bucht mit allseitigem Schutz, ist ein angenehmer Ankerplatz für eine Nacht.

Einsteuerung und Ankerplatz: Man läuft nahe am Kap Trachilos vorbei, um der gleichnamigen Untiefe zu entgehen, biegt dann nach Westen und vor dem Strand nach Süden in die Bucht ein, wie es die Skizze zeigt. 100 m vor dem Ende der Bucht läßt man auf 4 m Tiefe den Anker in weichen Schlamm fallen.

Galaxeidi (Krissaios Kolpos, Plan C der D 659) ist ein verträumter kleiner Hafen im äußersten Winkel einer geschützten Bucht, geeignet, um von hier aus Delphi zu besuchen.

Einsteuerung und Liegeplatz: Am Tage sind die vorgelagerten Inseln ohne Schwierigkeiten auszumachen, und man kann sich leicht in gebührendem Abstand halten. Auch bietet die Einfahrt mit dem schönen Kiefernwald an der Südostseite keine Probleme. Die Wassertiefe beträgt am Kai hinter dem Vorsprung mit dem Pavillon um 3 m. Man lege vor Bug- oder Heckanker an. Die Steinschüttung kragt unregelmäßig vor. Fallböen kommen manchmal sehr heftig von den Bergen im Norden. Trotzdem fühlt man sich in dem schmalen Hafenschlauch gut geschützt. Unbehaglich ist freilich die Vorstellung, daß hier „unter gewissen, selten auftretenden Wetterbedingungen ungewöhnlicher Tidenhub ähnlich den Seiches in einigen sizilianischen und spanischen Buchten beobachtet" wurde.
Versorgungsmöglichkeiten: In begrenztem Umfang sind Lebensmittel erhältlich. Wasser wird mit dem Tankwagen angeliefert. Tavernen an der Wasserfront. Mit dem Bus (20 min bis Itea) hat man morgens Anschluß nach Delphi (Tagesausflug!).

Itea (Krissaios Kolpos, Plan C der D 659; Port of Entry). Frachter laufen diese wenig einladende Stadt an, um Eisenerz oder Olivenöl zu laden. Für Yachten ist Itea im allgemeinen Stützpunkt, um das antike Delphi zu besuchen, das 20 km landeinwärts in 600 m Höhe liegt und auf einer gut ausgebauten Straße mit Bus oder Taxi in einer knappen Stunde zu erreichen ist. Es ist vielleicht die nobelste aller klassischen Stätten in ganz Griechenland und in so vielen Büchern beschrieben, daß sich hier weitere Ausführungen erübrigen.

Einsteuerung und Liegeplatz: Die Karten machen alles klar: Es bereitet keine Schwierigkeit, bei Tag oder Nacht den vorgelagerten Inseln und Untiefen auszuweichen. Nachdem die Pier verlängert und verbreitert wurde, haben Yachten auf der Westseite nördlich des breiteren Teils zum Anlegen mit Bug- oder Heckanker ein wenig mehr Platz. Die pendelnden

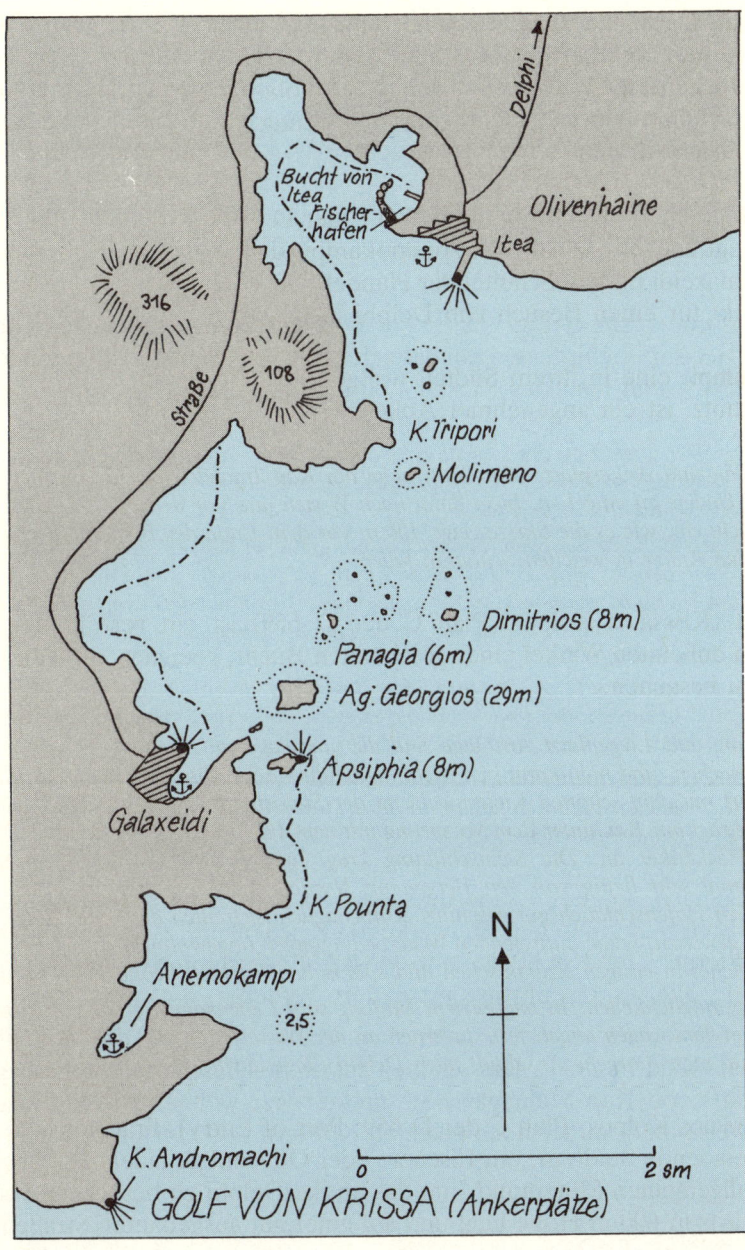

GOLF VON KRISSA (Ankerplätze)

Zubringerboote der auf Reede liegenden Frachter und auch die harten Fallböen machen das Liegen sehr unruhig. Notfalls kann man in einigem Abstand frei schwojend ankern. – Westlich der Stadt, hinter der flach auslaufenden Landzunge, wurde ein kleiner Fischerhafen gebaut, der für Boote mit geringerem Tiefgang möglicherweise eine Alternative darstellt.

Versorgungsmöglichkeiten: Wasser am Kai, Treibstoff per Tankwagen, Tankstelle nahebei. Es gibt mittelmäßige Restaurants, aber eine gute Auswahl an Lebensmitteln.

Lebensgrundlage der 3000 Einwohner zählenden Stadt sind die Erzgruben, das Olivenöl sowie der Export über Land und See. Das Hinterland von Itea mit dem Pleistostal ist ein einziger Olivenhain. Die Bäume werden üblicherweise auf größeren Flächen angepflanzt, und zwar 50 pro Hektar. Sie bevorzugen Kalkböden; schwere Böden führen zu weniger Ertrag und minderer Ölqualität.

Fährt man weiter nach Osten, findet man eine Reihe Buchten mit ziemlich großen Wassertiefen. Doch nur eine verdient Erwähnung:

Antikyra (Ormos Antikyron, Plan D der D 659). Zwei Ankerplätze in der weitläufigen, tief ins Gebirge einschneidenden Bucht Ormos Antikyron können nützlich sein, wenn man das Kloster Osios Loukas besuchen will.

Einsteuerung: Der lichte Bau des Leuchtturms auf der 346 m hohen Halbinsel Kephali ist bei Tage nur schwer auszumachen, die massige Aluminiumhütte in der Nordostecke des Golfes aber dafür um so leichter.

Ankerplätze: a) Antikyra hat einen langen Kai mit geringen Wassertiefen, der von einheimischen Booten benutzt wird. Deshalb ankere man auf passender Tiefe davor und fahre eine Leine zum Ufer aus, wenn man es für richtig hält. Die Südwestecke mit dem Bunker und den großen Muringtonnen ist wie die ganze Halbinsel Kephali militärisches Sperrgebiet (Fotografieren verboten!).

b) Man ankere im Ormos Isidorou, der Bucht auf der äußeren Seite der Halbinsel Kephali. Sie ist ungestörter und hübscher gelegen, dafür muß man 15 min bis zum Ort laufen und kann das Boot nicht ohne Aufsicht zurücklassen.

Versorgungsmöglichkeiten: In Antikyra gibt es ein paar der Größe des Ortes entsprechende Geschäfte. Auch Taxis sind zu haben. In der Isidoros-Bucht gibt es eine Taverne auf dem Felsvorsprung am westlichen Ufer.

Die umliegenden Berge sind eindrucksvoll. Das Kloster Osios Loukas, eines der bedeutendsten byzantinischen Bauwerke in Griechenland, ist von Antikyra etwa 25 km entfernt. Die Kirche ist mit Mosaiken geschmückt, ihre Krypta mit Fresken, die alle ins 11. Jahrhundert datiert werden.

Alkyoniden (Kala Nisia – „Die schönen Inseln"). Diese Inselgruppe liegt 8 sm nordostwärts von Kap Melangavi. Sie umfaßt vier weitgehend öde Inseln mit zwei zeitweise im Sommer noch belegten Klöstern und einigen privaten Ferienhäusern.

Einsteuerung: Die Inseln lassen sich aus der Ferne an dem auffälligen weißen Kloster auf den Höhen von Zoodochos Pigi, der größten der Inseln, ausmachen. Kommt man von Norden, so glaubt man aufgrund des Kartenstudiums, man fände einen geeigneten Ankerplatz zwischen Zoodochos Pigi und Daskalio; doch dort verringert sich die Wassertiefe schnell auf weniger als 1 m, und wo es tiefer ist, hält der Anker schlecht.

Ankerplatz: Man steuere die Südküste von Zoodochos Pigi an. Nahe bei dem kleinen Kloster stößt man auf eine von Eukalyptusbäumen umstandene Bucht. In ihrer Mitte ist das Wasser 7 m tief. Der Grund besteht aus Schlick mit dünnem Kraut. Die Bucht ist zwar von Südsüdost bis Südwest offen, doch für einen Badeaufenthalt geeignet.

Loutraki (Ormos Loutrakiou, Plan E der D 659), der moderne Badeort mit einer kurzen, manchmal befeuerten Pier, liegt 2 sm nordöstlich der Einfahrt in den Kanal von Korinth. Dieser Platz bietet sich als Alternative an, wenn starke Nordostwinde (Gewitter!) das Liegen im Hafen von Korinth gefährlich werden lassen.

Korinth (Korinthos, Plan H der D 659; Port of Entry). Der durch einen befeuerten Wellenbrecher gegen Westwinde geschützte Hafen liegt bei der modernen Stadt Korinth (16000 Einwohner).

Liegeplatz: Bei gutem Wetter mit Bug oder Heck am Kai innerhalb des Zaunes. Sollte der Wind auffrischen, ist es am besten, vom Kai abzulegen und vor Anker zu gehen. Der Halt im festen Schlick ist gut. Falls der Wind auf Nordost dreht und frisch bis stark wird, was bei Gewitter sehr schnell geht, ist es angezeigt, Schutz vor der Küste bei Loutraki zu suchen. (Der bisherige Fischerhafen von Korinth soll für Yachten erweitert werden, wodurch dann sicherere Liegeplätze zur Verfügung stehen werden.)

Versorgungsmöglichkeiten: Wasser am Kai, Treibstoff per Tankwagen oder kleine Mengen von einer nahen Tankstelle. Zahlreiche Geschäfte, Restaurants und Tavernen sind in wenigen Minuten erreichbar. Regelmäßig Busse nach Athen. Ausflüge nach Akrokorinth und Alt-Korinth.

> *Entschwunden sind der Jahre viel',*
> *vergangen Sturm und Krieg:*
> *Noch immer aber steht − Korinth.*
> Byron, Die Belagerung von Korinth

Von der so berühmten altgriechischen Stadt Korinth ist nach der Zerstörung durch die Römer 146 v. Chr. kaum noch etwas erhalten geblieben. Was man heute besichtigen kann, sind in erster Linie die Ruinen der Stadt, die die Römer neu erbauten und die zur Zeit Julius Cäsars eine neue Blüte erlebte. Der Apostel Paulus gründete hier eine Christengemeinde (Korintherbriefe).

Auf Akrokorinth, im Altertum das Tor zum Peloponnes, steht die Ruine einer mittelalterlichen Burg mit ausgedehnten venezianischen Mauern aus dem 17. Jahrhundert, die den Gipfel des Felsens umschließen. Mit seinen 573 m Höhe verschafft er einen schönen Blick über den Golf von Korinth und den Saronischen Golf.

Kanal von Korinth (Dioryx Korinthou, Plan H der D 659). Dieser 3 sm lange Durchstich, der von Fähren, Kreuzfahrtschiffen, Frachtern, Kaïken und Yachten benutzt wird, verkürzt die Zufahrt in die Ägäis gegenüber dem Seeweg rund um den Peloponnes um 130 sm. Der Kanal ist 24 m breit und in der Mitte 7 m tief. Er ist bei notwendigen Arbeiten an Dienstagen zwischen 7 und 15 Uhr gesperrt. Die Einfahrt zum Kanal wird von zwei gekrümmten Wellenbrechern geschützt, hinter denen die Lotsenboote liegen. Bei ungünstigem Wetter darf dieses Becken während der Wartezeit bis zur Freigabe der Passage auch von Sportbooten benutzt werden.

Bei Tag wird die freie Durchfahrt durch eine blaue Flagge (bei Nacht ein weißes festes Licht) angezeigt; eine rote Flagge (nachts 2 F. skr.) bedeutet Sperrung, denn der Kanal ist jeweils nur in einer Richtung befahrbar.

Yachten laufen ohne Lotsen ein und halten sich in der Mitte zwischen den senkrechten, etwa 75 m hoch aufragenden Kalksteinwänden. Im ungünstigsten Fall setzt im Kanal ein Strom bis 2 kn.

Die Kanalverwaltung befindet sich auf der ägäischen Seite am Südufer. Man muß dort anlegen, um die Gebühren für die Passage zu entrichten. Sie werden nach der Nettotonnage berechnet und sind in Drachmen zahlbar. Fast jedes Jahr werden die Gebühren um 10−15 % angehoben; zuletzt betrugen sie für Yachten bis 10 t umgerechnet etwa 150 DM, bis 20 t 350 DM und bis 50 t 550 DM (einschließlich 18 % Steuer)! Es gibt keine Ermäßigung für mehrmalige Durchfahrt. Von der saronischen Seite kommend, muß man ebenfalls zuerst anlegen und bezahlen. Wenn der Kanal frei ist, wird auch hier die rote Flagge niedergeholt und eine blaue gesetzt. Die Yacht läuft dann ohne Lotsen ein und passiert zügig den Kanal.

Diese Wasserstraße wurde erst in den achtziger Jahren des vorigen Jahrhunderts gebaut. Aber schon Nero hatte einen Durchstich erwogen und mit einer goldenen Schaufel die Grabungen eingeleitet. Pausanias bekundet, daß das Werk 67 n. Chr. mit einem Arbeiterheer von 6000 Juden in Angriff genommen wurde, aber infolge der unruhigen Zeiten bald wieder aufgegeben werden mußte. Und so fuhr man fort, die Galeeren nach altem Brauch auf hölzernen Rollen über die Landenge zu transportieren, woran sich jahrhundertelang nichts änderte.

Erst vor Jahren wurde ein Stück dieses *diólkos,* eines mit Kalksteinen gepflasterten Fahrdamms, freigelegt. Er ist gut 4 m breit, die beiden Spurrillen, in denen die Rollen liefen, liegen 1,50 m auseinander.

Ein zwingender Bedarf, den Kanal zu bauen, entstand erst wieder im vergangenen Jahrhundert, als der Österreichische Lloyd sich das Monopol auf den Levantehandel gesichert hatte. Die Gesellschaft beförderte die bei Loutraki ankommenden Passagiere ihrer Dampfer per Wagen auf der Straße auf die andere Seite, wo sie ein anderer Dampfer erwartete. Sie fand dieses Verfahren jedoch unbefriedigend und drängte auf den Bau eines Kanals.

18 Jahrhunderte waren vergangen, seit die Römer ihre Arbeiten eingestellt hatten. Als der französische Ingenieur Gerster dann 1881 mit dem Bau des Kanals begann, fand er zwei Grabungsabschnitte aus der Zeit Neros an der Westseite vor − einen von etwa 2000 m Länge, der andere 1555 m lang und beide je ca. 45 m breit. 1893 konnte der Kanal eröffnet werden.

DIE SÜDKÜSTE DES GOLFES VON KORINTH

Die dichtbesiedelte Küste des Peloponnes von Korinth aus westwärts ist kaum gegliedert und bietet wenig Schutz. Sandstrände ließen dort in jüngster Zeit Feriensiedlungen entstehen, an anderen Orten wiederum wurden kleine Handelsstationen gebaut, vor denen Kaïken anlegen können, um Weintrauben, Oliven und Zitronen zu laden. Die Küstenstraße und die Eisenbahnstrecke von Athen nach Patras führen dicht am Ufer entlang und überqueren dabei die Mündungen von Flüssen, die nach Regenfällen dem Golf erhebliche Wassermengen zuführen. Die neue Autobahn verläuft ebenfalls parallel zur Küste.

Abgesehen von Korinth und der Kanaleinfahrt gibt es nur zwei Häfen an der Südküste: Kiato und Aigion.

Kiaton (Plan J der D 659) wird durch eine mächtige befeuerte Mole vor Westwinden geschützt und bietet genügend Platz für Yachten, die auf 3−5 m Wassertiefe Bug oder Heck voran anlegen können. Dabei ist an der Innenseite der Mole der Absatz unter Wasser zu beachten. Wenn am Abend die Tagesbrise von der aus Osten wehenden Nachtbrise abgelöst wird, kann es notwendig werden, abzulegen und außerhalb der Mole vor dem Sandstrand zu ankern oder im südlich gelegenen Fischerhafen Schutz zu suchen (siehe Plan J der D 659). − Wasserhahn, Tankstellen, Restaurants und Geschäfte sind in der Nähe.

Aigion (Ormos Aigiou, Plan F der D 659). Dieser Hafen gehört zu einer Industriestadt mit 18000 Einwohnern. Die befeuerte Pier ist für die Fähre bestimmt, die von A. Nikolaos jenseits des Golfes kommt. In den Herbstmonaten legen kleine Frachter hier an, um Korinthen zu laden.
Yachten können gegebenenfalls an den westlich davon gelegenen Kai mit 7 m Wassertiefe längsseits gehen. Der einzige Grund, Aigion anzusteuern, ist allenfalls das schon von Pausanias gerühmte gute Wasser.

3 West- und Südküste des Peloponnes Kythira und Antikythira

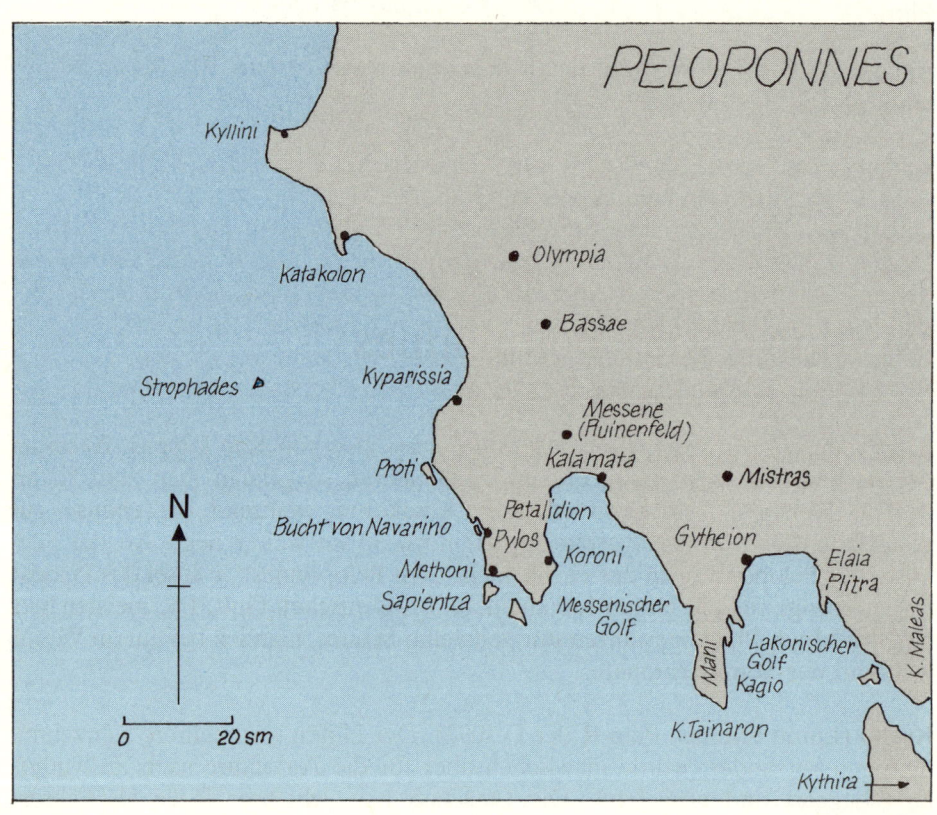

Westküste des Peloponnes
Kyllini
Katakolon
Kyparissia
Nisis Proti
Strophaden (Nisoi Strophades)
Bucht von Navarino
Pylos
Methoni
Longos-Bucht (Sapientza)

Messenischer Golf (Messiniakos Kolpos)
Koroni
Petalidion
Kalamata (Kalamai)
Kardamyli
Limeni
Dyros
Mezappa
Gerolimin

Lakonischer Golf (Lakonikos Kolpos)
Asomati
Vathy
Kagio
Melingani, Solitare, Nymphi
Kalokythia, Kotronas
Skoutari, Fisherman's Cove
Gytheion
Elaia
Plitra
Vatika-Bucht
Elaphonisos
Nisis Pori
Sarakiniko
Neapolis

KYTHIRA
Pelagia
Makronisos
Avlaimon
Kapsalion

ANTIKYTHIRA
Potamos

Seekarten: D 658, 677, 1092; GB 712

Westküste des Peloponnes

Fährt man vom Eingang zum Golf von Patras, also von Kap Pappas, 20 sm an der flachen, sandigen Küste entlang nach Süden, so gelangt man zum Hafen Kyllini. Weitere 27 sm südwärts folgt Katakolon, während die ebenso gut geschützte Bucht von Navarino (Pylos) noch 50 sm weiter liegt. An der Südküste des Peloponnes (in der Fachsprache „die Peloponnes" = Insel des Pelops) ist der einzige sichere Hafen Kalamata am Messenischen Golf. Die meisten hier beschriebenen Plätze gewähren nur zeitweilig Schutz, nämlich bei gutem Wetter während der Sommermonate.

Kyllini (Limin Kyllinis, Plan R der D 1092). Der Hafen war mehrere Jahrzehnte hindurch versandet, wurde inzwischen aber für die Autofähre nach Zakynthos ausgebaggert und ausgebaut. Die Ortschaft hat sich ihrer Rolle als Fährort angepaßt.

Einsteuerung: Eine Leuchttonne markiert das versunkene Ende der früheren Mole, deren letzte 75 m nicht wieder erneuert wurden, während die übrige Mole, erhöht und verstärkt, von See aus leicht zu erkennen ist. Die Leuchttonne bleibt an Steuerbord.

Liegeplatz: Der Hafen hat Wassertiefen um 5 m, zu den Rändern abnehmend. Der westliche Teil wird von der Fähre beansprucht, weshalb Yachten zwischen den Fischerbooten nahe dem Knick mit Bug oder Heck anlegen. Stellenweise kragen Steine über die Wasseroberfläche. Der Schutz ist sehr gut.

Versorgungsmöglichkeiten: Zum Wasserbunkern muß man kurzfristig in der Nähe des Fähranlegers festmachen. Tankstelle und Lebensmittelläden im Ort, Tavernen nahebei. Bus- und Zugverbindung Richtung Patras − Athen und Peloponnes.

Etwas außerhalb im Süden steht auf 261 m Höhe das Kastell Chlemutsi (auch Kastro Tornese) und blickt herab auf den Hafen, der einst den genuesischen und venezianischen Handelsschiffen diente und damals – wie heute noch das benachbarte Kap – Glarentza hieß. Der Bau, 1219 begonnen, gilt als Musterbeispiel einer fränkischen Burganlage zumindest in Morea (mittelalterlicher Name für den Peloponnes).

Katakolon (Limenas Katakolou, Plan S der D 1092; Port of Entry) ist ein kleiner, aber sicherer Handelshafen mit zunehmender Bedeutung für den Güterumschlag und den Tourismus; denn im Sommer laufen regelmäßig Kreuzfahrtschiffe den Hafen an, deren Passagiere mit Bussen Olympia besuchen.

Einsteuerung: Bei Tag und Nacht ohne Probleme, der Kopf des Wellenbrechers ist befeuert. Grüne Tonnen begrenzen den Hafen gegen die Verflachung im Norden; innerhalb sind die Wassertiefen überall ausreichend.

Liegeplatz: Yachten wird im allgemeinen ein Platz an dem Kai westlich der Pier zugewiesen. Man legt mit Bug oder Heck an, den Anker ostwärts; der Grund hält hervorragend. Bei Starkwind aus Süden dringt Schwell mit kurzer Welle in den Hafen.

Versorgungsmöglichkeiten: Wasser direkt am Kai, Treibstoff nur per Tankwagen. Supermärkte in der Hauptstraße parallel zum Hafen, Tavernen und laute Bars an der Wasserfront. Sonst hat der Ort nichts zu bieten. Mit Bus (über Pyrgos) oder Taxi kann man zum 35 km entfernten Olympia fahren.

Kyparissia, im Scheitel des „Golfs von Arkadien" (Kyparissiakos Kolpos), der an seiner 30 sm langen, offenen, sandigen Küste sonst keinen Ankerplatz bietet, gewährt durch seine 300 m lange Mole einen gewissen Schutz. Die Mole muß man im Abstand von 100 m runden, da Felsbrocken unter Wasser weit nach Norden reichen. Anlegen ist nicht möglich. Man ankere auf 3–4 m Wasser über Sandgrund.

Einst war dies der Hafen für Messenien. Im Mittelalter wurde der Ort Arkadia genannt, weil zahlreiche Bewohner aus Arkadien im Inneren des Peloponnes stammten. Damals herrschte hier reges Leben. Jetzt ist der Hafen nur ein schön gelegener Ankerplatz mit ein paar Fischerbooten. Der Ort auf der Anhöhe mit seinen gewundenen Gassen, Freitreppen und türkischen Brunnen lohnt einen Besuch; von den Festungsmauern ist der Rundblick umfassend.

Nisis Proti. Die Seekarte D 677 weist zwischen der Insel und dem Festland zwar einen Ankerplatz für die Großschiffahrt aus, eine Yacht wird jedoch meist die sichere Bucht von Navarino 12 sm südlich anlaufen. Die Einbuchtung an der Ostseite der Insel Proti ist lediglich für einen Badeaufenthalt geeignet.

Strophaden (Nisoi Strophades). Diese Inselgruppe liegt 30 sm vor der Küste des Peloponnes im Westen, etwa auf der Höhe von Kyparissia. Sie lohnt die Mühe des Anlaufens nicht, zumal selbst bei ruhigem Wetter ständig Dünung zwischen den Inseln steht. Der einzig mögliche Ankerplatz wäre auf der Nordwestseite der Leuchtturminsel, Ns. Stamphani, auf 6–10 m Wasser; auf dem Grund liegen dicke Steinbrocken.

Auf der Insel nisten Sturmtaucher. Die Leuchtturmwärter sind die einzigen ständigen Bewohner. Gelegentlich soll ein Abt aus Zakynthos das festungsartige, längst verlassene Kloster besuchen, das Wind und Wetter trotzt, obwohl es schon ziemlich ramponiert ist.

Bucht von Navarino (Ormos Navarinou). Ein Skipper, der sich von Westen Griechenland nähert und südlich von Zakynthos in schlechtes Wetter gerät, ist gut beraten, wenn er die Bucht von Navarino ansteuert. Denn auch bei grobem Wetter kann man dort einlaufen und in dem kleinen Hafen Pylos Schutz finden. Der Ort hat außerdem historisch Interessantes zu bieten.

Pylos (Ormos Navarinou, Plan A der D 1092; Port of Entry).

Einsteuerung und Liegeplatz: Nach Einlaufen in die Bucht von Navarino sieht man das gut erhaltene türkische Fort von 1573 auf der Südseite der Einfahrt liegen. Man halte genau auf den befeuerten Kopf der Mole zu und mache an ihrer Innenseite fest, sofern der Hafenpolizist keine andere Anweisung gibt. Bei starkem Nordwind liegt man unruhig. Auch die Wassertaxen verursachen Schwell. Notfalls ist es vorzuziehen, auf Reede zu ankern. Eine Marina ist im Bau.

Versorgungsmöglichkeiten: Wasser am Kai, Diesel wird in Fässern von der nahen Tankstelle geliefert. Lebensmittel bekommt man in der Nähe, auch einige Restaurants und Bars sind am Hafen. Busverbindung mit Athen. Ausflugsboote zu den Gedenkstätten der gefallenen Matrosen.

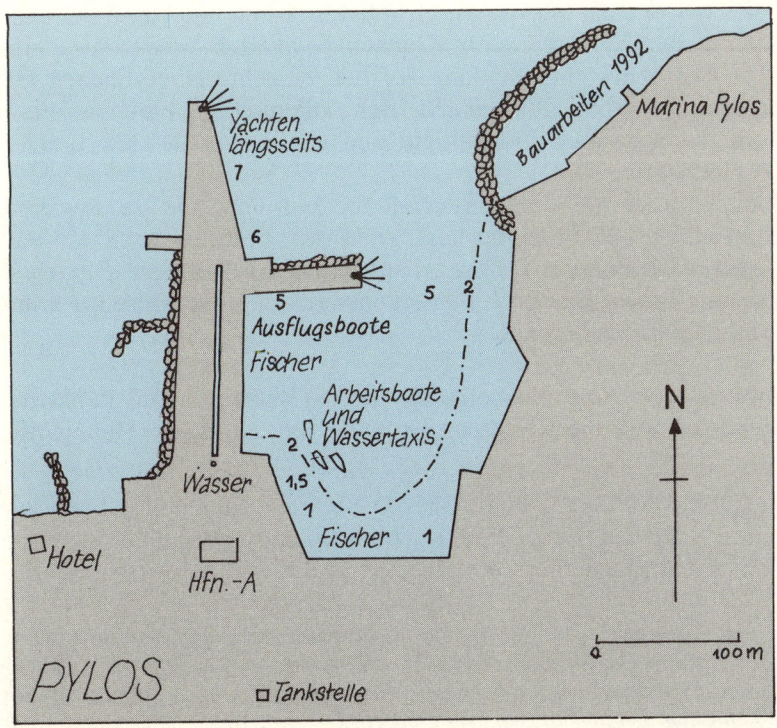

Im Jahre 1827 fand in der Navarino-Bucht eine Seeschlacht statt, deren Folge die Unabhängigkeit Griechenlands war. Die türkisch-ägyptische Armee hielt damals den Peloponnes besetzt, und ihre Flotte von 89 Kriegsschiffen ankerte in der Navarino-Bucht. Am 20. Oktober mittags lief eine Flotte der Alliierten (Frankreich, Großbritannien und Rußland) unter Admiral Codrington mit 27 Kriegsschiffen ein. Bald darauf eröffneten die Türken das Feuer, das die Alliierten erwiderten. Bei dem Gefecht, das den ganzen Nachmittag und die folgende Nacht über andauerte, wurden 53 türkische Schiffe versenkt. Die Alliierten hatten kein Schiff verloren, doch die Schäden waren erheblich.

Auf dem Hauptplatz von Pylos steht ein eindrucksvolles Denkmal mit den Büsten Codringtons und der verbündeten Admirale, und auch auf der Insel Sphaktiria, in Panagoulas sowie auf der Insel Chelonaki (Marathonisi) erinnern kleine Obelisken oder Gedenktafeln an die gefallenen Seeleute der französischen, russischen beziehungsweise englischen Flotte.

Viele Leute glaubten, mit dem ägyptischen Flaggschiff wären ein reicher Goldschatz und ungezählte Juwelen in die Tiefe gesunken. Doch vergeblich haben Taucher versucht, an die gesunkenen Schiffe heranzukommen und wenigstens eine Anzahl der etwa tausend Geschütze aus Bronze zu bergen. Der amerikanische Meeresarchäologe Peter Throckmorton erforschte 1961 den Meeresgrund und fand nur acht Wracks, allesamt in Tiefen von etwa 50 m; allein ihre Spanten ragten aus dem weichen Schlamm, der die Reste der türkischen Flotte nahezu vollständig bedeckt.

Ein anderes kriegerisches Ereignis gab es hier – wie Thukydides schreibt – bereits 425 v. Chr., als auf der Insel Sphaktiria Spartaner und Athener unter Demosthenes aneinandergerieten. Danach belagerten wiederum spartanische Krieger Demosthenes eine Zeitlang auf den Hügeln der nördlichen Halbinsel Koryphasion, bis die Hauptmacht der athenischen Flotte, von Sizilien kommend, die Spartaner überwältigte und als Sieger mit Demosthenes nach Athen zurückkehrte.

Schließlich ist noch ein kulturhistorisch bedeutsamer Ort zu erwähnen, der 17 km vom Hafen Pylos entfernt liegt: Alt-Pylos, bekannt durch den Palast des Nestor, im 13. Jahrhundert v. Chr. erbaut. Unter reichhaltigen Funden sind die Tontafeln mit Linear-B-Schrift bemerkenswert, die im Museum von Chora (3 km weiter) ausgestellt sind.

8 sm südwärts von Navarino befindet sich der südwestlichste Punkt des Peloponnes und dahinter die Reste des einstigen venezianischen Hafens Methoni.

Methoni (Ormos Methonis, Plan A der D 677) liegt, durch eine Mole nur unzulänglich geschützt, am Rande einer seichten Bucht, unweit einer modernen Ortschaft. Ein wuchtiges, in die See hineinragendes Kastell beherrscht den Hafen.

Einsteuerung, Ankerplatz und Versorgungsmöglichkeiten: Die auffallendste Landmarke ist bei Tage der türkische Turm auf Kap Sakkouli. Dieses Kap erscheint von weitem wie eine Insel und ist – ebenso wie die befeuerte Mole – mit Abstand zu runden. Im Schutz der Mole kann man bei ablandigem Wind auf etwa 4–5 m Wasser über gut haltendem, mit

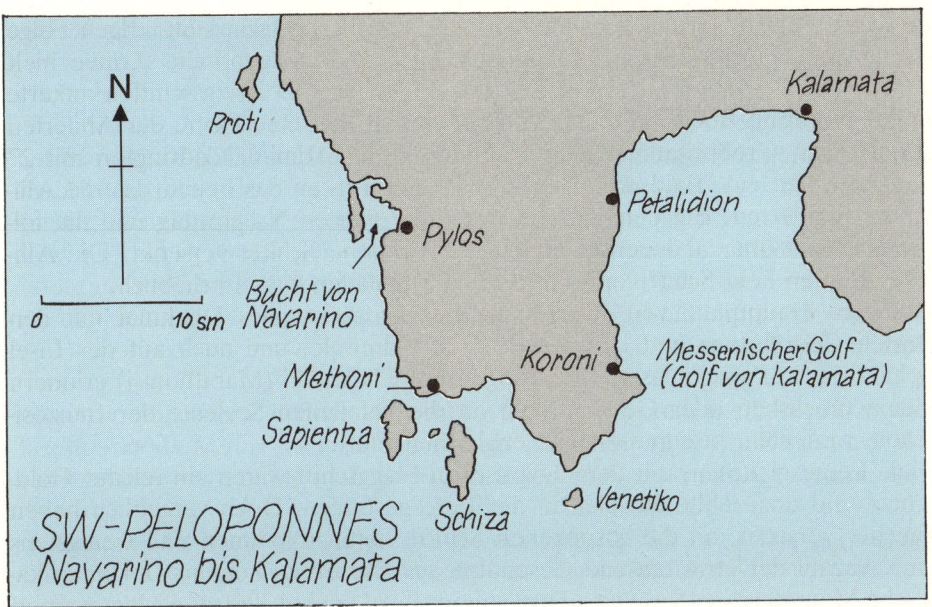

Seegras dünn bewachsenem Sandgrund mit hinreichend Raum zum Schwojen ankern. Bisweilen steht Dünung um den Molenkopf herum in die Hafenbucht. Bei Südwinden wird der Ankerplatz unhaltbar; dann empfiehlt sich die Longos-Bucht auf der Insel Sapientza. In Richtung der kleinen Fischerpier wird es seicht; dort kann man mit dem Beiboot landen, um das Kastell zu besichtigen. An dem schönen sandigen Badestrand gibt es ein Restaurant, im Ort sind Lebensmittel zu haben. Busverbindung über Pylos nach Athen.

Römische Münzen zeigen, daß Methoni damals einen halbkreisförmigen Kai mit einem Säulengang hatte. Während der Blütezeit Venedigs war dieser Ort unter dem Namen Modon eines der „Augen der Republik". Er entwickelte sich infolge seiner strategisch günstigen Lage zu einem bedeutenden Hafen und konnte gehalten werden, bis der Peloponnes Anfang des 16. Jahrhunderts von den Türken überrannt wurde.

Vom nördlichen Ende der Adria, wo „Venedig herrscht, auf hundert Inseln thronend", segelten die Galeeren mit Pilgern und Waren, von Kriegsschiffen eskortiert, alljährlich im Frühling zum Heiligen Land. Sie folgten der italienischen Küste bis Brindisi und machten Halt, so oft es notwendig war. Von Brindisi setzten sie nach Korfu über, wo sie sich neu verproviantierten. Der nächste Anlaufhafen war Modon, wo die Ruderer sich ausruhen und die Pilger sich erfrischen konnten. Von dort ging es nach Chania auf Kreta. Über Rhodos und Zypern erreichten sie schließlich die palästinensische Küste.

Das gewaltige venezianische Kastell lohnt einen Besuch, wenn auch innerhalb seiner Wälle keine irgendwie interessanten Gebäude erhalten geblieben sind. Zum letzten Male spielte es 1770 eine Rolle, als die hier liegende 6000 Mann starke türkische Garnison der im Ormos Navarinou stationierten russischen Flotte den Nachschub abschnitt. Von griechischen Truppen unterstützte Angriffe russischer Schiffe auf das Fort blieben ohne Erfolg, und so mußten die Russen zuletzt ihren Flottenstützpunkt aufgeben.

Von den südlichen Küsten des Peloponnes ragen drei Halbinseln, die die Golfe von Messenien (Messiniakos Kolpos) und Lakonien (Lakonikos Kolpos) bilden, ins Meer hinaus. Das ganze Gebiet erscheint wie geschaffen für unhandiges Wetter, und man tut gut daran, sich beizeiten über die möglicherweise erreichbaren Schutzhäfen zu informieren. Zwar herrschen den Sommer über nordwestliche Winde vor, doch kommen im Frühling manchmal Stürme aus Osten oder Südosten auf, und dann ist es beruhigend, wenn man einen brauchbaren Ankerplatz in der Nähe weiß.

Longos-Bucht (Insel Sapientza). In den Tagen der großen Segelschiffe war diese Bucht an der Südostseite der Insel, kaum mehr als 4 sm von Methoni entfernt, willkommener Ankerplatz. Nur bei Südostwind steht starker Schwell herein.

Einsteuerung und Ankerplatz: Die Bucht kann man nur bei Tage und nur weit südlich der vorgelagerten Eilande ansteuern. Im südlichen Teil der Bucht ist der beste Ankerplatz in der Nähe des Strandes, wo die Leuchtturmwärter, die einzigen Bewohner, ihre Boote an Land holen. Der Anker hält in dem weichen Sand-Schlick-Grund nicht immer auf Anhieb.

Kap Sakkouli mit dem auffälligen Turm, gegenüber die Insel Sapientza

Messenischer Golf

Ostwärts durch die Enge zwischen der Insel Venetiko und dem Festland segelnd, gelangt man in den weiträumigen Messenischen Golf (Messiniakos Kolpos) oder Golf von Kalamata.

Koroni (Limin Koronis, Plan B der D 677). Gegen Nordosten hinter dem nächsten Vorgebirge liegt das andere „Auge der Republik", Koron.

Einsteuerung und Ankerplatz: Das Einlaufen bereitet weder bei Tag noch bei Nacht Schwierigkeiten. Schon aus großer Entfernung sind die Mauern und Bastionen des Kastells deutlich auszumachen. Kap und Mole sind befeuert. Die begrenzten Untiefen von 4,50 und 4,90 m nordwestlich des Molenkopfes dürften keine Gefahr darstellen. Will man am nördlichen Teil der Mole anlegen, empfiehlt sich vorsichtiges Herantasten, denn die Wassertiefe nimmt nach Süden zu schnell ab und ist auch am befestigten Südufer nicht ausreichend. Zu beiden Seiten liegen einige Felsbrocken. Der Grund in etwa 100 m Abstand besteht aus kurzem Seegras auf Sand.
Der Ankerplatz ist bisweilen der Nachmittagsbrise aus Nordwest ausgesetzt, was das Landen im Beiboot manchmal zu einem recht feuchten Unternehmen macht. Im Falle plötzlicher Nordostwinde findet man einen Ankerplatz in Lee von Kap Leivadies.
Versorgungsmöglichkeiten: Gemischtwarenläden in der Parallelstraße, Tavernen an der Wasserfront, Wasserhähne an den Häusern.

Das Ort und Hafen beherrschende venezianische Kastell auf dem Hügel bietet manches Interessante. Das Kloster, das einen Teil der Hügelkuppe einnimmt, beherbergt noch einige Nonnen, die sich hauptsächlich der Pflege ihres farbenfrohen Blumengartens widmen.
Ein interessanter Ausflug bietet sich mit einer 20 Minuten währenden Autofahrt nach Petriades. Dies ist der einzige Ort in Griechenland, wo im Sommer die großen Ali-Baba-Krüge, die klassischen Amphoren, noch aus freier Hand, ohne Zuhilfenahme einer Töpferscheibe, hergestellt werden, eine Kunst, die nur mehr von einer einzigen Familie im Dorf ausgeübt wird.

Petalidion ist ein brauchbarer Tagesankerplatz vor einem im Sommer belebten, sauberen Urlaubsort, der von weitem an der großen weißen Kirche zu erkennen ist. Das nach Norden zu mit Molensteinen verlängerte Kap bietet kaum Schutz, da die Wassertiefen dahinter so gering sind, daß man weit außerhalb auf etwa 3 m ankern muß. Zu einem Tavernenbesuch kann man mit dem Beiboot am Kai in Richtung Kirche landen.

Kalamata (Kalamai, Messiniakos Kolpos, Plan C der D 677; Port of Entry). Dieser Handelshafen liegt im nordöstlichen Winkel des Messenischen Golfes. Früher ging es hier in den Herbstmonaten am turbulentesten zu, wenn zahlreiche Frachter einliefen, um Feigen und Korinthen zu laden.

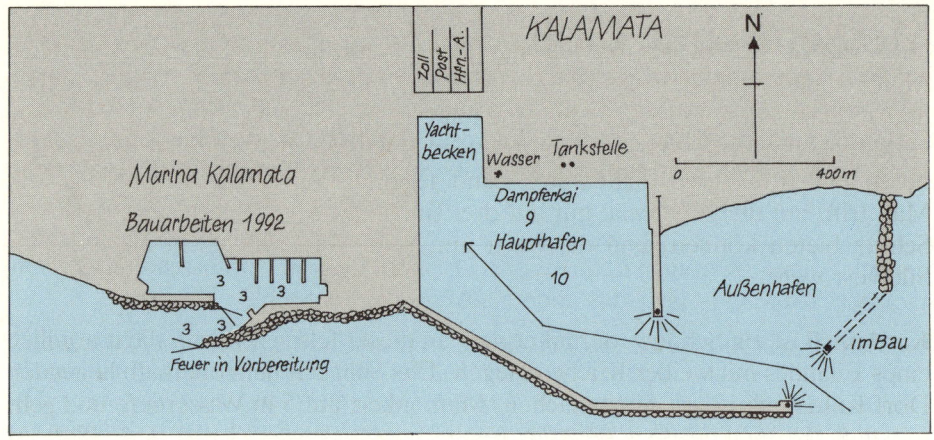

Einsteuerung und Liegeplatz: Bei Tage ist die Stadt mühelos vor dem Hinterland auszumachen, bei Nacht hingegen können ihre Hafenlichter nur halb so weit, wie auf den Karten angegeben, erkannt werden. Nach dem Einlaufen sollte man gleich die gut geschützte Nordwestecke aufsuchen und dort nahe beim Hafenamt über Bug oder Heck am Kai festmachen. Der Grund ist Schlamm. Die Wassertiefe beträgt zwischen 5 und 7 m.

Versorgungsmöglichkeiten: Trinkwasser von guter Qualität auf dem Kai, ebenso Treibstoff. Reparaturmöglichkeiten. Restaurants und Lebensmittelläden in der Nähe, andere Geschäfte in der Stadt (häufige Busverbindung). Bus-, Eisenbahn- und Flugverbindung mit Athen.

Marina Kalamata: *Noch unfertiger Yachthafen, in dem Sportboote bereits anlegen können. Wasseranschluß vorhanden; Tankstelle, Molenlichter noch nicht in Betrieb. Supermarkt, Tavernen nahebei. Keine Liegebühr, solange kein Service. Bei Südwind Schwell im östlichen Teil.*

Die Stadt mit 50000 Einwohnern liegt am Fuße des Hügels, den die einstige Akropolis von Pharai krönte, in einem fruchtbaren Umland mit Weingärten und Olivenhainen. Sie hat durch das Erdbeben von 1986 schwere Schäden erlitten.

Von der fränkischen Burg, die Geoffroy de Villehardouin im 13. Jahrhundert erbauen ließ, sind nur noch Ruinen zu sehen; sein Geschichtswerk „Die Eroberung von Konstantinopel" ist übrigens die bedeutendste Quelle für jenes Ereignis von 1204.

Eine Autofahrt von 40 Minuten führt zu einem ausgedehnten Abschnitt der aus gewaltigen Mauern bestehenden messenischen Befestigungsanlagen. Man kann diesen um die Mitte des 4. Jahrhunderts v. Chr. gegen den Erbfeind der Messener, die Spartaner, errichteten Wällen, deren Tore und Türme zum Teil noch stehen, eine beträchtliche Strecke zu Fuß über die Hügel folgen. Ungeachtet der hier häufig auftretenden Erdbeben haben die riesigen, kunstvoll zusammengefügten Steine ihre einst vollkommene Struktur größtenteils bis heute bewahrt. Läßt man die landwirtschaftlich genutzte Ebene im Scheitel des Messenischen Golfes hinter sich, so fährt man fast 45 sm an der felsigen und gebirgigen Küste der Halbinsel Mani entlang, bis man Kap Tainaron (Matapan) erreicht. Die herben Küstenformen stehen in markantem Gegensatz zu den freundlichen grünen Küsten auf der Westseite des Golfes.

Das Massiv des Taygetosgebirges durchzieht die langgestreckte Halbinsel Mani und erreicht im Norden im gleichnamigen höchsten Berg 2407 m. Aber auch weiter südlich behalten die Berge durchweg Mittelgebirgshöhe zwischen 1000 und 1500 m. Diese Oberflächengestalt hat entscheidenden Einfluß auf die Windverhältnisse in beiden Golfen. Immer wieder brausen Fallböen von den Bergen herab und bringen zu dicht unter Land segelnde Yachten in Schwierigkeiten. Man trifft auf dieser Strecke nur auf drei Buchten oder kleine Häfen, die etwas Schutz bieten können, und das auch nur, wenn der Wind nicht aus West bis Südwest weht.

Kardamyli ist ein Schönwetterankerplatz an dieser felsigen Küste, dicht nördlich eines Eilandes mit weißer Kirche gelegen. Das Kliff mit dem oberhalb liegenden Dorf Kardamyli ist gut auszumachen. Man ankert auf 5 m Wassertiefe und geht mit dem Beiboot in dem seichten Fischerbootbecken an Land. Der Platz ist Westwind und Dünung völlig ausgesetzt. Durch den Tourismus sind gute Verpflegungsmöglichkeiten gegeben.

Limeni, obwohl nach Westen offen, gilt als der bestgeschützte Platz an der Ostseite des Messenischen Golfes. Die Einsteuerung ist ohne Gefahr, die Bucht frei von Untiefen. Auf der südlichen Einfahrtshuk brennt nachts ein Leuchtfeuer. Vor dem Ort am südlichen Ufer lasse man auf 5 m Wasser den Anker fallen.

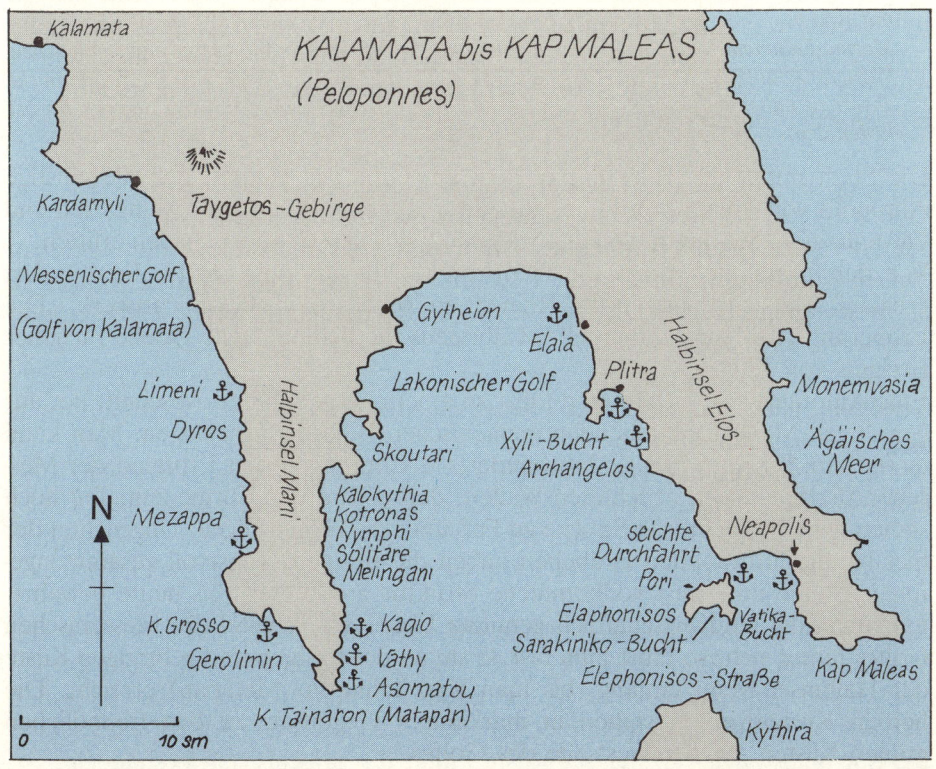

Südwärts von Limeni erblickt man an den der See zugekehrten Hängen eine Anzahl höchst ungewöhnlich anmutender Ortschaften mit hochragenden quadratischen Türmen. Diese Türme wurden von den Nikliern errichtet, die im 13. Jahrhundert nach der Zerstörung ihrer Vaterstadt Niklia in Arkadien in die unterbevölkerte Landschaft Mani (Maina) auswanderten und ihren kargen Grund und Boden vor späteren Eindringlingen hartnäckig verteidigten. Meistens drei Stockwerke hoch, dienten die Türme zur Bewachung sowohl der Äcker als auch der Dorfumwallungen. Lokale Fehden ließen immer mehr Türme entstehen, bis jede Familie ihren eigenen besaß und das Dorf nur noch aus Türmen bestand. Einige sind noch heute bewohnt, andere wiederum seit langem verlassen, doch will man diese sonderbaren Bauten für den Tourismus wieder herrichten.

Nicht immer war man den Reisenden gegenüber so aufgeschlossen. 1675 berichtete ein Engländer über die Manioten, daß sie „berühmte Piraten auf See und verdammte Räuber zu Lande" seien. Auch Kapitän Beaufort bemerkte 150 Jahre später, daß im Distrikt Mani „ein regelrecht organisiertes System absoluter und allgemeiner Piraterie" bestehe. Sogar die Türken scheuten Auseinandersetzungen und gewährten den freiheitsliebenden Manioten deshalb weitgehende Selbständigkeit.

Segelt man an der Felsenküste 2,5 sm weiter nach Süden, kommt man zu den im Neolithikum bewohnten, überaus eindrucksvollen Tropfsteinhöhlen von Pyrgos-Dirou. Bei stabiler Schönwetterlage kann man in der Bucht **Ormos Dyros** ankern, um die Höhlen zu besichtigen. Eine Ankerwache muß unbedingt zurückbleiben, da man bei großem Touristenandrang mit einer mehrstündigen Abwesenheit rechnen muß. Als Alternative wäre eine Besichtigungsfahrt von Gytheion aus zu empfehlen.

Mezappa ist ein kleiner Ort am Ormos Mezappos, rund 9 sm südlich von Limeni, gegen Südwesten etwas geschützt durch das südliche Vorgebirge, den großen Felsen Tigani (Bratpfanne). Man ankert auf passender Tiefe nahe dem kleinen Naturbecken, in dem die Fischerboote vertäut sind. Es steht Dünung in die weiträumige Bucht. Die südöstliche Einbuchtung hat felsige Untiefen und eignet sich nicht zum Ankern.

Gerolimin, nahe dem eindrucksvollen, steil aufragenden Kap Grosso im Ormos Gyali gelegen und einst unzugänglicher Piratenstützpunkt, ist durch Fähr- und Straßenverbindung nun auch für Touristen erreichbar. Da der Ankerplatz stets Dünung ausgesetzt ist, sollte er nur für kürzere Zeit benutzt werden, etwa um mit dem Taxi das aus Wohntürmen bestehende Dorf Vatheia zu besuchen. Ankerwache ist erforderlich. Nächster sicherer Ankerplatz ist Limin Kagio.

Nähert man sich **Kap Tainaron** (Matapan), so nimmt die Höhe der Gebirgskette kontinuierlich ab, und schließlich sieht man den Leuchtturm auf dem flachen Kap stehen. Bei einem Landfall von Süden her macht man zuerst die hohen Berge landeinwärts aus, dann die Spitze des Leuchtturms und erst zum Schluß das Kap selbst. Dies ist der südlichste Punkt des griechischen Festlandes.

Lakonischer Golf

Im Lakonischen Golf (Lakonikos Kolpos) trifft man auf einige recht hübsche Ortschaften an der schroffen Felsküste der Halbinsel Mani, doch kaum auf cinen Ankerplatz, auf dem man die Yacht unbeaufsichtigt zurücklassen könnte – hauptsächlich wegen der Fallböen, die hier jederzeit in Sturmstärke von den hohen Gebirgsketten Manis herabbrausen können. Nordwärts segelnd, kommt man zu folgenden Buchten:

Asomati (Limin Asomatou) ist bei ruhigem Wetter angenehm und jäh einfallenden Böen weniger ausgesetzt als alle übrigen Einschnitte an der Ostküste Manis. Man geht in der Nordwestecke vor Anker und fährt eine Warpleine zum Land hin aus. Das Wasser ist hier allerdings unangenehm tief, der Grund fällt steil ab.

Vathy heißt ein tiefer Einschnitt, in dem ungefähr die gleichen Verhältnisse herrschen wie in Asomati. Bei Westwind ist mit heftigen Böen zu rechnen.

Kagio (Limin Kagio) ist der beste Zufluchtsort in der Nähe von Kap Tainaron. Obgleich diese Bucht nach Nordosten offen ist, kann man auch bei ungünstigen Wetterbedingungen einlaufen und Schutz finden.

Einsteuerung und Ankerplatz: Die Einfahrt zwischen dem Kliff im Norden und der befeuerten Huk im Süden ist breit und tief. Die felsige Untiefe in der Mitte der Bucht mit 3 m Wasser läßt man weit an Steuerbord, wenn man nach Runden der Leuchtfeuerhuk gleich nach Südwesten zum Strand einschwenkt. Vor dem kleinen Ort hat man auf 5 – 7 m Wassertiefe gut haltenden Ankergrund aus Sand und genügend Raum zum Schwojen. Der kleine Anleger in der Südostecke ist Fischern vorbehalten.

Der nach der griechischen Sage in dieser Gegend vermutete Eingang zur Unterwelt stellte sich bei einer Erforschung vor Jahrzehnten als glattwandige Höhle heraus. Hierher soll Psyche von Aphrodite geschickt worden sein, um die wundertätige, ewige Schönheit verleihende Salbe von Proserpina zu holen, und hier ließ Orpheus durch sein Lautenspiel den Höllenhund Zerberus in tiefen Schlaf fallen, damit er Eurydike aus der Unterwelt zurückholen konnte.
In dieser wilden, offenen Landschaft sind bisweilen Tausende von Wachteln zu sehen. Im April ziehen sie nordwärts und fallen dann oftmals auf den ägäischen Inseln ein. Im September rasten sie hier, bevor sie den 200-Meilen-„Sprung" nach Afrika machen. Das tun sie am liebsten bei Nacht.

Die folgenden drei Ankerplätze sind klein und recht ungeschützt, also nur bei beständiger Schönwetterlage für einen kürzeren Aufenthalt geeignet:

Melingani – eine kleine Bucht, wenige Häuser, gegen Osten offen;
Solitare – wie Melingani, nur häufiger von kleinen Kaïken aufgesucht;

Nymphi — ein enger, felsiger Einschnitt, 100 m lang, mit zugänglichem Strand, doch gegen Osten offen.

Kalokythia (Ormos Kalokythias). Segelt man in diese Bucht hinein, so fallen einem alsbald die begrünten Hänge und reizenden Täler ins Auge, doch es gibt hier keinen Platz, an dem man es riskieren möchte, sein Boot, sei es auch nur für wenige Stunden, allein vor Anker liegen zu lassen, es sei denn bei ausgesprochen beständigem Wetter.

Kotronas liegt in einer entzückenden Talmulde im Scheitel des Ormos Kalokythias. Es hat einen Kai mit 1,80 m Wasser davor. Die Wassertiefe auf dem Ankerplatz beträgt 9 m. Weiter binnen ist der Grund steinig. An Land gibt es ein paar Häuser und eine Taverne. Auf jähe Fallböen von den Bergen muß man gefaßt sein. Einige Fischerboote liegen für gewöhnlich hier oder im Schutz einer kleinen Mole, die ungefähr 400 m gegen Süden zwischen die Klippen gebaut wurde.

Skoutari. Ormos Skoutari liegt in einer hübschen Umgebung, aber der Ankergrund ist zu tief für eine Yacht. Außerdem ist die Bucht starken Fallböen ausgesetzt. Bei beständigem Wetter kann man in einer der Ausbuchtungen an ihrer Ostseite ankern, zum Beispiel in

„Fisherman's Cove", wie sie in der englischen Seekarte 712 genannt wird. Sie liegt in besonders reizvoller Umgebung, hat 5 m Wassertiefe und gut haltenden Sandboden. Der Schutz ist gut, außer gegen Westen. Eine Westwetterlage läßt auch hier Fallböen entstehen, die ohne weitere Vorwarnung über die Bucht fegen, wenn man die „unerklärlichen" Wellen übersehen hat. Diese Warnzeichen aber sollte man als Signal betrachten, Hals über Kopf das Feld zu räumen, weil die 1,5 sm lange Windwirkstrecke den Ankerplatz sehr schnell unhaltbar macht.
Steife und lang anhaltende Winde aus Süd und Südsüdost haben starken Schwell in der Skoutari-Bucht zur Folge; gleichwohl dringt er nicht in Fisherman's Cove.

Gytheion ist ein hübscher alter Hafen, der sowohl von Fischkuttern als auch von Kümos aufgesucht wird. Die kleine Stadt ist ein günstiger Stützpunkt für Ausflüge nach Sparta, Mistras und zu den Tropfsteinhöhlen von Pyrgos-Dirou.

Einsteuerung und Liegeplatz: Es gibt keine Schwierigkeiten bei Tag oder Nacht. Ein rotes Feuer markiert den Molenkopf. Yachten sollten gleich in den inneren Hafen laufen und mit Bug oder Heck zur Mole anlegen, Anker gegen Westen auf 5 m Wassertiefe ausgebracht. Der Grund besteht aus festem Ton. Obwohl der Hafen absolut geschützt zu sein scheint, kann es auch hier für ein Boot gefährlich werden, wenn bei starken nordwestlichen Winden heftige Sturmböen vom Taygetosgebirge her einfallen. Bei Ostwind steht Dünung in den Hafen. Gelegentlich weist der Hafenpolizist einen Platz zum Längsseitsliegen an.

Versorgungsmöglichkeiten: Trinkwasser und Diesel erhält man direkt am Kai. Lebensmittel gibt es in der Stadt, Restaurants an der Wasserfront. Man findet auch Werkstätten für

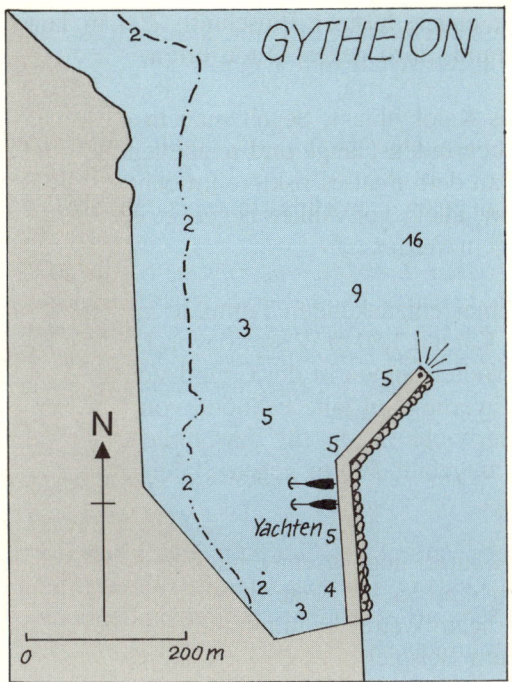

Reparaturen und Schweißarbeiten. Die Piräus-Fähre läuft Gytheion zweimal in der Woche auf der Route Kythira – Kreta an. Busse gehen nach Athen und über Sparta nach Mistras.

Die Stadt mit 5000 Einwohnern ist trotz des wachsenden Fremdenverkehrs in ihrem Kern noch unverfälscht. Die eleganten Steinhäuser mit ihren hölzernen Balkonen sind reizend anzusehen.

Lange bevor die Römer kamen, war Gytheion Seehafen und Marinebasis für Sparta. Unter Kaiser Augustus wuchs die Bedeutung als Handelshafen auf der Strecke Rom – Athen. Für römische Bäder sehr geschätzt war der Marmor aus den Steinbrüchen von Krokeai. Im 4. Jahrhundert versank die Stadt durch ein schweres Erdbeben im Wasser. Heute sind nur noch ein römisches Theater und Ruinen der Akropolis zu sehen.

Eine gute Straße führt über die Berge und durch eine lieblich grüne, dicht mit Zitronen- und Olivenbäumen bestandene Landschaft nach Sparta, einer modernen Stadt, die außer dem Museum wenig zu bieten hat. Mistras hingegen, nur 15 min weiter, erweist sich als ein höchst sehenswerter Ort. Auf einem Hügel zu Füßen des Taygetosgebirges liegend, sind von der byzantinischen Stadt noch einige Kirchen und Klöster erhalten, die sorgfältig renoviert wurden. Ein ganztägiger Ausflug lohnt sich.

Elaia, gegenüber von Gytheion auf der Ostseite des Golfes gelegen, ist ein sehr kleiner Hafen mit einer kurzen Mole, hinter der man zwischen den Fischerbooten auf 3 m Wassertiefe anlegen kann. Landmarken sind ein Turm auf dem Kap Molaon und die Ortschaft hinter dem Hafen.

Plitra (Ormos Xylis). Der Hafen ist durch einen langen Wellenbrecher geschützt, der Ort aber ist recht trostlos. Im Falle südlicher Winde sollte man in Lee von Kap Archangelos 4 sm südsüdostwärts ankern.

Einsteuerung und Liegeplatz: In der Fahrrinne querab von der Mole beträgt die Wassertiefe 3–4 m; der Grund ist uneben und steinig. Bei Nacht brennt ein grünes Funkelfeuer auf dem Molenkopf. Man mache nicht weiter binnen als 30 m vom Molenkopf fest; denn der Hafenboden ist auch dort mit Felsbrocken, dicken Steinen und Kies bedeckt. Auch Reste der antiken, im Wasser versunkenen Stadt ragen nicht weit von der Molenwurzel hervor. Der Hafen bietet keine Sicherheit.

Versorgungsmöglichkeiten sind sehr begrenzt. Zwei einfache Tavernen und geringe Auswahl an Lebensmitteln im Ort, kein gutes Trinkwasser. Täglich fahren Busse nach Sparta.

Vatika-Bucht (Ormos Vatika). In alter Zeit waren hier die römischen und dann die venezianischen Galeeren stationiert und während der beiden letzten Weltkriege sowohl britische als auch deutsche Patrouillenboote. Yachten bietet sich hier jedoch nur wenig Schutz.

Elaphonisos (Hirschinsel). Zwischen der Nordseite der bis 276 m hohen Insel und dem Festland gibt es eine seichte und schmale Durchfahrt, die nur von Ortskundigen und bei glatter See von Yachten mit geringem Tiefgang benutzt werden kann. Die Skizze zeigt die Wassertiefen und Peilungen für die Passage in beiden Richtungen. Die Ankerplätze vor der Ortschaft dicht an der Durchfahrt versprechen Schutz und guten Halt.

Einsteuerung: Die Nordküste der Insel ist flach und sandig mit Felsvorsprüngen. Die Kirche nordöstlich vor dem Ort erleichtert die Ansteuerung. Von Osten her hält man unter 320° auf einen 110 m hohen Hügel mit einem Turm zu. Kommt man von Westen, steuert man unter 90° auf Nisis Petri zu, bis man die Kirche querab hat, und schwenkt dann auf die engste Stelle der Durchfahrt ein, wobei das Leuchtfeuer an Steuerbord bleibt. Gewöhnlich setzt Strom nach Westen.

Ankerplatz und Versorgungsmöglichkeiten: Bei West- bis Nordwind ankert man ostwärts des Ortes auf 5 m Wassertiefe oder, mit ausgezeichnetem Leeschutz, dicht unter der Festlandsküste bei Nisis Petri. Bei Südwinden sollte man sowohl diese Ankerplätze als auch die Durchfahrt meiden. Die Versorgungsmöglichkeiten sind gering: Taverne, Cafés, Lebensmittel.

Schon in vorgeschichtlicher Zeit gab es hier einen Hafen, der den Handel zwischen dem Ionischen und dem Ägäischen Meer vermittelte. Auf dem Meeresboden zwischen dem Festland und der Felseninsel Petri wurden ein ausgedehntes bronzezeitliches Dorf mit einigen Kammergräbern entdeckt sowie kykladische Tongefäße. Damals war Elaphonisos mit dem Festland durch eine Landenge verbunden. So war es auch noch zu Pausanias' Zeiten im zweiten

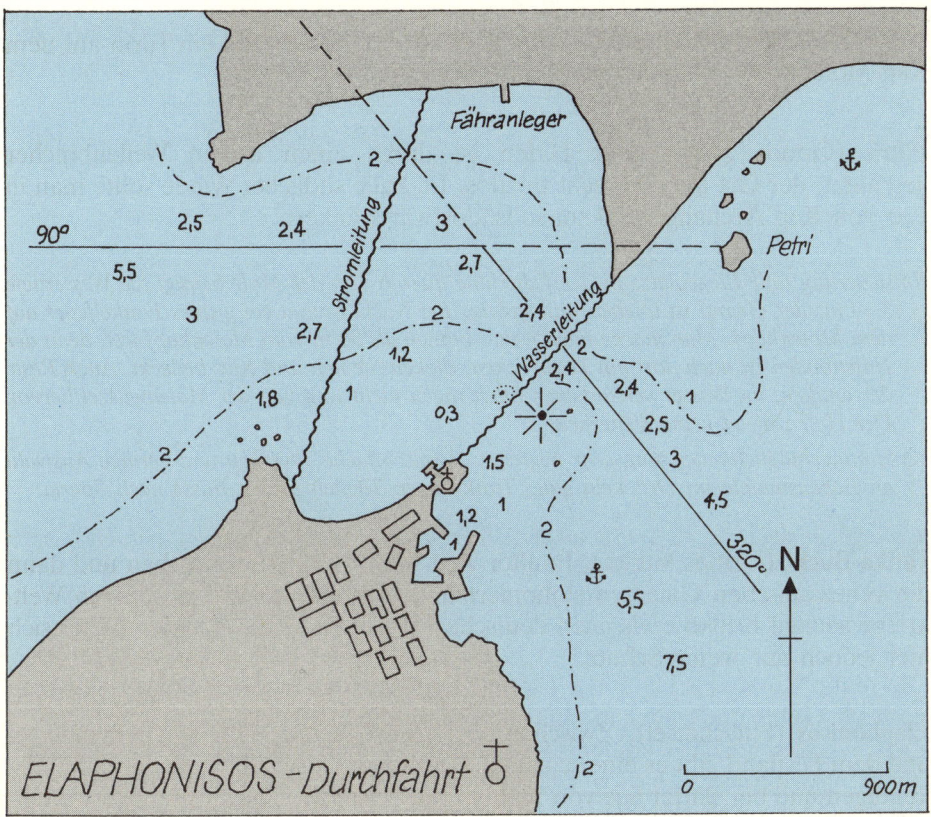

Fähranleger

90°   2,5   2,4   3

5,5   2,7

3   2,7   2

1,8   1   0,3

2   1,2   1,5

1,2   1

2

320°   N

Petri

2,4

2   2,4   1

2,5

3

4,5

5,5

7,5

ELAPHONISOS – Durchfahrt

0   900m

nachchristlichen Jahrhundert. Erst 1677 wurde es zur Insel, aber die jetzt 2,00–2,50 m tiefe Durchfahrt war zunächst noch eine Furt.

An der seewärtigen Seite der Insel Elaphonisos trifft man auf zwei weitere Ankerplätze:
Nisis Pori, eine Lagune an der Westseite bildend, geschützt durch eine Reihe von Felsen. Der Ankerplatz öffnet sich von Norden nach Westen;
Sarakiniko-Bucht im Süden. Sie gewährt im Notfall Schutz an ihrer Leeseite, wenn es stark aus Norden weht.

Neapolis (Ormos Vatika), in der Nordostecke der Vatika-Bucht gelegen, hat direkt vor dem großen Ort eine Anlegepier, die von Yachten benutzt werden kann.

Einsteuerung und Liegeplatz: Der Ort ist von weitem auszumachen; nachts hilft das Leuchtfeuer von Palaiokastron bei der Ansteuerung. Die roten Molenlichter am Kopf der Pier brennen nur vor Ankunft der Fähre. Yachten können je nach Windrichtung an der Südost- oder Nordwestseite der Pier anlegen. Die Wassertiefe beträgt 5 m, zum Ufer auf 2 m abnehmend.

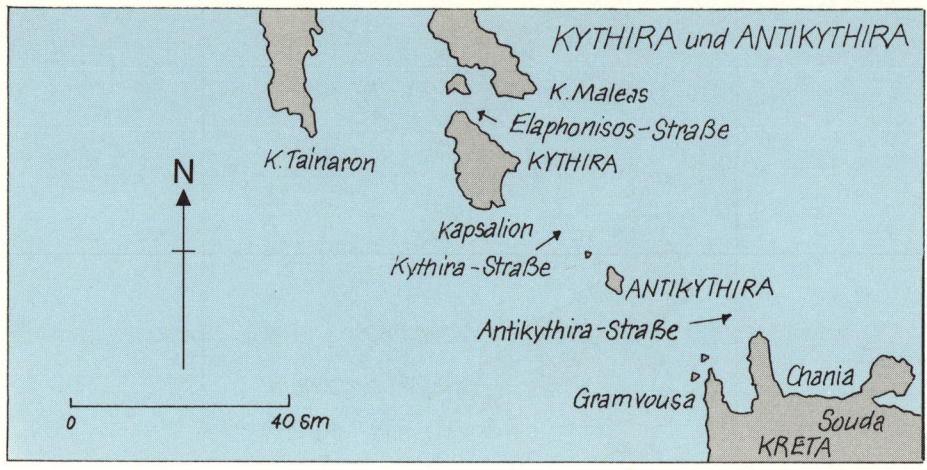

Versorgungsmöglichkeiten: Wasser an der Wurzel der Pier, größere Mengen Treibstoff werden von der nahen Tankstelle geliefert. Im Ort bekommt man Lebensmittel. Busse nach Athen und Sparta, zweimal wöchentlich legt die Piräus-Kythira-Kreta-Fähre an, täglich Fährverbindung mit Kythira.

Die rauhe Küste der Halbinsel Elos verläuft weiter südwärts. Später schwenkt sie nach Osten und endet in dem imposanten Kap Maleas.

Zwischen den Inseln Elaphonisos und Kythira erstreckt sich die 4,5 sm breite Elaphonisos-Straße (Diavlos Elaphonisou). Sie ist das Hauptfahrwasser für Schiffe, die die Ägäis von Westen her ansteuern oder von Osten her verlassen.

KYTHIRA

Kythira ist gebirgig, die Küste öde und schroff. Die Insel hat zwei geschützte Buchten: Kapsali mit dem Hauptort Kythira an der Südküste und Agios Nikolaos mit Avlaimon an der Südostseite. Außerdem gibt es noch zwei nur bei günstigen Wetterverhältnissen brauchbare Ankerplätze an der Nordostküste: Pelagia mit einem 100 m langen Wellenbrecher und die sandige Lagune bei der Insel Makronisos.

Makronisos (Ormos Makris). Die im Plan eingezeichneten Ankerplätze werden je nach Windrichtung durch das Eiland Makronisos etwas geschützt.

Achtung: Das Wrack eines 60 m langen Frachters verringert die Wassertiefe auf 4–6 m; es ist nur zeitweise durch eine Faßtonne markiert. Der Halt nördlich der Steinpier ist schlecht. Der Grund besteht aus glatten Felsen mit einer dünnen Sandschicht. Näher an der Pier ist fester Sand, ebenso wie südöstlich des Eilandes bei 7 m Wassertiefe.

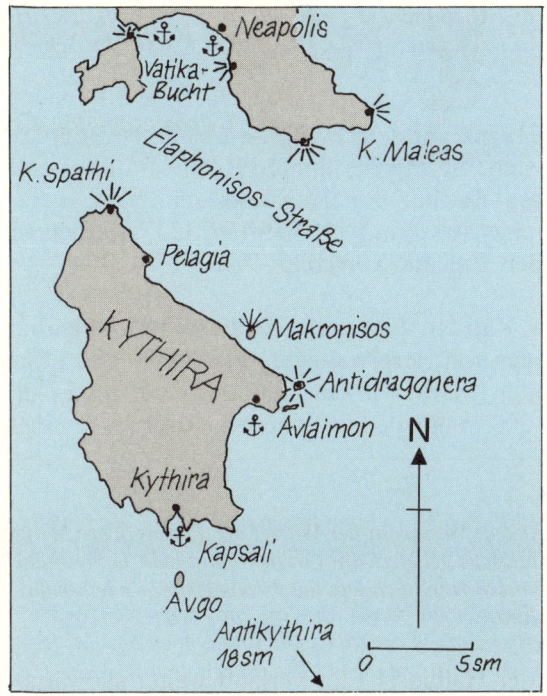

Avlaimon (Ormos A. Nikolaou) ist außer gegen Süden gut geschützt, doch gibt es abgesehen von zwei Tavernen am Hafen im armseligen Ort kaum Versorgungsmöglichkeiten.

Liegeplatz: Der kleine Kai mit Wassertiefen von 2–3 m davor wird gelegentlich von Kaïken in Anspruch genommen. Sind keine Kaïken da, so bietet er Yachten einen recht bequemen

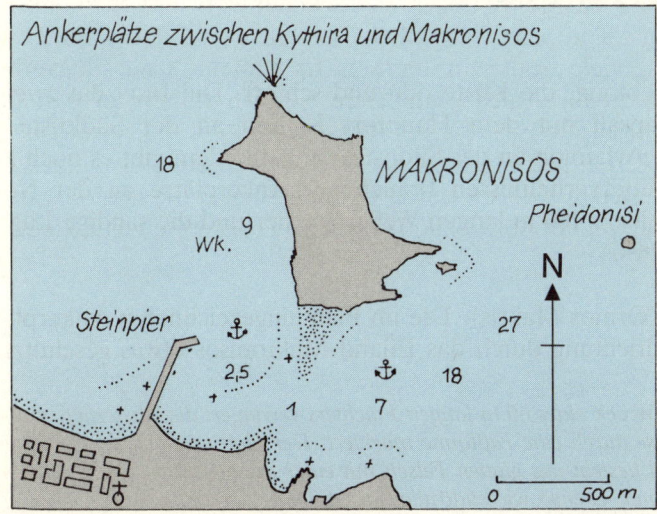

Liegeplatz. Man mache, Buganker gegen Süden ausgebracht, über Heck fest. Das Hafen-becken ist eng; nur im äußeren Hafen findet man Raum zum Schwojen auf 5—7 m Wassertiefe.

Im September 1802 sank vor dem Hafen Avlaimon die Brigg „Mentor" mit einer Ladung von 17 Kisten, die den berühmten Parthenon-Fries enthielten. Erst zwei Jahre später bargen Taucher von Kalymnos und Symi diese „Elgin marbles" genannten Marmorschätze, und im Februar 1805 wurden sie schließlich auf Befehl Nelsons nach England verschifft.

Kapsalion (Ormos Kapsali, Plan auf GB 712) ist der Fährhafen der Insel. Er befindet sich in einer von Bergen eingefaßten Senke und ist gegen Süden unge-schützt. Kythira oder Chora, wie der Hauptort einer Insel früher meist genannt wurde, liegt etwa 200 m hügelan in beherrschender Lage neben dem veneziani-schen Kastell.

Einsteuerung: Die eiförmige, 194 m hohe Felseninsel Avgo 2 sm südlich der Einfahrt ist nicht zu übersehen. Der Hafen wird durch eine befeuerte Halbinsel geschützt.

Liegeplatz: Yachten ankern entweder inmitten der Bucht auf 7 m Wasser über Sandgrund oder legen mit langen Heckleinen an der Pier an, die knapp 2 m Wassertiefe hat. Wenn keine Fähren oder Frachter zu erwarten sind, kann man auch am Kai festmachen. In der Nähe des Kais gibt es zwischen sandigen Stellen Felsen und loses Geröll, wo der Anker schlechten Halt findet. Die Hafenbucht ist manchmal heftigen Fallböen und Dünung aus-gesetzt. Unbenutzbar wird sie bei Schirokko. Im Sommer herrschen westliche Winde vor, gelegentlich unterbrochen von Nordost.

Versorgungsmöglichkeiten: Gutes Trinkwasser und Diesel an der Pier, Lebensmittel in begrenzter Menge am Hafen, in größerer Auswahl in Kythira (30 min Fußweg). Restau-rants an der Wasserfront; häufig werden frische Fische und Hummer feilgeboten. Noch heute exportiert Kythira schmackhaften Retsina-Wein, für den es einst berühmt gewesen ist.

Ein Spaziergang zur Chora mit ihren reizenden verwinkelten Gassen lohnt sich. Die Bewohner sind sehr freundlich. Vor allem im Hochsommer bringen die Piräus-Fähren viele Touristen hierher. Es besteht auch Flugverbindung mit Athen. Mehrere für Autos benutzbare Straßen führen zu den übrigen Ort-schaften der Insel.

In früheren Zeiten galt die Insel als Wachtposten am Zugang zur Ägäis. Nach den Napoleonischen Kriegen wurde Kythira, ebenso wie die Ionischen Inseln, zu denen sie zählt, an Großbritannien abgetreten und erhielt eine kleine Garnison.

ANTIKYTHIRA

Antikythira, die südlichste der Ionischen Inseln, liegt zwischen Kythira und Kreta. Die jeweils 10 sm breiten Durchfahrten zu beiden Seiten der Insel werden von den nach Kreta bestimmten Schiffen benutzt.

Potamos (Plan auf GB 712), die Felsenbucht an der Nordküste mit der kleinen Ortschaft, wird nur selten angelaufen, weil sie bei den vorherrschenden nördlichen Winden schwerer Dünung ausgesetzt ist. Außerdem ist der Halt des Ankers auf dem felsigen Grund zweifelhaft. Die unmittelbar vor der Einfahrt liegenden felsigen Eilande sind gut auszumachen, das Einlaufen zwischen den abfallenden Felsufern bereitet keine Schwierigkeiten. Der Grund vor dem kleinen Anleger ist unrein, deshalb sollte man etwa 100 m davor ankern. Der Ort macht einen urtümlichen Eindruck, der Fremdenverkehr ist kaum nennenswert.

Die heute bedeutungslose kleine Insel Antikythira machte im Frühjahr 1900 Schlagzeilen in der Weltpresse, als Schwammfischer aus Symi südsüdöstlich von Potamos das Wrack eines römischen Schiffes entdeckten. Auf diese Weise kam das Nationalmuseum von Athen zu einigen seiner besten Bronzen, Marmorskulpturen, Ton- und Glasgefäße aus dem 4. Jahrhundert v. Chr. In der Mitte der siebziger Jahre hielt der französische Meeresforscher Jacques Cousteau eine nicht unergiebige Nachlese, durch die der Untergang des Schiffes in das Jahr 86 v. Chr. datiert werden konnte. Außerdem steht nun fest, daß es sich bei der Ladung um römisches Beutegut aus Pergamon handelte.

3 sm nordwestlich von Antikythira liegt der 3 m hohe Felsen Navtilos. Er gehört zu einer Gruppe von Klippen, die auf den Seekarten eingezeichnet sind. Seinen Namen erhielt er nach der Fregatte „Nautilos", die hier 1807 im Sturm scheiterte, weil der Felsen seinerzeit in der Seekarte nicht vermerkt war. Von der 122-köpfigen Besatzung wurden 64 Seeleute nach sechs Tagen von Fischern aus Potamos gerettet.

Kreta wird ab Seite 245 beschrieben. Will man von Kythira aus Kreta anlaufen, so beachte man den Hinweis auf Seite 261.

4 Kap Maleas bis Kap Sounion

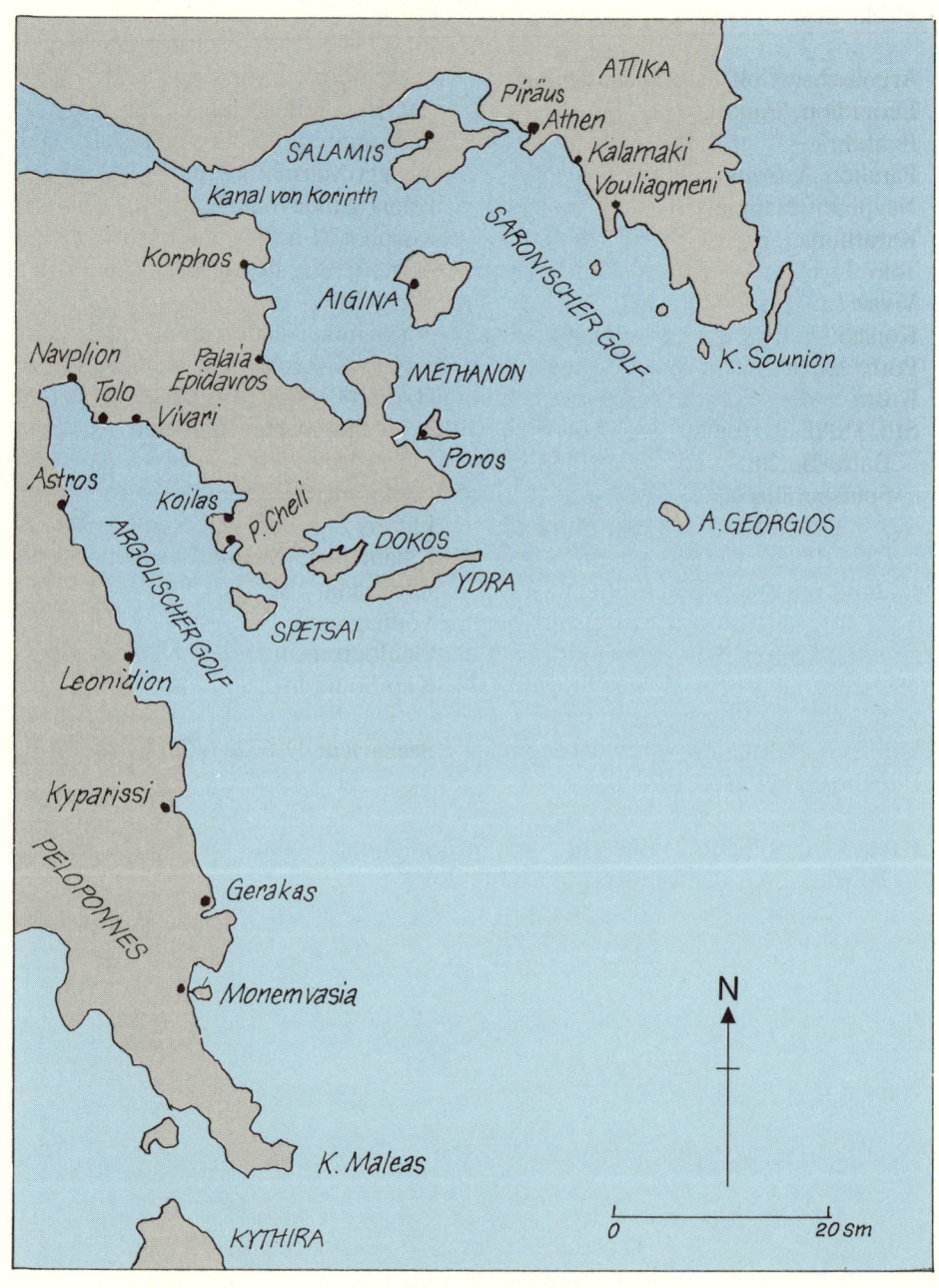

Ostküste des Peloponnes
Kap Maleas
Monemvasia
Kremmydi
Gerakas
Kyparissi
Phokianos

Argolischer Golf (Argolikos Kolpos)
Leonidion (Plaka)
Poulithra
Paralion Astrous
Navplion (Nauplia)
Karathona
Tolo
Vivari
Koilas
Porto Cheli
Kosta
SPETSAI
  Balza-Bucht
  Spetsopoula

YDRA und Saronischer Golf
(Saronikos Kolpos — Golf von Athen)
Dokos
Ermioni
YDRA (Hydra)
  Ydra
Poros
METHANON
  Methana
AIGINA (EGINA)
  Aigina
  Agia Marina
Palaia Epidavros
Korphos (Ln. Sophikou)
Ansteuerung des Kanals von Korinth
SALAMIS
  Salamis
  Kap Kongchi
HÄFEN VON PIRÄUS
  Fähr- und Handelshafen
  Zea
  Mounichia
Flisvos
Kalamaki (Alimos)
Glyphada
Vouliagmeni
Gaidouroniso
Kap Sounion

Seekarten: D 672, 677, 1081; GB 712

Ostküste des Peloponnes

Kap Maleas, jenes kühne, gewaltig emporragende Vorgebirge, das sich 553 m hoch erhebt, stellt sozusagen den Wegweiser in die Ägäis dar. Ganz für sich allein steht 100 m über dem Meeresspiegel ein niedriger weißer Klosterbau am westlichen Hügelhang. Vor ein paar Jahren noch wurde er von einem halben Dutzend Nonnen bewohnt.

Bei westlichen Winden halte man sich beim Runden des Kaps wenigstens 1 sm von ihm fern, vor allem dann, wenn man Kurs nach Norden, auf den Golf von Argolis, nehmen will. Das Wetter in diesem Seegebiet kann unvermittelt umschlagen, besonders im Frühjahr und Herbst, wenn der Wind zu Starkwind aus unerwarteter Richtung auffrischt. Das geschieht gewöhnlich, wenn ein Tiefdruckgebiet über das Mittelmeer hinwegzieht und der Wind plötzlich auf Ost springt.

Während der Sommermonate wehen im allgemeinen westliche Winde mäßiger Stärke. Doch hat man Kap Maleas gerundet, kann der Wind aus Norden kommen — in der gleichen Stärke wie der um diese Zeit wehende Meltemi.

Kap Maleas hinterläßt einen tiefen Eindruck. Für die griechischen Seeleute der alten Zeit, die sich auf eine lange Reise zu irgendeiner weit entfernten Kolonie begaben, war es vielleicht das letzte, was sie für lange Monate vom Festland ihrer Heimat sahen. „Runde Kap Maleas und vergiß dein Vaterland!" lautete ein Sprichwort, das man den Seefahrern der Antike in den Mund zu legen pflegte.

Bevor man Monemvasia oder Gerakas erreicht, findet man nur unzulänglich geschützte Ankerplätze.

Monemvasia (Kolpos Limiras Monemvasias, Plan auf GB 712), ein dem Felsen von Gibraltar ähnelndes Vorgebirge, ist mit dem Festland durch einen Damm verbunden.

Einsteuerung und Liegeplatz: Von Süden oder Norden kommend, ist das Vorgebirge unverwechselbare Landmarke. Der Damm dient als Wellenbrecher, in dessen Schutz man ankern kann, wenn der Liegeplatz an der Pier nördlich davon bei starkem Nordwind unhaltbar wird. Die vorderen 50 m auf der Westseite der Pier sind dem täglich nach Piräus verkehrenden Flying Dolphin vorbehalten. Dahinter können Yachten anlegen. — Der kleine und sehr seichte Hafen auf der Südwestseite vor dem Ort ist mit einheimischen Booten überfüllt.

Versorgungsmöglichkeiten: Östlich der Pier, Richtung Altstadt, liegt eine Tankstelle, die Diesel und Wasser an den Kai liefert. Eine Autowerkstatt wird bei Motorpannen behilflich sein. Über den Damm führt eine Straße zum neuzeitlichen Ort; hier gibt es Läden aller Art, denn Monemvasia ist inzwischen zu einem vielbesuchten Touristenort mit internationalem Publikum geworden. OTE ist zugleich Wechselstube. Mehrere Restaurants und Tavernen.

Die Halbinsel mit ihrer ummauerten Altstadt sowie die Kirche der Hagia Sophia auf dem Gipfel sind es wert, daß man sie besucht. Von der Höhe aus wirken die äußeren Befestigungsmauern besonders eindrucksvoll und bestätigen die Geschichten von all den vielen Belagerungen, denen diese Festung wider-

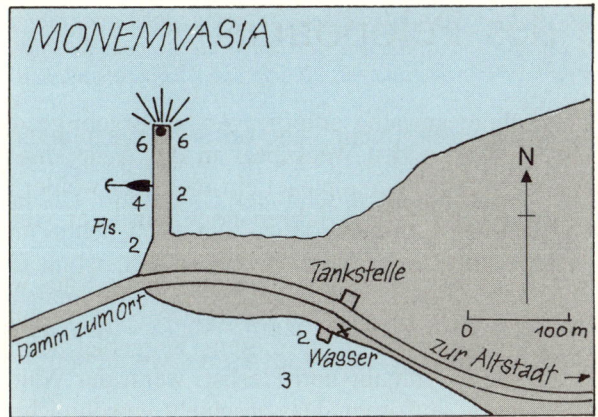

standen hat. Im Mittelalter war Monemvasia ein Handelszentrum, das berühmt war wegen seiner weithin geschätzten Malvasier-Weine.

Kremmydi heißt eine Bucht 3,5 sm nordnordostwärts von Monemvasia. Auf ihrem breiten Sandgrund an der Westseite bietet sie guten Halt. Die Tagesbrise verursacht dort am Nachmittag Schwell.

Gerakas (Plan auf GB 712) ist eine hübsche Bucht mit einem befestigten Ufer vor den wenigen Häusern des kleinen Dorfes und einem Fähranleger östlich davon.

Anker- und Liegeplatz: Der Ankerplatz ist durch die Steilküste gut geschützt, nur starke Nordostwinde verursachen an den Felsufern gefährlichen Schwell. Lästig sind die in der Richtung wechselnden Fallböen. Man sollte auf etwa 6 m ankern; auf geringeren Tiefen ist der Grund für einen Pflugscharanker zu hart, und es ist nicht sicher, daß er auch faßt. Wenn Platz vorhanden, können Yachten unter vorsichtigem Loten auch vor dem Ort anlegen.

Versorgungsmöglichkeiten: Grundnahrungsmittel und gelegentlich frisch gefangene Langusten. Zweimal wöchentlich legt die Piräus-Fähre an, täglich der Flying Dolphin.

Kyparissi heißt ein Ankerplatz mit einem malerischen Dorf in einer weiträumigen Bucht zu Füßen teils steilwandiger, teils bewaldeter Berge, 13 sm nordnordwestlich von Gerakas.

Ankerplatz und Versorgungsmöglichkeiten: Obwohl bei westlichen Winden heftigen Fallböen ausgesetzt, gibt es in der Südostecke hinter der mit einem Leuchtfeuer gekennzeichneten felsigen Landspitze Schutz. Der Grund fällt steil ab, deshalb sollte man eine Heckleine zum Kai vor der Kapelle ausbringen. Dabei ist auf ein überspültes Wrack westnordwestlich davon zu achten.

Wenn keine Fähre zu erwarten ist, kann man an die Pier vor der Ortschaft gehen. Man sollte unabhängig von seinen sonstigen Gepflogenheiten hier auf jeden Fall vor Buganker liegen, denn in die Bucht steht auch bei Flaute ein nicht unerheblicher Schwell, mit dem man so besser fertig wird. Die Wassertiefe beträgt an den Seiten 3–4 m, nimmt nach

Norden aber schnell zu. Der Grund hält den Anker gut, doch sollte man auf einzelne Fels-
brocken achten. Der Kai im Nordosten der Bucht bietet ebenfalls Platz zum Anlegen.
Dicht am Hafen gibt es Tavernen und recht bescheidene Einkaufsmöglichkeiten im Ort.

Ormos Phokianos. Diese große Bucht 7 sm weiter nördlich bietet je nach Wind-
richtung mehrere Ankermöglichkeiten: An der Westseite liegt 5 kbl hinter der
Einfahrt eine kleine Bucht mit einem schmalen Kiesstrand. Die nächste ist 1 kbl
weiter. Am besten dürfte die Nordostausbuchtung des Scheitels mit dem kleinen
Kai an der Südostseite mit 2 m Wassertiefe davor sein. Wenn dieser Kai vom
Eigentümer oder einem Fischerboot besetzt ist, sollte man in passendem
Abstand davor auf etwa 5 m Wasser ankern. Allein wird man hier allerdings
kaum sein, denn der 200 m lange Sand-Kies-Strand wurde bereits von Campern
entdeckt.

Argolischer Golf

Läuft man zwischen Kap Sampatekei und der Insel Spetsai in den Golf von
Argolis (Argolikos Kolpos) ein, so sind hier einige kleine, nur wenige Seemeilen
auseinanderliegende Häfen und Ankerplätze von Interesse.
Örtliche Windverhältnisse: Bei schönem Wetter weht die kurz vor Mittag auf-
springende Seebrise von Südosten in den Golf. Kurz vor der Abenddämmerung
wird sie durch eine leichte, golfauswärts wehende Brise aus Nordwest abgelöst,
die bis etwa 22 Uhr durchsteht. Bei frischen westlichen Winden ist an den
bergigen Küsten des Golfes mit Fallböen zu rechnen. Man sollte deshalb etwa
3 sm Distanz zur Küste halten. Die heftigeren Böen verursachen in einigen
Häfen am Ende des Golfes unter Umständen eine Art von Seiches. Mit einem
Niveauunterschied von 30 bis 60 cm folgen sie einander in Abständen von nur
wenigen Minuten und können eine über Heck oder gar längsseits am Kai fest-
gemachte Yacht in eine unangenehme Lage bringen.

Leonidion (Plaka). Der kleine Hafen liegt 4 km südöstlich des Ortes und ist
leicht an einer weißen Kirche und einer kleinen Gruppe weißer Häuser zu
erkennen. Er ist gegen Süden offen, und bei Starkwind aus Nord fegen Fallböen
von den Bergen herab. Bei beständigem Wetter dagegen ist er sehr wohl einen
Besuch wert. (Ausweichhafen: Poulithra, 2 sm südlich.)

Einsteuerung und Liegeplatz: Die über 100 m lange Mole mit einem grünen Feuer hat an
ihrem Kopf 10 m Wasser, am Kai sind es immer noch über 5 m (Kiesgrund).
Versorgungsmöglichkeiten: Wasser auf der Mole, eine Dusche am Strand. Ausgezeichnete
Fischgerichte in den Tavernen am Strand. Busverbindung mit Leonidion, auch Taxis.
Dort sind Lebensmittel zu haben. Ein Flying Dolphin verkehrt täglich nach Piräus und
Monemvasia.

Das Kloster Elonis liegt inmitten einer imponierenden Landschaft 12 km entfernt in den Bergen. Man gelangt über eine neu ausgebaute Straße dorthin.

Paralion Astrous ist ein freundlicher kleiner Fischerhafen. Er ist gut geschützt durch die 150 m lange Südmole und die 100 m lange Nordmole. Während des Sommers und auch bei Winden aus dem II. Quadranten liegt man hier ruhig.

Liegeplatz: An der Innenseite einer der beiden Molen. An der Südmole ist dabei auf die an einigen Stellen vorkragenden Felsen zu achten. Die Wassertiefe beträgt 2 m, nimmt aber schnell auf 3 – 5 m zu.

Versorgungsmöglichkeiten: Ausgezeichnetes Trinkwasser aus einem Hahn an der Südmole. Gute Einkaufsmöglichkeiten, Tavernen, Tankstelle. Bus zum 4 km entfernten Ort Astros sowie nach Leonidion und Nauplia, Fähre nach Piräus.

Durch den Fremdenverkehr hat der Ort ebenso Aufschwung genommen wie durch den Bau einer Baumwollweberei. Eine halbstündige, schöne Autofahrt bringt einen zu dem im Gebirge gelegenen byzantinischen Kloster Moni Loukas, von wo Paralion Astrous sein Trinkwasser bekommt.

Navplion (Nauplia, Limin Navpliou, Plan C der D 672; Port of Entry) liegt in der Nordostecke des Golfes und ist eine der wenigen Städte in Griechenland, in denen die alten Häuser unter Denkmalschutz stehen; die Neustadt versteckt sich hinter den Bäumen am Ostrand. Das macht die Altstadt mit ihren Kirchen, venezianischen Häusern und der einstigen Moschee (jetzt katholische Kirche) so sehenswert. Der Hafen ist im Sommer gut geschützt (Skizze Seite 104).

Einsteuerung und Liegeplatz: Das Hafenbecken ist weiträumig, das Einlaufen bereitet weder bei Tag noch bei Nacht Schwierigkeiten. Ein abgewinkelter Wellenbrecher von mehr als 1 km Länge verläuft in allgemein westlicher Richtung. Yachten legen meistens ostwärts des gelb gestrichenen, für den Flying Dolphin reservierten Kais längsseits an. Leider münden hier die städtischen Abwasserkanäle. Das Ostbecken soll gleichmäßig auf 5 m Tiefe ausgebaggert werden. Nordwestwinde führen zu Fallböen von den Bergen Arkadiens und verursachen Schwell am Kai.

Versorgungsmöglichkeiten: Wasser und Treibstoff am Yachtkai. (Yachtservice mit deutschem Personal: Dauerliegeplätze, Winterlager an Land, Reparaturen.) Gute Geschäfte, ausgezeichnete Weine in der Stadt, Restaurants Nähe Hafen. Busverbindung mit Athen, Mykene, Tiryns, Epidauros. Das Tragflügelboot verbindet Navplion täglich mit Piräus und Monemvasia.

Das in einem ehemaligen venezianischen Munitionslager eingerichtete archäologische Museum enthält wertvolle, in der Umgebung gemachte Funde aus mykenischer Zeit.

Es lohnt sich, die 857 Stufen zur venezianischen Zitadelle auf dem Hügel Palamidi hinaufzuklettern – dies besonders an einem klaren Tag, weil sich dann ein großartiger Blick über die Ebene von Argos bietet.

Als die Griechen 1832 ihre Unabhängigkeit wiedererlangten, wurde Navplion für kurze Zeit Hauptstadt des Landes und Residenz des Wittelsbachers Otto I., während Athen damals eine Ortschaft von nur geringer Bedeutung war. Vor der

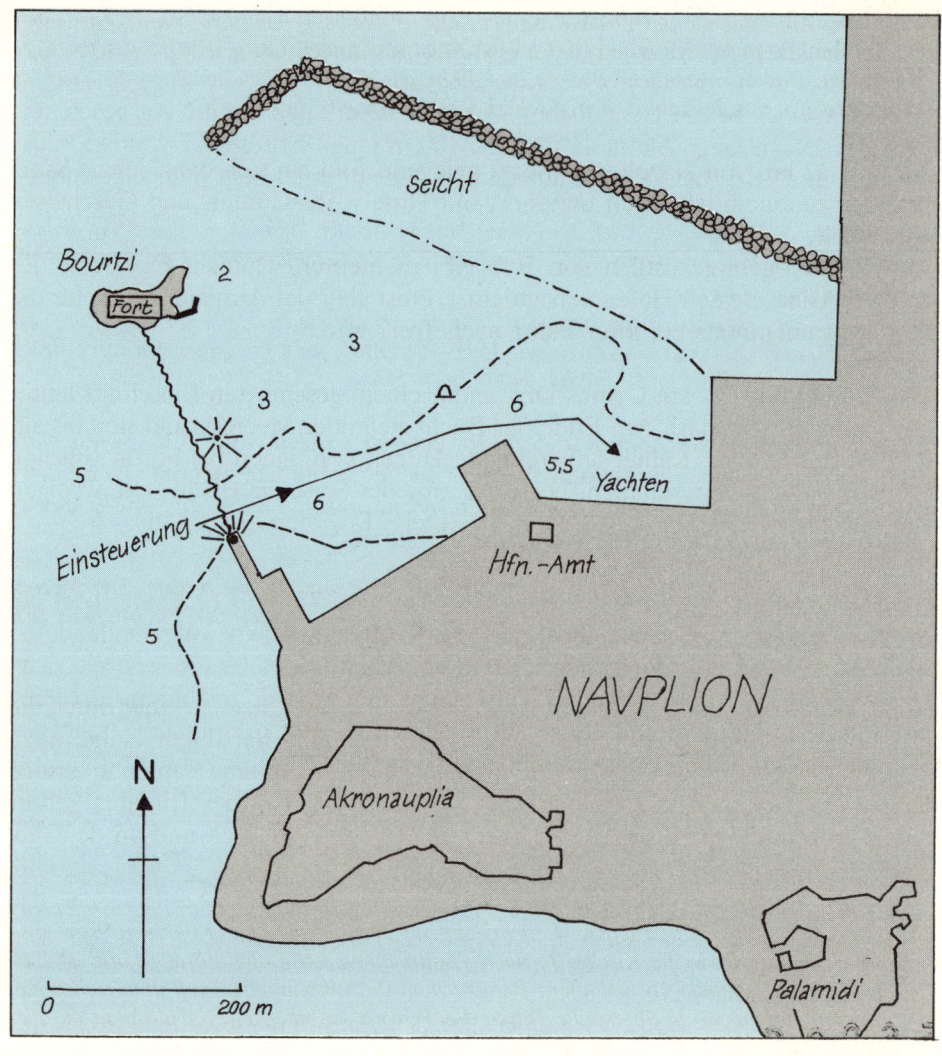

A.-Spyridon-Kirche wurde Kapodistrias, der erste Regent des modernen Griechenland, 1831 ermordet. In der Tür kann man noch Kugellöcher sehen.

Karathona liegt 3 sm südöstlich von Navplion und bietet guten Schutz denen, die ungestört baden wollen. Der Schutz im südlichen Teil der Bucht wurde durch eine Mole verbessert, die sich von der Kapelle nach Norden bis halbwegs zu dem Felsen inmitten der Bucht erstreckt.

Tolo hat einen nur teilweise geschützten Ankerplatz, der durch die Insel Romvi (Tolo) gegen See hin abgeschirmt wird. Etwa 100 m vor dem Strand findet man Wassertiefen um 5 m und gut haltenden Grund.

Liegeplatz: Am Südende des Ortes wurde ein kleiner Hafen gebaut. Von dem 80 m langen Kai mit 1,50 m Wasser erstreckt sich eine Mole 40 m nach Osten und dann 40 m nach Norden. Das so entstandene Becken ist 4,50 m tief. Yachten gehen mit Bug oder Heck an die Mole, wenn die zahlreichen Fischerboote überhaupt Platz lassen.

Das nur 12 km von Navplion entfernt gelegene Tolo hat sich dank seines Sandstrandes zu einem lebhaften Ferienort mit Hotels, Restaurants und Geschäften entwickelt.

Auf dem Vorgebirge östlich von Tolo gibt es mehrere Ruinen, Überreste des antiken Asine, dessen Hafen versandet ist, einst aber der Ausgangspunkt für die Flotte Agamemnons bei ihrer Fahrt nach Troja war.

Vivari heißt der Ort am Ormos Drepanou, einem geschützten Einschnitt hinter der Halbinsel Chaidari. Am Ende der Bucht steigt der Meeresgrund steil bis auf 3 m Wassertiefe an. Kahle, aufstrebende Hügel, von denen bei nordwestlichen Winden starke Böen einfallen, begleiten an jeder Seite die Bucht. Die wenigen Fischerhäuser verlieren sich unter den Hotels, Tavernen und Cafés.

Ankerplatz: Gegenüber dem Strand, westlich der Häuser, auf 4 m Wassertiefe. Der Meeresboden ist fester, kiesiger Sand, zum Teil verkrautet. Der Ostteil der Bucht eignet sich wegen der Wassertiefe von über 20 m nicht zum Ankern.

Koilas (Ormos Koiladia), Hafen für die Stadt Kranidion, liegt an einer durch die gleichnamige Insel geschützten Bucht. Der Fischerort hat durch einige neue Bauten, darunter eine gewaltige, sehr ins Auge fallende Kirche, seinen ursprünglichen Charakter etwas eingebüßt. Die Insel Koiladia in der Einfahrt gehört einem griechischen Reeder, der dort einen Park mit Bäumen und an der Südseite einen kleinen Privathafen anlegen ließ.

Einsteuerung: Das weiß gestrichene Leuchtfeuer auf der Südhuk, Ak. Kokkinos, ist ebenso auffallend wie die weiße Kirche. Je nach Windrichtung kann man nördlich oder südlich an der Insel Koiladia vorbeilaufen. Benutzt man die Westeinfahrt, muß man sich genau in der Mitte halten, da überspülte Felsen das Fahrwasser einengen. Sobald man die Pier querab hat, kann man darauf einschwenken.

Liegeplatz und Versorgungsmöglichkeiten: An der Pier beträgt die Wassertiefe 1,50 m, schnell auf 2—3 m zunehmend. Die Fischkutter liegen an der Außenseite oder ankern im inneren Teil der Bucht, wo die Wassertiefe rasch abnimmt. Bei nördlichen Winden dringt leichter Schwell in den Hafen, aber der Halt ist gut und die Seebrise gleichmäßig. Gegebenenfalls kann man auch in Lee der Insel Koiladia ankern. In Koilas gibt es Tavernen, Cafés und Läden, Busverbindung mit Kranidion.

Porto Cheli (Limin Cheliou, Plan B der D 672) heißt die nächste, von Land umschlossene weiträumige Bucht, die vollkommenen Schutz bietet. Im Laufe der letzten Jahre wurde hier viel gebaut, Hotels und Sommerhäuser haben sich ringsum an den Ufern dieses Naturhafens ausgebreitet.

Einsteuerung und Liegeplatz: Beim Einlaufen läßt man die Steinbake, die einen Unterwasserfelsen markiert, in großem Abstand an Steuerbord. Die Westseite der Bucht ist zu einem

Kai ausgebaut, an dem man über Bug oder Heck − Anker nach Osten − nördlich des gelb gestrichenen Teils auf 3−4 m Wasser festmachen kann. Sollte alles voll sein, ankere man im nördlichen Teil der Bucht.

Versorgungsmöglichkeiten: Wasser erhält man am Kai, Treibstoff von der nahen Tankstelle. Es gibt etliche Läden, Restaurants und Tavernen; eine Bank befindet sich in der Nordwestecke. Eine Yachtstation unter deutscher Leitung bietet Betreuung über Winter an. Yachten bis 7 t können gekrant werden; ferner Wartung und Reparaturen. Busse verkehren über Kranidion nach Nauplia mit Anschluß nach Epidauros, Lufttaxi-Verbindung mit Athen, Fähren und Tragflügelboote nach Piräus, Nauplia, Monemvasia.

Kosta ist der festländische Fährhafen für Spetsai; er liegt an einer offenen sandigen Bucht und hat einen kurzen Anleger. Hier pflegen die Leute ihre Wagen zurückzulassen und mit Fähren oder Kaïken den 1,5 sm breiten Meeresarm nach Spetsai zu überqueren.

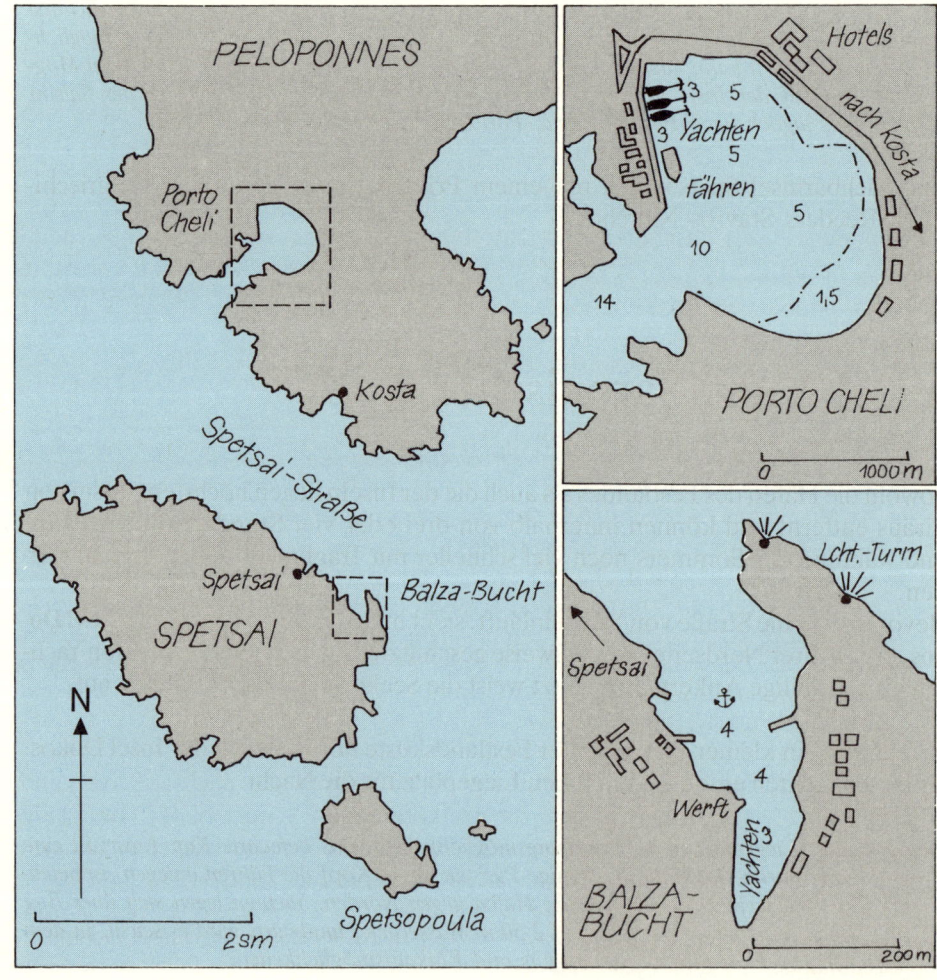

SPETSAI, eine hügelige, in ihrem Nordteil bewaldete Insel, ist ein beliebtes Ferienziel der Athener. Sie besitzt an ihrer Ostseite zwei Häfen: jenen vor der Ortsmitte, der dem Fährbetrieb dient, und die Balza-Bucht.

Balza-Bucht (Ormos Baltizas, Plan B der D 672).

Einsteuerung und Ankerplatz: Der Leuchtturm ist gut auszumachen; die Hafenbucht kann bei Tag wie bei Nacht angelaufen werden. Yachten ankern gewöhnlich vor der kleinen steinernen Pier auf 4,50 m Wasser. Der Ankerplatz ist gegen Nordwesten ungeschützt, auch steht Dünung herein, doch der Grund hält den Anker gut. Man kann mit dem Beiboot an der Pier landen; der Ort ist in wenigen Minuten zu Fuß erreichbar.

Liegeplatz: Im inneren Hafen gibt es an der Westseite eine Mole; die Wassertiefe von 3 m davor verringert sich landwärts. Meistens liegen hier Kaïken, um zu laden oder zu löschen, und dichtgedrängt Yachten, die längere Zeit bleiben oder überwintern wollen. Der Schlickgrund hält den Anker ausgezeichnet; der Wasserspiegel kann während der Wintermonate um etwa 80 cm sinken.

Versorgungsmöglichkeiten: Trinkwasser und Diesel auf der Mole, in Hafennähe Schiffshändler, Taverne und Supermarkt. In Spetsai weitere Restaurants und Einkaufsmöglichkeiten. Die Werft kann Yachten bis 2 m Tiefgang slippen, sonst sind die technischen Möglichkeiten auf der Insel begrenzt. Fähren und Tragflügelboote verkehren in der Saison mehrmals täglich nach Piräus, Kosta, Porto Cheli, Nauplia, Monemvasia.

Die Nachbarinsel **Spetsopoula** mit einem Privathafen ist Eigentum des griechischen Reeders Stavros Niarchos.

YDRA und Saronischer Golf

Sowohl die Häfen des Festlandes als auch die der Inseln liegen höchstens 50 sm von Piräus entfernt und können innerhalb von drei oder vier Stunden mit der Fähre und während des Sommers noch viel schneller mit Tragflügelbooten erreicht werden.

Bevor man in die Straße von Ydra einläuft, sieht man die weithin verödete **Insel Dokos,** die an ihrer Nordseite zwei teilweise geschützte Buchten hat. Sie dienten Yachten als zeitweilige Ankerplätze. Jetzt weist die Seekarte ein Verbotsgebiet auf.

Ermioni ist ein kleiner Hafen an der Festlandsküste nordwestlich der Insel Dokos. Er bietet Yachten einen angenehmen Liegeplatz für die Nacht.

Einsteuerung, Liegeplatz und Versorgungsmöglichkeiten: Das befeuerte Kap Kastri ist eine gute Landmarke. Auch die L-förmige Pier, an deren Kopf die Fähren anlegen, ist befeuert. Eine Steinschüttung schützt den Hafen gegen Norden. Yachten legen sich über Bug oder Heck unmittelbar dahinter auf 2,50 m Wassertiefe; landwärts wird es seicht. In dem lebhaften Ferienort gibt es Restaurants und Einkaufsmöglichkeiten.

107

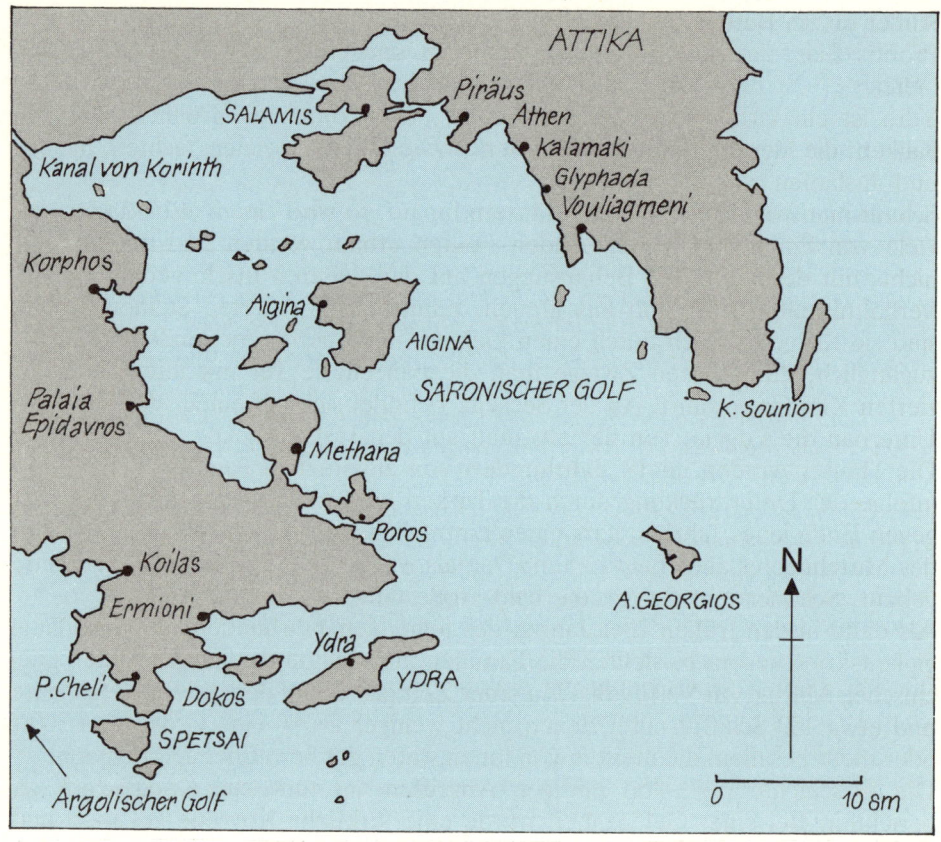

YDRA (Hydra), die langgestreckte, öde Insel, die von einer Bergkette durchzogen wird, erhebt sich bis zu einer Höhe von 590 m.

Ydra (Limin Ydras, Plan D der D 672) heißt auch der interessante malerische Hafenort, in dem die meisten der 3000 Inselbewohner leben und der an Sommertagen von Tagestouristen überlaufen ist. Gleich den Rängen eines Amphitheaters ziehen sich die ungewöhnlich gebauten, reizvollen Häuser den Hügel hinauf.

Einsteuerung und Liegeplatz: Man kann auf geradem Kurs bei Tag und Nacht einlaufen. Yachten liegen vor dem Stadtkai oder mit Bug oder Heck zum Wellenbrecher. Der Hafen ist gut geschützt, nur bei nordwestlichen Winden liegt man recht unruhig.

Versorgungsmöglichkeiten: Wasser wird mit dem Tankschiff vom Peloponnes herübergebracht, Treibstoff gibt es nicht. Eine gute Auswahl an Lebensmitteln, viele Restaurants und Cafés, Badegelegenheit bei den Felsen außerhalb des Hafens. Der Teil des Kais, an dem die Piräus-Fähren und Kreuzfahrtschiffe anlegen, wird von einer Seefahrtsschule überragt. Die Überfahrt zum Piräus dauert drei Stunden; eine schnellere Verbindung besteht mit Tragflügelbooten.

Außer einem Besuch der Kirchen von Ydra lohnt sich ein Ausflug zum Kloster Profitis Ilias, das hoch in den Bergen liegt und einen großartigen Rundblick bietet.

Ydra ist ein farbenfroher kleiner Hafen, belebt durch die fröhlich bemalten Kaïken, die hier ihre Ladungen löschen, sowie durch die vielen Yachten, die ein- und auslaufen.

Schaut man vom Hafen zu den Häusern hinauf, so wird einem alsbald klar, daß viele von ihnen von wohlhabenden Leuten erbaut worden sind und daß sie nichts mit den einfachen Behausungen auf den anderen Inseln gemein haben. Verhältnismäßig groß und aus grauen, nunmehr verwitterten Steinen erbaut, sind sie für gewöhnlich durch einen kleinen, mit Büschen bestandenen Garten zugänglich, durch deren Zweige man die paneelierte Tür mit ihrem reichverzierten Klopfer gewahrt. An der Seeseite befindet sich auf einem steilwandigen Unterbau die Loggia, von der aus man auf den Hafen blickt.

Die Häuser wurden im 18. Jahrhundert von albanischen Familien gebaut, die infolge der Unterdrückung durch die Türken hierher ausgewandert waren und gegen Ende jenes Jahrhunderts einen einträglichen Seehandel mit vielen Häfen des Mittelmeeres aufgebaut hatten. Damals wurden hier zahlreiche Segelschiffe gebaut, Schoner und Briggs, die bald große Gewinne einbrachten.

Als dann in den frühen 20er Jahren des folgenden Jahrhunderts der Unabhängigkeitskrieg ausbrach, stellten die Familien ihre Schiffe der neugebildeten griechischen Marine zur Verfügung. Zu jener Zeit gab es auf der Insel 4000 Seeleute und etwa 150 Schiffe, unter denen nicht weniger als 80 eine Größe von 300 t oder mehr besaßen; die meisten von ihnen waren gut bewaffnet und bemannt.

Die Geschichte weiß von mutigen Angriffen auf türkische Kriegsschiffe zu berichten. Bei einer Gelegenheit wurde eine türkische Korvette gekapert und nach der Insel benannt; sie war die erste „Ydra" der griechischen Marine. Wegen ihrer Taten in jenem Krieg wurden einige ydriotische Führer berühmt, vor allem Admiral Miaoulis, dessen Standbild vor einer der Kirchen steht, aber auch andere Patrioten, wie etwa Tombazi und Condouriotis, deren Nachkommen noch immer im Besitz der Familienhäuser sind.

Der Handel erholte sich nach dem Unabhängigkeitskrieg und blieb ertragreich bis gegen Ende des letzten Jahrhunderts. Poller und andere Vorrichtungen zum Festmachen in den geschützten Buchten von Ydra und Spetsai bezeichnen die Stellen, an denen die Schoner und Briggs während der Wintermonate aufgelegt wurden.

Poros (Limin Porou, Plan A der D 672), die von Land umschlossene Bucht mit ihren grünen, kleine Einschnitte bildenden Ufern ist ein reizender Ort, den mit einer Yacht anzulaufen sich lohnt; auch die kleine Stadt ist hübsch.

Einsteuerung: Die nördliche Einfahrt eignet sich für Schiffe jeden Tiefgangs; das gewundene östliche Fahrwasser, das auch von den Piräus-Fähren benutzt wird, ist betonnt. Hier muß man mit einem Abstand von etwa 30 m der nördlichen Küste folgen.

Liegeplatz: Im Kanal sind die Anlegeplätze meist von Dauerliegern belegt, deshalb laufen Yachten am besten um die Westecke mit dem Fähranleger herum und machen bei der

Yachtstation fest. Der Grund steigt von 10 m zum Ufer hin rasch an, so daß man nicht überall direkt übersteigen kann, sondern lange Leinen bereithalten muß. Es ist auch möglich, in einem der kleinen Einschnitte an der Nordseite der Poros-Bucht zu ankern. Das ist ein gut geschützter, angenehmer Platz, von dem aus man mit einem Wassertaxi rasch den Ort erreicht.

Versorgungsmöglichkeiten: Wasser, Treibstoff und Eis am Westkai, Restaurants und Cafés in der Nähe des Fähranlegers. Während der Sommermonate verbinden Fähren und Tragflügelboote die Insel über Aigina mit Piräus.

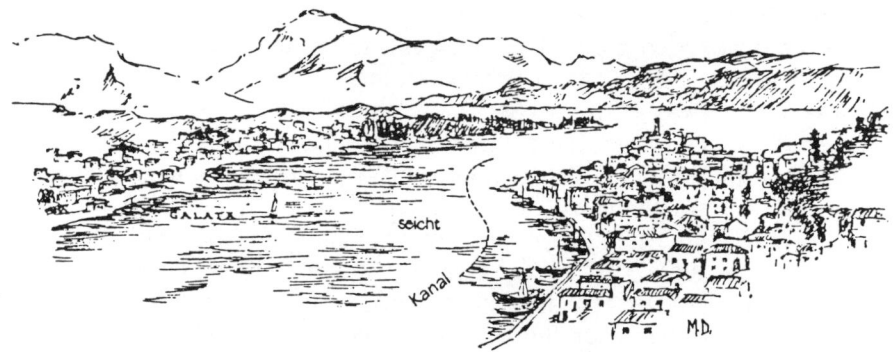

Die Osteinfahrt nach Poros: Blickrichtung Nordwest

Das Kloster der Panagia mit sehenswerter Ikonostase liegt 8 km östlich, die Ruinen des Poseidon-Heiligtums sind 15 km entfernt. Der Fußmarsch führt größtenteils durch Pinienwälder.

Interessant mag auch ein Ausflug nach Troizen sein, wo 1827 die erste griechische Nationalversammlung abgehalten wurde, deren erster Präsident Kapodistrias war. Troizen erreicht man entweder per Bus von Galata aus oder auf einem leicht begehbaren Fußpfad in 40 Minuten von der Vidi-Bucht aus, dem Ankerplatz am Westrand der Poros-Bucht. Von den Ruinen der byzantinischen Kirche und dem Hippolytos-Tempel sind zwar nur mehr Reste vorhanden, aber der Blick über die fruchtbaren Ebenen ist großartig.

Auf dem Törn von Poros nach Aigina passiert man die hohe, mächtige Halbinsel

METHANON, die an jeder Seite ihrer schmalen Landenge einen Ankerplatz hat. An der Ostseite befindet sich der Hafen Methana. Vom Deck einer Yacht aus bietet die Halbinsel mit ihren steilwandigen, begrünten Hängen, die sich jäh aus dem Meer erheben, einen eindrucksvollen Anblick.

Methana ist ein Schwefelheilbad, von dessen Kureinrichtungen in erster Linie ältere Griechen Gebrauch machen. Der Hafen, ein ungeschützter Kai, an dem die Fähren anlanden, liegt mitten vor der Ortschaft.

Einsteuerung und Liegeplatz: Die Einfahrt zur Marina befindet sich südlich der Ortschaft im Schutz des bewaldeten Felseneilands, das durch einen Damm mit Methanon verbunden

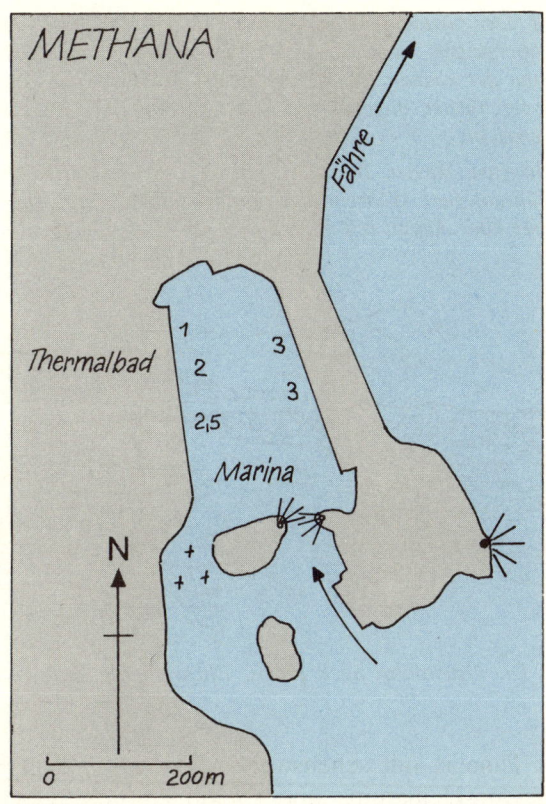

ist. Man läuft an dem kurzen Kai auf dem Eiland vorbei in die allseitigen Schutz gewäh-rende Marina. Der Hafenmeister weist einen Platz zu. Der Grund hält den Anker gut. Liegegebühren.

Versorgungsmöglichkeiten: Im 300 m entfernten Ort gibt es Geschäfte aller Art, Bank, Restau-rants, Tavernen. Trinkwasser und Strom am Kai, Tankstelle in der Nähe. Methana eignet sich gut als Dauerliegeplatz; durch die schwefelhaltige Luft können Bootsbeschläge korrodieren. Fährverbindung über Aigina mit Piräus. Eine Straße führt über die Land-enge zur Hauptstraße Navplion—Korinth.

AIGINA (Egina) ist eine hügelige, stellenweise bewaldete und kultivierte Insel. Im Frühsommer grün, verdorrt sie während der heißen Sommermonate. Sie ist Ausflugsziel vieler Athener.

Aigina (Limin Aiginis, Plan E der D 672), der gleichnamige Hauptort an der Westküste, hat einen gut geschützten Hafen.

Einsteuerung und Liegeplatz: Die gefährliche Untiefe südlich der Hafeneinfahrt ist durch eine Leuchttonne markiert. Yachten finden auf 2—3 m Wasser, Bug oder Heck zum Kai, einen Liegeplatz vor der Stadt.

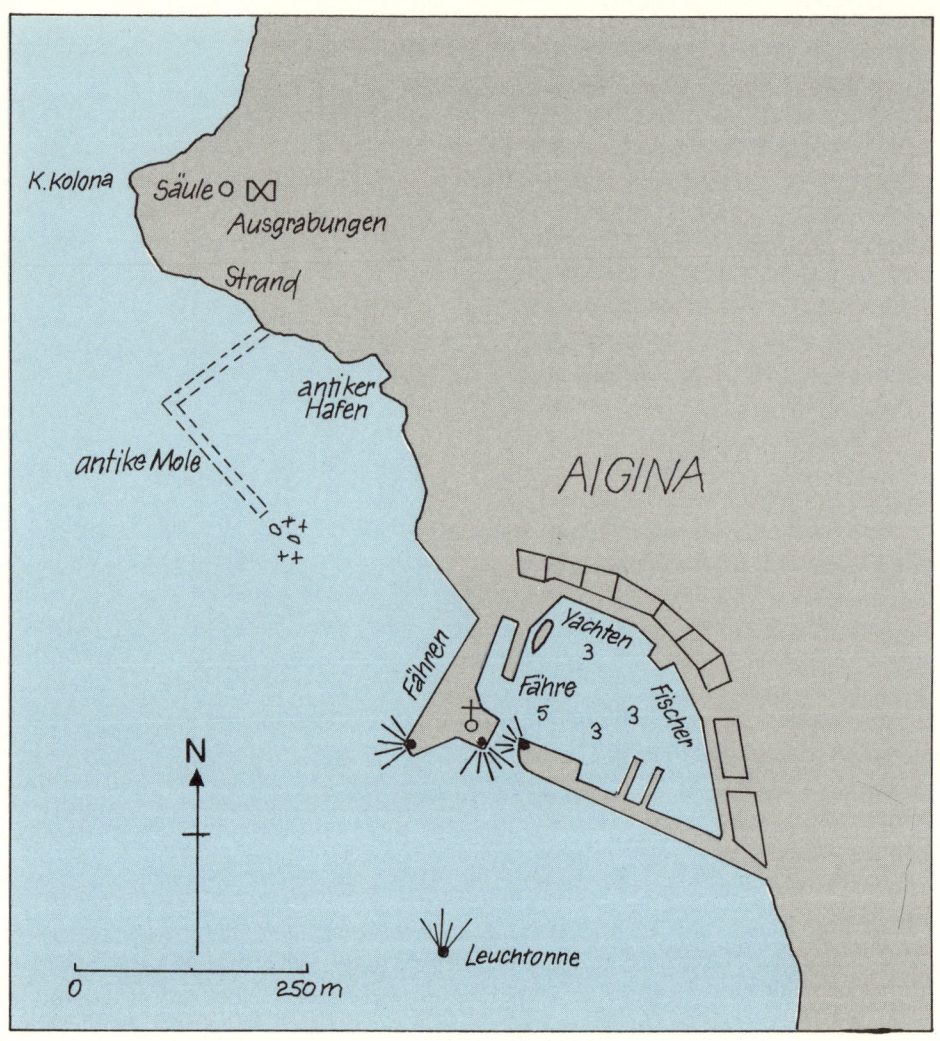

Versorgungsmöglichkeiten: Ganz in der Nähe gibt es Lebensmittelgeschäfte und einen Fischmarkt (Eis). Wasser und Treibstoff werden täglich per Tankwagen angeliefert. Zahlreiche Restaurants und Cafés an der Wasserfront. Häufige Fährverbindung mit Piräus, auch Tragflügelboote.

Das örtliche Museum hat einige Funde von den antiken Ausgrabungsstätten (Aphaia-Tempel; Alt-Aigina nordwestlich des Hafens) ausgestellt. Den Aphaia-Tempel, der in malerischer Landschaft liegt, erreicht man mit dem Bus von Aigina aus.

Wer heute Aigina betrachtet, vermag sich nur mit Mühe vorzustellen, wie es hier um die Mitte des 5. Jahrhunderts v. Chr. ausgesehen hat, als die Insel sowohl militärisch als auch wirtschaftlich stark genug war, um mit Athen in Wettbewerb zu treten. Die Athener griffen die Insel an, doch erst nach vierjähriger Belagerung durch die Flotte Athens wurde sie erobert und die Bevölkerung deportiert. An die zweitausend Jahre später fiel Aigina einer noch viel schlimmeren Katastrophe zum Opfer, als die Piraten Cheireddin Barbarossas die ägäischen Inseln überrannten. Auf Aigina schlachteten sie die Männer ab und führten 6000 Frauen und Kinder mit sich fort. Als wenig später eine französische Flotte die Insel anlief, war hier kein Leben mehr zu finden, wie der Admiral berichtete.

Agia Marina (Ormos A. Marinas), die weit geöffnete Bucht an der Ostseite von Aigina, ist wenig geschützt und Winden aus allen Richtungen ausgesetzt. Trotzdem wird sie von Yachten aus Piräus und auch von Ausflugsbooten häufig besucht. Von dem Ort am Ufer, wo große Hotels stehen, führt ein leicht begehbarer Pfad nach halbstündiger Wanderung zum Aphaia-Tempel. Man sollte den Ausflug jedoch nur am frühen Morgen bei Windstille machen, denn am Nachmittag kann die Tagesbrise Seegang in der Bucht verursachen.

Ankerplatz: In der Nordwestecke vor dem Sandstrand auf Sandgrund.

Palaia Epidavros (Limin Palaias Epidavrou, Plan F der D 672), ein bezaubernder Ankerplatz und ein kleiner Hafen zu Füßen der peloponnesischen Berge, ist über eine interessante Einfahrt zu erreichen.

Einsteuerung und Liegeplatz: Das Fahrwasser durch die Enge ist durch befeuerte Baken markiert (Fkl. r. und Fkl. gn.). Entweder ankert man auf 3,50 bis 5 m Wasser inmitten der Bucht, oder man legt sich mit Bug oder Heck an den Kai.
Versorgungsmöglichkeiten: Die Wasserfront wird von Hotels mit Restaurants und Tavernen gebildet. Ein Wasserschlauch liegt am Kai aus. Im Ort gibt es Lebensmittel-, Obst- und Gemüsegeschäfte, Bäcker, Metzger und Souvenirläden. Busverbindung mit Nauplia.

Man sollte sich ein Taxi mieten oder mit dem Bus in einer halben Stunde nach Epidavros fahren, wo sich das größte und besterhaltene antike Theater Griechenlands befindet. An den Sommerwochenenden werden hier Stücke der griechischen Klassiker aufgeführt.

Folgt man der hochaufragenden, gebirgigen Küste in Richtung Nordnordwest, so gelangt man in eine gut geschützte Bucht, den Ormos Sophikou, an dessen Scheitel eine kleine Ortschaft liegt.

Korphos, am Limin Sophikou gelegen, hat einen reizenden, weiträumigen, von Bergen umgebenen Ankerplatz. Rings um die Bucht werden immer mehr moderne Villen gebaut.

Einsteuerung, Ankerplatz und Versorgungsmöglichkeiten: Bei der Ansteuerung achte man auf die Klippen, die dem Kap Trelli vorgelagert sind. Die Einfahrt ist befeuert, so daß man auch bei Nacht einlaufen kann. Man gehe im Nordosten der Bucht auf 5 – 7 m Wasser über bewachsenem Grund vor Anker. Hier liegt man nach allen Seiten gut geschützt. Die privaten Anleger haben nur geringe Wassertiefen. Vor dem Ort gibt es ein paar Tavernen. Eine Straße führt zur Hauptstraße Nauplia – Korinth.

In der Nordwestecke des Saronischen Golfes findet man bei Kalamaki die kaum auszumachende Einfahrt zum **Kanal von Korinth.** Dort, wo der Golf sich zu verengen beginnt, erhebt sich in der Ferne ein Berg mit mittelalterlichen Befestigungswerken: Akrokorinth. Wenn er auch auf der westlichen Seite des Kanals liegt, so ist er doch die beste Landmarke für ein von Osten den Kanal ansteuerndes Schiff. Die Einfahrt selbst entdeckt man erst, wenn man praktisch dort ist. Mehr über den Kanal von Korinth steht auf Seite 75.

SALAMIS ist eine hügelige, schön bewaldete Insel mit einigen kleinen Ortschaften, deren Umgebung landwirtschaftlich genutzt wird. Durch die häufigen und schnellen Fährverbindungen von Piräus und Perama aus leicht zu erreichen, ist die Insel ein beliebtes Ausflugsziel der Athener, die vor allem an der Südostseite die Badestrände bevölkern und viele Sommerhäuser gebaut haben.

Yachten können auf Salamis bei ruhiger Wetterlage und Sicht auf den Grund einige Ankerplätze anlaufen, zum Beispiel die Bucht im Schutz der Kanakia-Inseln an der Westseite oder bei Kap Kongchi im Süden. Bei Kap Mertzani befindet sich ein kleiner Hafen.

Die engen und gewundenen Durchfahrten im Osten und Westen führen in den durch die Umweltverschmutzung ganz besonders in Mitleidenschaft gezogenen Kolpos Elevsinos, der darüber hinaus teilweise militärisches Sperrgebiet und schon deshalb zu meiden ist. Für Yachten interessant ist lediglich die weite Bucht Ormos Salaminos mit dem

Hafen Salamis in ihrem Scheitel, der vor allem mit Fischerkaïken voll belegt ist. Zum Wasserbunkern kann man kurzfristig an der befeuerten Pier mit Wassertiefen um 2 m anlegen. Eine Tankstelle ist in der Nähe; Geschäfte und Restaurants sind reichlich vorhanden.

Die Werft Lefteris Koupetoris westlich der Stadt ist von See aus leicht zu erkennen. Sie bietet beaufsichtigte Winterliegeplätze im Wasser an und führt Reparaturen aus. Trotz der frischen Tagesbrise im Sommer ist dies ein sicherer und angenehmer Ankerplatz. Mit Bus oder Taxi gelangt man rasch zu den Fähren Richtung Piräus, Perama oder Nea Peramos bei Megara.

Kap Kongchi an der Südspitze der Insel Salamis bietet kleineren Yachten während des Sommers einen höchst ungewöhnlichen Ankerplatz zwischen einigen Felsenklippen.

Einsteuerung und Ankerplatz: Man steuere das Leuchtfeuer mit Nordkurs an, wende sich 2 kbl davor nach Nordosten und steuere zwischen dem Feuer und dem Vr. Kouki die Westhuk der Insel Peristeria an. Dann laufe man mit Nordkurs auf die Küste zu und ankere in passendem Abstand und auf passender Tiefe auf Sandgrund.

Die Wassertiefe vermindert sich bei der Anfahrt bis auf 2,50 m, nimmt aber dann wieder bis auf 5 m zu. Außer gegen Osten liegt man gut geschützt. Allerdings sollten nur Yachten mit weniger als 2 m Tiefgang es riskieren, hier einzulaufen – auch wenn das Wetter noch so schön ist!

In der Meerenge an der Ostseite der Insel Salamis fand im Jahre 480 v. Chr. die Entscheidungsschlacht gegen die Invasionsflotte der Perser statt. Auf einem Hügel auf einem goldenen Thron sitzend, mußte Xerxes die Vernichtung seiner 2100 Galeeren durch die 480 Triremen des Themistokles mitansehen.

HÄFEN VON PIRÄUS. Nur wenig östlich von Salamis liegt an der Küste des Festlandes der große Handelshafen Piräus, seit frühester Zeit Ausfalltor Athens. Hinter der Landzunge findet man den kleinen, schon in der Antike benutzten Hafen Zéa, der vor Jahren vergrößert, ausgebaggert und zu einer Marina ausgebaut worden ist. In weniger als einer Stunde erreicht man von hier aus mit Bus und U-Bahn das Stadtzentrum Athens.
Der Ausbau weiterer Yachthäfen an der südwärts anschließenden Küste – Flisvos, Kalamaki, Glyphada und Vouliagmeni – ist weitgehend beendet. Während der Sommermonate drängen sich zahllose Yachten in diesen Marinas, und nicht wenige haben hier ihren Dauerliegeplatz. Doch gibt es an entfernten Orten, wie etwa auf Spetsai, in Porto Cheli, auf Rhodos und in der Nähe von Volos oder Thessaloniki, ebenfalls Möglichkeiten, das Boot für den Winter aufzulegen. Die Olympic-Marina in der Gaidouromandra-Bucht bei Lavrion ist eine weitere Alternative.

Der **Zentralhafen Piräus** (Seekarte D 1081) hat sich im Laufe der letzten Jahrhunderte außerordentlich entwickelt und bietet ein höchst belebtes Bild, denn hier werden nicht nur große Passagierschiffe und Frachter abgefertigt, sondern auch sämtliche Fähren, die den Dienst zwischen dem Piräus und den Häfen der Ägäis versehen. Er ist daher für Yachten gesperrt.

Der **Handelshafen** (Limin Irakleous), teilweise geschützt durch die Osthuk von Salamis, ist ebenfalls für Yachten gesperrt. Kaïken, Trawler und Kümos, die ihren Heimathafen auf einer Insel haben, löschen hier ihre Waren. Man sieht viele mit Wein aus Rhodos, Kos und Chios beladene Schoner; Getreide kommt aus Mazedonien, Marmor von Tinos, Naxos und Paros, Oliven von Mytilini und Itea, Ziegen und anderes Vieh von zahlreichen Inseln. Als Rückfracht laden die Kümos Importwaren, Maschinen, Konserven.
Dieses ganze Gebiet ist zugleich ein Schiffsfriedhof. Man hat hier schon bis zu 160 Schiffe gezählt, vor allem Tanker, die aufs Abwracken oder auf neue Frachtaufträge warteten. Andererseits geht der Ausbau nicht nur von Wellenbrechern, sondern auch von Werften weiter, so daß das Wasser inzwischen unbeschreiblich schmutzig ist.

Zea ist seit langem Yachthafen und Port of Entry. Neue Wellenbrecher bilden den Außenhafen; die Kais mit 7 m Wassertiefe ermöglichen es auch größten Yachten, hier – Heck zum Kai – festzumachen. Auf dieselbe Weise liegen kleinere Yachten im inneren Hafenbecken, dem früheren Passalimani, an den Piers mit 2,50 – 4,50 m Wassertiefe. Alles in allem gibt es 950 Liegeplätze und beste Versorgungsmöglichkeiten; der Innenhafen ist jedoch restlos überfüllt.

Einsteuerung und Liegeplatz: Die Einfahrt ist gut befeuert; es gibt keine Schwierigkeiten bei Tag oder Nacht. Die Liegeplätze werden durch das Hafenpersonal zugewiesen. Liegegebühren (siehe hierzu auch Seite 20).

Behörden und Versorgungsmöglichkeiten: Das Hafenamt und eine Nebenstelle der Griechischen Zentrale für Fremdenverkehr befinden sich an der Westseite der Enge zwischen den beiden Hafenbecken; dort sind auch Duschen und WCs. Supermarkt, Lebensmittelgeschäfte und Restaurants findet man in nächster Nähe, ebenso Schiffsbedarf und Servicestationen.

Auflegen und Slippen sind in Zea nicht möglich, wohl aber in Perama, etwa 3 sm in Richtung Salamis. Man sollte vorher Termin und notwendige Reparaturen besprechen, für die man in Perama Handwerker findet, die meist unabhängig von der Werft arbeiten. Bei notwendigen Arbeiten wäre auch die Olympic-Werft bei Lavrion in Betracht zu ziehen, die immerhin auf Yachtreparaturen eingestellt ist.

Bei Stürmen aus Süd wird durch die Küstenform Schwell in den äußeren Hafen gelenkt. Die Winterstürme sind gelegentlich so heftig, daß die aufgewühlte See

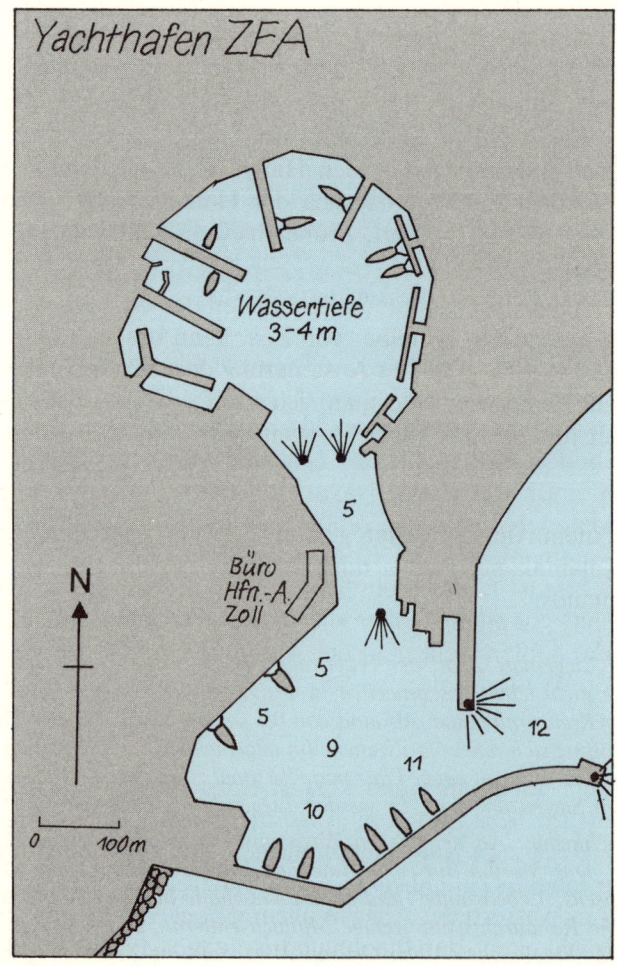

über den Wellenbrecher bis zu den Kais vordringt und die dort liegenden Yachten in Gefahr bringt. Der innere Hafen ist bei jeder Wetterlage sicher. Durch die Verlegung der Fäkalienkanäle ist er nun sehr viel sauberer geworden.

Athen (Athinai) erreicht man von Zea aus mit Bus, U-Bahn oder Taxi. Einzelheiten über die vielen Sehenswürdigkeiten Athens findet man in jedem Reiseführer. Nützlich sind auch die Prospekte der Griechischen Zentrale für Fremdenverkehr. Man sollte wenigstens die Akropolis mit Museum und das Archäologische Nationalmuseum besuchen.
Vom Flughafen Ellinikon aus verkehren Maschinen nicht nur in alle Welt, sondern auch zu etwa 30 Städten und Inseln Griechenlands. Man beachte die beiden getrennten Abfertigungshallen für verschiedene Ziele (Airport Ost und West).

Limin Mounichias (Mikrolimano), gleich neben Zea in Richtung Phaliron-Bucht, ist ein ausschließlich für griechische Yachten bestimmter Hafen, der stets dicht belegt ist. Eindrucksvoll das palastartige weiße Clubhaus auf der Landzunge neben der Einfahrt. Rings um den Hafen liegen teure Restaurants. An Sommerabenden wird das Bild durch die fröhliche Menge der Gäste belebt, die an der Wasserfront im Freien zu Abend essen.
Im Winter machen Stürme aus Süd den Hafen wenig angenehm. Von den modernen Kais einmal abgesehen, hat sich der Hafen seit den Zeiten des Themistokles praktisch nicht verändert. Früher hieß er Tourkolimani.

Flisvos (Ormos Phalirou), ein weiterer Yachthafen der Griechischen Zentrale für Fremdenverkehr (E.O.T.) gegenüber von Zea, kann besonders für große Segel- und Motorboote nützlich sein. Die Ansteuerung der nachts befeuerten Mole ist problemlos. Beim Anlegen richte man sich nach den Anweisungen des Personals. Trinkwasser und sanitäre Einrichtungen sind vorhanden, alles Weitere wird besorgt.

Kalamaki, allgemein **Alimos-Marina** genannt, ist − nur durch die Küstenstraße vom Stadtteil Kalamaki getrennt − mit etwa 1000 Liegeplätzen der größte Yachthafen Griechenlands.

Einsteuerung und Liegeplatz: Trotz der Feuerträger auf beiden Wellenbrechern ist der Hafen selbst bei Tage nicht leicht auszumachen, weil man − von Süden kommend − den Untiefen um Kap Kolias mit einem Abstand von 0,5 sm zur Küste aus dem Weg gehen muß. Die Einfahrt öffnet sich nach Nordwesten. Im allgemeinen liegen Gäste an der Innenseite der Westmole oder erhalten einen Platz vom Personal zugewiesen. Die Wassertiefe beträgt an den meisten Stegen um 4 m. Es werden Liegegebühren kassiert.

Versorgungsmöglichkeiten: An den Stegen Wasseranschlüsse, Diesel-Tankstelle in der Nähe der Westmole. Das Marina-Büro mit Hafenamt ist von weitem zu sehen; Duschen und WCs etwas abseits. Lebensmittel- und andere Geschäfte in Kalamaki jenseits der Straße, auch zahlreiche Restaurants nur wenige Minuten entfernt. Busse zu den beiden Abfertigungshallen des Flughafens (Athen Ost und West) und ins Zentrum von Athen.

Die Verwaltung bietet für das Winterlager ein großes Gelände sowie Inspektions- und Reparaturmöglichkeiten an (Autokran bis 60 t).

Diese Marina wird durch die Grünanlagen immer hübscher. Es herrscht reger internationaler Yachtbetrieb, zahlreiche Charterfirmen sind hier stationiert. Die Fluglärmbelästigung ist freilich groß, der Nachtflugbetrieb allerdings gering.

Glyphada. Wenige Seemeilen südlich gibt es gleich vier Marinas mit insgesamt 780 Liegeplätzen, die jedoch von der Wassertiefe und der Bequemlichkeit der Anlagen her mehr für Dauerlieger mit Booten unterschiedlicher Größe als für Gäste gedacht sind. Gelegentlich findet man dort einen Platz für eine Übernachtung, wenn die einheimischen Yachten im Sommer unterwegs sind. Die Zahlung der Liegegebühren ist manchmal Verhandlungssache; üblicherweise wird für eine ganze Woche kassiert. Einen angenehmen Aufenthalt bieten diese Yachthäfen schon deshalb nicht, weil sie unmittelbar unter der Einflugschneise liegen und besonders am Wochenende die Flugzeuge mit nur zwei oder drei Minuten Abstand starten und landen. Die Einkaufsmöglichkeiten in Glyphada sind bestens.

Vouliagmeni (Port of Entry) ist die erste Marina, die in Griechenland gebaut wurde; sie liegt an der Küste Attikas, ungefähr 10 sm südöstlich vom Piräus. In ihr finden über 100 Yachten einen Liegeplatz und Versorgungsmöglichkeiten aller Art, im Sommer wie auch während des Winters. Normalerweise ist hier alles voll; doch wird man einem Besucher die Benutzung des Platzes eines abwesenden Dauerliegers gestatten. Wer jedoch sein Boot hier im Winterlager lassen will, muß sich lange vorher um einen Platz bemühen.

Einsteuerung und Liegeplatz: Der Plan zeigt, daß man beim Einlaufen weder bei Tag noch bei Nacht Schwierigkeiten hat. Bei der Ankunft muß man sich bereithalten, eine Muringboje aufzupicken, wobei das Marinaboot behilflich ist. Dann wird die Yacht mit dem Heck zum Kai verholt. Es ist verboten, im Hafenbecken zu ankern; für Wartezeiten ist die Festmachetonne mitten im Hafen bestimmt. Bei der Anmeldung wird dem Gast ein Exemplar der Hafenbestimmungen ausgehändigt. Die Liegegebühren sind die höchsten aller E.O.T.-Marinas. Normalerweise liegt man hier gut geschützt. Nur im Winter verursachen Sturmböen aus Süden starke Dünung, die durch die Küstenform in den Hafen gelenkt wird. Es müssen dann zusätzliche Springs und Fender ausgebracht werden.
Versorgungsmöglichkeiten: Anschlüsse für Wasser, Strom und Telefon an jedem Liegeplatz. Kraftstoff an der Tankpier. Im Ort Vouliagmeni (1,5 km entfernt) Restaurants und Geschäfte. Von dort aus fahren alle halbe Stunde Busse nach Athen (40 min), gelegentlich auch direkt von der Marina aus.
Ein Strand schließt an die Wurzel der Mole an: Badevergnügen, ein paar Schritte vom Liegeplatz entfernt − eine Attraktion, die Zea nicht zu bieten hat.

Der Aufenthalt und die Versorgung in Vouliagmeni sind teuer, ebenso das Winterlager. Einer der Gründe für die hohen Preise ist, daß Mechaniker, Maler und Bootsausrüster jedesmal von Athen herüberkommen müssen, wenn ihre Dienste benötigt werden, und die Taxis sind nicht gerade billig.

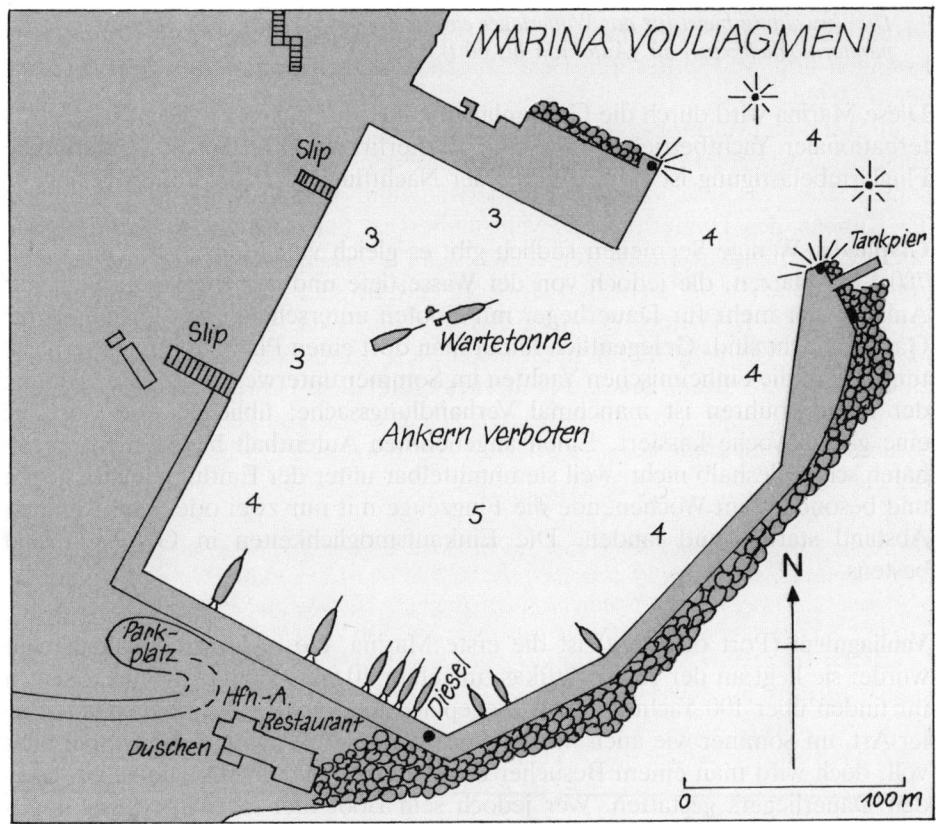

Folgt man der Küste Attikas südostwärts in Richtung auf Kap Sounion, so kann man die Durchfahrt zwischen der Küste und der Insel Gaidouroniso benutzen. Während der Meltemi-Periode fallen bisweilen heftige Böen von den Hügeln her ein; deshalb ist es ratsam, von vornherein die Segel zu reffen, wenn man diese Durchfahrt benutzt.

Gaidouroniso bietet dem Sportschiffer an der Nordseite in fünf Buchten Schutz gegen alle Winde: die beiden an der Nordwestecke gegen Nord- und Ostwind, bedingt auch gegen Südwestwind; die beiden an der Ostecke schützen vor Winden aus Süd bis West; die mittlere schützt gegen Winde aus dem II. und III. Quadranten. Alle haben gut haltenden Sandboden, sind 50–100 m breit und 50 m vor dem Sand- oder Kiesstrand 3–6 m tief.

Kap Sounion ist schon von weitem gegen den blauen Himmel auszumachen. Der Tempel Poseidons mit seinen Säulen aus attischem Marmor erscheint nahezu weiß, und tatsächlich ist er über und über mit kristallisiertem Meersalz bedeckt, das die Brandung seit 24 Jahrhunderten über ihn hinsprühte. Dieses Vorgebirge mit seinem Tempel war für viele griechische Seefahrer der Antike letzte heimatliche Landmarke, wenn sie hinaussteuerten zu den ionischen Kolonien und weit entfernten Besitzungen, die einst den Ruhm der Griechen begründeten.

„Auf Sounions Marmorstufen bettet mich", schrieb Byron, und hier ritzte der Dichter, so wie manche andere Besucher, seinen Namen in den Fuß einer der Säulen. Der Ausblick vom Kap ist überwältigend. Gegen Norden erheben sich die Kuppen des Hymettos, des Veilchenberges, der einst die liebliche Weide zahlloser Bienen war. Im Westen reihen sich die Inseln Aigina, Poros und Ydra. Fern am südlichen und östlichen Horizont gewahrt man die dunklen Silhouetten der gebirgigen Kykladen, darunter Kythnos und Kea, und ganz in der Nähe Makronisos. Viel von ihrem natürlichen Reiz wurde dieser Stätte durch ein großes Hotel am Strand und ein modernes Motel dicht beim Tempel genommen. Besonders am Spätnachmittag strömen Scharen von Touristen herbei, um den berühmten Sonnenuntergang zu erleben; nur morgens herrscht verhältnismäßige Ruhe.

Der Ankerplatz ist während des ganzen Sommers mit Yachten dicht belegt und bei Nord- oder Nordoststürmen (Meltemi) zusätzlich mit Kaïken und Kümos. Der Grund besteht größtenteils aus einer dünnen Sandschicht auf Fels; der Halt des Ankers ist äußerst unsicher. (Der Ankergrund im Ormos Legraina zwischen Kap Kataphygi und Kap Sounion gilt übrigens als besser.) Die Bucht ist nur gegen Süden offen, nach allen anderen Richtungen aber gut geschützt. Eine kurze steinerne Pier erleichtert das An-Land-Gehen im Beiboot.

Kap Sounion: Poseidontempel

12 Der Ankerplatz zu Füßen des Poseidontempels von Kap Sounion wird von Yachten gern aufgesucht

13 Paralion Astrous im Argolischen Golf ist ein gut geschützter und malerischer Hafen

13

14 Kap Maleas – ein markanter Punkt zwischen dem Ionischen Meer und der Ägäis

15 Insel Delos: Löwe aus naxischem Marmor (7. Jahrh. v. Chr.)

16 Palaia Epidavros, in fruchtbarer Landschaft eingebettet

17 Tinos, sicherer Hafen und vielbesuchter Wallfahrtsort

15

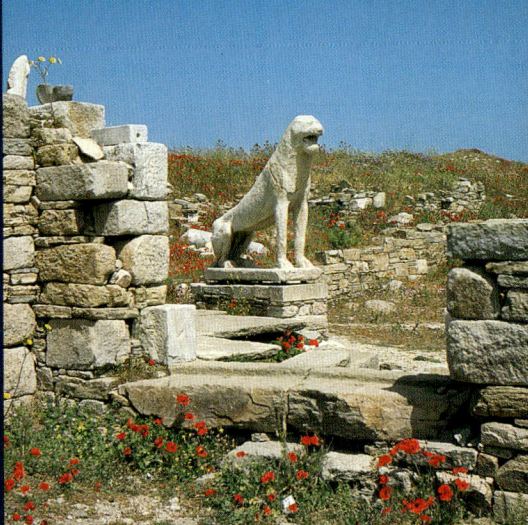

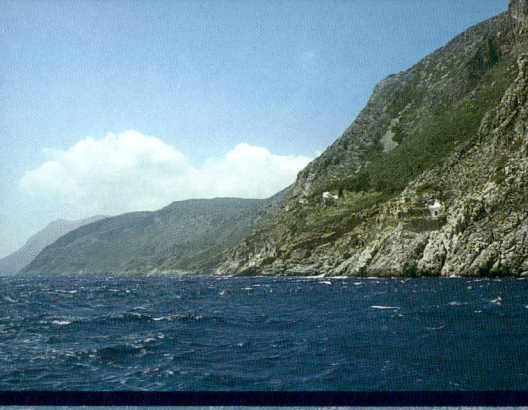

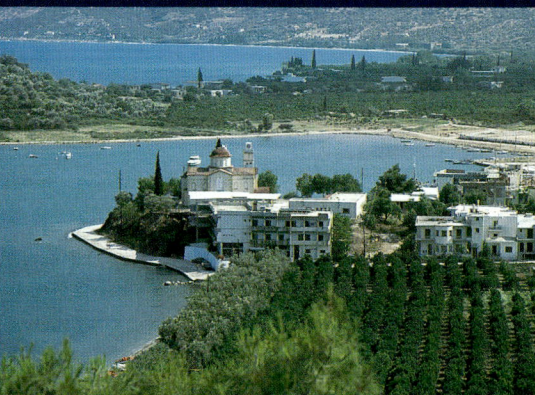

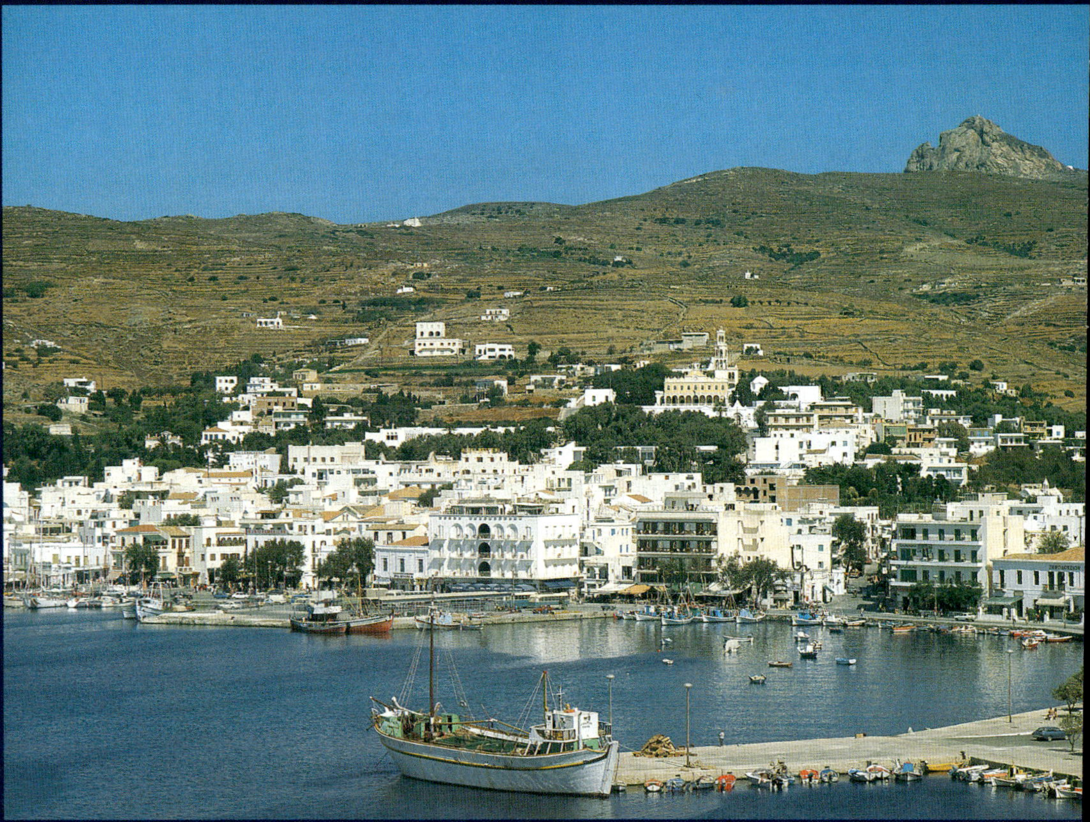

17

18 Die blendend weißen Häuser
von Thira (Insel Santorini)
kleben in 250 m Höhe am steil
abfallenden Kraterrand

19 Blick auf den reizenden
Hauptort der Kykladeninsel
Ios und die gut geschützte
Hafenbucht

20 Unzugänglich erscheint die
Felsküste von Pholegandros.
Im Innern dieser abgelegenen
Insel werden einige Terrassen
landwirtschaftlich genutzt

19

20

5 Die Kykladen

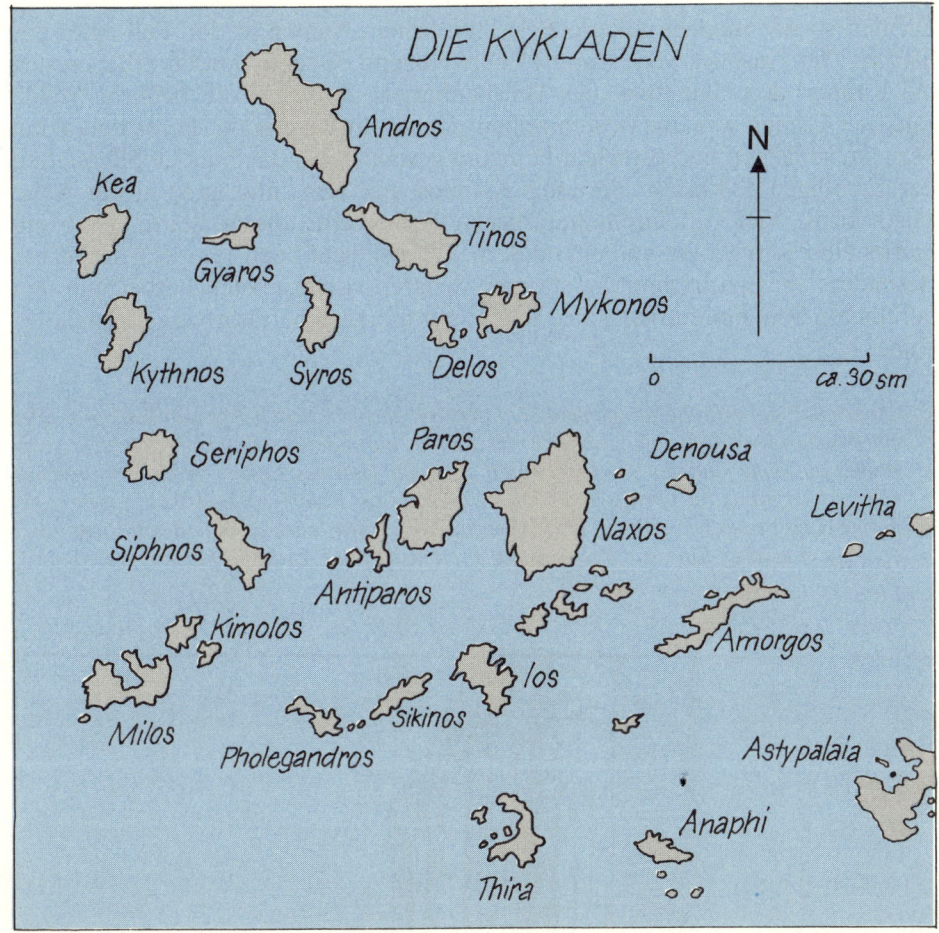

DIE KYKLADEN

Andros

Kea

Gyaros

Tinos

Mykonos

N

Kythnos

Syros

Delos

0   ca. 30 sm

Seriphos

Paros

Denousa

Levitha

Siphnos

Naxos

Antiparos

Kimolos

Amorgos

Milos

Sikinos

Ios

Pholegandros

Astypalaia

Anaphi

Thira

Da angesichts der Vielzahl der Routen eine sinnvolle geographische Ordnung unmöglich ist, werden die Inseln etwa im Uhrzeigersinn beschrieben.

ANDROS	**SYROS**	**DELOS**
Gavrion	Syros (Ermoupolis)	
Batsi	Megas Lakkos	**PAROS**
Palaiopolis	Phoinikas	Paroikia (Paros)
Andros (Kastron)		Naousa
		Piso Leivadi (Marpissa)
	MYKONOS	**ANTIPAROS**
TINOS	Mykonos	**DESPOTIKO**
Tinos	Ornos	

NAXOS
Naxos
Apollona
Moutsouna
Kalanto
Kouroupas
Prokopis

KOUPHO-INSELN
  ANO KOUPHONISOS
  SCHINOUSA
  Myrsini
  IRAKLEIA
  A. Georgiou

DENOUSA (Donousa)
Stavros
Dendron
Roussa

AMORGOS
Katapola
Kalotari
Akrotiri
Kalotyri
Aigiali

LEVITHA
KYNAROS   •

ANAPHI

THIRA (Santorini)
Skala Thira
Monolithos
Thirasia
Nea Kammeni

IOS
Ios
Manganari
Treis Klisies

SIKINOS
Skala

PHOLEGANDROS
Karavostasi
Vathy

MILOS
Adamas

KIMOLOS
Psathi

SIPHNOS
Kastro
Pharos
Platys Gialos
Phykiada
Vathy
Kamarai (Kamares)
Vourlithia
A. Georgios

SERIPHOS
Leivadion
Koutalas

KYTHNOS
Mericha
Episkopis
Apokreiosis
Angali Phykiada
Loutra
A. Stephanos

KEA
Ln. A. Nikolaou
Leivadi
Vourkari
Pisa
Kavia
Polais

Seekarten: D 670, 671, 673, 1089, 1090, 1091

Einsame Inseln, festen Landes Trümmer,
umgürtet von dem Ring der wilden Wogen . . .
Antiparos von Saloniki

Die Kykladen sind immer noch der „griechischste" Teil Griechenlands. Steht man auf einem ihrer Hügel, blickt man auf Terrassen, die nicht mehr gepflegt werden, auf denen aber noch einzelne Olivenbäume wachsen. Schaut man hinunter zum klaren blauen Wasser einiger kleiner Buchten, erkennt man vielleicht eine Gruppe von Fischerbooten vor Anker. Die Bevölkerung besteht auf manchen Inseln fast nur noch aus alten Leuten, denn nahezu alle jungen Männer werden von dem mehr einbringenden Leben in den Städten auf dem Festland angezogen. Durch den Tourismus ist jedoch eine neue Einnahmequelle entstanden.

19 Inseln größer als 10 km² umgeben Delos wie ein Kreis (griechisch *kyklos,* daher Kykladen), insgesamt sind es mehr als 200 Eilande. Delos war in der Antike eine heilige Stätte, eine der heiligsten des griechischen Kulturkreises, und Mittelpunkt des Attischen Seebundes, der deshalb meist Delisch-Attischer Seebund genannt wird. Einige der 19 Inseln sind ebenso wie die Eilande unbedeutend, nahezu alle sind kahl und bringen wegen des Wassermangels wenig mehr hervor, als die ansässige Bevölkerung verbraucht.

In alter Zeit wurde der beste Marmor, den man für Bild- und Bauwerke verwendete, auf einigen dieser Inseln gebrochen; auch Mineralien wurden abgebaut. Heute werden nur noch geringe Mengen an Vieh, Honig, Olivenöl und Wein ausgeführt, und der Lebensstandard der Bevölkerung ist dementsprechend niedrig. Die Lebensader für die 100000 Insulaner besteht in der häufig verkehrenden Piräus-Fähre, aber auch in den Inselfährdiensten und den allgegenwärtigen Kaïken, die teilweise die Versorgung der Inseln bestreiten.

Obwohl arm, sind die Insulaner freundlich und zeigen Haltung und Würde. Ihr Charakter ist, ungeachtet ihrer völkischen Gemeinsamkeit, von Insel zu Insel ganz verschieden. Der unterschiedliche Stil ihrer Bauten enthüllt die Vielfalt der früheren Herrscher. Die Häuser sind vorwiegend würfelförmig gebaut und blendend weiß getüncht, mit flachen Dächern − ganz im Gegensatz zu den östlicheren Inseln wie etwa Samos, Chios und Teilen von Lesvos, deren alte Häuser in türkischer Art mit roten Ziegeldächern und vorspringenden Balkonen ausgestattet sind.

Auf Thira, Tinos, Naxos und anderen Kykladeninseln sind oft venezianische Einflüsse erkennbar − was nach drei oder gar vier Jahrhunderten venezianischer Herrschaft nicht überrascht. Jene machtvolle Stadtrepublik besetzte diese Inseln vor allem, um ihren Schiffen beim Handel mit Konstantinopel und der Levante besseren Schutz bieten zu können. Sie nannten diese Inselgruppe den Archipelagus, ein Name, der von den Briten und Franzosen übernommen wurde.

Der Hauptort oder die Chora trägt für gewöhnlich den gleichen Namen wie die Insel. Oft liegt er hoch oben auf der Kuppe eines Hügels, und ursprünglich war er − zum Schutz gegen die Angriffe der Piraten − mit einem Ring aneinandergereihter Häuser umgeben. Manchmal stehen die Häuser in Gruppen außerhalb des Kastells zusammengedrängt, das den Bewohnern im Falle eines Angriffs als Zuflucht diente. Nur in sehr wenigen Fällen war der Hafenort auch Hauptort der Insel, wie zum Beispiel auf Mykonos und Paros. Nahezu überall veranlaßte die stets gegenwärtige Furcht vor Piraten die Bewohner der ägäischen Inseln, ihre Chora aus Sicherheitsgründen in das Innere zu verlegen. Um diese natürliche Art der Selbsterhaltung noch wirkungsvoller zu gestalten, errichteten die Landbesitzer bisweilen auch befestigte Türme. Diese sind zwar zum größten Teil verschwunden, aber man findet Reste von ihnen auf Andros, Ios, Kythnos und Amorgos. Auf den meisten Inseln gibt es ein oder mehrere liebevoll bewahrte Klöster.

Erst als zu Beginn des 19. Jahrhunderts britische Fregatten das Piratenunwesen unterdrückten, vermochten sich die Insulaner nach vielen Jahrhunderten der Furcht und des Leidens wieder sicher zu fühlen. Dies hatte einigen Einfluß auf die Entwicklung der Häfen, denn von nun an begann das Leben in den Häfen stärker zu pulsieren als in den Choras weiter binnen.

Ein aufregendes Ereignis in den Hafenorten ist das Eintreffen der Piräus-Fähre. Alles Volk strömt auf dem Kai zusammen, die abfahrenden Reisenden bepackt mit Schachteln, Koffern, Körben, Kindern und Hühnern. In den letzten Jahren wurden auch auf kleineren Inseln Fähranleger gebaut, so daß die Passagiere nicht mehr wie früher samt Gepäck aus- und eingebootet werden müssen, was bei unruhiger See oft genug eine nasse Angelegenheit war.

Unter den Bewohnern der Hauptorte sieht man gelegentlich einen „amerikanischen Typ". Tatsächlich sind viele Inselbewohner in jungen Jahren in die USA, nach Kanada oder Australien ausgewandert, und nicht wenige kehrten im vorgerückten Alter zurück, um die letzten Lebensjahre in der ruhigen, einfachen Umgebung ihrer Jugend zu verbringen.

ANDROS ist die zweitgrößte und nördlichste Kykladeninsel. Die Gipfel ihrer Bergkette erheben sich bis zu einer Höhe von 997 m. Obwohl die emporsteigenden Hänge von See her kahl erscheinen, sind doch weite Strecken des Inneren grün und bewaldet. Die kleine Stadt und die übrigen Ortschaften beherbergen nur noch gut 10000 Einwohner.

Die Südwestküste von Andros ist vorwiegend kahl und eintönig. Bemerkenswert die Mauern, mit denen die unfruchtbaren Ländereien abgegrenzt sind; sie bestehen aus senkrecht aufgestellten Steinplatten mit waagerecht geschichteten Bruchsteinen dazwischen.

Niedrige, watteartige Wolken um die hohen Gebirgskämme zeigen starke nördliche Winde an. Gegen das Nordwestende dieser Küste hin liegt Gavrion.

Gavrion (Ormos Gavriou, Plan K der D 1089) ist eine geräumige, gut geschützte Hafenbucht mit einem kleinen Ort an der Wasserfront.

Einsteuerung: Beim Einlaufen in die Hafenbucht ergeben sich keine Schwierigkeiten, aber bei Nacht muß man vorsichtig sein, um die südöstlich der Einfahrt gelegenen Untiefen Vouvi zu umgehen. Der Wellenbrecher, der von Osten bis in die Mitte der Bucht ragt, ist befeuert. Sucht man hier während des Meltemi Schutz, so muß man beim Einkreuzen in den Hafen auf starke Böen gefaßt sein.

Anker- und Liegeplatz: Man lasse vor der Ortschaft auf einer Wassertiefe von 5 m den Anker fallen. Yachten können auch an der Innenseite des Fähranlegers festmachen; andernfalls weist der Hafenpolizist einen Platz zu. Die Pier hat auf der ersten Hälfte 5 m Wassertiefe, zum Land hin abnehmend.

Versorgungsmöglichkeiten: Frische Lebensmittel, Wasser höchstens kanisterweise. Das einheimische Mineralwasser wird mit Lastwagen auf die Fähre und zum Festland transportiert. Fährverbindungen mit Raphina (Attika) sowie mit Tinos und Syros. Einfache Restaurants und Bars.

Die 3 sm lange Küste zwischen Gavrion und Batsi hat ein paar kleine Buchten mit ausgezeichneten Badeständen, die aber von Touristen längst entdeckt worden sind; überall werden Hotels und Restaurants errichtet.

Batsi (Plan K der D 1089) liegt 3 sm südöstlich von Gavrion und ist ein verhältnismäßig junger Ort in landschaftlich schöner Umgebung. Bislang war die Insel nur wegen der hier beheimateten Reederfamilien bekannt, aber dank der günstigen Verbindungen mit Athen kommen jetzt im Sommer immer mehr auch griechische Touristen hierher. Die Ufer der Bucht sind erstaunlich grün: Sie wurden mit Zitronen- und Maulbeerbäumen bepflanzt. Es gibt hier auch mehrere Süßwasserquellen.

Einsteuerung: Hat man das Eiland Megalo an dessen Südostseite passiert, so öffnet sich die Einfahrt zur Bucht mit ihren kleinen weißen Häusern. An der Westseite der Einfahrt steht auf einer Felsenspitze ein Leuchtfeuer.

Anker- und Liegeplatz: Man ankere an der Nordseite der Bucht auf brauchbaren Wassertiefen über Sandgrund. An der Mole, die vom Südrand der Ortschaft ausgeht, ist für eine Yacht noch eben Raum genug, um über Bug oder Heck festzumachen. Sie erstreckt sich etwa 70 m weit in Richtung Nordwest; in etwa 2 m Abstand beträgt die Wassertiefe 3 m. Im Sommer liegt man hier gut geschützt, von den Fallböen abgesehen; doch bei Südstürmen ist der Hafen unbrauchbar, trotz der verlängerten Mole.

Versorgungsmöglichkeiten: Kleine Mengen Wasser kann man von der Bar bekommen. Kraftstoff erhält man in Kanistern bei der Tankstelle weit außerhalb des Ortes. Restaurants, Tavernen und Lebensmittelgeschäfte an der Wasserfront. Busverbindung mit Gavrion und Andros (Kastron).

Ungefähr 4 sm südöstlich von Batsi liegen am Ormos Palaioupoleos die verstreuten Ruinen der antiken Hauptstadt **Palaiopolis.** Man kann den Ort von See her ohne Mühe an den modernen Villen erkennen, die über die steilen Hänge eines reizenden grünen Tales verteilt sind. Der Ankerplatz ist jedoch recht ungeschützt, und der Grund bietet keinen sicheren Halt. Von den antiken Molen sind nur mehr wenige Meter zu sehen. Teile einer antiken Mauer und ein Torbogen ragen über die Wipfel der Zypressen hervor. Diese Stätte wird am besten mit einem Bus von Batsi aus besucht.

Andros (Limin Kastrou, Plan B der D 1089) liegt an der Nordostseite der Insel. Als Hafen des Hauptortes der Insel gewinnt er zunehmende Bedeutung. Durch seinen kräftigen, aber kurzen Wellenbrecher ist er auch bei Meltemi brauchbar; doch steht dann Dünung in den Hafen, die das Liegen unruhig macht.

Einsteuerung, Liege- und Ankerplatz: Man halte sich gut frei von den Untiefen um die befeuerte Klippe Tourlitis; auch der Kopf des Wellenbrechers ist befeuert. Man kann mit langen Heckleinen an der Innenseite des Wellenbrechers festmachen; im äußeren Drittel ist der Grund vor dem Kai durch große Steine unrein. Etwa in Höhe der Festmachetonnen beträgt die Wassertiefe am Kai 3 m. Problemlos liegt man weitab vom Wellenbrecher, aber immer noch in seinem Schutz, auf 5 m Wassertiefe vor Anker. So stört auch der Lärm des E-Werkes weniger.

Versorgungsmöglichkeiten: Wasseranschlüsse am Kai (Hafenamt fragen). Lebensmittel und Treibstoff bekommt man im Ort (20 min Fußweg), dort auch einige Tavernen mit Atmosphäre.

Andros ist der hübscheste Ort auf der Insel und lohnt einen Besuch. Die alten Häuser reihen sich zu beiden Seiten einer marmorgepflasterten Straße. Sie führt von der Halbinsel hinunter zu dem Platz vor den Ruinen der venezianischen Festung. Dort sind ein Seefahrtmuseum und das Denkmal des unbekannten Seemanns mit einem Seesack über der Schulter zu sehen. Einer der zahlreichen mittelalterlichen Taubenschläge steht am Fischmarkt.

TINOS ist 194 km^2 groß und hat 10000 Bewohner. Die Insel war schon in vorchristlicher Zeit religiöser Mittelpunkt der Kykladen und hat durch das Auffinden der wundertätigen Ikone im Jahre 1823 diese Stellung nicht nur zurückgewonnen, sondern wurde der am häufigsten besuchte Wallfahrtsort des ganzen Landes. Vorher gehörte sie nur 115 Jahre den Türken, denn es war die letzte Insel, die sie erobern konnten, davor 500 Jahre den Venezianern. Das hat zur Folge, daß in diesem Zentrum der griechischen Orthodoxie der römische Katholizismus stärker in Erscheinung tritt als sonst auf den Inseln.
Die Ufer der Südwestküste erheben sich zu einer Bergkette von 637 m Höhe, deren Eintönigkeit durch eine Anzahl von Bergdörfern gemildert wird; die kleinen, weißen Häuser bilden einen hübschen Kontrast zu den kahlen, düsteren Berghängen. Diese Dörfer, deren Bewohner von der Landwirtschaft leben, haben Quellwasser in Höhen von 300 m und mehr.
Tief lagernde, wollige Wolken über dem Kamm der Inselberge sind hier wie auf Andros ein Anzeichen für starke nördliche Winde. Sie fallen an den Berghängen nieder, meist in Form heftiger Böen. Die Ankerplätze an der Nordostküste, der Wetterseite, sind deshalb während der gesamten Sommerzeit unbenutzbar. Die beiden Buchten am nördlichen Ende der Insel, Ormos Kolymvithra mit seinem verlassenen Kloster und Ormos Panormou, wo der Marmor verschifft wird, können im Sommer äußerst ungemütliche Ankerplätze sein.

Tinos (Plan D der D 1089) mit seinen 3400 Einwohnern liegt an der Südwestecke der Insel.

Einsteuerung, Liegeplatz und Versorgungsmöglichkeiten: Bei Meltemi muß mit härtesten Fallböen vor dem Hafen gerechnet werden. Nachts sind beide Wellenbrecher befeuert, so daß es keine Schwierigkeiten gibt. Man mache mit Bug oder Heck, Anker Richtung Süden, am stadtwärtigen Kai fest; hier liegt man gut geschützt. Das Personal des Adonis-

Yachting-Clubs hilft beim Anlegen, Wasserbunkern (das reinste Trinkwasser Griechen-lands, wie es heißt) und der Beschaffung von Diesel. Der Liegeplatz ist kostenlos, gleichwohl sollte ein angemessenes Trinkgeld selbstverständlich sein.
Bei allen Yachtproblemen, die in diesem harten Segelrevier auftreten können, hilft Adonis Foskolos, der im Café „Tinos Mariner" zu finden ist (Gebäude mit Bogenhalle an der Wasserfront des Außenhafens). Dort Sprechfunk, Wetterbericht, Beratung, Inselinfor-mation, Telefon und Poststelle außerhalb der Öffnungszeiten, Duschen. – Lebensmittel und Restaurants in jeder Menge dicht am Kai. In der Bazarstraße hügelan findet man neben Souvenirs Erzeugnisse der einheimischen Weberei. Täglich zwei- bis dreimal ver-kehrt die Fähre nach Piräus und Raphina.

Der Hafen ist voller Leben, und nicht nur zu den großen Festen am 25. März und 15. August reisen in jedem Jahr Pilger aus ganz Griechenland nach Tinos, dem „Lourdes der orthodoxen Griechen", zur rätselhaften Ikone der Panagia, „Unserer lieben Frau". Eine breite Straße führt schnurgerade hinauf zur großen Wallfahrtskirche, die mit einem geräumigen Vorhof und dem Hof des Klosters, in dem das blendende Weiß der Mauern durch die Schatten dunkler Zypressen gemildert wird, recht anziehend wirkt.

Im Innern der Kirche befindet sich die wundertätige Ikone, nahezu verdeckt von den typisch byzantinischen Silberarbeiten. Oftmals werden kranke Pilger auf Rollstühlen hineingefahren, und man kann den Priestern zuhören, wenn sie ihre Bittgebete sprechen. Von der Kirchendecke herab hängen zahlreiche Schiffsmo-delle, viele von ihnen aus Silber – die Dankesgaben jener, die mit Hilfe der Jungfrau einem gewaltsamen Tode entronnen waren. Das seltsamste darunter ist vielleicht das eines Kaïki: Es hatte ein Leck erhalten und war im Begriff zu sinken, als gerade zur rechten Zeit ein Fisch geschwommen kam und das Loch mit seinem Körper gegen das eindringende Wasser abdichtete. Der Schiffs-

Votivgabe in der Kirche von Tinos

rumpf, die Segel und sogar der Fisch sind kunstvoll und realistisch in Gold und Silber ausgeführt.

In der kleinen Krypta wird die Stelle bezeichnet, wo die Ikone entdeckt wurde. Eine zweite Kapelle dient als Gedenkstätte für die gefallenen Seeleute des griechischen Kreuzers „Elli", der am 15. August 1940, als Griechenland sich noch im Frieden mit allen Nationen befand, vor dem Hafen ankernd von einem italienischen U-Boot auf Befehl aus Rom torpediert und versenkt wurde. Dieser Gewaltakt kann von den Griechen nicht so leicht vergessen werden, zumal das Schiff über die Toppen geflaggt hatte und ein Teil der Besatzung zu den Kirchenfeierlichkeiten an Land war.

SYROS gehört mit 85 km² nicht zu den größten Inseln der Kykladen, ist aber mit 23000 Bewohnern die am dichtesten besiedelte und darüber hinaus Verwaltungszentrum der gesamten Inselgruppe. Sie ist außerdem die reichste, denn zu den Aktivitäten im Hafen ihres Hauptortes kommt intensiver Anbau von Wein und Obst, Oliven und Gemüse, vor allem im Süden der Insel. Dort liegen auch die besten Badeplätze, die wachsenden Fremdenverkehr als weiteren Wirtschaftsfaktor zur Folge haben.

Syros (Ermoupolis, Limin Syrou, Plan F und G der D 1089; Port of Entry) ist die an der Ostküste gelegene Inselhauptstadt mit 14000 Einwohnern.

Einsteuerung und Liegeplatz: Yachten sollten bis zum nördlichen Kai durchlaufen und auf jeden Fall mit dem Heck zum Kai, Bug in Richtung Einfahrt, festmachen, um mit dem Schwell besser fertig zu werden, den der starke Werksverkehr und der Tageswind ständig mit sich bringen. Lange Heckleinen sind ratsam.

Versorgungsmöglichkeiten: Die meisten Dinge sind auf dem Markt und in den Gassen in Nähe des Kais zu bekommen, einschließlich Wasser und Treibstoff. Es gibt eine Reihe von Tavernen an der Wasserfront. Diverse Firmen, z. B. „Syra's Nautical Center", Capt. Dimitris Xagoraris, oder Lefteri Akilas, bieten verschiedene Dienstleistungen an. Bei der Werft können Yachten mit einem Slipwagen aufgeslippt werden.
Auch im Süden der Hafenbucht soll eine private Werft Reparaturen ausführen; nach der Wassertiefe in der Zufahrt erkundige man sich notfalls bei einem Ortskundigen. − Die Piräus-Fähre verkehrt täglich.

Die beiden Stadtteile, das römisch-katholische Ano Syros, gegründet von den Genuesen und Venezianern, und das orthodoxe Ermoupolis, krönen je einen Hügel hinter dem Hafen, bis zu dem ihre weißen Häuser herabreichen. Hier ist das Stadtzentrum mit seinem eindrucksvollen, im 19. Jahrhundert entstandenen Platz, an dem die öffentlichen Gebäude liegen und auch das kleine Opernhaus. Dies ist das geschlossenste und schattigste Stadtzentrum der Ägäis − es mutet eher ungriechisch an. Bei den Touristen ist Syros vor allem deswegen bekannt, weil hier *loukoumi* (Türkischer Honig) und Nougat hergestellt werden.

Niemals ist Syros von fremden Eroberern verwüstet noch von den Türken bedrückt worden, wie es anderen Inseln widerfuhr. Glücklicherweise befand sich hier eine Kapuziner-Mission, die seit Jahrhunderten den Schutz Frankreichs genoß und daher von den Türken nicht belästigt wurde. So lockte Syros Flüchtlinge von anderen Inseln an. Das machte sich bezahlt, denn nach dem Befreiungskrieg standen mit dem Aufschwung der Schiffahrt die erforderlichen Arbeitskräfte für die Entwicklung des Hafens und der Stadt zur Verfügung. Der Hafen lag günstig an der Route vom Schwarzen Meer über die Levante zu den Häfen Westeuropas. In jener Zeit hatten Dampfer nur einen begrenzten Aktionsradius und waren auf Bunkerstationen angewiesen, woraus Syros seinen Vorteil zog. Als zwischen den beiden Weltkriegen das Öl an die Stelle der Kohle trat, ging es mit Syros bergab; doch heute erlangt der Hafen durch die Werft, zwei Schwimmdocks und Schwimmkräne sowie neue Kaianlagen für die Berufsschiffahrt zunehmend wieder an Bedeutung.

Hier, wie auf den meisten griechischen Inseln, richten sich die Interessen fast ausschließlich auf den Hafen, denn das Land ist ungastlich. Die rauhen Berge im Norden von Syros sind kahl und ohne Baumbestand. Die Insel ähnelt nur noch im Süden der Beschreibung, die Homer vor nahezu dreitausend Jahren von ihr gab:

> *Groß ist diese nicht sehr von Umfang, aber doch fruchtbar.*
> *Reich an Schafen und Rindern, an Wein und schönem Getreide.*
> Homer: Odyssee XV, 404−05 (in der Übertragung von Voß)

Einige Ankerplätze sind aber durchaus empfehlenswert, so zum Beispiel

Ormos Megas Lakkos. Diese T-förmige Bucht liegt nahe dem nördlichen Zipfel und hat in ihrem nordwestlichen Winkel gut haltenden Sandgrund bei 3−5 m Wassertiefe. Das Vorgebirge Grammata ist übersät mit Marmorstücken, auf denen gerettete Seeleute in den vergangenen Jahrhunderten ihre Namen und Daten eingeritzt haben.

Phoinikas (Ormos Phoinika, Plan J der D 1089) ist ein hübscher Ort im Südwesten der Insel, so recht für einen Ruhetag geeignet. Der Urlaubsort Poseidonia liegt an der Ostseite der Bucht.

Einsteuerung: Ein hochaufragender Felsen markiert im Norden die Einfahrt. Das nur wenig aus dem Wasser ragende Eiland Psathonisi muß man in gebührendem Abstand passieren. Die zahlreichen Villen sind aus hinreichender Entfernung gut zu erkennen.

Liegeplatz: Man kann in der Nordostecke der Bucht ankern oder an die Pier im Westen gehen, die knapp 3 m Wassertiefe am Kopf hat. Die Innenseite wird von den Fischerbooten beansprucht. Der Schutz gegen Nordwinde (Meltemi) ist gut, es dringt kein Schwell in die Bucht. − Der befeuerte Kai im Süden der Bucht dient Frachtern und der Marine. In besonderen Fällen (Südwind) kann man dort Schutz suchen.

Versorgungsmöglichkeiten: Wasser gibt es in der Nähe der Pier (angeschriebene Telefonnummer anrufen); die Dusche hat kein Trinkwasser. Im Ort Nähe Pier findet man Telefon und Tavernen, 1 km landeinwärts einen Lebensmittelladen mit Brot sowie eine Tankstelle.

MYKONOS, dicht nordostwärts von Delos gelegen, ist eine weithin kahle Insel aus Granit und Gneis mit 4000 Bewohnern. Sie wurde zu einem vielbesuchten Touristenziel mit modernen Hotels. Urlauber, die mit der Piräus-Fähre gekommen sind, lassen sich während ihres Aufenthaltes von den einheimischen Kaïken wenigstens einmal nach Delos übersetzen.

Mykonos (Limin Mykonou, Plan N der D 1089) hat etwa 2700 Einwohner, das sind mehr als zwei Drittel der gesamten Inselbevölkerung. Natürlich ist der Ort auch das größte Touristenzentrum der Insel und in der Saison von Besuchern aller Art und von den Passagieren der Kreuzfahrtschiffe außerordentlich überlaufen.

Einsteuerung und Liegeplatz: Beide Wellenbrecher sind nachts befeuert. Yachten liegen am besten in der nordöstlichen Ecke des Hafens an der Innenseite der Nordmole. Die Liegeplätze an den Vorsprüngen im Nordosten sind mit äußerster Vorsicht anzusteuern, da die Wassertiefe durch verstreute Felsbrocken unterschiedlich ist. Bei Meltemi liegt man dort durch den seitlichen Wind höchst ungemütlich.

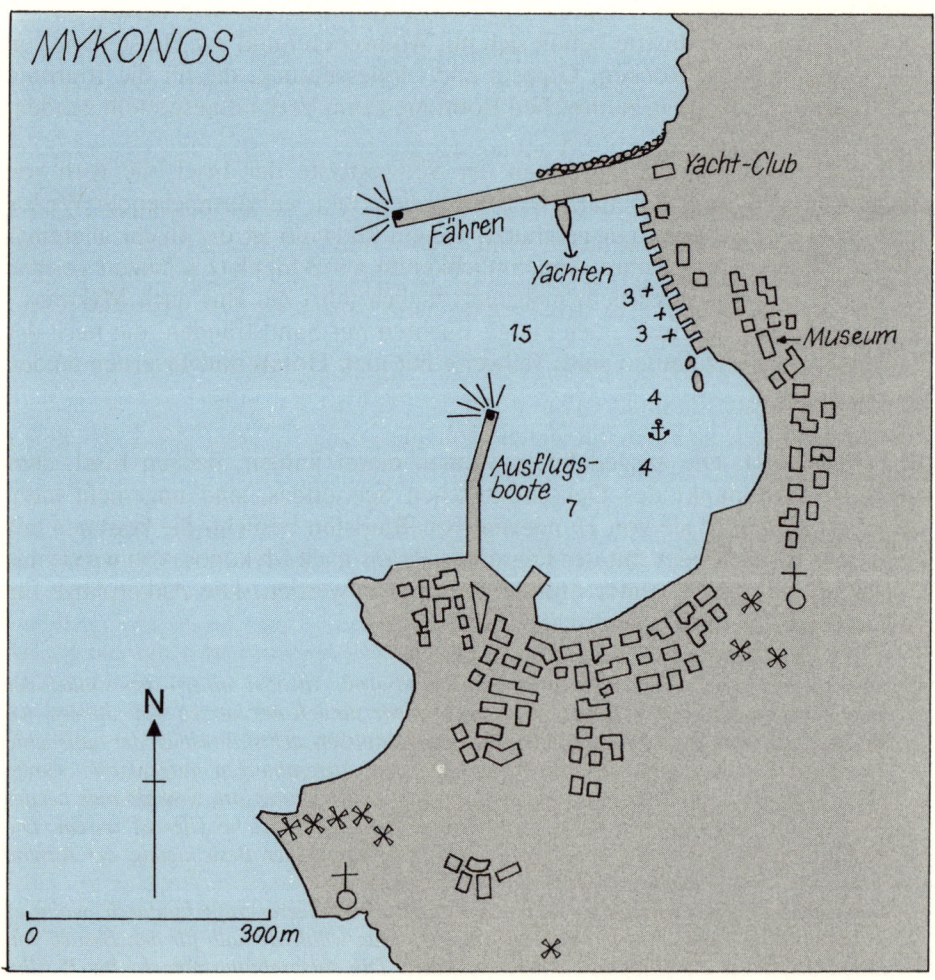

Versorgungsmöglichkeiten: Frischproviant, gute Restaurants und Tavernen. Wasser und Treibstoff werden per Tankwagen geliefert; Bedarf im „Yacht-Club" anmelden. Täglich fährt ein Fährschiff nach Piräus. Mit Athen besteht Flugverbindung. Ausflugsboote gehen am Vormittag nach Delos.

Weiße Häuser säumen die halbmondförmige Bucht, hinter der sich die kleine Stadt an den Hängen hinaufzieht. Auf dem Kamm der Hänge steht eine Reihe weißgetünchter Windmühlen, die als Touristenattraktion immer noch Korn mahlen. Wenn auch die Landschaft kahl und ohne Besonderheiten ist, hat doch die Stadt mit ihren blendend weißen Häusern einen eigenen Reiz. Manche dieser Häuser haben zwei oder drei Stockwerke, grüngemalte Türen und Fensterläden, die kleinen Kirchen blaue Kuppeln. Es macht Vergnügen, durch die engen Gassen oder hier und da über einen kleinen Platz zu schlendern und dabei einen venezianischen Brunnenaufsatz oder einen außen angebrachten Treppenaufgang zu betrachten. Das sehenswerte Archäologische Museum an der Wasserfront enthält wertvolle Funde aus Delos und Rineia. Die Insel selbst stand in der Antike im Schatten von Delos, im Mittelalter von Naxos.
Die einheimische Industrie befaßt sich mit Wollweberei und der Herstellung von Kleidern, Hemden, Röcken, Gürteln und Modeschmuck, die für die Touristen in verlockender Weise in zahlreichen Boutiquen zum Verkauf ausgestellt werden.

Ormos Ornos heißt eine Bucht an der Südwestecke der Insel, die gern von Yachten als Ankerplatz benutzt wird. Man liegt hier, auf ausreichender Wassertiefe, auch bei Meltemi gut geschützt. Gegen Südwind ist die Bucht allerdings offen. Touristen haben ihre Annehmlichkeiten als Badeplatz schätzen gelernt. Es gibt Hotels und Tavernen; mehrmals täglich fährt ein Bus nach Mykonos. Weiter östlich findet man noch einige Buchten mit Sandstränden, die nach der Seekarte leicht anzulaufen sind. Teilweise hat man Hotels und Tavernen an den Strand gebaut.

DELOS (Dilos). Die ausgedehnten Ruinen dieser kahlen, flachen Insel, dem einstigen Mittelpunkt des Delisch-Attischen Seebundes, sind ungemein interessant. Täglich wird sie von Hunderten von Touristen besucht. Sie kommen mit Kreuzfahrtschiffen oder mit der Fähre von Piräus nach Mykonos, von wo sie mit Kaïken in weniger als einer Stunde übergesetzt werden. Die Ankerplätze für Yachten sind auf Delos höchst unzulänglich.

Einsteuerung und Ankerplatz: Kreuzfahrtschiffe und große Yachten ankern stets südlich der Insel Remmatia. Kleinere Boote dürfen nicht mehr südlich des kurzen Kais ankern, wo die Ausflugsboote aus Mykonos anlegen, sondern müssen sich südwestlich der molenähnlichen Landzunge halten, die aus dem Schutt der Ausgrabungen aufgeworfen wurde. Diese Mole setzt sich unter Wasser in südsüdwestlicher Richtung fort, weshalb man bei der Ansteuerung von Süden sorgfältig loten muß. Auch das östliche Ufer ist unrein. Die Zufahrt zum Kai darf nicht behindert werden. Während der Besichtigung der Ausgrabungsstätte sollte eine Ankerwache zurückbleiben.
Den ganzen Tag über pfeift der Nordwind durch diese Meeresstraße hindurch, wobei er während der Meltemi-Periode 6–7 Bft erreicht. Man wähle deshalb für den Besuch von Delos möglichst die ruhigeren Morgenstunden. Die Ausgrabungsstätte ist bis 15 Uhr,

sonntags bis 13.30 Uhr zugänglich (Kasse an der Wurzel der Mole); zu anderen Zeiten und an anderen Stellen darf die Insel nicht betreten werden. Auch darf man weder hier noch in der südlich gelegenen Fourni-Bucht über Nacht ankern. Die Fourni-Bucht hat auf 4 m Wassertiefe gut haltenden Sandgrund.
Sollte der Wind auf Süd drehen, findet man guten Schutz in der südlichen Ausbuchtung der Schino-Bucht (Insel Rineia), halte aber bei der Ansteuerung genügend Abstand von den Huken!

Delos – das ist ein Ruinenfeld von Säulentrommeln, zertrümmerten Kolonnaden sowie Teilen der Grundmauern von Tempeln, die bis zu geringer Höhe

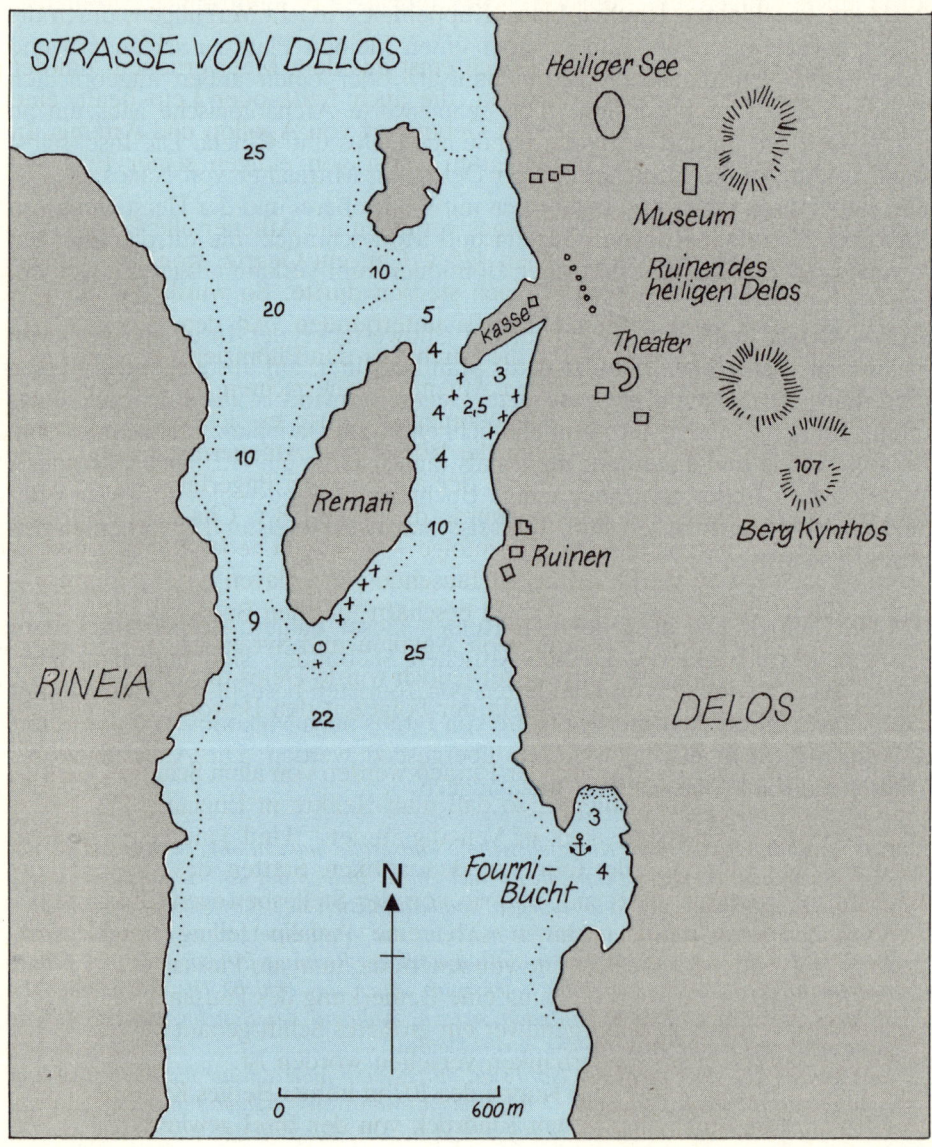

abgetragen worden sind; nur die Löwen aus weißem Naxosmarmor, die dem 7. Jahrhundert v. Chr. entstammen, bilden eine eindrucksvolle Allee, wenn man vom Hafen heraufkommt. Gleich daneben befinden sich der jetzt ausgetrocknete Heilige See und die Säulenstümpfe des einstigen Apollon-Tempels.

Zu beiden Seiten der schmalen, gepflasterten Straße, die sich am Hügelhang zum Theater hinaufwindet, sieht man die steinernen Mauern der einst eleganten Häuser und darin kleine Nischen für die Laternen, die damals die Straße erleuchteten. Da sind Terrakottaöfen, marmorne Tische und Brunnenaufsätze; einige Innenhöfe haben von Säulen getragene Veranden. Noch sind Reste von Wandmalereien und Stuckarbeiten zu sehen, die an die in Pompeji erinnern, sowie auch einige bemerkenswert vollständige und interessante Mosaikfußböden.

Die Mythen berichten, Delos habe sich einst aus dem Meer erhoben, um der von Zeus schwangeren Göttin Latona, die auch Leda oder Leto heißt, eine Zuflucht zu bieten. So wurde es zum Geburtsort von Apollon und Artemis. In späteren Zeiten wurde es als Heiligtum selbst von einigen seiner Eroberer respektiert.

Während des Peloponnesischen Krieges verlegten die Athener alle Grabstätten von Delos nach Rineia und erließen 425 v. Chr. ein Gesetz, wonach niemand mehr auf Delos geboren werden noch sterben durfte. So wurde die Bildung einer womöglich konkurrierenden Polis unterbunden. An den Perserkriegen nahm Delos nicht teil, doch führte die Furcht vor den Phöniziern zur Gründung des nahezu von Anfang an von den Athenern beherrschten Delisch-Attischen Seebundes. In den Zeiten der Makedonier bewahrte es sich seine Unabhängigkeit, doch wurde es später durch die Römer den Athenern unterstellt. Am besten bekannt ist es vielleicht wegen der alljährlichen Pilgerfahrt.

Zu Anfang der römischen Epoche wurde die Insel 168 v. Chr. zu einem Freihafen und entwickelte sich − Strabo zufolge − zu einem bedeutenden Handelszentrum, auf dessen Märkten „täglich Tausende von Sklaven ihre Herren wechselten". Diese wurden von den Piraten beschafft, um den Bedarf der Römer zu befriedigen, und selbst die Könige von Ägypten und Syrien waren an diesem Handel beteiligt. Hundert Jahre später jedoch wurde Delos durch die Admirale des Mithridates zerstört und diente in der Folgezeit den Bewohnern der Nachbarinseln als Steinbruch.

Randolph berichtete 1687: „Teile der Ruinen werden von allen Schiffen, die hier vor Anker gehen, fortgeschleppt, so daß man Relikte in England, Frankreich und Holland, die meisten aber in Venedig findet." Und jene, die ein Jahrhundert später die „Große Tour" zu den antiken Stätten des Mittelmeeres machten, nahmen ebenfalls mit, was sie von der Stelle bewegen konnten.

Französische Archäologen rühmen sich, eine Aufslip-Helling freigelegt zu haben, die größer ist als irgendeine von jenen, die man am Piräus gefunden hat. Vielleicht bestätigt diese Entdeckung eine Bemerkung des Pausanias: „Ich habe noch nicht vernommen, daß irgendwer ein größeres Schiff gebaut habe als jenes zu Delos, das mit neun Ruderbänken versehen worden ist."

Eine steinerne Treppe führt zur Kuppe des 107 m hohen Berges Kynthos hinauf, von dessen Höhe man den besten Eindruck von der Insel gewinnt.

PAROS hat ungefähr 7500 Bewohner, die in den drei Hauptorten Paroikia, Naousa und Marpissa sowie in verstreut liegenden Bauerngehöften leben. Die Berge sind hier niedriger, die Konturen sanfter als auf der viel größeren und höheren Nachbarinsel Naxos, und auch die Böen bei starken nördlichen Winden sind unter Lee von Paros weniger heftig.

Paroikia (Paros, Limin Paroikias, Plan B der D 1090) ist der Haupthafen der Insel und besteht aus der Fährpier und dem Fischerhafen vor der hübschen Stadt mit 2000 Einwohnern.

Liege- und Ankerplatz: Der Fischerhafen ist meist dicht belegt; außerdem sind die Wassertiefen nicht überall ausreichend, weshalb man sorgfältig loten muß, wenn man dort einläuft. Im allgemeinen liegen Yachten an der Außenseite der Fischerhafenmole auf 3–5 m Wassertiefe. Wegen der fortwährend ein- und auslaufenden Frachter, Fährschiffe und Kaïken sind diese Liegeplätze sehr unruhig und auflandigem Wind ausgesetzt. Bei starken Nordwinden empfiehlt es sich deshalb, im Norden der Hafenbucht zu ankern, wo der Grund gut hält und man besseren Schutz hat.

Versorgungsmöglichkeiten: Wasser erhält man im Fischerhafen, Treibstoff per Tankwagen von der Tankstelle am Ortsausgang. In der Stadt hat man die Wahl zwischen vielen modernen Geschäften, Restaurants und Tavernen. Retsina und Rotwein der Insel sind ausgezeichnet. Es gibt Banken, Taxis und Reparaturmöglichkeiten. Eine Autofähre, die auch Naxos anläuft, verkehrt täglich zum Piräus, ein Fährkaïki nach Antiparos.

Besonders reizvoll sind die engen, gewundenen Straßen mit den kleinen weißen Häusern. Viele der älteren behielten ihre Fassaden, obwohl sie in moderne Geschäfts- oder Wohnhäuser umgewandelt wurden. Alle sind sie ungemein

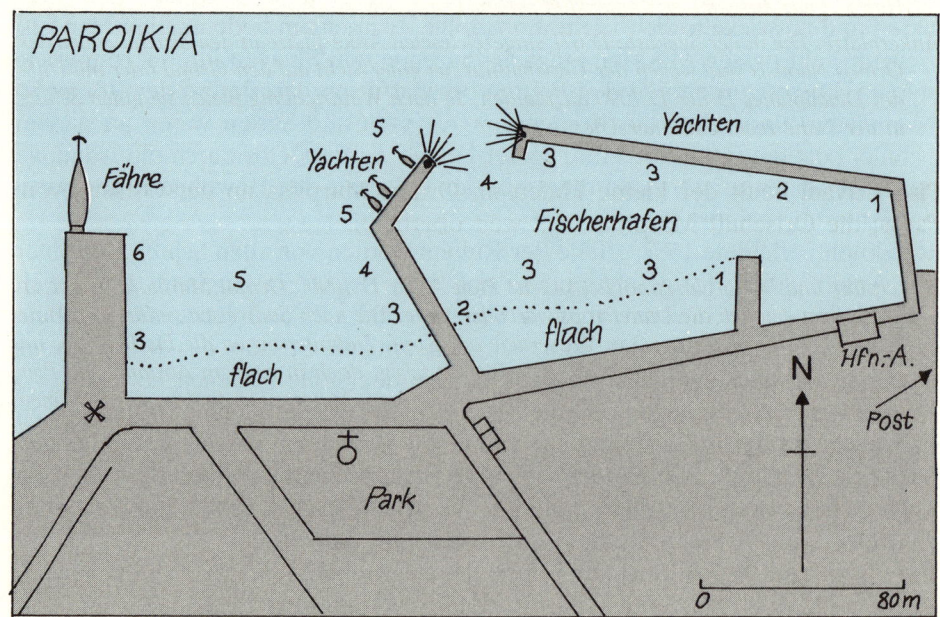

sauber, da sie jedes Jahr frisch geweißt werden, und sogar die Straßenfliesen sind, wie auch auf anderen Kykladeninseln, mit Weiß abgesetzt.

Die Hauptsehenswürdigkeit ist die Katapoliani oder Hekatontapiliani, die „Kirche der hundert Tore". Sie besteht eigentlich aus drei Kirchen byzantinischen Stils mit einer frühchristlichen Basilika, deren Säulen zum Teil aus einem griechischen Tempel stammen, und einem Baptisterium. All das ist außerordentlich interessant und eines Besuches ebenso wert wie das kleine, in der Nähe liegende Museum mit einem Bruchstück des „Marmor Parium", einer Chronik mit Daten über Ereignisse aus 1318 Jahren griechischer Geschichte. (Der größte Teil dieser Marmortafeln befindet sich in Oxford.)

In der Stadt steht auch ein Turm des venezianischen Kastells, ein mittelalterlicher Bau aus langen Marmorblöcken und Säulentrommeln, die einem frühgriechischen Tempel entnommen wurden.

Die antiken Marmorbrüche liegen, mit dem Taxi erreichbar, ungefähr 8 km östlich der Stadt. Das Flöz durchsichtigen weißen Marmors, aus dem Praxiteles seine Werke schuf, wird nicht mehr abgebaut. 1844 wurde der Steinbruch wieder für kurze Zeit in Betrieb genommen, um Marmor für Napoleons Grabstätte zu schlagen. Man kann die Marmorbrüche mit einem Führer besichtigen.

Naousa (Ormos Naousis, Plan D der D 1090) ist ein ansehnlicher Ort am Ende einer weiträumigen Bucht an der Nordseite von Paros.

Liegeplatz und Versorgungsmöglichkeiten: Der seichte kleine Kaïkenhafen ist für Yachten ungeeignet, doch davor wurden Wellenbrecher gebaut. Wegen der zahlreichen im Päckchen liegenden Ausflugsboote bleibt eventuell nur der südliche Teil des Kais zum Anlegen; sonst muß man Leinen zur Nordmole ausbringen. Wasser und Treibstoff werden angeliefert; eine Tankstelle befindet sich am Ortsausgang. Zahlreiche Tavernen Nähe Hafen, gute Auswahl an Lebensmitteln im Ort.

Ankerplätze: Die in der Seekarte D 671 eingezeichneten Ankerplätze in den Seitenbuchten des Ormos Naousis sind wegen der Untiefen nur bei guter Sicht auf den Grund oder mit Hilfe des Detailplanes D der D 1090 anzulaufen. Je nach Windrichtung bieten sie guten Schutz in der Nähe recht einsamer Ufer.

Piso Leivadi heißt der kleine Hafen im Ormos Marpissa an der Ostseite von Paros; die Ortschaft Marpissa liegt weit oberhalb.

Ankerplatz und Versorgungsmöglichkeiten: Plan A der D 1090 „Ormoi Marmara-Marpissa-Trio" zeigt deutlich die Untiefen ostwärts der Mole. Die nach Südwesten verlängerte Mole schützt eine Fährpier mit 2 m Wassertiefe am Kopf. Dahinter liegen die Fischerboote im flachen Wasser. Der Grund vor dieser Pier ist felsig, doch in einigem Abstand von Pier und Mole kann man bei 4–5 m Wassertiefe sandigen Ankergrund finden. Es gibt einen Lebensmittelladen und einige Tavernen in der Nähe. Von Marpissa (30 min Fußweg) fährt ein Bus nach Paroikia. Mit dem Taxi kann man die Marmorbrüche besuchen.

ANTIPAROS hat außer der berühmten Grotte, die 2,5 km vom Meer und 8 km vom Ort entfernt liegt und elektrisch beleuchtet wird, wenig zu bieten.

Vor einer Passage der Durchfahrt zwischen Paros und Antiparos, Stenon Antiparou, muß bei Wind und Seegang wegen der unterschiedlichen Wassertiefen

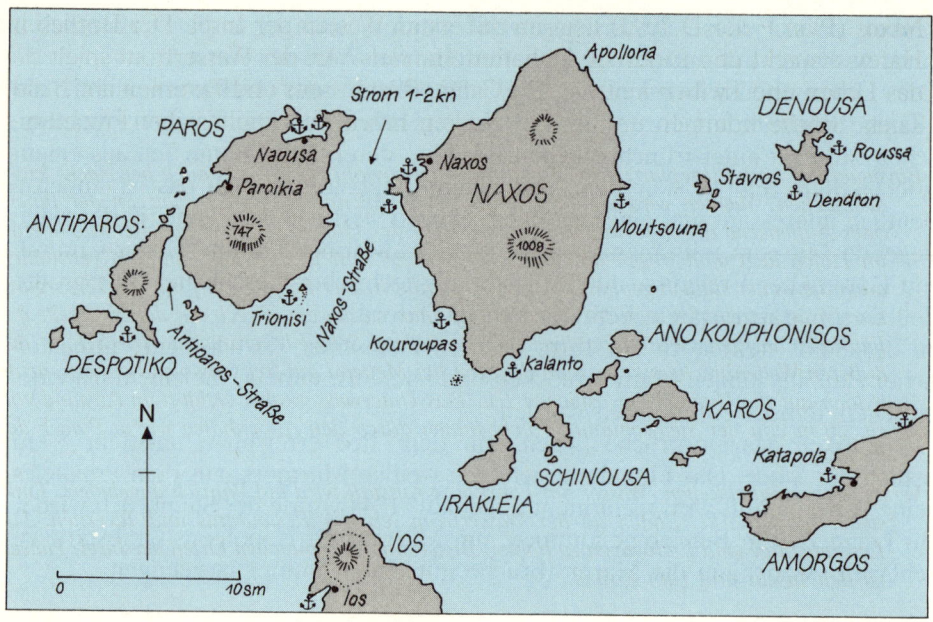

von 2 bis 2,50 m ausdrücklich gewarnt werden. Doch selbst bei ruhigem Wetter ist die Durchfahrt für Yachten riskant, wenn auch das Wasser klar und die Sicht auf den felsigen und unebenen Grund gut ist. Plan B der D 1090 zeigt gegenüber einer früheren Ausgabe stark reduzierte Wassertiefen und Ankerverbot in der Enge östlich des Ortes Antiparos. Wer die Grotte besuchen will, sollte deshalb besser in Paroikia ein Ausflugsboot nehmen.

DESPOTIKO, die kleine Insel an der Südwestseite von Antiparos, hat einen gut geschützten Ankerplatz, der aber nur von Süden her anzulaufen ist. Die aus Plan J der D 1090 ersichtlichen Wassertiefen östlich und südlich des Eilandes Tsimintiri verringern sich durch starken Seegrasbewuchs.

Ankerplatz: In der Nähe der an Murings liegenden Fischerboote hat man brauchbare Wassertiefen und gut haltenden Grund. Der Wind weht kräftig, aber gleichmäßig durch die Enge zwischen den Inseln. Die Straße führt nach Kastro (Antiparos).

Im 16. und 17. Jahrhundert war hier das Winterlager der Piraten, und hierher brachten sie ihre Prisen, darunter auch genuesische, französische und maltesische Galeeren.

NAXOS ist mit 428 km² die größte und mit 17000 Bewohnern auch eine der volkreichsten Inseln der Kykladen. Dank reicher Wasservorkommen in den um 1000 m hohen Bergen blüht die Landwirtschaft, und die Weingärten, Zitronen- und Orangenhaine bieten einen erfreulichen Anblick. Auch der Tourismus erhält als Wirtschaftsfaktor zunehmend Gewicht. Marmorbrüche sind seit ältesten Zeiten in Betrieb; Marmor gehört immer noch zu den Exportartikeln der Insel, wenn auch Schmirgel und Zitronen mehr einbringen.

Naxos (Plan F der D 1090) liegt im äußersten Westen der Insel. Der Betrieb im Hafen erweckt den Eindruck lebhaften Handels. An der Wasserfront spielt sich das Leben und Treiben meist in den Cafés, Restaurants und Tavernen ab. Busse, Taxis, Schiffe kommen und gehen; Kaïken laden und löschen ihre Frachten.

Einsteuerung und Liegeplatz: Der Hafen läßt sich sowohl bei Tag als auch bei Nacht leicht ausmachen. Yachten wird im allgemeinen vom Hafenpolizisten ein Platz an der Innen- oder Außenseite der L-förmigen Pier im Osten des Hafens zugewiesen. Hier wie überall im Hafen liegt man wegen des ständigen Betriebs sehr unruhig. Daran wird vermutlich auch die weiter südlich geplante Mole nichts ändern. Der Fährkai darf nur zur Versorgung kurzfristig angelaufen werden. Notfalls muß man zu diesem Zweck auf der Nordseite des Fährkais anlegen, wo auflandiger Wind starken Schwell verursacht. Im Schutz des äußeren Wellenbrechers kann man dagegen bei Meltemi gut frei schwojend ankern, achte jedoch auf die Untiefen im östlichen Teil. Das Unterwasserkabel verläuft im Abstand von ca. 20 m von der Steinschüttung, nicht mitten durch den Außenhafen wie in Plan F der D 1090.

Versorgungsmöglichkeiten: Wasser am Fährkai, Kraftstoff wird auf Wunsch angeliefert. Tankstelle, Supermarkt, Läden an der Wasserfront, ebenso Restaurants und Tavernen. Für Landausflüge sind Leihwagen zu haben. Busverbindung mit allen Orten der Insel, Fähren zu den Inseln und zum Piräus.

Die Stadt Naxos hat 5000 Einwohner. Ein sehenswertes archäologisches Museum birgt Marmoridole der sogenannten Kykladenkultur. Parallel zur Wasserfront winden sich alte, von Bögen überwölbte Gassen. Venezianische Torwege, Ziergiebel und Wappen fallen ins Auge. Oberhalb des Hafens sieht man auf dem Berghang Überreste der venezianischen Stadt. Die interessanteren Teile befinden sich innerhalb des Kastells und wurden teilweise restauriert.

Zu Anfang des 13. Jahrhunderts zogen die Venezianer allerlei Vorteile aus der Insel, nachdem Marco Sanudo, den Niedergang des byzantinischen Reiches ausnutzend, sie erobert und sich selbst zum Herzog von Naxos ernannt hatte. Die Nachkommen dieses großen Abenteurers beherrschten etwa 350 Jahre lang diese und andere Kykladeninseln, bis zur türkischen Eroberung im 16. Jahrhundert. Der venezianische Einfluß aber dauerte an, und noch heute ist Naxos Sitz eines römisch-katholischen Erzbischofs. 1830 fiel die Insel dann an Griechenland.

In ferner Vorzeit war Naxos berühmt wegen seiner Weine, und hier soll es geschehen sein, daß Dionysos (Bacchus) Ariadne, die Tochter des Königs von Kreta, traf, nachdem sie von Theseus verlassen worden war.

Ein Ausflug ins Inselinnere führt durch hübsche Bergdörfer, vorbei an mittelalterlichen Kirchen und Klöstern, von denen ein halbes Dutzend befestigt war, an Landhäusern mit einem Bergfried, einst Landsitz venezianischer Grundherren. In manch einem der fruchtbaren Täler treibt ein Bach eine Mühle an.

Touristischer Höhepunkt aber ist eine Fahrt zu der 10,40 m langen Kuros-Statue, die vor mehr als 2500 Jahren am Nordende der Insel, südöstlich von Kap Stavros, aus Marmor geschlagen wurde. Sie war für Delos bestimmt und sollte wahrscheinlich Dionysos darstellen. Man hätte sie auf Walzen hinunter zur Apollona-Bucht und dann zu Schiff an ihren Bestimmungsort befördert, wäre nicht ein Fehler im Marmor festgestellt worden, weshalb sie unfertig im Steinbruch liegenblieb.

Die **Apollona-Bucht** an der Nordostküste von Naxos, 1,5 sm vom Kap Stavros und 15 min Fußweg von dem Marmorbruch mit der Kuros-Statue entfernt, kann als Ankerplatz nur bei ganz ruhigem Wetter empfohlen werden. Denn die Bucht ist bei den vorherrschenden Winden Seegang ausgesetzt; außerdem neigt sie zum Versanden. Die vor dem 250-Seelen-Dorf aufgeschüttete Mole bietet nur ganz flachgehenden Fischerbooten einigen Schutz.
Unter normalen sommerlichen Wetterverhältnissen ist es ratsamer, den Marmorbruch vom Hafen Naxos aus mit dem Auto zu besuchen.

Kap Moutsouna liegt an der Spitze einer Halbinsel etwa in der Mitte der Ostküste. In einer Bucht an der Südseite dieser Halbinsel befindet sich der beste Ankerplatz nahe bei einem Anleger, der zum Festmachen der Leichter dient, wenn hier Schmirgel verschifft wird.

Die **Kalanto-Bucht** in Nähe der Südspitze der Insel ist ziemlich offen und einem von den Ufern reflektierten Schwell ebenso ausgesetzt wie Fallböen von den Bergen. Der Grund, Sand mit dünnem Bewuchs, bietet guten Halt bei Wassertiefen von 5 m. Die Ufer sind einsam.

An der Westküste von Naxos, die vor ihrem nördlichen Teil sorgfältige Navigation erfordert, gibt es zwei Ankerplätze. Sie können für Yachten, die in der Naxos-Straße gegen starken Wind aufkreuzen, dabei mit hinderlichem Seegang und grundsätzlich entgegenstehendem Strom zu tun haben, recht nützlich sein. Beide Ankerplätze liegen dicht unter Lee von niedrigem Land, wodurch der Wind stetig weht.

Kap Kouroupas. 2 kbl östlich vom Kap liegt eine reizende Bucht mit Sandgrund, der ausgezeichneten Halt bietet; man ankere auf 5 m Wasser. Ein Hotel auf der Huk stellt eine gute Landmarke dar. Der Strand ist in der Saison von Touristen überlaufen.

Kap Prokopis südlich vom Hafen Naxos bietet gutes Lee bei Meltemi und Ankermöglichkeit auf 5−7 m Wasser über Sandboden.

KOUPHO-INSELN. Das ist die Inselgruppe südostwärts von Naxos. Die meisten sind gerade groß genug, um eine Dorfgemeinschaft zu ernähren.

ANO KOUPHONISOS. Diese Insel hat einen Fischerhafen auf der Westseite am Ormos Parianos und einen Fähranleger vor dem Ort im Süden; beide sind etwa eine halbe Seemeile voneinander entfernt.

Einsteuerung und Liegeplatz: Westlich der Einfahrt in den Fischerhafen Parianos liegen Unterwasserfelsen. Yachten machen an der Innenseite der befeuerten Mole auf 3 m Wasser fest. Dabei ist auch hier auf Unterwasserfelsen zu achten. Das Hafenbecken ist in der Mitte 4−5 m tief, wird aber zum Sandstrand hin schnell flach. Der von Felsen durchsetzte Sandgrund ist zusätzlich durch Anker und Ketten unrein. In 15 min gelangt man zum Dorf.

In der nächsten, südlich gelegenen Bucht befindet sich am Kopf einer ebenfalls befeuerten Steinschüttung ein Kai, der Fähren und Versorgungsbooten zum Anlegen dient. Die Wassertiefe von 2 m an der Innenseite nimmt zum Ufer hin ab. Dort liegen Fischerboote. Tiefergehende Yachten ankern am besten frei schwojend über Sandgrund. Diese Bucht ist nach Süden weit offen und auch bei Nordwind Dünung ausgesetzt.

Versorgungsmöglichkeiten: Im Dorf sind Grundnahrungsmittel zu bekommen.

SCHINOUSA ist eine verhältnismäßig flache Insel. Während des Sommers liegen hier einige Schwammfischerboote. Die Myrsini-Bucht an der Südwestseite gewährt guten Schutz.

Myrsini-Bucht. Dort gibt es einen kleinen steinernen Kai. Zu dem Dorf auf dem Hügel führt eine Straße. Das Leben auf dieser Insel ist recht einfach, doch der Lebensstandard nicht niedriger als in größeren Gemeinden.

Einsteuerung und Liegeplatz: Von Norden kommend, läßt sich der kleine Leuchtturm an der Westseite des Einschnittes erst sehr spät ausmachen. Die Bucht hat bis nahe an den nördlichen Scheitel zum Ankern ausreichende Wassertiefen. Am südlichen Teil des Kais sind 4 m Wasser, hier kann man mit Anker nach Nordwesten festmachen.

Versorgungsmöglichkeiten: Oberhalb des Kais gibt es eine Taverne. Brot, Obst und Gemüse kann man im Dorf kaufen (15 min Fußweg).

IRAKLEIA ist die südwestlichste der Koupho-Inseln. Sie hat an ihrer Nordostspitze einen Einschnitt, den

Ormos A. Georgiou. Man erkennt ihn an den weißen Häusern am Ufer. Das Leuchtfeuer am Nordufer steht näher am Kap Megali Pounta, als es auf der D 673 eingezeichnet ist.

Ankerplatz: Im Innern des Einschnittes auf 3–6 m Wasser über Sandgrund mit hinreichend Raum zum Schwojen. Allerdings ist dieser Einschnitt nicht so gut geschützt wie die Myrsini-Bucht. Bisweilen steht Dünung herein. Betonblöcke zur Verlängerung der Fährpier lagen 1992 dicht unter Wasser!

DENOUSA (Donousa) liegt ostwärts von Naxos und ist eine verhältnismäßig hohe Insel mit einem Dorf an der Südwestseite im **Ormos Stavros.** Der winzige Ort ist an einer Kirche mit blauer Kuppel auszumachen. An die 100 Menschen leben auf der Insel, teils in dem Weiler, teils in den verstreut liegenden Gehöften. Ein paar Fischerkaïken liegen oft vor dem kleinen Kai mit knapp 2 m Wasser. Die befeuerte Fährpier hat an ihrer Stirnseite 4 m Wassertiefe. Der Ankerplatz vor dem Ort ist bei Meltemi Schwell ausgesetzt. Besser liegt man dann in der

Dendron-Bucht an der Südküste, vom Ormos Stavros nur durch das Kap Dendro getrennt. Diese nach Süden offene Bucht ist bei Meltemi gut brauchbar. Der Ankerplatz hat bei 5–10 m Wassertiefe bewachsenen Sandgrund.

Die **Roussa-Bucht** liegt an der Ostküste und ist zum Teil durch die Insel Skylonisi geschützt. Den besten Ankerplatz findet man vor dem Strand, denn in der Nähe der Insel steigt der Meeresgrund viel zu steil an. Auf jeden Fall ist der Ankerplatz in der Dendron-Bucht brauchbarer.

AMORGOS ist eine langgestreckte, schmale Insel mit 600 bis 800 m hohen, kahlen Bergen und schroffen Kliffen – urtümlich und nahezu unberührt. Wenn man sich der Insel von Südosten her nähert, ist das Kloster Chryssoviotissa der auffallendste Punkt (es ist in den Seekarten nicht eingezeichnet).
Noch vor einem Jahrhundert hatte die Insel Amorgos nahezu 4000 Bewohner; ihre Zahl hat sich seither allmählich um die Hälfte vermindert. Die vernachlässigten Terrassen an den seewärtigen Hängen sind Zeugnis für den Niedergang der Landwirtschaft und für die Auswanderung vieler junger Leute, die anderswo bessere Lebensbedingungen suchen. Dessen ungeachtet geht der Export von Ziegenhäuten, die zu Schuhleder gegerbt werden, weiter, und einige Fischerboote fahren regelmäßig zum Fang hinaus. Der Fremdenverkehr trägt das Seinige zum Unterhalt der Inselbevölkerung bei.

Katapola, der Hafen der Insel, liegt im südöstlichen Winkel der gleichnamigen Bucht.

Liegeplatz: Durch den Bau des Fährkais sind die Yachtliegeplätze etwas besser geschützt. Östlich vom Fährkai ist das Wasser über 2 m tief; da dort auch massive Poller stehen, sollten Yachten an dieser Stelle mit Anker nach Norden festmachen.

Versorgungsmöglichkeiten: Wasser gibt es abends am Kai, Treibstoff wird angeliefert. Lebensmittel aller Art sind zu haben, vor allem ausgezeichneter Fisch. Zwei Tavernen liegen am

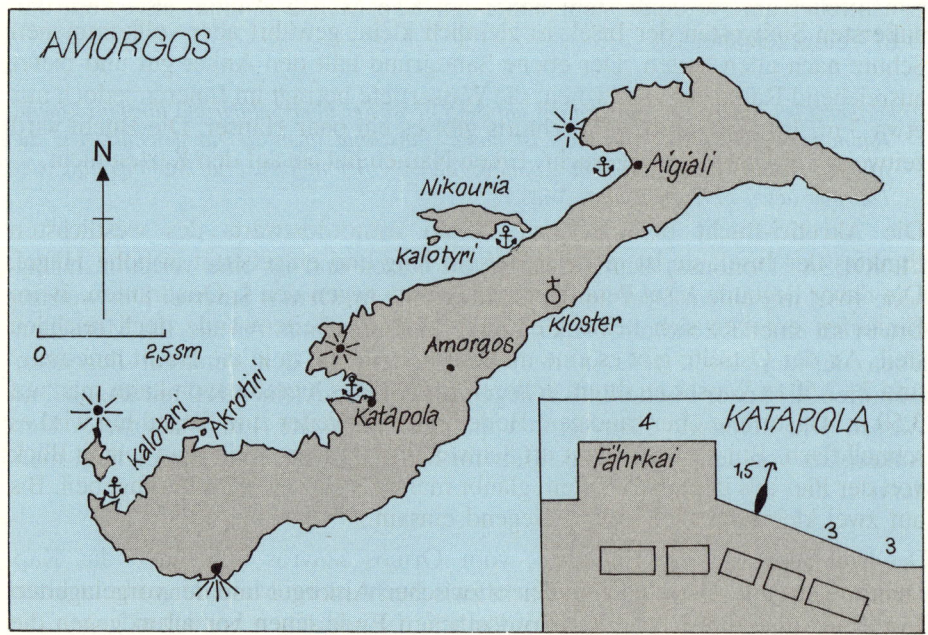

Kai, eine auf der anderen Seite der Bucht. Dazu kommen einige Cafés. Fährverbindung
mit Rhodos und Piräus. Ein Bus geht morgens und abends zur Chora.

In der Nähe des Ortes gibt es die Reste eines antiken Gymnasiums und eines
Apollon-Tempels. Eine 4 km lange Straße führt zur Chora hinauf. Die weißen
Häuser dieser für die Kykladen so typischen Ortschaft drängen sich um die auf
einer Bergnase liegende, verfallene genuesische Burg aus dem 13. Jahrhundert
zusammen. Von dem großen, massiven Gebäude im Scheitel der Bucht ausgehend, führt auch ein Pfad dorthin. Man braucht zu Fuß eine Stunde. Fährt
man mit dem Bus, so sieht man eine Anzahl sehr kleiner Kirchen mit Tonnen-
dächern dicht neben der Straße liegen.

Das Kloster Panagia Chryssoviotissa erreicht man von der Chora aus nach
einem halbstündigen Spaziergang auf einem Maultierpfad. Das kleine, aus dem
11. Jahrhundert stammende, teilweise in eine Grotte hineingebaute Kloster wird
durch massive weiße Strebepfeiler getragen, die an der nahezu senkrechten
Felswand emporsteigen. Tief unten sieht man die blauen Wogen der Ägäis gegen
die Felsen branden. Bis vor hundert Jahren konnte man das Kloster nur über
eine Zugbrücke betreten. Jahrelang war das Kloster verlassen; während dieser
Zeit wurden viele seiner Kostbarkeiten wer weiß wohin entführt. Doch nun wird
es wieder von zwei Mönchen bewohnt.

An der steilen und rauhen Südostküste gibt es keinen Ankerplatz, wohl aber an
der Nordwestküste – normalerweise die Wetterseite der Insel – deren vier, die
bei beständigem Wetter durchaus geeignet sind.

Die **Kalotari-Bucht** liegt unmittelbar ostwärts des gleichnamigen Kaps im
äußersten Südwesten der Insel, ist ziemlich klein, gewährt aber vollkommenen
Schutz nach allen Seiten. Der ebene Sandgrund hält den Anker gut und bietet
ausreichend Raum zum Schwojen; die Wassertiefe beträgt im Inneren jedoch nur
etwa 3 m. Im Scheitel des Einschnitts gibt es ein paar Häuser. Die Bucht wird
zeitweise von Fischern aufgesucht. Einen Namen hat sie auf den Karten nicht.

Die **Akrotiri-Bucht** befindet sich 2,7 sm ostnordostwärts des westlichsten
Punktes der Insel; sie ist mehr als 0,5 sm lang und eingebettet in hohe Hügel.
Die davor liegende Insel Petalida bietet Schutz gegen den I. Quadranten. Beim
Einlaufen ergeben sich keine Gefahren, sind die Seitenwände doch reichlich
steil. An der Ostseite gibt es eine massive Pier, die 12 m in die Bucht hineinragt
und 2–2,50 m Wasser an ihrem äußeren Ende hat. Querab davon kann man auf
3,50 m Wassertiefe über sandigem Boden ankern; weiter zum Strand hin wird es
schnell flach. Bei Meltemi steht oft Schwell in die Bucht. Läßt man seinen Blick
von der Pier aus umherschweifen, glaubt man sich rings von Land umgeben. Bis
auf zwei kleine Kirchen ist die Gegend einsam.

Ormos Kalotyri, die weitläufige Bucht zwischen Amorgos und der vorgelagerten
Insel Nikouria, weist an ihrem nordöstlichen Ende einen vor allem gegen die

vorherrschenden Nordwestwinde bestens geschützten Ankerplatz auf. Der Sandboden in 5 m Tiefe hält den Anker gut. Man muß jedoch auf Fallböen von dem
365 m hohen Berg der Insel Nikouria gefaßt sein. Bei kräftigem Wind aus
Westen dringt Schwell ein. Die Küsten sind einsam.

Aigiali, ein Ort im Ormos A. Annas, verfügt über einen kleinen Hafen, der den
Fischerbooten am Kai hinter der Mole hinreichenden Schutz gewährt – noch
dazu in einer recht ansprechenden Umgebung. Bei dem vorherrschenden Nordwestwind wird das Meer allerdings meist unruhig sein.

*Liegeplatz und Versorgungsmöglichkeiten: Die Innenseite der befeuerten Mole ist für die
Piräus-Fähre bestimmt. Für das Anlegemanöver am Kai vor dem Ort, wo die Wassertiefe
2–3 m beträgt, hat man zwar Raum genug, doch liegen kreuz und quer Muringketten auf
dem Grund, so daß man besser in einigem Abstand bei 6 m Wassertiefe auf grasbewach-
senem Sandboden ohne Leinenverbindung zum Land ankert. Im Ort gibt es Grundnahrungsmittel und eine kleine Taverne.*

LEVITHA besteht aus einer Kette kleiner Inseln, die sich von der Ostspitze von
Amorgos in Richtung Ostnordost zieht. Levitha, die Hauptinsel, hat in der
Mitte ihrer Südküste einen nach Osten weisenden Einschnitt mit felsigen Ufern,
der an seinem Ende sehr schmal ist. Er bietet nach allen Seiten hin Schutz.
Manchmal faßt der Anker in dem steinigen Grund nicht gleich. Im Bauernhof
auf der Anhöhe bekommt man Fisch und Getränke.

KYNAROS ist eine kleine, unbewohnte Insel, die westlichste der Levitha-
Gruppe. Sie hat einen engen, steilwandigen Einschnitt, den Ormos Pningo, der
guten Schutz gewährt. Bisweilen wird die Bucht von kleinen Fischerkaïken aufgesucht.

*Einsteuerung und Ankerplatz: Der Ormos Pningo schneidet etwa 700 m tief in die Insel und
ist ohne Gefahren bis kurz vor dem Strand, wo vor dem Westufer ein paar Klippen liegen.
Ungefähr auf halbem Wege nimmt die Wassertiefe ab, wobei sie zunächst 12 m beträgt und
langsam weniger wird. Ankert man bei 5 m über Felsgrund, muß man eine Leine zum
Ufer ausbringen, da der Raum zum Schwojen nicht ausreicht.*

ANAPHI heißt eine Gruppe weithin öder Inseln ostwärts von Thira. Die Hauptinsel ist bis 497 m hoch und hat felsige Ufer. Die meisten ihrer 400 Bewohner
leben in der gleichnamigen Ortschaft im Süden der hügeligen Insel oberhalb des
Hafenortes Agios Nikolaos. Dort befindet sich für die Piräus-Fähre, die nachts
ankommt, ein Anleger. Der Ankerplatz ist ungeschützt gegen Dünung und
Fallböen.
Dann und wann wird die Insel von einer Rebhuhnplage heimgesucht; die Vögel
richten dann schwere Verwüstungen in den ohnehin spärlich bewachsenen
Feldern der Bauern an.

THIRA (nach der Schutzheiligen der Insel, Sankt Irene, auch Santorini genannt)
erscheint aus einiger Entfernung als gipfelloser Kegel, ist in Wirklichkeit aber

ein alter Vulkan, dessen Rand eine ringförmige Insel bildete, die durch eine gewaltige Eruption in drei Teile zerrissen wurde. Es handelte sich dabei um jene furchtbare, von Erdbeben und Flutwellen begleitete Katastrophe, die in mykenischer Zeit − nach 1450 v. Chr. − die minoischen Paläste auf Kreta zerstört haben soll. Seither hat es eine Anzahl weiterer schwerer Ausbrüche gegeben; der von 197 v. Chr. wird von Strabo erwähnt, als „Flammen vier Tage lang aus dem Meer emporloderten und das Wasser zum Kochen brachten". Dabei entstand Palaia Kammeni. Die anderen Inseln inmitten des Kraters verdanken ihr Entstehen den Ausbrüchen von 1570, 1707/11 (Nea Kammeni), 1866, 1925/28 und 1956.

Läuft man von Norden in die breite, geschützte Durchfahrt zwischen den beiden großen Inselteilen ein, so erscheint am Horizont über den schroffen braunen Kliffen eine lange Reihe weißer Häuser: Das ist Thira, der Hauptort der Insel. Rechts davon erblickt man die Lavainsel Nea Kammeni. Beim Näherkommen wird man dort Kaïken liegen sehen, die über dem kleinen Krater, der noch immer seine Schwefeldünste durch den Meeresboden ausspeit, an den Felsen festgemacht haben. Die Fischer verweilen hier ein, zwei Tage, denn das schwefelige Wasser befreit den Schiffsboden von jedem Bewuchs.

Die Vorstellung, im Krater eines gigantischen Vulkans zu sein, dessen Wände unter Wasser beinahe senkrecht bis auf 400 m abfallen, weckt merkwürdige

Gefühle, vor allem beim Anblick der kleineren Inseln, die Spuren noch nicht lange zurückliegender Ausbrüche zeigen.

Skala Thira (Plan K der D 1091) ist der abenteuerlich-romantische „Hafen" für den auf der Höhe gelegenen Hauptort.

Liegeplatz: Der kleine Kai unterhalb des Ortes ist bei Tage mühelos auszumachen. Die Wassertiefe davor beträgt 2–3 m, doch der Meeresgrund fällt dann sehr steil ab. In der Nähe des Kais ist für Yachten und einheimische Boote eine große Festmachetonne ausgelegt, zahlreiche weitere sind der Berufsschiffahrt vorbehalten. Bei Dünung oder unsicherem Wetter ist es ratsam, zum Südteil der Insel zu verlegen (siehe „südlicher Ankerplatz").

Versorgungsmöglichkeiten: Am Kai vor Skala befinden sich zwei Tavernen; Lebensmittel erhält man nur in dem hochgelegenen Thira, das über einen Treppenweg zu erreichen ist, und zwar entweder zu Fuß oder mit einem der unzähligen Maultiere, die den Treibern ein einträgliches Geschäft sichern. Außerdem ist eine Seilbahn in Betrieb. Die verschiedenen Inselorte kann man mit dem Taxi von Thira aus besuchen.

Für die Versorgung der Insel wurde im Ormos Athinio, 2 sm südlich von Thira, ein Kai gebaut, an dem auch die mehrmals täglich verkehrenden Fähren von Piräus, Kreta und Ios anlegen. Bus und Taxis leisten Zubringerdienste.

Ankerplätze auf Thira:

Nördlicher Ankerplatz. In Lee der Küste zwischen Epanomeria und Phoinikos, wo vor einem kurzen Anleger eine Festmachetonne ausliegt.

Südlicher Ankerplatz. Während der Sommermonate findet man einen friedlichen, einigermaßen geschützten Ankerplatz für die Nacht 1 sm östlich von Kap Akrotiri auf 5–7 m Wasser über Sandgrund.

Monolithos. Fast genau östlich vom Hauptort befindet sich neben einer Tomatenfabrik der kleine Nothafen Monolithos, der durch zwei Molen gebildet wird. Die Wassertiefe beträgt hinter der Nordmole um 2,50 m. Grund: Sand mit leichtem Grasbewuchs. Der Hafen wird nur von einigen Fischern benutzt. Man liegt dort bei Meltemi notdürftig geschützt, muß aber eine Leine zur Mole hin ausbringen.

Thirasia, der westliche Inselteil, weist einen Ankerplatz in der Bucht Ormos A. Nikolaou westlich von Kap Simantiri auf.

Nea Kammeni, die jüngste Vulkaninsel, hat einen Ankerplatz in der mittleren Bucht an der Ostseite. Der Grund besteht aus grobem Vulkangestein.

Der Maultierpfad führt von Skala Thira in engen Serpentinen an der etwa 250 m hohen, schroffen Felswand empor. Die Wände des Kliffs, die einst das Innere des Kraters bildeten, sind bisweilen graurot oder gar schwarz, oftmals gewellt, wie mit Pilaster besetzt, hier und da auch durchlöchert.

Der langgestreckte Ort Thira mit 1500 Einwohnern scheint an den Bergkamm angeklebt zu sein. Die Straßen, die von weißen Häusern gesäumt und oftmals von Bogen überspannt sind, haben großen Reiz. Es gibt eine Kathedrale und einige Kirchen; oft vernimmt man das Geläut ihrer Glocken.

Der Ausblick von der Höhe ist großartig; es kommt einem beinahe so vor, als stünde man genau über dem Kai, an dem vielleicht einige Yachten und Kaïken liegen. Jenseits des tiefen, blauen Wassers sieht man die braunen Steilwände, die einst die gegenüberliegende Seite des früheren Kraters bildeten, und in der Ferne andere Inseln dieses Archipels.

Auf dem 566 m hohen Agios Elias thronen ein imposantes weißes Kloster und eine Radarstation. Schon allein der einmaligen Aussicht wegen sollte man sich dort hinaufbegeben.

Der Mangel an Trinkwasser ist auf Thira ein Problem. Zwar wird das Regenwasser gesammelt und in zahlreiche Zisternen geleitet, doch reichen die Vorräte nicht aus; sie müssen während des Sommers mit Hilfe eines Tankers ergänzt werden.

Das Touristengeschäft trägt beträchtlich zum Lebensunterhalt der 6500 Insulaner bei. Außerdem werden Bimsstein, Wein, Tomaten, Gerste und Bohnen ausgeführt.

Bei Kap Akrotiri im Südwesten der Insel kann man an den Kliffen deutlich die Schichtenfolge der Lava und Puzzolanerde (eines Bimstuffs) sehen. Ausgrabungen 1,5 km landeinwärts legten Ruinen frei, die tief unter Vulkanasche lagen. Reste von Bäumen, die vor der Katastrophe gefällt waren, ermöglichten mit Hilfe der Radiokarbonmethode eine Datierung in die Zeit um 1410 v. Chr. Um 1970 hat der griechische Archäologe Marinatos einige Häuser mit bemerkenswerten Fresken ausgegraben, die unter anderem sieben mykenische Segelboote mit wohl 20 m Länge zeigen. Auf einem sind von einem quadratischen Segel 2 m angeschlagen, andere Boote werden von einem Dutzend und mehr Männern gerudert. Die Schiffe haben lange Überhänge, und jedes wird von einem Steuermann gelenkt, der an Steuerbord steht. Andere Fresken zeigen Fischer, Landschaften und Frauen mit reichem Schmuck. Die Fresken sind nun im Nationalmuseum in Athen untergebracht.

Grabungen im Inselinneren beim antiken Thera und auf Thirasia förderten unter dem Bimssteinstaub prähistorische Häuser zutage, deren Mauern noch intakt sind. Tongefäße zeigen einen dem Mykenischen ähnlichen Stil.

Dieser Bimssteinstaub wurde in dicken Schichten auch auf dem Meeresboden südostwärts der Insel entdeckt. Der Meltemi hat ihn bis zum östlichen Kreta geblasen, dessen Bewohner so gezwungen wurden, für lange Zeit die dadurch unfruchtbar gewordenen Landstriche zu verlassen.

IOS ist eine kahle, mit ihren sanften Hängen jedoch recht einladende Insel, die nicht nur drei oder vier geschützte Einschnitte aufzuweisen hat, sondern in der Nähe ihres Hauptortes auch die reizende Ios-Bucht. Doch auch hier nimmt der Tourismus rapide zu – die Bevölkerung aber stagniert bei 1200 Bewohnern.

Ios (Ormos Iou, Plan F der D 1091). Der Hauptort der Insel wurde, wie so oft im Mittelmeer, zum Schutz vor Seeräubern weit vom Hafen entfernt auf einem Hügel erbaut. Dicht bei der Hafeneinfahrt steht die sehenswerte Kirche Agia Irini (18. Jahrhundert).

Einsteuerung und Liegeplatz: In die Ios-Bucht kann man sowohl bei Tag als auch bei Nacht einlaufen. 150 m vom Kai entfernt findet man auf 7 m Wasser gut haltenden Sandgrund und Schutz. Die meisten Yachten machen Bug oder Heck zum Kai im Hafen fest, wo die Wassertiefe zwischen 3 und 4 m beträgt. Hier liegen auch einige Kaïken von den benachbarten Inseln. In die Bucht fallen starke Böen ein.

Versorgungsmöglichkeiten: Es gibt einige Restaurants und Tavernen, in denen man notfalls auch einen Kanister Wasser bekommt, sowie etliche Geschäfte an der Wasserfront und in der Chora. Busverbindung dorthin (2 km). Die Piräus-Fähre verkehrt zwei- bis dreimal wöchentlich.

Bei den Türken als „Klein-Malta" bekannt, weil sie so gut Schutz bietet, wurde diese Bucht von den britischen Piratenjägern zum Kielholen ihrer Schiffe benutzt.

Anheimelnd ist die kleine Ortschaft Ios mit ihren weißen Häusern und dem Steinfliesenpflaster, dessen Ritzen sorgfältig weiß abgesetzt sind. Altertümer finden sich auf der Insel nicht, es sei denn die Stätte auf dem 735 m hohen Berg Koryphi Pyrgos oder Agios Ilias, an der sich das Grab Homers befunden haben soll — wie es so viele andere Stätten auch für sich in Anspruch nehmen.

Die **Manganari-Bucht** (Ormos Manganari, Plan G der D 1091) an der Südküste von Ios ist ein anderer brauchbarer Ankerplatz, aber während des Meltemi harten Böen ausgesetzt.

Ormos Treis Klisies (Plan H der D 1091) im Südosten der Insel ist nach Südosten offen; von dort kommt der Wind im Sommer jedoch nur selten.

Die „Trockenen Inseln" **Sikinos** und **Pholegandros** sind bergig, steilwandig und kahl. Sie werden sehr selten besucht, obwohl sie offene Sandbuchten haben, die im Sommer bequeme Ankerplätze bieten.

SIKINOS weist einen Ankerplatz im **Ormos Skala** etwa in der Mitte der Südostküste auf (Plan E der D 1091). Dicht am Ende der Bucht findet man 3 m Wasser über feinem Sandgrund und Raum zum Schwojen. An der Westseite der schmalen Bucht befindet sich eine Mole. Der Meltemi bringt gelegentlich ein paar starke Böen. Die Bucht ist nach Süden vollkommen offen.

In einiger Entfernung liegt zwar eine Taverne, Lebensmittel erhält man jedoch nur in Kastron. Man erreicht den auf der anderen Seite der Insel auf einem Bergkamm gelegenen Hauptort in weniger als einer Stunde auf einem bequemen Maultierpfad. Der Weg ist die Mühe wert. Lebensgrundlage der etwa 300 Inselbewohner sind die terrassierten Weingärten und Kornfelder, die man von See her freilich nicht sehen kann.

Die orthodoxe Kirche Episkopi liegt eine weitere Stunde entfernt; sie wurde einst um den früheren Apollon-Tempel herumgebaut, dessen ionische Säulen noch erhalten sind.

PHOLEGANDROS mit seinen etwa 800 Bewohnern ist wegen der hohen, steilwandigen Kliffe bemerkenswert. In den Tälern, die zu der sehenswerten Chora hinaufführen, gibt es noch eine Anzahl bearbeiteter Terrassen. Außerdem wird Maultierzucht betrieben. Die Chora ist durch eine bequeme Straße mit Karavostasi verbunden. Es verkehren Kleinbusse.

Karavostasi (Ormos Karavostasi, Plan A der D 1091) wird von der Piräus-Fähre angelaufen. In der Bucht an der Ostseite der Insel kann man entweder ankern oder hinter der befeuerten Pier auf 3–4 m Wassertiefe anlegen. Am Hafen Taverne, Café und Minimarkt, weitere Einkaufsmöglichkeiten im Hauptort.

Ormos Vathy (Plan B der D 1091) hat brauchbare Wassertiefen über Sandgrund. Da die Bucht jedoch sehr offen ist, steht bei nordwestlichen Winden Dünung herein.

MILOS ist eine 158 km^2 große vulkanische Insel mit 5000 Bewohnern. Ihre Berge schließen an der Nordküste eine weiträumige Bucht ein; an ihr liegt Adamas, der Hafen der Insel.

Adamas (Ormos Milou, Plan C der D 1091). Über diesem wenig anziehenden Hafen schwebt manchmal eine Wolke von Zementstaub. Gleichwohl ist er für Yachten ein sicherer Aufenthaltsort. Die Ikonen der Kirche Agia Triada sind sehenswert.

Einsteuerung und Liegeplatz: Mit Hilfe der Karte ist das Einlaufen leicht und auch bei Nacht ohne Schwierigkeiten, da das Kap Bomparda befeuert ist.
Der westliche der beiden Anleger wird von der Fähre und von Kümos benutzt, die längsseits gehen.
Yachten können am Ende der östlichen Pier auf 3–4 m Wasser festmachen oder weiter draußen vor Anker gehen. Wenn es aus dem südlichen Quadranten weht, finden kleinere Yachten in dieser sehr großen Bucht nicht viel Schutz; für Frachter hingegen ist sie einer der besten Häfen der Kykladen. Der Sandgrund hält den Anker gut.
Südwestlich, gegenüber von Kap Bomparda, befindet sich eine hübsche Ankerbucht mit Badestrand.
Versorgungsmöglichkeiten: Durch den Tourismus sind an der Wasserfront einige Restaurants und Cafés entstanden. Es gibt Trinkwasser und Treibstoff. Auch Lebensmittel und Eis sind erhältlich. Die Piräus-Fähre läuft den Hafen fast täglich an.

4 km oberhalb von Adamas liegt der Hauptort Milos (Plaka). Auf dem Hügel Prophitis Ilias stößt man auf die Ruinen der griechischen Stadt mit einem Theater aus römischer Zeit. Man kann sie in halbstündiger Fahrt erreichen. Weniger als 200 m von diesem Theater entfernt wurde 1820 die berühmte Venus von Milo gefunden (jetzt im Louvre in Paris). Auf dem Gipfel steht ein venezianisches Kastell. Von der Ortschaft aus, die interessant ist und nahezu unberührt zu sein scheint, hat man einen schönen Blick über die Buchten der Umgebung und die benachbarten Inseln.
Die unteren Hänge der Berge sind weithin mit Sträuchern bewachsen; gleichwohl wird ein bißchen Landwirtschaft betrieben, vor allem Weinanbau. Im

übrigen aber sind die Inselbewohner zum größten Teil mit dem Abbau von Schwefel, Besonit und Baryt beschäftigt.

Der alte Hauptort der Insel bei Philakopi war schon im Neolithikum bewohnt, denn der hier gefundene Obsidian, ein hartes Lavagestein, war damals für Klingen und Speerspitzen sehr gesucht. Er liegt im hohen Nordteil der Insel und wurde erst in jüngster Zeit ausgegraben. Nach Thukydides' Darstellung wurde die eingeborene Bevölkerung bei der athenischen Invasion 416 v. Chr. ausgerottet − zur Strafe für die Neutralität der Insel im Peloponnesischen Krieg.

In den ersten Jahrhunderten der Türkenherrschaft erfreute sich die Insel einigen Wohlstandes. Solange der Tribut an den Pascha pünktlich bezahlt wurde, setzte er keine Streitkräfte ein, um etwa die Piraten zu vertreiben. Denn just auf die gründete sich der Wohlstand: Milos war für sie der Umschlagplatz für ihre Prisen, die sie hier verkauften.

KIMOLOS heißt die Milos im Norden unmittelbar benachbarte Insel. Sie macht einen abweisenden Eindruck und wird, bis auf den Hafen, von Sportbootfahrern kaum aufgesucht, obwohl sie einige geschützte Buchten und hübsche Badestrände aufzuweisen hat. Auch sind die Gewässer rund um die Insel verhältnismäßig fischreich. Sie hat über 1000 Bewohner, die zum größten Teil in dem gleichnamigen Hauptort wohnen.

Psathi (Plan D der D 1091), der Hafenort von Kimolos, liegt an einer kleinen Bucht nordwestlich der Leuchtturminsel A. Evstathios. Die Piräus-Fähre macht an einem eigens für sie bestimmten Kai am nördlichen Ufer fest, während kleinere Boote an einer kurzen Pier mit 2 m Wasser am Kopf anlegen oder in der Bucht auf 3−4 m Wassertiefe vor Anker gehen.

Vorbei an einer Taverne gelangt man auf einem leicht begehbaren Weg zur Chora auf dem Hügel.

SIPHNOS mit seinen etwa 2000 Bewohnern erscheint von See her gebirgig und kahl. Im Inneren jedoch ist die Insel recht fruchtbar, und hier liegen auch ihre beiden Hauptorte Apollonia und Artemon. Zur Zeit der Kykladenkultur im 3. Jahrtausend v. Chr. wurden hier Blei- und Silberbergbau betrieben; es sind die ältesten Funde dieser Art, die bisher gemacht wurden.

An den Küsten findet man eine Anzahl einladender Ankerplätze, die auch für Yachten geeignet sind.

Kastro (Plan E der D 1090) an der Ostküste ist der schönste Ankerplatz von Siphnos, eine seichte Bucht, überragt von einer zerfallenen venezianischen Zitadelle mit hohen, weißen Mauern und alten Häusern, die sich auf der Kuppe eines kegelförmigen Hügels zusammendrängen. Nur bei ruhigem Wetter können Yachten in Lee von Kap Ephtamartyros oder in der Einfahrt zur Bucht ankern. Eine Straße führt von hier nach Apollonia.

Pharos (Plan L der D 1090) heißt der reizende Einschnitt an der Südostküste, der Yachten einen geschützten Ankerplatz bietet. Einige Fischerboote sind hier stationiert.

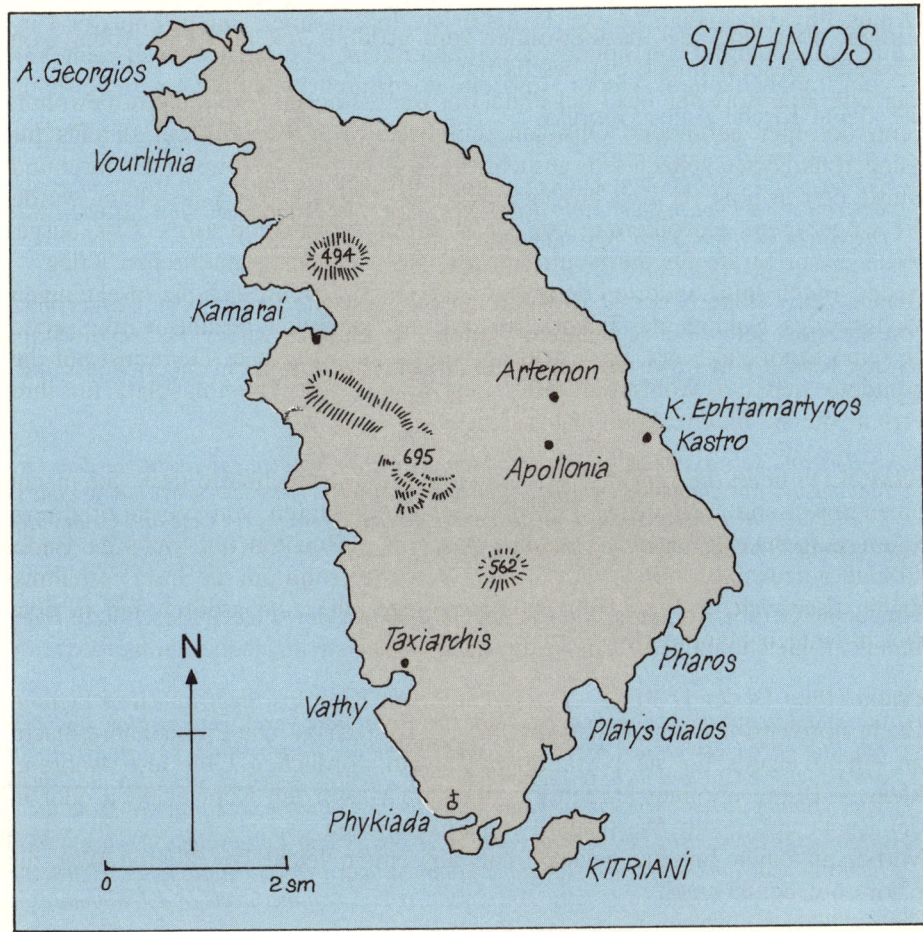

Ankerplatz und Versorgungsmöglichkeiten: Man lasse etwa 100 m vor dem Zentrum des kleinen Ortes auf 5 m Wasser über Sandgrund den Anker fallen. Der Ankerplatz ist nur über einen schmalen Sektor gegen Süden offen. Eine Taverne, ein Café und ein Dutzend kleiner Häuser säumen das Ufer, von dem eine befestigte Straße über die Hügel nach Apollonia führt.

Nach Nordstürmen sollten kleinere Boote die Überfahrt nach Antiparos unterlassen, denn es treten schwere Brechseen auf.

Platys Gialos (Plan C der D 1090), ebenfalls an der Südostküste, liegt an einer offenen Bucht mit hübscher Umgebung und einem auch für große Yachten geeigneten Ankerplatz. Die Bucht hat den Ruf, bei starken nördlichen Winden bisweilen heftigen Fallböen von den Bergen her ausgesetzt zu sein. Hotels und zahlreiche kleine Häuser liegen verstreut an den Ufern. Eine Straße führt von hier nach Apollonia.

Ormos Phykiada (Plan M der D 1090) ist ein einsamer, gut geschützter Einschnitt am Südzipfel von Siphnos. Es gibt hier keine Häuser, also auch keine Versorgungsmöglichkeiten. An der Nordseite der Einfahrt steht auf einem Felshang die kleine Kirche Agios Georgios.

Ankerplatz: Man laufe bis zum Ende des Einschnitts und lasse auf 5–7 m Wasser über stellenweise bewachsenem Sandgrund den Anker fallen. Der Raum reicht zum Schwojen aus. Die Bucht ist offen gegen Westsüdwest.

Ormos Vathy (Plan N der D 1090) an der Südwestseite ist der beste Ankerplatz von Siphnos, selbst bei schlechtem Wetter. Die kleinen weißen Häuser und die schöne Kirche von Taxiarchis liegen am Nordufer inmitten einer bergigen Landschaft.

Ankerplatz und Versorgungsmöglichkeiten: Man ankere im Nordteil der Bucht vor dem Ort (Sandgrund mit dünnem Bewuchs). Hier liegt man nach fast allen Seiten hin geschützt. Es ist Platz für mehrere Yachten. In Taxiarchis gibt es Tavernen, ein Café und Grundnahrungsmittel. Eine Straße führt nach Apollonia.

Kamarai (Ormos Kamares, Plan K der D 1090) ist der schlecht geschützte Fährhafen im gleichnamigen Ormos, die neue Mole hat ihn jedoch aufgewertet.

Anker- und Liegeplatz: Man ankere am Ende der Bucht oder gehe zwischen Mole und Pier mit Bug oder Heck an den Kai. Der Grund besteht aus hartem Sand, in dem der Anker nicht sogleich faßt und nicht unbedingt hält. Die Bucht ist gegen Westen offen, und meist steht Dünung herein. Die Piräus-Fähre und die Inselfähren machen an der Mole fest.

Versorgungsmöglichkeiten: In Kamarai erhält man Wasser und Lebensmittel, Treibstoff muß man mit dem Tankwagen von Apollonia kommen lassen. Tavernen direkt am Hafen; ein Bus fährt nach Apollonia (5 km). Am Strand stehen Sommerhotels und Landhäuser.

Vourlithia an der Nordwestküste ist ein verlassener Einschnitt mit bequemen Ankerplätzen auf 5–10 m Wasser nahe an seinem Ende, offen gegen West und Südwest. Der Grund besteht aus Sand. Die Berghänge steigen steil an, und bei starken Winden muß man hier mit Fallböen rechnen.

Agios Georgios heißt eine tief einschneidende, gut geschützte Bucht im äußersten Norden von Siphnos.

Ankerplatz: Man lasse auf 5 m Wasser den Anker fallen und bringe gegebenenfalls eine Leine zum Land hin aus, ohne den Bootsverkehr zum Kai zu behindern. Der Grund besteht aus Sand und Steinen, mit dichtem Seegras bewachsen, in dem der Anker nicht sofort faßt. Man liegt jedoch nach allen Seiten hin gut geschützt. Da die Ufer nicht sehr hoch sind, werden sich kaum ungemütliche Böen bemerkbar machen.

Seitdem im Sommer regelmäßig Touristen mit einem Ausflugsboot von Kamarai herkommen, um in den beiden Töpfereien einzukaufen, gibt es am Strand zwei bescheidene Tavernen. Sonst beschäftigen sich die Bewohner des kleinen Dorfes mit Fischfang und Ziegenzucht. Ein Pfad führt nach Artemon.

SERIPHOS ist eine bergige und kahle Insel mit zwei Buchten an ihrer Südküste: Ormos Leivadiou und Ormos Koutala. Die Eisenerzgruben, die man an vielen Hügelhängen der Insel erkennen kann, wurden einst von den Römern angelegt und noch bis vor wenigen Jahren betrieben. Als die venezianischen Eroberer kamen, klagten die Seeleute über „die Ablenkung der Kompaßnadeln durch das Eisenerz".

Leivadion (Ormos Leivadiou, Plan G der D 1090), der Fährhafen der Insel, liegt in freundlicher Umgebung und gewährt nach Passieren der malerischen Einfahrt guten Schutz.

Einsteuerung und Liegeplatz: Die Mole erstreckt sich von Kap Pounti 100 m ostwärts und ist an ihrem Kopf befeuert. Man läuft an dem Fähranleger vorbei und macht am Kopf des vorspringenden Kais fest. Südlich davon wird es schnell seicht. Wegen der kräftigen Böen aus Nord muß man auf guten Halt des Ankers achten. Während des Sommers ist der Hafen meist überfüllt; da die Bucht bis zu den seichten Stellen vor dem Strand ziemlich tief ist, ankern Yachten dann außerhalb des Hafens in Lee des Fähranlegers und machen an den Molensteinen fest.

Versorgungsmöglichkeiten: Wasser am Kai, gute Auswahl an Obst und Gemüse auf dem nahen Markt, Bäckerei und Restaurants ebenfalls Nähe Hafen.

Am Hügel über dem Hafen liegt die Ortschaft Seriphos, die gerade noch 200 Einwohner hat. Ihre kleinen, blendend weißen Häuser heben sich scharf gegen den kahlen Hügelhang ab und sind von See her schon über viele Seemeilen hin auszumachen. Der Aufstieg auf dem steilen Maultierpfad lohnt sich; man benötigt etwa eineinhalb Stunden für den Weg zur Hügelkuppe und zurück. Gelegentlich klettert aber auch ein Bus die Windungen der neuen Straße hinauf. Im Hafen, der von den Bergen fast völlig eingeschlossen ist, kann es im Sommer außerordentlich heiß sein. Dann zieht der Sandstrand viele Besucher an.

Koutalas (Ormos Koutala, Plan H der D 1090) war früher Erzhafen; er ist als Ankerplatz wenig anziehend, weil die Erzhalden und die Eisenerzminen die ganze Landschaft verschandelt haben. Die einzigen Wohnstätten, die man sieht, gehören den ehemaligen Arbeitern der Eisenerzgrube. Man kann auf beliebiger Wassertiefe vor den Stränden ankern. Die Festmachetonnen, die auf dem Detailplan eingezeichnet sind, wurden eingezogen.

KYTHNOS hieß früher der warmen Quellen bei Loutra wegen Thermia. Diese 99 km² große Insel mit 1600 Bewohnern hat nichts von besonderem Interesse aufzuweisen, wohl aber eine Reihe kleiner Buchten, die sich während des Sommers als Ankerplatz eignen.

Kythnos gehörte im Mittelalter zum Herzogtum Naxos, dessen Gründer der Venezianer Marco Sanudo war. 300 Jahre wurde Kythnos von der Familie Goz-

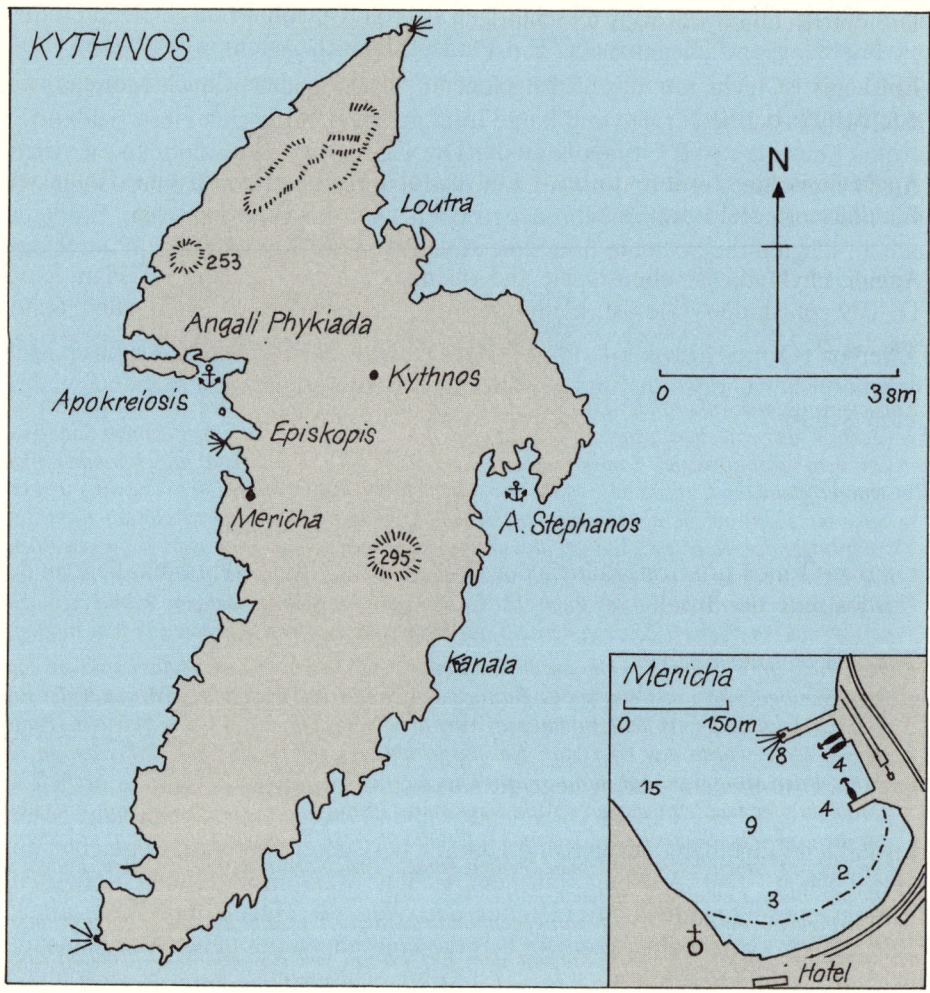

zadini beherrscht, bis die Insel 1617 an die Türken fiel. An der Kirche der Chora sieht man noch das Wappen der Gozzadinis.

Mericha (Plan E der D 1089) heißen an der Westküste ein Kap, die geschützte Bucht südlich davon und eine Ortschaft mit ein paar kleinen Häusern und einem großen Hotel. Es ist der Fährhafen der Insel. Yachten bietet er auch bei Meltemi guten Schutz.

Einsteuerung und Liegeplatz: Wegen der vor der Einfahrt liegenden, schlecht sichtbaren kleinen Inseln mit Vorsicht einlaufen. Am Südostende der Bucht befinden sich ein Wellenbrecher und ein Kai, an dem die Fähre nach Piräus festmacht. Die Südpier ist teilweise den Fischerbooten vorbehalten; Yachten liegen meist an der Stirnseite.

Versorgungsmöglichkeiten: Restaurant und Tavernen; Lebensmittel sind ebenso erhältlich wie gelegentlich frischer Fisch. Eine Straße führt zum Hauptort Kythnos, Busverbindung auch mit Dryopida und Kanala.

Die drei Buchten nördlich von Mericha sind abgelegener:

Episkopis ist nicht nur die nächstgelegene, sondern gleicht auch Mericha, was den Schutz betrifft.

Apokreiosis liegt weiter nördlich und bietet besseren Schutz; eine Reihe von Landhäusern steht am Ufer.

Angali Phykiada ist ebenso wie die obengenannten Buchten auf Plan E der D 1089 zu finden. Sie ist kleiner als die anderen, doch nach allen Seiten geschützt.

Einsteuerung und Ankerplatz: Die Einfahrt ist an der ins Auge fallenden Kirche auf dem Vorgebirge auszumachen. Man ankere auf passender Wassertiefe über irgendeinem Sandfleck. In dem grobkörnigen Sandgrund mit langem Bewuchs fassen Pflugscharanker nicht immer gleich.

Loutra (Ormos Loutron, Plan O der D 1089), das einstige Thermia, liegt an der Nordostseite der Insel.

Einsteuerung und Liegeplatz: Die weiße Thermalanstalt und die kleinen Häuser sind am Tage von See her schon aus einiger Entfernung auszumachen. Nachts sind die südliche Einfahrtshuk und der Molenkopf in der Westbucht vor dem Ort Loutra befeuert. Hinter dieser Mole wurde das Ufer zum Kai ausgebaut. Die Wassertiefe davor beträgt an der Wurzel der Mole 3 m und nimmt nach Westen zu auf 1,50 m ab. Etwa 20 m westlich des Molenkopfes liegt ein schwerer Anker auf dem Grund. – Als Ankerplatz gut brauchbar ist die idyllische Südostbucht, wo man auf halbem Wege Wassertiefen von 5 m über Sandgrund mit Bewuchs und kleinen Steinen findet. Am Nordufer sind ein paar Poller, zu denen man Leinen ausbringen kann. Von dem weißen Poller verläuft eine schwere Muringkette auf dem Grund zum gegenüberliegenden Ufer. Man liegt recht gut geschützt.
Versorgungsmöglichkeiten: Am Kai vor dem Ort Loutra soll eine kleine Yachtstation eingerichtet werden. Wasseranschluß ist geplant. Lebensmittel in kleinen Mengen erhält man im Ort. Dort gibt es auch mehrere Bars und ein Restaurant. Den Hauptort von Kythnos erreicht man auf der Straße zu Fuß in etwa einer Stunde (5 km).

Die alten Thermalbäder, die hier für den ersten griechischen König, Otto von Bayern, erbaut wurden, sind noch immer in Betrieb. Die Erzschütte außerhalb des Hafens erinnert an eine Bergwerksgesellschaft, die ihre Tätigkeit schon lange eingestellt hat.
Von Loutra führt ein Pfad nordwärts zum Kap Kephalos. Bevor man das Kap erreicht, sieht man an der Westküste auf einem über 100 m hohen, steilen Felsvorsprung die Ruinen einer venezianischen Burg, die mit ihrem quadratischen Turm den Weg geschützt hat. Viele Steine wurden für Mauern in der Umgebung weggeschleppt; trotzdem sind die Ruinen immer noch imposant.

Agios Stephanos (Ormos A. Stephanou, Plan M der D 1089) ist eine gegen Südosten ein wenig offene, aber sonst gut geschützte Bucht, die man auch bei starkem Meltemi anlaufen kann. Beim Einsteuern muß man auf den Unterwasserfelsen 2 kbl südlich der Einfahrt achten. Normalerweise kann man ihn an der Wasserverfärbung erkennen. Am Strand sieht man nur wenige kleine Häuser und einige Fischerboote.

KEA (Keos), einst Zea genannt, ist eine gebirgige Insel, die annähernd 2000 Menschen ernährt, aber heute trotz ihrer 131 km^2 nur geringe Bedeutung hat. Ihre Gestalt und ihre Konturen sind jedoch bemerkenswert, vor allem, wenn man sie aus der Luft betrachtet. Von dem 561 m hohen Gebirgskamm im Zentrum der Insel aus führen tief eingeschnittene, kahle Täler symmetrisch nach allen Seiten zum Meer.

Am eindrucksvollsten sind die in der schroffen Gebirgslandschaft allgegenwärtigen Terrassen; es gibt kaum einen Hang, der nicht terrassiert wurde. Heute sind sie fast alle vernachlässigt, denn nur die alten Leute bleiben auf der Insel, während die jungen auswandern, um anderswo einträglicheren Beschäftigungen nachzugehen. Nicht einmal mehr die zum Gerben verwendeten Eicheln der Valona-Eichen werden noch exportiert.

Kea ist von den benachbarten Inseln durch die Straße von Kea im Nordwesten und die Straße von Kythnos im Südosten getrennt. In der Straße von Kea läuft ein Südweststrom, dessen Stärke von der des Meltemi abhängt. Obwohl der Strom in der Straße von Kythnos meist schneller fließt, gibt es hier dicht unter der Küste häufig einen Neerstrom in entgegengesetzter Richtung.

Durch die Straße zwischen Kea und Kap Sounion führt eine der Hauptschiffahrtsrouten der Ägäis.

Limin Agios Nikolaou (Plan A der D 1089), die weiträumige geschützte Bucht im Nordwesten der Insel, teilt sich in zwei Arme: Ormos Leivadi und Ormos Vourkari.

Ormos Leivadi, der Südarm, hat einen Kai vor dem Ort Korissia (Leivadion) sowie eine schutzbietende Mole, die sich in Richtung Osten erstreckt. Hier legen die Fähren vom Festland (Lavrion) an; doch auch Yachten machen über Bug oder Heck hier fest. Es gibt Wasser, eine Tankstelle, einige Restaurants und einige Läden; die nahen Badestrände sind sehr schön. Bei starken nördlichen Winden liegt man jedoch sicherer in der Vourkari-Bucht.

Ormos Vourkari, der Nordarm, bietet unter allen Wetterverhältnissen ausgezeichneten Schutz. In der Nordausbuchtung war früher eine Bunkerstation für die Dampfer, die zwischen den westeuropäischen Häfen und dem Schwarzen Meer verkehrten.

Ankerplatz und Versorgungsmöglichkeiten: Bei schönem Wetter können Yachten in der Mitte des Kais vor dem Ort Vourkarion über Bug oder Heck festmachen. Der Grund steigt hier steil an, doch Felsbrocken liegen an manchen Stellen nahe vor dem Kai, so daß äußerste Vorsicht beim Anlegen geboten ist. Auch der östliche Teil ist knapp vor der Kaimauer nur ca. 1,30 m tief. Der Wind kommt meist böig aus Nordnordost bis Nordost; man sollte den

Anker ungefähr in diese Richtung legen und viel Kette stecken. Freies Ankern in der Bucht ist ebenfalls möglich. – Wasser, Lebensmittel, Tavernen.

Eine gute Straße führt zum Hauptort Kea hinauf, der 300 m über dem Meeresspiegel liegt. Er ist ein interessantes Beispiel für eine Bergstadt mit schmalen, gekalkten Wegen zwischen den kleinen weißen Häusern, die wie eines auf dem anderen zu stehen scheinen. Die mittelalterliche Ortschaft wurde an der Stelle der frühgriechischen Stadt Iulis erbaut, unter deren Ruinen einige der sogenannten Arundelschen Marmortafeln, der berühmte „Marmor Parium", entdeckt worden sind. Der größte Teil der Tafeln befindet sich jetzt in Oxford, ein kleinerer im Museum in Paros. Auf dem „Marmor Parium" wurden 263 v. Chr. die wichtigsten Ereignisse der griechischen Geschichte von 1582–264 v. Chr. aufgezeichnet. Arundelsche Tafeln heißen sie nach Lord Arundel, der sie kaufen und nach England schaffen ließ.

Durchquert man den Ort und wendet sich in Richtung Ost, so gelangt man nach etwa 20 Minuten zu einem riesigen, 6 m langen, aus dem Felsen gemeißelten Löwen. Sein Entstehen ist möglicherweise auf die Sage zurückzuführen, die Insel sei einst von Nymphen bewohnt gewesen, die ein Löwe vertrieben habe.

Bei sommerlichem Wetter mögen die beiden Ankerplätze an der Westküste zeitweilig brauchbar sein:

Pisa-Bucht. Hier kann man im ausgetrockneten Bett eines Bergbaches zur Agia Marina hinaufsteigen, einer kleinen Kirche, die neben einem bemerkenswerten dreistöckigen mittelalterlichen Turm steht, der inzwischen verfallen ist. Der Ankerplatz ist gegen Westen offen und der Halt ungewiß.

Die **Kavia-Bucht** bietet an ihrem Nordufer Ankermöglichkeiten in drei Ausbuchtungen. Ein riesiges Hotel auf dem seewärtigen Ende des Vorgebirges südöstlich von Kap Makryopounta und eine Anzahl Windmühlen als Landmarken machen die Einsteuerung leicht. Die östlichste der drei Ausbuchtungen ist am besten geschützt und wird gern von Yachten angelaufen; auch ein paar Fischerboote trifft man an.

Die **Polais-Bucht** an der Südostküste ist zwar sehr der Dünung ausgesetzt, doch lockt der felsige Grund Unterwasserfischer an. In der Nähe findet man die Ruinen der antiken Stadt Karthaia.

6 Kap Sounion bis Thessaloniki

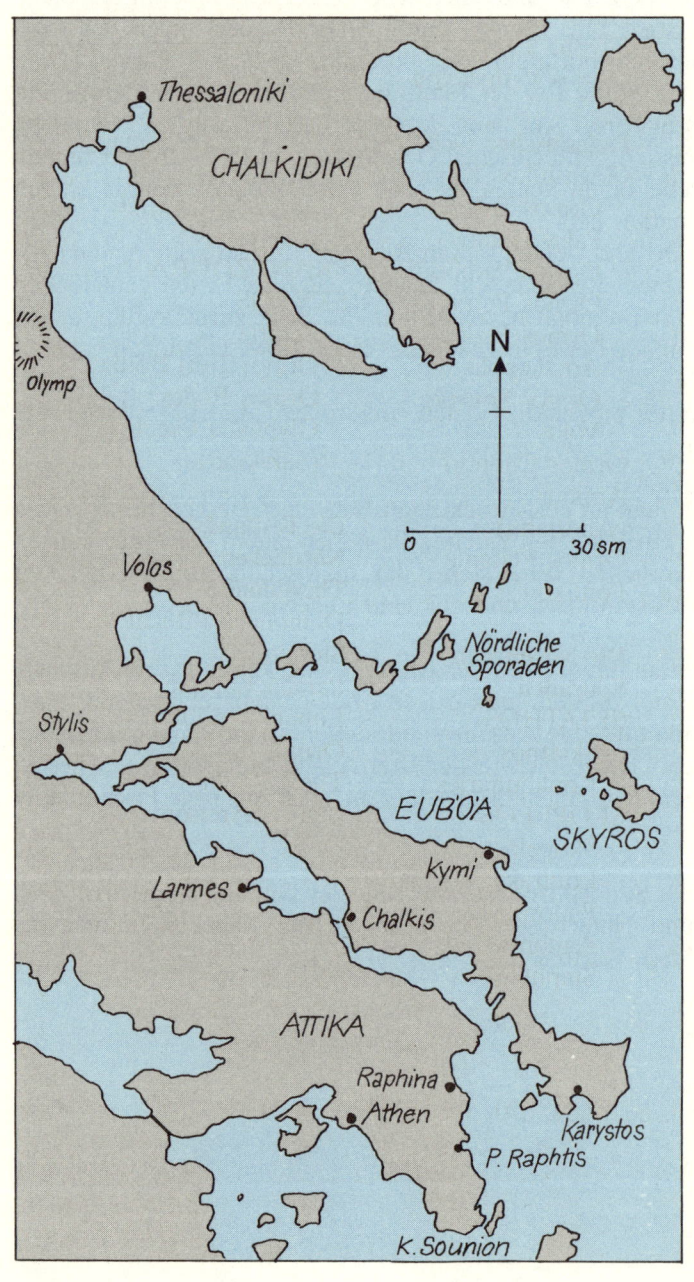

Thessaloniki
CHALKIDIKI
Olymp
N
0   30 sm
Volos
Nördliche Sporaden
Stylis
EUBÖA
SKYROS
Larmes
Kymi
Chalkis
ATTIKA
Raphina
Athen
Karystos
P. Raphtis
K. Sounion

Vom Kap Sounion nordwärts

EUBÖA (Evvoia)

Über die offene See
Karystos
Kastri
Petries
Kymi

Die innere Route durch den Golf von Euböa
Gaidouromandra
Lavrion
Porto Raphti
Raphina
Petalische Inseln
(Nisoi Petalioi)
  MEGALO
  XERO
Marmari
Marathon
Nea Styra
Ormos Almyropotamos
Ormos Vouphalos
Aliveri
Nea Psara (Eretria)
Skala Oropou
Chalkis
Larymna
Ormos Atalantis
Armyro (Tragana)
Skala Atalanti
Arkitsa
A. Konstadinos
Limni
Loutra Aidipsou
Lichades-Inseln

Malischer Golf
(Maliakos Kolpos)
  Stylis
Diavlos Oreon
  Oreoi
Neos Pyrgos
Pefki
Glypha
Ormos Vathykelou

Pagasäischer Golf
(Pagasitikos Kolpos)
  Ormos Trikeri
  Palio Trikeri
  Ormos Vathoudi
  Ormos Petraki
  Ormos Pteleou
  Amaliapolis
  Ormos Sourpis
  Volos
Ormos Chondri
Ammos
(Andriami)
Ormos Platania
Pontikonisi

Die Nördlichen Sporaden
SKIATHOS
  Skiathos
  Koukounaries
SKOPELOS
  Skopelos
  Loutraki (Glossa)
  Panormos
  Agnontas
  Staphylos

ALONNISOS
  Ormos Mourtias
  Ormos Patitiri
  Ormos Kokkinokastro
  Ormos Stenivalla
  Ormos Phirakos (Gerakas)
PERISTERA (Xero)
  Ormos Vasiliko
  Ormos Peristeri
PELAGONISI
  Ormos Kyra Panagia
  Limin Planitis
GIOURA, PIPERI,
PSATHOURA
SKANTZOURA
SKYROS
  Linaria
  Ormos Treis Boukes
  Ormos Renes
  Glyphada Creek
  (Sarakino)

Die Festlandsküste von den Nördlichen Sporaden bis Thessaloniki
Damouchari-Bucht
Stomion
Paralia Katerini
Limeniskos Pierias
Ormos Methonis
Thessaloniki
Marina Aretsou

Seekarten: D 605, 608, 667, 669, 670, 1082, 1089

Vom Kap Sounion nordwärts

Zwei Routen stehen zur Wahl:

− Durch den Stenon Kaphireos (Doro-Kanal) nordwärts in mehr offenem Wasser, wobei man Euböa (Evvoia) im Westen läßt. Diesen Weg − in umgekehrter Richtung − wählte Odysseus, als er von Troja heimkehrte: „Und wir baten den Gott, ein Zeichen zu geben; und er nun deutete uns und befahl, gerade durchs Meer nach Euböa zu steuern, damit wir nur schnell dem Verderben entflöhen."
− Durch den engen inneren Sund zwischen der langgestreckten Insel Euböa sowie den Küsten von Attika und Böotien.

EUBÖA (Evvoia) mit seinen hohen, zerklüfteten Bergen, fruchtbaren Ebenen, Wäldern und Minen ist mit 3580 km^2 und 160000 Bewohnern nach Kreta die größte Insel der Ägäis. Die interessantesten Orte und Ankerplätze liegen an ihrem südwestlichen Ufer und werden im Zusammenhang mit der inneren Route zwischen Euböa und dem Festland beschrieben.
Chalkis, der Haupthafen der Insel am engen Euripos-Sund, wird später behandelt. Der Fährhafen Karystos liegt an einer Bucht im Südteil der Insel, Kymi, ein weiterer Fährhafen, an ihrer Ostküste.

Über die offene See

Noch bis in die Zeit nach dem Ersten Weltkrieg hinein nahmen die Kaïken, die damals noch keinen Motor hatten, den Kurs über die offene See, wenn ihr Ziel im Norden lag. Waren sie nach Saloniki bestimmt, so zogen sie aus dem Umstand Nutzen, daß der Nordwestwind, der während des Sommers von der attischen Küste her weht, seine Richtung ändert, je weiter man nach Osten gelangt. Auf diese Weise wurden Segelschiffe, die mit widrigen Winden zu kämpfen gehabt hatten, oftmals durch östliche Brisen belohnt, die es ihnen ermöglichten, geradenwegs in den Golf von Saloniki hineinzusteuern.
Diese Route übers offene Meer führt durch den Stenon Keas und südlich von Euböa durch den Stenon Kaphireos, wo man bei der Insel Andros Ankerplätze findet oder auch nach Karystos einlaufen kann, wenn Not am Mann ist.

Karystos ist eine hübsche, wachsende Stadt mit einem wichtigen Fährhafen. Sie liegt inmitten einer anziehenden Gebirgslandschaft zu Füßen des Berges Ochi.

Einsteuerung und Liegeplatz: Man laufe bis in das innere Hafenbecken und mache beim Stadtplatz über Bug oder Heck am Kai fest. Die Wassertiefe beträgt bis dicht davor 3 m, mit Ausnahme der westlichen Ecke. Der Hafen ist befeuert und gegen alle Winde gut geschützt, ausgenommen die sehr heftigen Meltemi-Böen von den Bergen her.
Versorgungsmöglichkeiten: Man erhält ausgezeichnetes Obst, Gemüse und Fisch. Einige Tavernen befinden sich in nächster Nähe. Wasser aus dem Hahn am Stadtplatz jenseits der

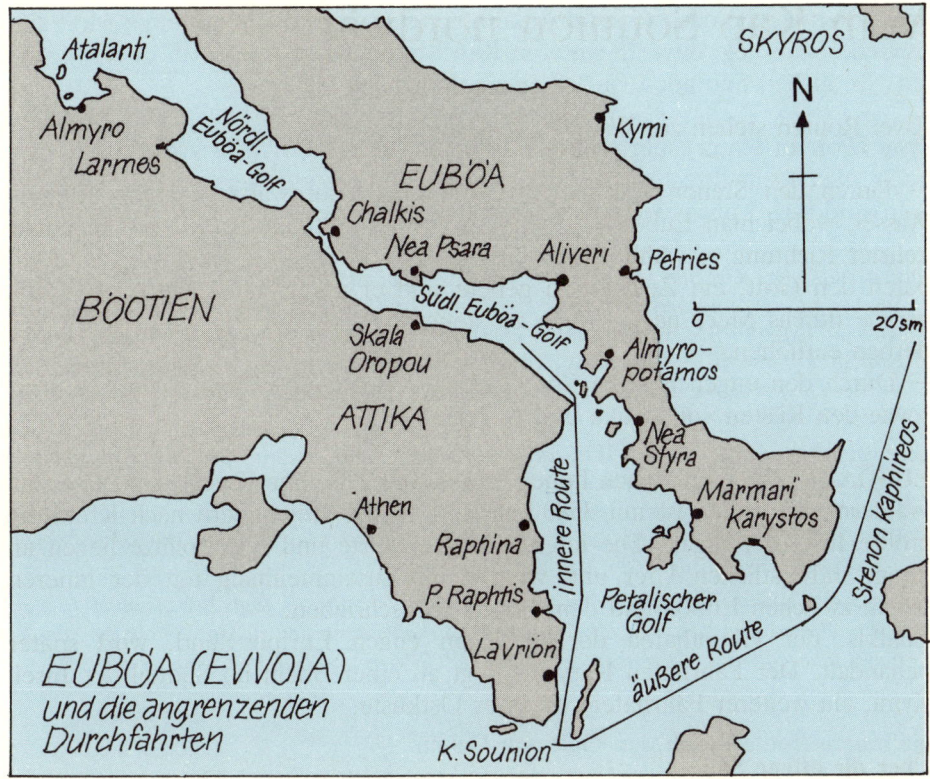

Straße oder Nähe Fähranleger; es ist von hervorragender Qualität. Eis gibt es im Kühlhaus am Westende des Ortes. Am Ostrand der Stadt liegen neue Hotels mit Badestrand. Busse verkehren nach Chalkis und anderen Ortschaften der Insel. Täglich läuft eine Fähre der Raphina-Andros-Linie den Hafen an.

In 3 km Entfernung erhebt sich an der Stelle der antiken Akropolis die venezianische Burg Castello Rosso. Westlich vom Ort breiten sich bebaute Felder aus. Die ganze Gegend ist teilweise bewaldet und reich begrünt. Im östlichen Winkel der Bucht entspringen einige Mineralquellen dem Sand.
Während der Römerzeit wurde der Hafen für die Ausfuhr von grünem Marmor benutzt, der noch heute in den Steinbrüchen des Hinterlandes abgebaut wird.

Die Strömung im Stenon Keas und Stenon Kaphireos läuft bei frischen nördlichen Winden südwärts, in letzterem manchmal mit einer Geschwindigkeit von bis zu 6 kn. Auch die Winde sind hier häufig sehr stark. Für eine kleinere Yacht kann die kurze, steile See im Stenon Kaphireos gefährlich werden. Will man günstigere Bedingungen abwarten, so bieten sich geeignete Ankerplätze in der Gavrion-Bucht auf Andros (Seite 124), in der Bucht Limin Agios Nikolaou an der Nordwestküste von Kea (Seite 154) sowie in der **Kastri-Bucht** an der Südostecke von Euböa, 2 sm nordnordöstlich der Leuchtturminsel Mandili. In der Seekarte ist diese Bucht nicht namentlich aufgeführt; bei 5 m Wassertiefe besteht der Grund aus festem, gut haltendem Sand.

Ormos Petries, die nächste, zum Ankern gut geeignete Bucht mit einer Mole für Fischerkaïken, liegt etwa 25 sm vom Kap Kaphireos entfernt. Auf dem Weg zu den Nördlichen Sporaden ist der einzige nützliche Hafen

Kymi (Port of Entry), ein großer Fährhafen an der Ostküste von Euböa, der durch zwei Wellenbrecher geschützt wird. Er dient zur Versorgung der Insel Skyros und wird auch viel von Kaïken benutzt.

Einsteuerung: Der Ort und vor allem die weißen Gebäude der Seekadettenschule sind von See her gut auszumachen. Ist man näher heran, sind auch die Wellenbrecher und die sich nach Süden öffnende Hafeneinfahrt unschwer zu erkennen. Nachts muß man – von Norden kommend – beachten, daß der Ostwellenbrecher nach Südosten verlängert wurde. Die bei starkem Meltemi auftretenden Kreuzseen werden in der Abdeckung dieses Wellenbrechers schnell geringer.

Liegeplatz: Man kann auf 4 m Wassertiefe vor dem Strand ankern oder in der nördlichen Ecke des Hafens auf 3–4 m Wasser festmachen. Etwa 50 m vor dem Nordwestkai befindet sich eine begrenzte felsige Untiefe mit 1,20 m Wasser darüber, die im trüben Wasser nicht zu erkennen ist. Rund um diese Untiefe ist es um 3 m tief. Die Fähren legen am Ende des vorspringenden Kais an.

Versorgungsmöglichkeiten: Wasser auf dem Nordkai, Kraftstoff und Lebensmittel in der Nähe, ebenso Tavernen. Für alles andere muß man sich in den zu Fuß eine halbe Stunde hügelan liegenden Ort bemühen. – Fähre nach Skyros und Bus über Chalkis nach Athen.

Die innere Route durch den Golf von Euböa

Die innere Route ist für kleinere Yachten ein reizvolles Segelrevier, obendrein mit zahlreichen hübschen Ankerplätzen in nächster Nähe. Während des Sommers kann der Meltemi zwar eine kurze, kabbelige See aufwerfen, doch findet man dann stets einen geschützten Liegeplatz.

Der Kurs führt durch den Kolpos Petalion (Petalischer Golf) und dann durch den Evvoikos Kolpos (Golf von Euböa), alles in allem 100 sm, nachdem man die enge Durchfahrt zwischen der schmalen, uninteressanten Insel Makronisos und der attischen Küste passiert hat. Hier gibt es einige geschützte Buchten, die sich als zeitweilige Ankerplätze eignen.

Von den Lichades-Inseln durch den Diavlos Oreon bis zur Nordostecke Euböas (Leuchtturminsel Pontikonisi) sind es dann noch weitere 30 sm.

Gaidouromandra, 4 sm nordöstlich von Kap Sounion an der Attikaküste, ist eine gut geschützte Bucht mit den Anlagen einer modernen Yachtwerft (Olympic Marine S.A.). Für die Dauerlieger liegen zahlreiche Muringtonnen aus. In der Nordausbuchtung ist genügend Platz, um vor Anker eine ruhige Nacht zu verbringen.

Einsteuerung und Liegeplatz: Man halte sich nahe an das nördliche Ufer, da die unbeleuchtete grüne Tonne, die ein in der Mitte der Einfahrt liegendes Wrack von 100 m Länge in 0,50–2 m Tiefe kennzeichnen soll, gelegentlich fehlt! Wo die Muringtonnen ausliegen, darf nicht geankert werden. Für die Plätze am Kai wird Liegegeld erhoben.

Versorgungsmöglichkeiten: Wasser am Kai, Diesel per Tankwagen, Duschen und Taverne im Verwaltungsgebäude. Lebensmittel muß man sich in Lavrion (1,5 km) per Taxi besorgen. Die Werft bietet Stellplätze an (Travellift 50 t) und führt Reparaturen aus.

Lavrion (Limin Lavriou, Plan L der D 1089; Port of Entry) ist Erzhafen mit einer großen Ortschaft, Erzschütten und Kaianlagen rings um die Bucht.

Liegeplatz und Versorgungsmöglichkeiten: Recht sicher liegen Yachten längsseits in dem Becken im Norden des Hafens. Die Fähre macht an der Außenseite der Mole fest. Wasser am Kai. Das Wasser ist hygienisch einwandfrei, schmeckt aber sehr schlecht. Treibstoff wird angeliefert. Alles andere erhält man in den zahlreichen Geschäften im Ort (5–15 min entfernt). Busverbindung mit Athen. Fährverbindung mit den Kykladen.

Im 5. Jahrhundert v. Chr. waren die Silberminen berühmt, doch schon zur Zeit des Pausanias nicht mehr in Betrieb. 1860 wurde die Förderung wiederaufgenommen. Man fördert vorwiegend Zink sowie Mangan und gewinnt aus dem Abraum, der von den Bergleuten der Antike hinterlassen worden ist, mit modernen Methoden kleinere Mengen von Silber und Blei.

Porto Raphti, 1,8 sm nördlich von Kap Sounion, ist ein nützlicher Ankerplatz vor einer Villensiedlung inmitten der begrünten attischen Hügel. In letzter Zeit haben große Hotelbauten Unruhe gebracht, und an Sonntagen ist der Ort vom nahen Athen überlaufen.

Einsteuerung und Ankerplatz: Auf dem kleinen, steilufrigen Eiland Raphtis, das mitten in der Einfahrt zur Bucht liegt und sie schützt, erhebt sich eine große, kopflose Marmorstatue, die, weil mit gekreuzten Beinen sitzend, an einen Schneider erinnert. Diese hervorstechende Landmarke ermöglicht es, den Hafen mühelos auszumachen.
Läuft man an den Inseln und der befeuerten Huk vorbei in den nördlichen Teil der großen Bucht ein, findet man vor dem Strand auf 5 m Wasser über Sandgrund einen gut geschützten Ankerplatz.
Die flach auslaufende Ausbuchtung im Süden vor dem Ort hat einen sehr staubigen Ladekai und eine Fischerpier, an der gelegentlich ein Platz frei ist. Bei auflandigem Wind ist die Pier Schwell ausgesetzt.
Versorgungsmöglichkeiten: Lebensmittel und Restaurants sowohl in der Nordbucht als auch in Porto Raphti. Im Sommer verkehren regelmäßig Busse nach Athen (eine Stunde Fahrzeit).

Der Ursprung des kopflosen Torsos liegt im dunkeln. Er könnte aus dem 6. Jahrhundert v. Chr. stammen, aber auch römischer Herkunft sein. Es heißt, daß zur Zeit des Delisch-Attischen Seebundes die jährliche Überführung einer Statue der Theoria (Festgesandtschaft) zum heiligen Delos von hier ihren Ausgang genommen habe.
In späteren Jahrhunderten, als Segelschiffe aus dem Westen diese Gewässer aufsuchten, war Porto Raphti wohlbekannt als „einer der besten und bequemsten Häfen, die man in diesem Archipel finden kann, wenn man in schweres Wetter gerät".

Raphina (Plan auf D 670). Der Limin Raphinas liegt in einer Bucht mit einem hübschen Sandstrand, der vor allem im Sommer zahlreiche Athener anlockt. Als Fährhafen nach Karystos auf Euböa verfügt Raphina über einen 100 m langen Wellenbrecher mit Kai, der sich von der Nordecke nach Südsüdosten erstreckt. Gegen südliche Winde bietet der Hafen keinen Schutz. Für Yachten ist er allenfalls interessant, um sich mit Wasser und Diesel, Lebensmitteln und frischem Fisch zu versorgen. Die Wassertiefe am Nordkai, wo man zwischen den Fischerkaïken festmacht, beträgt 3−4 m.
Verschiedene Inselfähren legen außerhalb des Hafens an einer langen Pier an. Es besteht häufige Busverbindung mit Athen.

Die kleinen, privaten Sportboothäfen an der Attikaküste einige Seemeilen weiter nördlich sind mit Schiffen von Athenern voll belegt und haben teilweise sehr geringe Wassertiefen. Sie können deshalb nicht empfohlen werden.

Die **Petalischen Inseln** (Nisoi Petalioi) liegen an der Ostseite des Petalischen Golfes dicht unter Euböa und bieten zahlreiche Ankerplätze, die jeweils gegen mehrere Windrichtungen Schutz bieten. Besondere Erwähnung verdienen folgende vier:

MEGALO. An der Südseite von Megalo findet man eine einsame sandige Bucht, die − mit Ausnahme gegen Süden − nach allen Seiten hin geschützt und ein angenehmer Ort ist. Man ankere vor dem Strand auf 5 m Wasser über Sandgrund. Bei Nordwind können starke Böen einfallen, dann ist der Halt nicht überall sicher.
Schutz vor Winden aus dem II. und III. Quadranten sowie passenden Ankergrund findet man in der großen Bucht an der Nordwestecke dieser Insel. Hier bieten sich in erster Linie die Südost- und Südwestecke zum Ankern an.

XERO. Guten Schutz − außer gegen den IV. Quadranten − und eine angenehme Umgebung findet man in der Bucht im Nordwesten der Insel. 50 m vor dem Kiesstrand ist das Wasser über dem gut haltenden Sandgrund 3−4 m tief.
0,5 sm südlich davon bietet die Bucht vor der großen Villa vor allem gegen den Meltemi guten Schutz. Hier liegen allerdings oft Yachten des Villenbesitzers und seiner Gäste.

Die Durchfahrt zwischen Xero und Megalo ist wegen einer Felsenge nur etwas für Ortskundige; dagegen kann man Stenon Xero, die Passage zwischen der Insel Xero und Euböa, gefahrlos benutzen.

Marmari, der hübsche kleine Ort auf Euböa östlich der Petalischen Inseln, wird von den Fähren angelaufen, die zwischen Raphina und Karystos verkehren. Auch Yachten finden hinter der befeuerten Mole einen angenehmen Liegeplatz. Beim Ansteuern des Nordkais lote man sorgfältig, um der Untiefe mit 2 m Wasser aus dem Weg zu gehen. Bei Platzmangel kann man in der Hafenbucht ankern. Es gibt hier bestes Trinkwasser, mehrere Läden und etliche Tavernen.

Marathon liegt an einer weiträumigen Bucht, die nur historisch von Interesse ist. Man findet einen Ankerplatz mit genügend Wassertiefe vor dem westlichsten Punkt der Bucht. Der Norden ist militärisches Sperrgebiet (Scharfschießen auf eine schwimmende Scheibe).

Hinter der Landzunge Ak. Marathonos hatte einst die Flotte der Perser geankert, und an der Stelle, wo jetzt der Pinienwald wächst, wurde 490 v. Chr. das Perserheer an Land gesetzt. Unter dem Hügel liegen die 192 gefallenen Athener begraben; das Schlachtfeld ist mit Bäumen und Gärten bedeckt.

Wen Marathon nicht interessiert oder für wen sich das Ankern an der empfohlenen Stelle wegen Starkwindes aus dem I. oder II. Quadranten verbietet, der hat an der gegenüberliegenden Küste Euböas mehrere Möglichkeiten zur Wahl. 3 sm nordöstlich von Kap Strongylo liegt hinter der Insel Styra das Dorf

Nea Styra. In der Ausbuchtung vor dem Ort oder südlich des Fähranlegers (Nea Styra − Agia Marina) kann man ankern, doch bei Meltemi ist der Schutz gering. An der Wasserfront Tavernen und Läden mit Grundnahrungsmitteln. Die Fischerboote liegen in dem kleinen Hafenbecken 600 m südlich; Wassertiefe um 3 m.

Ormos Almyropotamos bietet guten Schutz und dazu eine reizvolle Umgebung in mehreren Nebenbuchten.

Ankerplätze: Gleich am Eingang ist an der Westseite eine Ausbuchtung, in der man auf 5−10 m Wasser ankern kann und genügend Raum zum Schwojen hat. Dieser Platz ist nur nach Osten offen. Noch besseren Schutz findet man in der Bucht in der Nordwestecke hinter der Insel auf 5−7 m Wasser. Die Ostbucht mit dem Fähranleger (Panagia−Agia Marina) hat sehr tiefes Wasser, so daß der Halt des Ankers ungewiß ist. Tavernen und Supermarkt in der Nähe.

Ormos Vouphalos heißt die bezaubernde, gut geschützte nächste Bucht. An ihrem Ende bilden ein halbes Dutzend Häuser − darunter zwei Tavernen − den Porto Vouphalo. Die Bucht wird von Weideland und Kornfeldern gesäumt. An den Hügelhängen sieht man grüngestrichene Bienenstände.

Einsteuerung und Ankerplatz: Überall tiefes Wasser, ausgenommen in Nähe der vom Ostufer ausgehenden sandigen Landzunge. Man lasse in der Mitte der Bucht auf 5 m Wasser über festem Sandgrund mit Bewuchs den Anker fallen. Der Platz ist nach nahezu allen Seiten hin geschützt, und mehrere Yachten haben hinreichend Raum zum Schwojen.

Aliveri ist ein gut geschützter Hafen im Scheitel der gleichnamigen Bucht. Der kleine Ort wird von dem südöstlich liegenden Psachna dominiert, das mit zwei riesigen Schornsteinen von weitem zu sehen ist. Hinter der Mole von Aliveri oder direkt vor dem Ort kann man über Bug oder Heck am Kai festmachen. Es gibt hier Wasser, Tavernen und Geschäfte.

Nea Psara (Eretria), der geschäftige Fährhafen von Euböa, kann für Yachten von Nutzen sein, die für die Nacht einen geschützten Liegeplatz suchen. Die antike Akropolis lohnt einen Besuch.

163

Einsteuerung, Ankerplatz und Versorgungsmöglichkeiten: Ein Kurs von etwa 020° führt gefahrlos in den Hafen. Man beachte die auf der Karte verzeichneten Untiefen. Bedingt durch den ständigen Fährverkehr zwischen Nea Psara und Skala Oropou an der gegenüberliegenden Küste kann man nur im Westen und Osten der Hafenbucht ankern. Die Wassertiefen betragen hier um 5−7 m (Sand- und Schlickgrund). Der Platz ist nur gegen Süden offen. Mit dem Beiboot landet man an dem befestigten Ufer oder am Strand im Nordosten. Im Ort Tavernen und Lebensmittelgeschäfte.

Eretria, heute eine saubere Ortschaft mit etwa 2000 Einwohnern, war einst ein Stadtstaat. Die Ausgrabungsstätte mit Theater und Tempelfundamenten sowie einem kleinen Museum ist nicht weit entfernt.

Skala Oropou liegt an einer offenen Bucht an der grünen, hügeligen Küste Attikas. Fortwährend laufen Fähren ein und aus, beladen mit Lastwagen, die die Erzeugnisse von Euböa nach Athen bringen. Am Kai östlich des Fähranlegers ist das Wasser 2−3 m tief; wegen des ständigen Schwells sollte man hier jedoch nicht anlegen. Ankern kann man dort, wo auch die Fischerboote liegen. Für die Versorgung ist Skala Oropou gut geeignet.

Chalkis ist eine freundliche, moderne Stadt mit 36000 Einwohnern. Eine Schiebebrücke verbindet hier Euböa mit dem Festland; außerdem wurde etwas südlicher eine Hängebrücke mit 32 m lichter Höhe gebaut. Die engen, gewundenen Fahrwasser, durch die man sich von Süden kommend dem Sund nähert, sind sowohl navigatorisch als auch landschaftlich interessant.
Im engsten Teil des Euripos-Sundes, der von der Schiebebrücke überspannt wird, läuft ein starker, alle sechs Stunden die Richtung wechselnder Gezeitenstrom, der jedoch merklich durch Windverhältnisse und Luftdruck beeinflußt wird. Er erreicht Geschwindigkeiten bis zu 6 kn und setzt fast immer unmittelbar nach dem Kentern der Tide ein. Yachten dürfen nur bei Stauwasser passieren, wenn die Brücke für kurze Zeit geöffnet wird und die weiter unten beschriebenen Signale gesetzt werden, um anzuzeigen, welche Seite Vorfahrt hat. Man erkundige sich westlich der Brücke im Hafenamt nach der Öffnungzeit und zahle dort die Mautgebühr. Manchmal lehnt es der Brückenwärter ab, die Brücke zu öffnen, wenn nicht wenigstens drei Yachten oder ein Frachter warten. Wegen des starken Straßenverkehrs wird die Öffnung der Brücke meist in die Nachtstunden verlegt.

Brückensignale (nach dem Anhang im Leuchtfeuerverzeichnis des BSH):

Tag	Nacht	Bedeutung
3 s. ○ skr.	F. gn. F. F. r. skr.	Brücke geschlossen
−	F. r. in der Mitte	Brücke nachts geschlossen
−	2 F. gn. an der W-, 2 F. r. an der O-Seite	Brücke geöffnet
s. ▽ △ ▽ skr.	F. gn. F. F. gn. skr.	Brücke geöffnet für S-gehende Handelsschiffe bei Stillwasser oder mitlaufendem Strom
s. ○ △ ○ skr.	F. r. F. F. r. skr.	Brücke geöffnet für N-gehende Handelsschiffe bei Stillwasser oder mitlaufendem Strom

Einsteuerung (Diavlos Evripou, Pläne B und C der D 667): Es gibt keine Schwierigkeiten, wenn man in dem engen Fahrwasser, das zur Brücke führt, unter Maschine kreist oder vorübergehend festmacht, um auf das Öffnen der Brücke zu warten.

Liegeplatz: Südlich der Brücke kann man entweder südlich des Bahnhofs ankern oder am Ostkai vor dem Zollamt längsseits festmachen. Der Kai ist an sich den kleinen Frachtern vorbehalten, die im Zollgebiet des Hafens löschen wollen, aber Yachten ist es erlaubt, sich hinter dem kurzen Vorsprung außerhalb des Stroms in Sicherheit zu bringen.
Nördlich der Brücke: Längsseits am Kai vor der Grünanlage mit Denkmal auf der Euböa-Seite südlich der Pier, in deren Schutz das Lotsenboot liegt. Wassertiefe 3–4 m.

Versorgungsmöglichkeiten: Trinkwasser und Kraftstoff bunkert man am besten südlich der Brücke am Frachterkai im Zollhafen, sonst nördlich der Brücke am Yachtkai oder im Fischereihafen (siehe Plan C der D 667).
Es gibt einen ausgezeichneten Markt. Die modernen Hotels, einige gute Restaurants und Geschäfte haben Chalkis ein mondänes, blühendes Aussehen verliehen. Athen erreicht man per Eisenbahn in eineinhalb Stunden. Außerdem fährt alle halbe Stunde ein Bus, der angenehmer und etwas schneller ist als der Zug.

Chalkis mit Nordkurs verlassend, gelangt man in den nördlichen Teil des Golfes von Euböa, den Voreios Evvoikos Kolpos, wo die Landschaft großartiger wird und die Berge von Euböa sich zu ihrer größten Höhe — steilwandige Kalkstein-hänge von nahezu 1850 m — erheben und fast unmittelbar aus dem schmalen grünen Küstenstreifen emporwachsen. Segelyachten sollten sich unter der Küste des Festlandes halten, denn die Fallböen von den Bergen sind sehr heftig. Obendrein liegen die Ankerplätze allesamt an der Küste Böotiens.

Larymna (Ormos Larmes, Plan M der D 667) ist der Name des Hafens, der 16 sm nordwestlich von Chalkis an der Mündung des Kephissos liegt. Vor der kleinen Ortschaft findet man zum Ankern brauchbare Wassertiefen, doch wird die landschaftlich interessante Einfahrt durch die Anlagen einer Verhüttungsge-sellschaft beeinträchtigt, weil der Rauch aus den Schloten oftmals die ganze Umgebung in öligen Dunst hüllt. Eisen und Nickel gehören zu den wertvollsten Exportgütern Griechenlands.
Für Yachten gibt es noch eine Alternative in einem kleinen Einschnitt 2 sm süd-westlich von Kap Larmes. Er ist nur nach Osten offen, und der Ankergrund ist hervorragend. Bei Südwind könnte der Platz durch den Rauch der Hochöfen beeinträchtigt werden.

Ormos Atalantis hat zahlreiche Ankermöglichkeiten. Die ersten beiden befinden sich in der Bucht Agios Ioannis Theologes (Johannes der Evangelist) 2 sm süd-ostwärts beziehungsweise südlich von Kap Kerata. Im Scheitel der Bucht hat man 5–6 m Wasser. Am Ufer Tavernen und Lebensmittelläden.
In der südlichen Ausbuchtung mit 4 m Wasser ist der Schutz zwar weniger gut, dafür gibt es hier einen schöneren Badeplatz in waldiger Umgebung.

Armyro (Tragana) war einst ein kleiner Bergwerkshafen an der Atalantis-Bucht. Im Schutz der Insel Gaidaros findet man schöne Ankerplätze, allerdings teil-weise durch Fischzuchtanlagen eingeengt.

Einsteuerung: Die gefährliche, überflutete Klippe (2 m Wasser) inmitten der breiten Einfahrt zwischen der Insel Gaidaros und der Küste ist nicht immer mit einer Tonne bezeichnet, weshalb man dicht unter Land bleiben sollte.

Ankerplatz: Bevor man eine Reihe von Pfählen erreicht, läßt man den Anker auf etwa 5 m Wasser fallen. Einen noch friedlicheren Ankerplatz findet man in der kleinen, unmittelbar nördlich vom Ladesteg liegenden Bucht der Insel. Die Reihe von Pfählen sollte man aufmerksam verfolgen, denn nicht alle ragen aus dem Wasser. Die dritte Ankermöglichkeit besteht ostwärts in der Bucht zwischen der Halbinsel und dem Festland (5 m Wassertiefe).

An der Westküste der Insel Atalantis bietet die Bucht südlich des vorgelagerten Eilands eine weitere Ankermöglichkeit (auch hier Fischzuchtkästen).

Skala Atalanti. An der Innenseite der kurzen, befeuerten Mole beträgt die Wassertiefe 3 m, doch die Zufahrt ist versandet, so daß man loten muß, wenn man in dem kleinen Hafen anlegen will. Eine zweite Mole ist im Bau, Baggerarbeiten sind geplant. Bei ruhigem Wetter kann man auch vor dem Hafen ankern. An der Wasserfront gibt es zwei Tavernen; gute Einkaufsmöglichkeiten im 6 km entfernten Ort Atalanti.

Dieser Hafen liegt in der Nähe der Autobahn Athen – Thessaloniki. Sie folgt hier in geringem Abstand der Küste und berührt dabei zwei Fährhäfen:

Arkitsa ist der Landeplatz für die Autofähre, die die Buslinie von Athen mit dem Norden von Euböa verbindet; er befindet sich dicht unter dem Kap. Obgleich die leichte Einbuchtung der Küste sich nicht als Liegeplatz für Yachten eignet, mag die Möglichkeit einer schnellen Verbindung mit Athen unter Umständen von Nutzen sein.

Agios Konstadinos ist ein moderner Urlaubsort an einer weiten Bucht zu Füßen halbmondförmiger, begrünter Bergketten. Er dient als Fährhafen, von dem sich die Athener Busroute zu den Sporadeninseln Skiathos und Skopelos fortsetzt.

Ankerplatz: Nur bei schönem Wetter kann man an der Ostseite der Bucht nahe einer Flußmündung auf 5–7 m Wasser über gut haltendem Schlickgrund vor Anker gehen; dort liegt man freilich ziemlich ungeschützt. Oder man macht südlich des Fährkais längsseits fest.

Versorgungsmöglichkeiten: Wasser, Restaurants und Geschäfte. Tankstellen außerhalb des Ortes. Athen erreicht man per Bus in zweieinhalb Stunden. Im Sommer gibt es täglich mehrere Fähren zu den Sporadeninseln.

Bei gutem Wetter, wenn kein frischer Nordwind weht, macht es Spaß, zur **Küste von Euböa** hinüberzukreuzen und ihr in Richtung West zu folgen, von jenem Punkt ab, wo die steil aufragenden Berge vom Ufer zurücktreten. Von nun an zeigen sich die begrünten Hänge in freundlicherer Gestalt, bedeckt mit Waldungen, Olivenhainen und Weingärten. An der Mündung eines jeden Flusses liegt eine Ansiedlung, deren kleine Häuser sich am Wasser aneinanderreihen. Auch eine Olivenölfabrik gehört gewöhnlich dazu.

Limni, eine malerische Ortschaft mit 3000 Einwohnern, hat seit einiger Zeit einen Hafen mit 4–6 m Wassertiefe. Er ist nach Südosten offen. Direkt am Hafen gibt es Wasser, im Ort Tavernen und Lebensmittel; die Tankstelle ist etwas weiter entfernt. Ehe noch die großen Hotels von Loutra Aidipsou in Sicht kommen, passiert man eine Bucht, hinter der das Kloster des Propheten Elias sich kühn auf einem Ausläufer des 881 m hohen Balanti (Telethrion) erhebt.

Loutra Aidipsou, der vielbesuchte Kurort auf Euböa, ist mit dem Festland durch die häufig nach Arkitsa verkehrenden Fähren verbunden. Im Hafenbecken südlich des Fähranlegers können neben den Fischerbooten auch Yachten auf 3–4 m Wassertiefe Platz finden. Zur Versorgung ist alles in der Nähe, nur die Tankstelle liegt weit außerhalb.

Die **Lichades-Inseln** (Nisoi Lichades, Plan L der D 667) liegen am Nordende des Golfes von Euböa, 42 sm von der Brücke von Chalkis, und bilden zwei Durchfahrten, die zu den Golfen Diavlos Oreon im Nordosten und Maliakos Kolpos im Westen führen. Die enge Nordpassage (gut 400 m breit) zwischen Euböa und der Insel Monolia bietet bei Tage keinerlei Schwierigkeiten, wenn man sich nach Plan L der D 667 richtet. Hier läuft der Gezeitenstrom mit einer Geschwindigkeit von 3 kn; seine Richtung läßt sich jedoch nicht voraussehen, da sie vor-

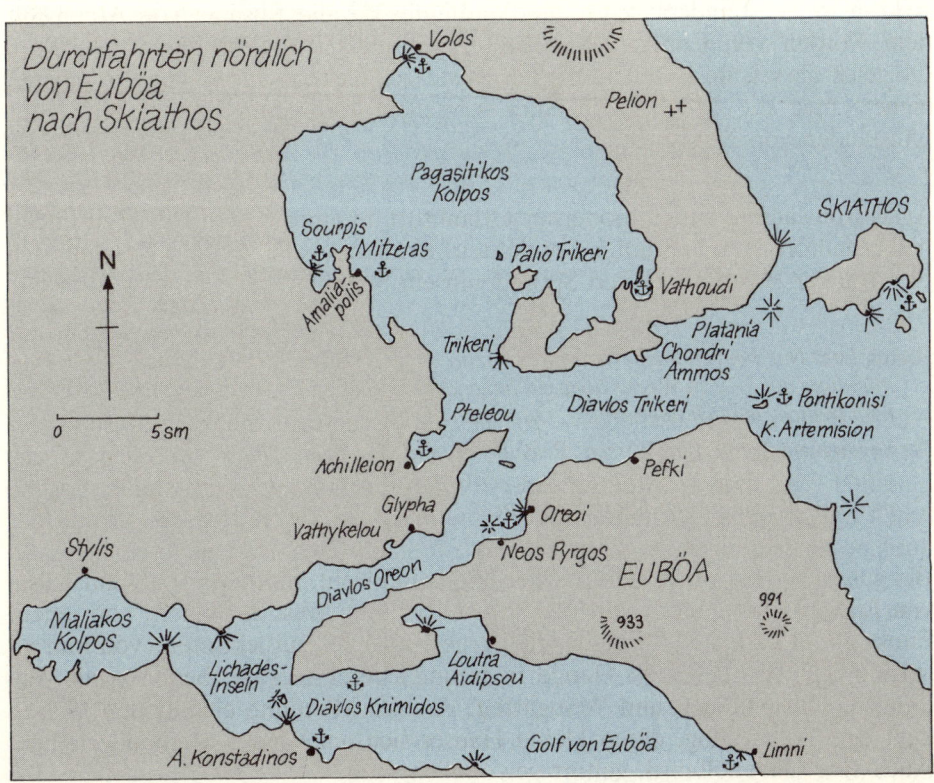

167

wiegend vom Wind abhängt. Yachten können unter dem roten Steilufer ankern, um eine günstige Tide abzuwarten. Im Hauptkanal ist die Strömung nur halb so stark.

Der **Malische Golf** (Maliakos Kolpos) hat dem Sportbootfahrer nichts zu bieten. Er führt zu den Kaianlagen von Stylis, wo Erze und Bauxit verladen werden und nicht weit entfernt von seinem Südufer die Thermopylen liegen.

Stylis (Limin Stylidos, Plan K der D 667) ist durch eine markierte Fahrrinne mit 4—5 m Wassertiefe zu erreichen. Die Versorgung mit Wasser, Treibstoff und Lebensmitteln in dem Städtchen an der Autobahn ist problemlos.

Der nach Nordosten führende **Diavlos Oreon** trennt Euböa von der Küste Thessaliens. Er führt an dem weiträumigen Pagasitikos Kolpos (Pagasäischer Golf, auch Golf von Volos genannt) vorüber zu den reizenden Nördlichen Sporaden. Während des Sommers weht nachmittags eine frische Nordostbrise über die Durchfahrt hinweg und verursacht eine kurze, steile See. Bedingt durch die Enge dieser Meeresstraße entsteht dann eine Strömung, deren Geschwindigkeit mehr als 2 kn betragen kann. Ebenso kann der Springtidenhub in Oreoi fast 1 m erreichen.

Oreoi an der Nordküste von Euböa ist der einzige gute Hafen an dieser Durchfahrt. Er wird durch eine Mole gegen die vorherrschenden Winde geschützt.

Liegeplatz: Wenn Platz ist, legt man über Bug oder Heck an der Innenseite der Nordmole auf 4 m Wasser an oder ankert vor der südlichen Pfeilerpier und macht mit Leinen an der Pier fest. Der Hafen ist sauber, der Grund besteht aus Sand. Die Wassertiefe verringert sich zur Kaiseite hin. Der kleine Hafen ist häufig mit Fischerbooten und Charteryachten belegt. — Im Fall von Schwell durch Starkwind aus Westsüdwest suche man Schutz am Südstrand von Pyrgos oder im engen Fischerhafen Neos Pyrgos (3—4 m Wassertiefe).

Versorgungsmöglichkeiten: Trinkwasser erhält man auf der Nordmole. Eine Tankstelle gibt es nahe der Pfeilerpier, auch Lebensmittel kann man in der Nähe kaufen; Postamt und Telefon (OTE) sind ebenfalls nicht weit. Tavernen an der Wasserfront. Fährdienst besteht mit Volos.

Auf dem Platz des hübschen, modernisierten Fischerortes steht ein Marmorstier (4. Jahrhundert v. Chr.), der von Fischern aus dem Meer geborgen wurde. Dahinter sieht man die Ruinen einer auf den Grundmauern eines alten griechischen Grenzwalles errichteten venezianischen Burg. Der Ort wurde unweit des antiken Histiaia angelegt, von dem das auf einem Hügel gelegene benachbarte Istiea seinen Namen hat. Die Grundmauern eines marmornen Tempels sind noch erhalten.

Pefki an der Nordküste Euböas ist Station für die Personenfähre Volos — Sporaden und ein brauchbarer Hafen für Fischerboote und Yachten, die bei 5 m Wassertiefe über Bug oder Heck anlegen können. In dem lebhaften Ferienort kann man sich gut versorgen.

Ehe wir Euböa verlassen, noch kurz ein Blick in die Vergangenheit zur Zeit der Venezianer. Damals hieß die 170 km lange Insel Negroponte und war für mehr als zwei Jahrhunderte die stärkste Festung der Venezianer in der Ägäis, das Zentrum des Handels mit Konstantinopel und ihr Flottenstützpunkt im Kampf gegen die Piraten. An zahlreichen Stellen wurden Burgen erbaut, von denen einige noch als Ruinen von ihrer einstigen Größe und Bedeutung zeugen. 1470 erfolgte der entschlossene Angriff einer türkischen Flotte, die nach langer dramatischer Belagerung Oreoi eroberte – was den Fall der ganzen Insel zur Folge hatte.

Glypha, ein kleiner Ort auf dem Festland, der Küste von Euböa gegenüber, hat Autofährverbindung mit Agiokambos (westlich von Oreoi). Die beiden Ausbuchtungen östlich vom Fähranleger sind zum Ankern zu tief.

Ormos Vathykelou ist eine gut geschützte Bucht 1,5 sm westlich von Glypha, allerdings mit großen Wassertiefen. Man ankert in der Nordostecke auf 10–12 m Wasser und fährt eine Leine zu einem Baum aus. Der Platz ist bewaldet und wird gern von Campern aufgesucht.

Pagasäischer Golf

Steuert man in den großen Pagasitikos Kolpos ein, so macht man im Nordosten eine große Ortschaft aus, die an einem Berghang thront: Trikeri. Zu ihren Füßen liegt Skala Trikeri.

Ormos Trikeri, eine offene Bucht mit dem kleinen Hafen Skala Trikeri, liegt an der Einfahrt in den Pagasäischen Golf.

Einsteuerung und Liegeplatz: Das Fahrwasser ist tief, und der Ort auf dem Hügel stellt eine auffallende Landmarke dar. Man legt am befestigten Ufer vor dem Ort an; der Grund fällt steil ab und bietet dem Anker keinen Halt. Wegen des Schwells durch die vorbeifahrenden Schiffe sollte man lange Leinen verwenden. Im Ostteil der Hafenbucht liegen mehrere Festmachetonnen, deren Grundgeschirr man meiden muß. Täglich laufen Fähren den Hafen an.

Während des griechischen Unabhängigkeitskrieges wurde in dieser Bucht eine türkische Brigg von einem der ersten mit einer Hilfsdampfmaschine ausgerüsteten britischen Kanonenboote mit glühenden Kanonenkugeln in Brand geschossen. Das viermastige Stahlschiff hatte einen hohen, dünnen Schlot, Gaffeltakelung und Rahtoppsegel, wurde aber auch durch Schaufelräder angetrieben.

169

Palio Trikeri heißt die größere der beiden bewaldeten Inseln im Golf von Volos. Der beste Platz zum Übernachten ist Skala, eine reizende kleine Bucht an ihrem Südufer mit einigen Häusern und einem teilweise in ein Hotel umgewandeltes Kloster, das man nur von Norden kommend sieht. Auch hier sind die Wassertiefen groß. Man läßt auf 10 m Wasser den Anker fallen und bringt Leinen zu dem Kai im Westen aus, der auch der Fähre aus Volos als Anlegeplatz dient.

Ein bei allen Winden geschützter Ankerplatz findet sich außerdem in der Nordwestecke einer kleinen Bucht, etwa 0,5 sm östlich von Skala. Hier ankere man vor einer Hausruine und mache mit einer Leine an Land fest. Der steil abfallende Grund hält den Anker.

Ormos Vathoudi heißt eine bewaldete Bucht im südöstlichen Winkel des Golfes, die durch die vorgelagerte Insel hinreichenden Schutz und vor den Mündungen der kleinen Einschnitte bequeme Ankerplätze zu bieten hat. Diese große, von Land umschlossene Bucht ist reizend, und nur einige Bauern wohnen ständig hier. Inzwischen gibt es auch einige Sommerhäuser an den Hängen. Es lohnt sich, die Bucht aufzusuchen, zumal es hier im Sommer wegen der Tagesbrise stets kühl ist.

Einsteuerung und Ankerplatz: Man kann östlich und westlich an der Insel Alatas vorbeifahren. Dabei muß man wissen, daß es genau südlich davon Felsen gibt, die von dem sonst 3–4 m tiefen Boden bis auf 1 m unter die Wasseroberfläche emporragen und einige Aufmerksamkeit erfordern. Normalerweise wird man südöstlich der Werft auf 5–10 m Wasser ankern; denn hier ist der Schutz – vor allem auch bei Meltemi – am besten. – Westlich der westlichsten Spitze der Insel ist in der Ausbuchtung am Festland eine weitere Ankermöglichkeit auf 4–5 m Wasser. Hier wird man ungestörter liegen.

Versorgungsmöglichkeiten: Eine Taverne nahe der Werft, eine zweite am östlichen Ufer der Bucht. Alles Weitere in Milina, 1,5 sm nördlich. In der Werft werden große Kaïken und auch Yachten aufgeslippt oder ins Winterlager genommen.

Ormos Petraki heißt die Bucht knapp 2 sm nördlich der Vathoudi-Bucht. Sie ist völlig geschützt und besonders reizvoll durch die mit Olivenbäumen bestandenen Hänge rundum. Kein Wunder, daß hier eine Feriensiedlung entstanden ist. Nördlich der Insel Alatas sieht man am Festland einen Steinbruch, den man ansteuert; dann öffnet sich die Bucht nach Südosten. Man lasse den Anker auf 3−5 m Wasser fallen.

Ormos Pteleou, in der Einfahrt zum Golf von Volos, ist ein langgestreckter, von Bergen gesäumter Einschnitt mit zwei Ortschaften: Pigadi und Achilleion.

Ankerplatz und Versorgungsmöglichkeiten: In der nach Norden weisenden Ausbuchtung mit dem Dorf Pigadi (auch Paralia Pteleou) lasse man auf 5 m Wasser über Sand-Schlick-Grund den Anker fallen. Vor der Tagesbrise liegt man hier gut geschützt. Den kleinen Anleger sollte man für die Fischer freilassen, die hier ihren Fang für Volos anlanden und auch die Tavernen beliefern. − Der Ankerplatz vor dem größeren Ort Achilleion am Westufer der Bucht ist ziemlich ungeschützt; dafür kann man dort besser einkaufen.

Die in der Seekarte verzeichnete Turmruine ist Bestandteil einer frühmittelalterlichen Befestigung. Es lohnt sich, von Pigadi aus auf die Hügelkuppe mit den Grundmauern der Wehrwälle und aufgetürmten Trümmern zu steigen, denn abgesehen von der großartigen Landschaft rings um die Bucht sieht man auch den antiken, jetzt aber versandeten Hafen, von wo aus Achilleus nach Troja in See gestochen sein soll. Er liegt hinter der schmalen Halbinsel nordwestlich von Achilleion.

An der Westseite des Pagasäischen Golfes ist im Ormos Almyrou das „Verbotene Gebiet" zu beachten, wie es die Seekarte D 669 zeigt. Bei militärischen Übungen wird das Seegebiet von Patrouillenbooten kontrolliert. Es ist aber erlaubt, Ormos Mitzelas (Amaliapolis) und Ormos Sourpis anzulaufen, doch halte man sich dabei nahe an das Kap Almyros.

Amaliapolis (Ormos Mitzelas, Plan G der D 667) ist eine kleine Ortschaft mit einer steinernen Pier, die am Kopf 2,50 m Wasser hat. Davor kann man vor Anker gehen und eine lange Leine zur Pier ausbringen, auf der sich ein Wasserhahn befindet. Mehrere Tavernen und Läden gibt es in der Nähe. Eine Buslinie verbindet den Ort mit Volos. Bei nördlichen Winden sollte man für die Nacht in den großen Einschnitt im Nordwesten der Mitzelas-Bucht verlegen und vor dem Sandstrand ankern. Hier liegt man vor der von der Tagesbrise verursachten Dünung geschützt.

Ormos Sourpis ist eine freundliche Bucht auf der Westseite der Halbinsel, umgeben von Oliven- und Pinienhainen und nahezu menschenleer − von der Industrieanlage am jenseitigen Ufer abgesehen. Von den beiden Ausbuchtungen heißt die nördliche nach Plan G der D 667 Ormos Phiirles, bei den Griechen Loutraki Amaliapolis.

Ankerplatz und Versorgungsmöglichkeiten: Man ankere vor dem Strand auf etwa 5 m Wasser über Sand-Schlick-Grund. Einige Kaïken haben hier ihre Festmachebojen, und während des Winters sieht man auch mehrere Yachten. Der Platz sei, so heißt es, nach allen Seiten geschützt. Direkt am Ufer befindet sich eine Kaïkenwerft. Nach 15 min erreicht man zu Fuß auf einem über den Bergsattel führenden Pfad das Dorf Amaliapolis, wo man seine Lebensmittelvorräte ergänzen und Fisch essen kann.

Volos (Limin Volou, Plan H und J der D 667; Port of Entry) liegt am Nordrand des weiträumigen Pagasitikos Kolpos und hat 70000 Einwohner. Obwohl der Hafen guten Schutz und beste Versorgungsmöglichkeiten bietet, machen doch selten Yachten den weiten Umweg, um diese Stadt zu besuchen.

Einsteuerung und Liegeplatz: Man kann mit geradem Kurs bei Tag und Nacht einlaufen. Yachten machen gewöhnlich über Bug oder Heck am Kai vor der Stadt fest, wo auch die Dauerlieger ihre Murings haben. Der Grund besteht aus weichem Schlick. Während der Sommermonate weht die Nachmittagsbrise meist aus Süd. − Der kleine Sportboothafen 1 km weiter östlich ist mit einheimischen Booten voll belegt.

Versorgungsmöglichkeiten: Gutes Trinkwasser aus einem Hydranten am Anfang des Kais, Diesel und Benzin; Reparaturmöglichkeiten. Einige Yachten überwintern hier, und Mechaniker, Bootsbauer und Segelmacher sind ansässig. Die Werft nahe dem Kap Iolkos hat Stellplätze an Land. Man findet an der Wasserfront einige gute Restaurants. Ein Museumsbesuch ist lohnend. Es besteht Busverbindung mit Athen, Larissa und Thessaloniki sowie Schiffsverbindung mit Skiathos und anderen Inseln der Nördlichen Sporaden.

Seit dem Ende des Zweiten Weltkrieges hat sich Volos erstaunlich entwickelt und ist heute die viertgrößte Stadt Griechenlands. 1955 hatte es unter einem schweren Erdbeben zu leiden, dem eine Anzahl alter Bauwerke zum Opfer fiel, aber durch das sofortige Eingreifen der Behörden waren die Schäden schnell beseitigt.

Die Küstenstriche am Golf von Volos und die Landschaft des Pelion sind sehr schön. Wer der Hitze, die an Sommerabenden in Volos herrscht, entrinnen will, sollte nach Portaria auf halber Höhe des Pelion hinauffahren oder auch nach Makrinitsa, wo es ein gutes Restaurant und eine von Platanen beschattete Terrasse gibt. An der Küste entlang liegen zwischen Olivenhainen kleine Dörfer, wo man einfach, aber gut essen kann.

Im Diavlos Trikeri nordostwärts segelnd, gelangt man zu zwei Ankerplätzen, die problemlos anzusteuern sind:

Ormos Chondri Ammos (Andriami) bietet guten Schutz auf 5−6 m Wasser in der Nordostecke. Die Umgebung ist sehr reizvoll.

Ormos Platania liegt weit offen vor einem kleinen Dorf, das von Wald umgeben ist. Man ankere auf 5 m Wasser über Sandgrund. Die Pier wird von Ausflugsbooten und der Fähre beansprucht. Es gibt hier Tavernen und Läden. Ein Bus fährt über die gebirgige Halbinsel Magnisia nach Volos. Wegen des Schwells der vorbeifahrenden Schiffe liegt man sehr unruhig.

Südostwärts von Platania passiert man im Diavlos Trikeri die Nordostecke von Euböa, **Kap Artemision,** wo 480 v. Chr. hundert Kriegsschiffe der Athener zusammen mit einigen Fahrzeugen der Verbündeten sich zum ersten Male der persischen Invasionsflotte zum Kampf stellten. Hier gibt es keinen Ankerplatz, aber die gegenüberliegende Insel **Pontikonisi** hat an der Südseite einen hübschen schmalen Einschnitt, der einer kleinen Yacht hinreichend Schutz für einen vorübergehenden Aufenthalt gewährt.

Die Nördlichen Sporaden

Skyros eingerechnet, zählen zu den Nördlichen Sporaden neun Inseln — einige davon ungemein schön und interessant.

SKIATHOS mit seinen sanften, grünen Hängen ist verhältnismäßig niedrig und dicht bewaldet. Die Insel hat nahezu 4000 Bewohner.

Skiathos, unweit des Hafens (Ormos Skiathou, Plan A der D 667) auf zwei Hügeln gelegen, ist ein anziehender, hübscher Ort, der ähnlich wie Ios oder Mykonos zunehmend junge Leute anzieht. Er wurde zu Anfang des letzten Jahrhunderts erbaut, nach der Ausmerzung des Piratenunwesens.

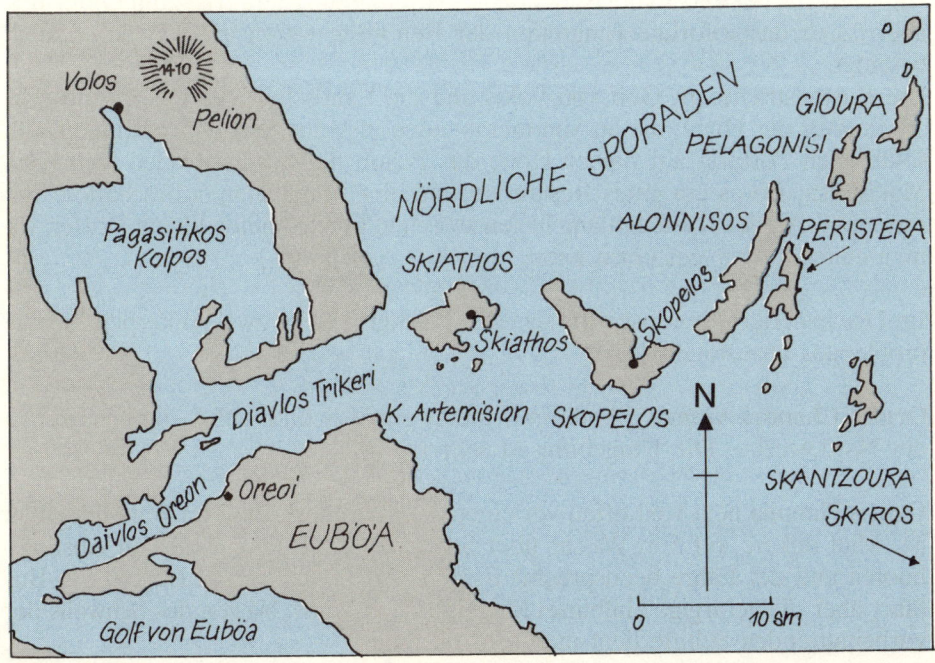

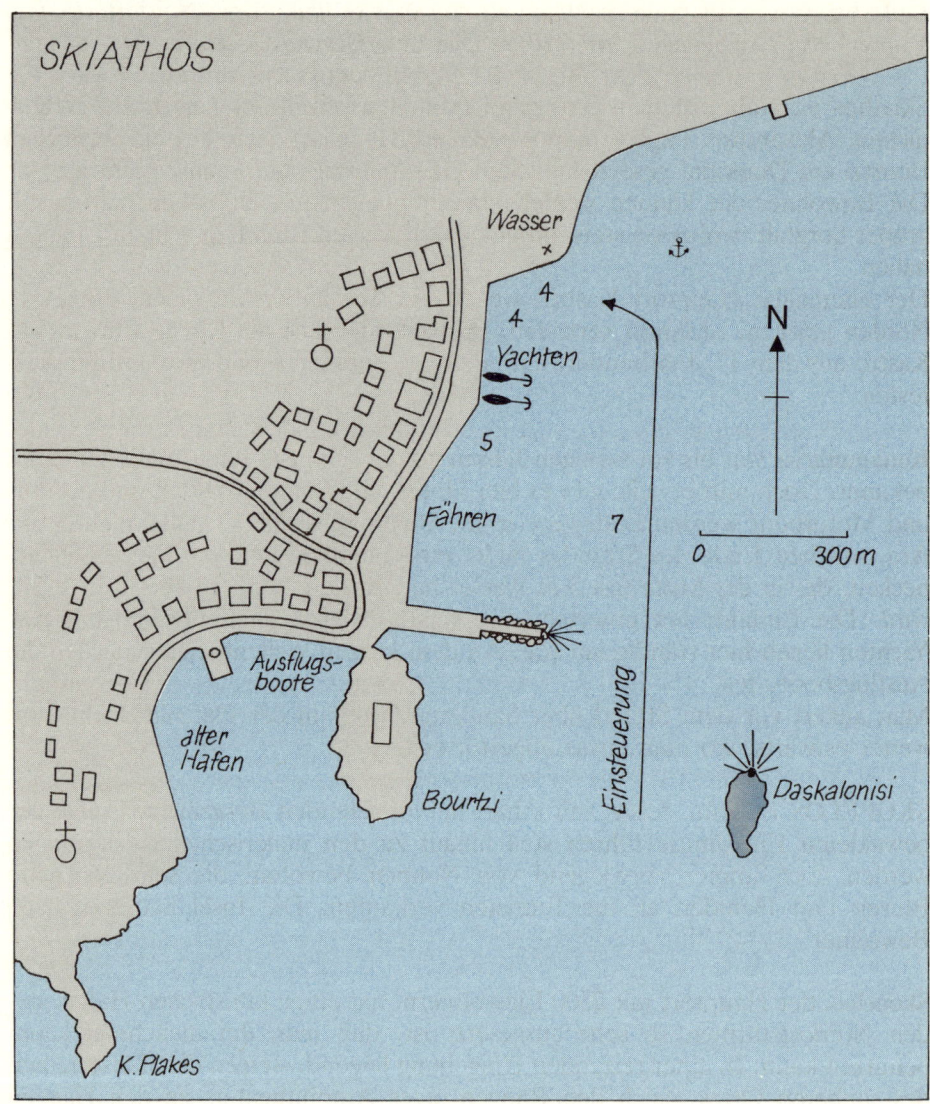

Einsteuerung und Liegeplatz: Seit dem Bau der neuen Kais gibt es im hinteren Teil eine Anzahl Liegeplätze für Yachten, die man erreicht, wenn man an der Leuchtturminsel Daskalonisi und dem befeuerten Wellenbrecher vorbeiläuft und sich dann nordwestwärts richtet. Yachten legen sich mit Bug oder Heck an den Kai; im südlichen Teil legen die Fähren an, die gefährlichen Schwell verursachen. In der Nordostecke der Bucht kann man auf 5 m Wassertiefe in der Nähe der Kaïkenwerft auch ankern und mit dem Beiboot an Land gehen (15 min Fußweg zum Ort). — Pier und Kai im alten Hafen westlich der bewaldeten Halbinsel Bourtzi sind meist mit Ausflugsbooten belegt.

Versorgungsmöglichkeiten: Wasser zu bestimmten Zeiten auf dem Kai. Dort auch Treibstoffanlieferung. Bootszubehör im Ort, Motorenwerkstatt außerhalb. Lebensmittel, darunter auch frisches Gemüse und Obst, sind im Überfluß zu haben, Eis gelegentlich im alten

Hafen. Restaurants, Tavernen, Bars und Diskotheken gibt es reichlich. Flugverbindung mit Athen, Fähren zum Festland (Volos und A. Konstadinos).

Skiathos ist stolz auf den hier geborenen Heimatschriftsteller und Novellendichter Alexandros Papadiamantis (1851–1911), dem man auf der Halbinsel Bourtzi ein Denkmal gesetzt hat. Sein Geburtshaus kann man besichtigen.

Die Bewohner der kleinen weißen Häuser pflegen ihre hübschen Gärten mit großer Sorgfalt, wobei sie stets mit einer vielfarbigen Blumenpracht zu kämpfen haben.

Der ehemalige Hauptort Kastro, wegen der Seeräuber auf einem Hügel im Norden gelegen, ist längst verlassen. Besuchenswert ist die Kirche Christos sto Kastro aus dem 17. Jahrhundert mit einer geschnitzten Ikonostase und Freskenresten.

Koukounaries war bis vor wenigen Jahren als der schönste Badestrand der Ägäis bekannt. Doch mittlerweile gibt es hier Hotels und Sommerhäuser, und per Bus und Motorboot werden Badegäste in die Bucht gebracht.

Am östlichen Ende des Strandes bildet eine Flußmündung ein kleines Hafenbecken, das in der Mitte fast 5 m Wasser hat, zu den Rändern aber sehr seicht wird. Die Einfahrt hat unterschiedliche Wassertiefen um 3 m. Einige kleine Yachten liegen hier ständig am Kai. An dem kurzen Wellenbrecher machen die Ausflugsboote fest.

Man ankert vor dem Strand über Sandgrund oder in der Platania-Bucht 2 sm weiter ostwärts, wo man etwas ungestörter liegt.

SKOPELOS ist grün, felsig, mit scharf hervortretenden Bergzügen. Einige der bewaldeten Einschnitte führen steil hinauf zu den malerischen Klöstern. Sie werden noch immer vorwiegend von Nonnen bewohnt, die selbstgemachte Blusen und Hemden an die Touristen verkaufen. Die Insel hat etwa 4500 Bewohner.

Skopelos, der Hauptort mit 2500 Einwohnern, hat einen künstlichen Hafen, der den Nordoststürmen so sehr ausgesetzt ist, daß man ihn manchmal kaum benutzen kann. In einer reizenden Umgebung liegend, steigen die Häuserreihen des sauberen Ortes gleich den Rängen eines Amphitheaters an den Hängen hoch. Die Höhen sind mit Olivenhainen bestanden. Hier und dort sieht man Gruppen von Zypressen und dahinter Weingärten.

Einsteuerung und Liegeplatz: Die Wellenbrecher wurden verlängert und erhöht, der Hafen ausgebaggert. Bei starkem Meltemi sollte man es nicht riskieren, diesen Hafen anzulaufen, sondern auf einem der Ankerplätze an der Südküste – Ormos Agnontas oder Ormos Staphylos – Schutz suchen. Yachten liegen im allgemeinen an der Nordostmole. Die Wassertiefe beträgt in der Einfahrt 5–6 m, verringert sich aber bis vor dem Kai auf 3 m. Der Grund besteht zumeist aus festem Schlick. Sollte der Meltemi zu stark wehen, so ist es am besten, sich in der Mitte des Hafens vor Anker zu legen.

Versorgungsmöglichkeiten: Trinkwasser nicht immer erhältlich. Kraftstoff per Tankwagen. Lebensmittelläden, Restaurants, Tavernen und eine Bank sind nicht weit entfernt. Busse

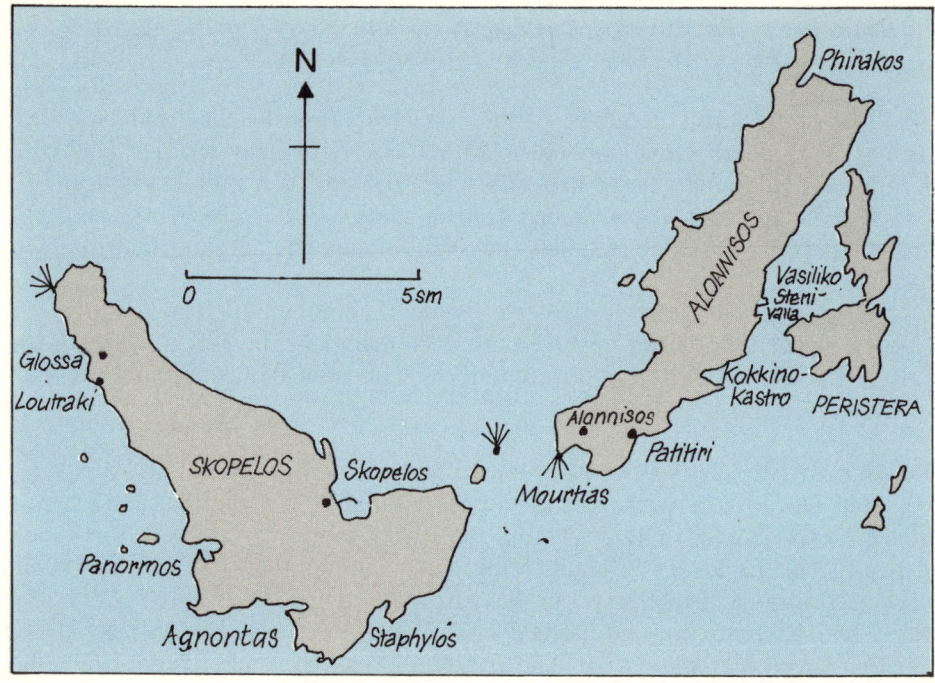

verkehren zwischen Skopelos und Loutraki (Glossa), wo sie Anschluß an die Fähre nach Skiathos haben; täglich Fährverbindung mit dem Festland (Volos oder A. Konstadinos).

Hoch über dem Hafen sieht man zwei Klöster in beherrschender Lage auf den Berghängen. Eine Kirche aus dem 4. Jahrhundert mit interessanten Fresken liegt im Norden der Stadt. Ein Spaziergang in dem Hügelland wird durch die stets wechselnden Eindrücke zu einem Erlebnis.

Loutraki an der Nordwestküste von Skopelos ist der Hafen der oberhalb liegenden, weithin sichtbaren Ortschaft Glossa. Die Wellenbrecher gewähren bei starken nördlichen Winden guten Schutz.

Einsteuerung und Liegeplatz: Die verlängerten, nachts befeuerten Molen sind von weitem zu erkennen. Man legt nördlich des vorspringenden Fährkais auf 3 m Wassertiefe an. Die Nordwestecke des Hafens ist seicht und durch Felsen unrein. Gegebenenfalls kann man vor dem flach auslaufenden Strand ankern, der Grund besteht aus Schlick.

Versorgungsmöglichkeiten: Wasserhahn an der Straße. Es gibt zwei Tavernen und eventuell Eis bei dem Fischhändler.

Glossa erreicht man per Bus oder zu Fuß auf einem Eselspfad. Der Spaziergang an den Hügelhängen hinauf ist lohnend, denn es bieten sich nicht nur schöne Ausblicke, man wandert auch durch eine herrliche Pflanzenwelt mit vielen Obstbäumen, darunter Pflaumen, die für diese Insel charakteristisch sind.

Die **Panormos-Bucht** (Ormos Panormou) an der Südwestseite der Insel Skopelos ist ganz reizend und gewährt einer Anzahl Yachten hinreichend Schutz.

Liegeplatz und Versorgungsmöglichkeiten: Man ankere in der südlichen Ausbuchtung auf 10 m Wasser, Bug gegen Norden, und bringe eine Leine zu den Pinien am Ufer aus. Wind fällt hier nur aus Norden oder Süden ein. Keine Dünung. Man liegt völlig geschützt. Taverne am Oststrand der Hauptbucht. In der Nähe führt die Hauptstraße von Skopelos nach Glossa vorbei.

Agnontas heißt eine freundliche, von Steilufern eingefaßte Bucht mit ein paar kleinen Häusern in der Nordostecke und einem Geröllstrand an ihrem Ende. Sie wird häufig von Yachten aufgesucht.

Einsteuerung und Liegeplatz: Mit Kompaßkurs von etwa 90° zwischen zwei Leuchtfeuern hindurch. Am Kai mit 4−5 m Wasser davor kann man anlegen (Poller und Ringe vorhanden). Ist dort alles voll, ankert man etwa 70 m vor dem Strand auf 5−10 m Wasser über Sandgrund, nur gegen Südwesten ungeschützt − ein brauchbarer Ankerplatz, selbst bei Meltemi. Landen kann man mit dem Beiboot am Kai.
Bei harten Nordwinden läuft die Fähre statt des Hafens Skopelos manchmal diese Bucht an und macht am Kai fest, der dann freizuhalten ist.
Versorgungsmöglichkeiten: Zwei Tavernen am Strand, in denen man Wasser bekommen kann. Die Straße nach Skopelos berührt den Weiler.

Staphylos, eine ziemlich offene Bucht, ist für den Fall, daß der Meltemi stark weht, der nächste sichere Ankerplatz in Nähe des Hafens Skopelos. Man ankere vor dem Sandstrand auf 5−10 m Wasser über Sandgrund. Es gibt hier einige Häuser und einen Campingplatz.
Staphylos erhielt seinen Namen nach dem Sohn des Dionysos und der Ariadne. Vor einigen Jahren wurden auf der felsigen Halbinsel sein mutmaßliches Grab freigelegt und einige minoische Goldgeräte geborgen, die nun im Museum von Volos zu sehen sind.

ALONNISOS mit 1500 Bewohnern hat eine felsige, abweisende Nordwestküste ohne irgendeinen Einschnitt, während es an der Südostküste einige recht anziehende, für Yachten geeignete Ankerplätze gibt. Auf dem 300 m hohen Hügel an der Südwestspitze der Insel liegt der reizende Ort Alonnisos, dessen Besuch sich lohnt.

Ormos Mourtias heißt eine Bucht an der Südwestseite der Insel. Man kann zwar in der kleinen Ausbuchtung unmittelbar östlich der am Ufer erkennbaren Telefonmasten auf 5−7 m Wassertiefe ankern, doch liegt man wegen der ständigen Dünung sehr unruhig.
In Verlängerung der Mastenreihe verläuft ein Kabel auf dem Meeresboden; hier darf ebensowenig geankert werden wie in der Nordostecke von Ormos Mourtias.
Ein Maultierpfad führt zum Hauptort Alonnisos hinauf, doch sollte man einen Ausflug dorthin besser von Patitiri aus unternehmen.

Ormos Patitiri ist eine hübsche kleine Hafenbucht, die durch einen Wellenbrecher teilweise vor Seegang geschützt wird. (Das Farbfoto Nr. 24 zeigt die Hafenbucht vor dem Bau des Yacht- und Versorgungskais.)

Einsteuerung und Liegeplatz: Man lasse die Mole an Steuerbord und halte auf den Ladekai im Osten des Hafens zu, der 3 m Wassertiefe hat. Wenn hier kein Platz ist, kann man im Westen der Bucht über Sandgrund ankern. Der Platz ist offen gegen Ost und Südost. Infolge des anwachsenden Tourismus ist der kleine Hafen oftmals mit Ausflugskaïken belegt. Dann sollte man nach Votsi, 0,5 sm weiter nordöstlich, gehen und in der Nordostecke dieser Bucht ankern.

Versorgungsmöglichkeiten: Es gibt reichlich Lebensmittel, ein paar Tavernen in Nähe des Kais, ebenso eine Tankstelle, wo man eventuell auch Wasser und Eis bekommt. Während des Sommers wird eine Fährverbindung zum Festland unterhalten.

Ormos Kokkinokastro (Rote Burg). Den Namen hat diese Bucht von den roten Kliffen, die sie umgeben. Man hat hier die Wahl zwischen mehreren Ausbuchtungen, zum Teil mit Sandstränden und Pinienwäldern.

Ormos Stenivalla liegt auf halbem Wege an der Ostküste von Alonnisos, der westlichen Spitze von Peristera gegenüber. Die Bucht ist sehr klein, aber hübsch, und bietet einem halben Dutzend kleiner Yachten Raum genug.

Einsteuerung und Liegeplatz: Man läuft mit westlichem Kurs ein. An dem kurzen, niedrigen Kai an der Nordseite ist das Wasser vor dem Knick knapp 2 m tief. Ist dort kein Platz, so kann man in der Bucht auf 3–5 m Wassertiefe ankern.

Versorgungsmöglichkeiten: Es gibt zwei Tavernen, die ausgezeichnete Fischgerichte zu bieten haben. Eventuell bekommt man auch Wasser. Der kleine Gemischtwarenladen hat ein verhältnismäßig reiches Sortiment.

Ormos Phirakos (Gerakas) liegt an der Nordspitze der Insel. Der Einschnitt ist eigentlich nur bei südlichen Winden von Nutzen. Dann ankere man am Kopf der Bucht oder in der winzigen Ausbuchtung am Ostufer.

PERISTERA (Xero) liegt an der Ostseite von Alonnisos und hat nur wenige Bewohner. Am Südende der Insel und an der Westseite gibt es mehrere Einschnitte.

Ormos Vasiliko heißt die große Bucht in der Mitte der Westküste. Ein paar Sommerhäuser, ein Bootsslip – mehr gibt es hier nicht.

Einsteuerung und Ankerplatz: Nach dem Passieren einer der Durchfahrten zwischen Alonnisos und Peristera läuft man in die nach Nordosten weisende Ausbuchtung der großen Bai. Von Norden kommend, muß die westliche Huk in weitem Bogen umfahren werden, da sie sich unter Wasser fortsetzt. Man ankert am Ende der Bucht auf 3–7 m Wasser; hier liegt ein Dschungel alter Trossen auf dem Grund, dem es auszuweichen gilt.

Ormos Peristeri ist die mittlere der drei Buchten an der Südküste von Peristera. Man liegt hier auf 5–7 m Wasser 50–100 m vor dem Sandstrand in völliger Abgeschiedenheit gut geschützt, außer bei den hier seltenen Südwinden.

PELAGONISI ist eine hohe, bewaldete, von einem Dutzend Hirten bewohnte Insel nordöstlich von Alonnisos. Sie hat zwei reizende, von begrünten Hügelhängen umgebene Ankerplätze, die nach allen Seiten geschützt sind.

Ormos Kyra Panagia liegt an der Südwestseite der Insel und ist eine einsame Bucht.

Einsteuerung und Ankerplatz: Man halte auf die am weitesten ostwärts liegende Ausbuchtung zu und lasse auf 5–7 m des sehr klaren Wassers über sandigem und steinigem Grund den Anker fallen. Hier liegt man nahezu völlig geschützt. Drei oder vier Yachten haben hinreichenden Raum zum Schwojen. Eine weitere Ankermöglichkeit besteht in der nördlichen Ausbuchtung hinter dem Eiland auf 4–5 m Wasser.

Limin Planitis an der Nordostseite der Insel ist ganz von hohen Bergen eingeschlossen und bietet vollkommenen Schutz. Im Sommer trifft man hier nur Fischerboote an. Der Ankerplatz hat den Vorteil, erfrischend kühl zu sein; die Luft ist erfüllt von Kräuterduft.

Einsteuerung und Ankerplatz: Die vorgelagerte Insel bleibt in jedem Fall an Steuerbord. An seiner engsten Stelle ist das Fahrwasser nur 80 m breit und 5 m tief. Bei Starkwind aus dem I. Quadranten können Grundseen das Einlaufen erschweren und das Auslaufen unmöglich machen. Brauchbare Ankerplätze findet man im östlichen und südlichen Teil der Bucht. Der Grund besteht aus festem Schlick.

Vor ein paar Jahren noch durchstreifte das Land eine Herde von Wildpferden, die dem Kloster gehörte. Das Kloster liegt an der Ostseite des südlichen Inselteils; von See her sind die weißen Gebäude über einer kleinen, ziemlich ungeschützten Bucht auszumachen – der einzigen an der Ostküste von Pelagonisi. Die Kirche aus dem 11. Jahrhundert besitzt noch einige interessante Ikonen. Der Ausblick über Meer und Inseln von dort oben ist sehr schön. Das Meer ist in dieser Gegend reich an Fischen.

Die übrigen drei, gegen Nordosten liegenden Inseln

GIOURA, PIPERI, PSATHOURA sind unbewohnt, besitzen keine brauchbaren Landeplätze und sind deshalb uninteressant. Bei nördlichen Winden muß man bei der Navigation Südstrom von 1–2 kn Geschwindigkeit berücksichtigen.

SKANTZOURA liegt auf der Route von Skopelos nach Skyros und mag Yachten, die für die Nacht einen Ankerplatz suchen, von Nutzen sein. Die Insel ist unbewohnt. Man hat die Wahl zwischen zwei Plätzen.

Ankerplätze: Die Bucht an der Westküste hinter der Insel Prasso hat 5 m Wassertiefe und sandigen, mit Seegras bewachsenen Grund. – Die Bucht am Südende der Insel bietet bes-

seren Schutz, ist aber nur etwa 3 m tief. Auch hier besteht der Grund aus mit Seegras bewachsenem Sand. Man liegt hier gegen östliche Winde gut geschützt.

Bei der Ansteuerung von Westen her ist zu beachten, daß der nur im Norden 100 m hohen, sonst aber flachen Insel Skantzoura im Westen etliche noch niedrigere Inseln und Felsen vorgelagert sind. Erhöhte Aufmerksamkeit ist besonders nachts geboten, denn es gibt in dem ganzen Archipel kein Feuer.

SKYROS ist die größte Sporadeninsel (208 km^2), hat aber nur 4000 Bewohner. Sie besteht eigentlich aus zwei Inseln, die durch eine flache Landenge miteinander verbunden sind. Die Nordhälfte ist teils bewaldet, teils landwirtschaftlich genutzt, die Südhälfte mit ihren Hügeln aber eher steinig, hier und da mit Oliven-, Ahornbäumen und Eichen bewachsen.

Linaria verfügt über einen kleinen Hafen und einen geschützten Ankerplatz etwas nördlich davon (Ormos Linarias, Plan B der D 669).

Einsteuerung und Liegeplatz: Das Fahrwasser nördlich der Insel Valaxa ist 4−5 m tief; man sollte es bei Nacht nicht benutzen. Der äußere Teil des Kais wird von der Fähre beansprucht. Hinter dem folgenden Vorsprung mit 3−4 m Wasser können Yachten anlegen; zur südlichen Ecke des Hafens nimmt die Wassertiefe ab und beträgt auch im nach Nordosten verlaufenden Teil nur 2−1 m. Dieser Teil des Kais ist mit Fischerbooten belegt. Man mache über Bug oder Heck fest, den Anker nordostwärts ausgebracht. Der Grund besteht aus Ton oder Schlick und fällt steil ab. Beim Fallenlassen des Ankers achte man auf das schwere Ankergeschirr der Kaïken, das man in dem zumeist klaren Wasser deutlich erkennen kann.
Ist der Hafen belegt, findet man einen Ankerplatz mit 5−6 m Wasser über mit Seegras bewachsenem Schlick oder Lehm am nördlichen Ende des Ormos Linarias. Dies ist ein guter Platz, vor allem bei ungünstigem Wetter. Am Strand gibt es eine Taverne.

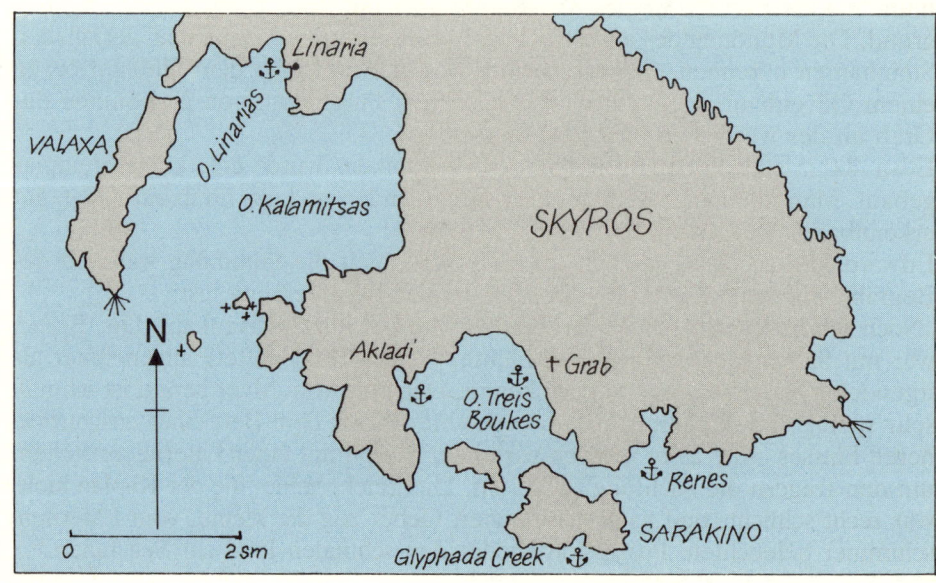

Versorgungsmöglichkeiten: Trinkwasserhähne auf dem Kai, Diesel und Benzin an der Tankstelle, Grundnahrungsmittel und Tavernen in der Nähe. Fährverbindung mit Kymi (Euböa) und Piräus.

Der gleichnamige Hauptort der Insel Skyros, die Chora mit 2000 Einwohnern, liegt auf einem Berghang im nordöstlichen Teil der Insel. Per Bus oder Taxi gelangt man in etwa 20 min dorthin. Die byzantinische St.-Georgs-Kirche ist mit Holzschnitzereien von einheimischen Künstlern geschmückt. Skyros ist bekannt für seine mit byzantinischen Motiven verzierten Kleinmöbel, Erzeugnisse seiner Volkskunst. Auch gibt es hier ein kleines, aber gut ausgestattetes Museum. Am Strand, zu Füßen der Stadt, steht ein neues Hotel.

In alten Zeiten erhob sich die Akropolis über der heutigen Stadt. Ihre Mauern, die sie mit dem inzwischen längst verschwundenen Hafen verbanden, kann man auch heute noch verfolgen. Man hat von oben einen herrlichen Blick über den flimmernden farbigen Sand und die in zahlreichen Blauschattierungen leuchtende See bis zu den fernen Inseln. Bis gegen Ende des vergangenen Jahrhunderts führte Skyros Weizen, Wein, Honig, Apfelsinen und Zitronen aus; jetzt aber werden Ziegen und auch Ponys gezüchtet.

Nördlich der Stadt steht an beherrschender Stelle die Statue des englischen Dichters Rupert Brooke, der am 23. April 1915 an Bord des französischen Lazarettschiffes „Duguay Trouin" in der Bucht Treis Boukes starb.

Ormos Treis Boukes ist eine weiträumige, von Land umschlossene Bucht mit einem guten Ankerplatz im westlichen Einschnitt, Ormos Akladi, mit feinem, bewachsenem Sandgrund. Bei nördlichen Winden fallen von den Bergen heftige Böen ein und stören den Frieden.

Will man das Grab von Rupert Brooke besuchen, ankere man vor der Flußmündung am Ostufer auf 5–10 m Wasser über mit Seegras bewachsenem Sandgrund. Die Mündung des ausgetrockneten Flusses läßt sich an einem zerfallenen Steinhaufen erkennen. Geht man dort an Land und folgt dem Flußlauf bis zu einem Olivenhain, so findet man nach einem Fußmarsch von 20 Minuten das Grab an der westlichen Seite des Flusses.

Etwa 400 m südlich der Mündung des Trockentales wurde eine kurze Steinpier gebaut. Man kann auch dort mit dem Dingi landen und das Grab auf einem gut erkennbaren Weg aufsuchen.

Edward Marsh, ein Kriegskamerad Brookes, hielt die Stimmung während des Begräbnisses vom 23. April 1915 in folgender Beschreibung fest:

„Noch am gleichen Abend begruben wir ihn in einem Olivenhain. Der Boden war mit Salbei, der bläulich-grau blühte, bedeckt und duftete angenehmer als irgendeine andere Pflanze, die ich kenne. Der Pfad vom Meer herauf ist schmal, sehr steinig und nur mit Mühe zu begehen; er folgt dem Bett eines ausgetrockneten Flusses. Alle 20 m mußten wir einen Posten mit einer Laterne aufstellen, um den Trägern die Richtung zu weisen. Die Leichenrede, die der Kaplan hielt, war recht schlicht, und nach dem letzten Gebet zog die kleine, vom Laternenschimmer beleuchtete Prozession wieder den schmalen Pfad zur See hinab."

181

Ormos Renes ist eine einsame und felsige Bucht mit Einschnitten im nordwestlichen und nordöstlichen Winkel, wo man zwar gut geschützt liegt, wegen des eingeengten Schwojekreises aber eine Leine zum Ufer ausbringen muß. Der Grund besteht aus feinem Sand mit Seegras und hält den Anker schlecht.

Die übrige Südküste von Skyros ist geradezu abweisend. Hier sind nur ein paar Ziegen zu sehen und auf den Hügeln die Schutthaufen alter Steinbrüche. Einzig der

Glyphada Creek an der Südseite der Insel Sarakino bietet in seinem Scheitel einen Ankerplatz auf 5 m Wasser über Sandgrund; er ist nur nach Süden offen und der empfehlenswerteste von allen. Die vorher genannten Ankerplätze auf der Hauptinsel bieten zwar auch Schutz vor dem Meltemi, aber bei Starkwind oder Sturm fegen Fallböen von den Bergen herab und machen das Liegen durch Schwell zusätzlich ungemütlich.

Die Buchten der Westküste, Ormos Pevko und Ormos A. Phoka, werden zwar von kleinen Fischerbooten aufgesucht, sind aber für Yachten wegen des stets hereinstehenden Schwells nicht zu empfehlen.

Auf Skyros verbarg einst Thetis ihren Sohn Achilleus in Mädchenkleidern unter den Töchtern des Königs Lykomedes, um Achilleus an der Teilnahme am Trojanischen Krieg zu hindern. Denn einer Weissagung zufolge würde er dabei fallen. Auch in der Sage des attischen Königs Theseus spielt Skyros eine Rolle: Er soll hier durch König Lykomedes den Tod gefunden haben. Bereits im Altertum will man hier seine Gebeine gefunden haben, die dann, Thukydides zufolge, nach Athen übergeführt und im Theseion beigesetzt wurden.

Die Festlandsküste von den Nördlichen Sporaden bis Thessaloniki

Die Westküste des Thermaikos Kolpos ist über 100 sm hin ungegliedert und somit fast ohne schützende Buchten. Sie wird von dem nahezu 3000 m hohen Massiv des Olymp und den mächtigen Gebirgszügen in seiner Umgebung beherrscht.
Brauchbar ist nur die **Damouchari-Bucht** gleich südlich des gleichnamigen Kaps mit 5 m Wasser in ihrem Scheitel. Da sie sich nur gegen den II. Quadranten öffnet, und das nur sehr schmal, bietet sie Schutz vor dem Meltemi.

Stomion ist ein Fischerhafen südlich der Mündung des Pineios mit 3 m Wasser an der Innenseite der befeuerten Mole. Wasser, Lebensmittel und Tavernen in erreichbarer Nähe, Tankstelle 2 km entfernt.

Paralia Katerini, etwa 25 sm weiter nördlich, heißt der Fischerhafen der landeinwärts liegenden Stadt Katerini. Steinmolen schützen den Hafen vor Seegang und Versandung. In der Einfahrt sind 3 m, im Hafen höchstens 2 m Wasser. Gute Slipmöglichkeit und eine Wassertankstelle machen diesen sicheren Hafen für Trailerfahrer interessant.

Limeniskos Pierias 2 sm nordwestlich von Kap Atherida ist nur durch eine Enge zu erreichen, die lediglich Schiffe mit weniger als 1,50 m Tiefgang passieren können.

Ormos Methonis, weitere 4,5 sm nördlich, bietet zwar guten Schutz und ausreichende Wassertiefe, ist aber Schwell ausgesetzt, und das Nordufer ist versumpft. Für eine Nacht mag dieser Ankerplatz brauchbar sein. Fischtavernen am bewaldeten Ufer, Fischerboote vor Murings.

Bei Kap Megalo Emvolon geht der Thermaikos Kolpos in den Kolpos Thessalonikis über. Die Nordküste dieses Golfes ist ein riesiges Delta, das von vier Flüssen gebildet wird: Aliakmon, Loudias, Axios und Gallikos. Nach dem wasserreichsten wird es das Axiosdelta genannt. Durch zahlreiche Meliorationen wurden Teile des Marschlandes zwar verbessert, zugleich aber viele Wildvögel

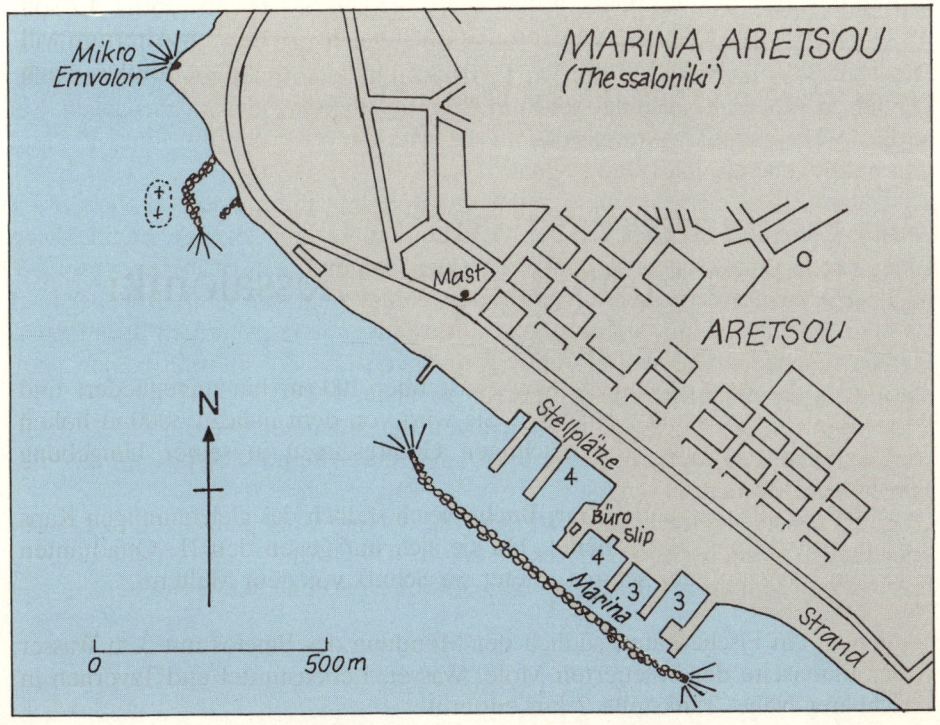

von ihren Brutstätten verdrängt. Gleichwohl sieht man hier immer noch verschiedene Entenarten, Kiebitze, Reiher und viele kleinere Arten.

Der Meltemi kann unter Umständen mit großer Stärke aus dem Tal des Vardar (Axios) den Golf hinunterwehen und zwei oder drei Tage anhalten; ansonsten herrscht eine jeden Nachmittag aufkommende Seebrise aus Südwesten vor.

Thessaloniki (Kolpos Thessalonikis, Plan auf D 1082; Port of Entry) war im Altertum die Hauptstadt der römischen Provinz Makedonien und ist heute mit einer Million Einwohnern die zweitgrößte Stadt Griechenlands. Sie hat einen großen Handelshafen; die **Marina Aretsou** liegt 3 sm südlich des Stadtzentrums (Skizze Seite 183).

Einsteuerung und Liegeplatz: Der Funkmast und eine Kirche auf einem Hügel – beide hinter der Marina gelegen – erleichtern die Einsteuerung. Der Wellenbrecher trägt an seinem Nordkopf ein grünes, am Südende ein rotes Feuer. Yachten liegen in dem 4 m tiefen Becken an Muringbojen. Das Marinapersonal kassiert Liegegebühren.

Versorgungsmöglichkeiten: Wasser- und Stromanschlüsse an den Liegeplätzen. Treibstoff wird per Tankwagen geliefert. Läden und Restaurants gibt es jenseits der Straße. Die Marina eignet sich als Dauerliegeplatz; keine Wartungsarbeiten, wohl aber Stellplätze und ein Mobilkran bis 20 t Tragfähigkeit. Ersatzteile und Reparaturwerkstätten in Thessaloniki. Nach Athen gelangt man per Flugzeug in 50 min, mit Bus oder Eisenbahn in etwa sieben Stunden.

Kassandros gründete die Stadt 315/316 v. Chr. und benannte sie nach seiner Gattin Thessalonike, der Stiefschwester Alexanders des Großen. Zur Zeit der Römer errang der Hafen größere Bedeutung durch den Bau der Via Egnatia. Diese große Militärstraße, die von Dyrrhachium, dem heutigen Durazzo oder Durresi in Albanien, ausging, verband Rom mit seinen östlichen Provinzen. Sie berührte Thessaloniki, Amphipolis an der Mündung des Strymon und Philippi (Krenides), ehe sie in Byzanz endete.

Thessaloniki hat nichts mehr gemein mit der umwallten orientalischen Stadt Selanik (Saloniki), die 1912 von den Griechen erobert wurde. Viele unglückliche Ereignisse lagen zwischen den beiden Weltkriegen und dem Erdbeben von 1978, doch sie scheinen vergessen zu sein. Thessaloniki zeigt sich dem Besucher jetzt als eine moderne, kühn aufstrebende Großstadt, mit Esplanaden, öffentlichen Plätzen und Hochhäusern, mit einer Universität und der internationalen Handelsmesse, die alljährlich im September abgehalten wird.

Die byzantinischen Kirchen, die ehemaligen Befestigungen und der Weiße Turm, vor allem aber das Archäologische Museum gehören zum Pflichtprogramm eines Thessaloniki-Besuches.

Über die Möglichkeiten einer Besteigung des **Olymp** kann man sich im Büro des griechischen Alpinisten-Vereins entweder in Thessaloniki und Athen oder in Litochoron, dem Ausgangspunkt solcher Kletterpartien, beraten lassen.

21 Der hübsche Hafen Marmari
auf der Insel Euböa liegt östlich der Petalischen Inseln.
Er wird vorwiegend von
Fischerbooten benutzt

22 Kavala ist nicht nur ein großer
Handels- und Fischerhafen,
sondern auch Anlegeplatz für
die Fähren zur Insel Thasos

21

22

23

24

23 Einfahrt zum Hafen Skopelos
 (Nördliche Sporaden)

24 Der idyllisch gelegene Hafen
 Patitiri auf der Sporadeninsel
 Alonnisos bietet auch Platz
 zum Ankern

25 Limenaria an der Südwestküste der grünen Insel Thasos hat
 einen kleinen Fischerhafen

26 An der Nordküste der Insel Lesvos liegt Molyvos (Mithymna) zu Füßen eines genuesischen Kastells

27 Pythagoreion (Insel Samos), ein stimmungsvolles Städtchen und im Sommer ein sicherer Aufenthaltsort für Yachten

26

27

28

28 Wolken über den Bergen der
    Insel Ikaria kündigen Wind
    an. Der Hafen Agios Kirykos
    bietet kaum Schutz

29 Die Buchten der Phournoi-
    Inseln, einst Schlupfwinkel
    der Seeräuber, eignen sich
    selbst bei starkem Meltemi
    als Ankerplätze für Yachten

29

7 Die nördliche Küste

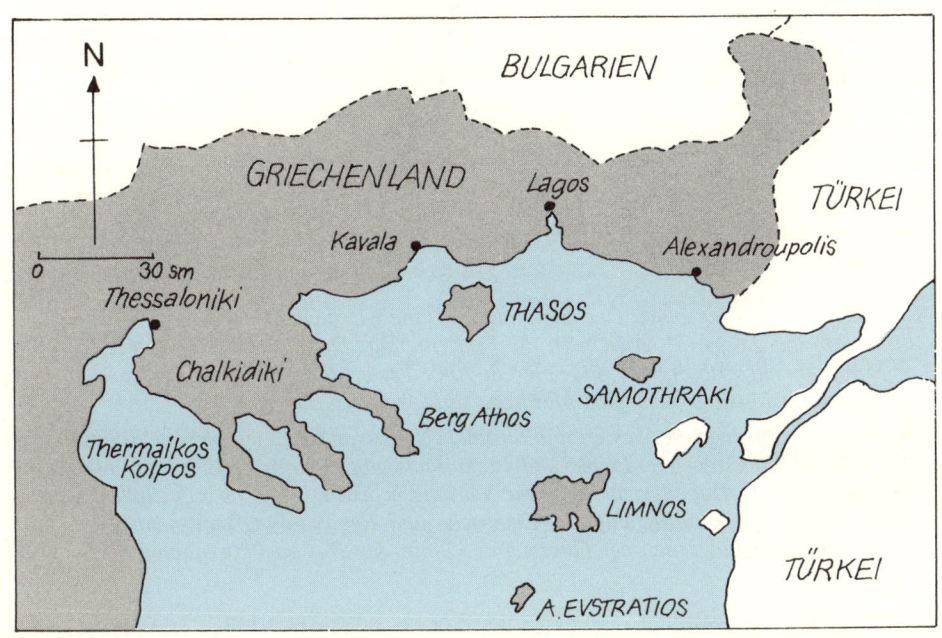

Seekarten: D 605, 609, 610, 1080

185

Halbinsel Chalkidiki

Chalkidiki erscheint auf der Karte gleich einer gefalteten Hand, von der drei Finger in die Ägäis weisen. Es sind die Halbinseln Kassandra, Sithonia und Agion Oros (Athos). Sie alle sind hügelig oder bergig, begrünt oder gar bewaldet. Hier wehen die Winde während des Sommers viel weniger stark als in der südlichen Ägäis.

Nea Michaniona, ein geräumiger Hafen mit 4–5 m Wasser an der Innenseite der befeuerten Mole, kann auf der langen Strecke durch den Thermaikos Kolpos als Zwischenstation und zur Versorgung nützlich sein. Yachten liegen zwischen Frachtern und Fischtrawlern längsseits am Kai. Auf der Uferseite wird es schnell seicht. Im Ort Geschäfte aller Art, Restaurants, Cafés, Banken. Busse nach Thessaloniki und zu den Halbinseln Kassandra und Sithonia.

Nea Moudania, fast 25 sm weiter südostwärts gelegen, ist ein vielbesuchter Ferienort. Der Hafen wird von Kümos und Fischerbooten angelaufen. Trotz der umfangreichen Bauarbeiten dürfte sich auch für Yachten ein Liegeplatz im westlichen Teil auf 5 m Wasser finden. Wasser gibt es am Kai, Treibstoff per Tankwagen.

Die Halbinsel **Kassandra,** vorwiegend Weide- und Ackerland, ist durch einen Kanal vom Festland getrennt. Eine Straße führt von Nea Potidaia an der Ost-

küste entlang und fast um die ganze Halbinsel, so daß alle Strände gut zu erreichen sind.

Nea Potidaia liegt an der Westseite auf dem Südufer des Kanals, der von einer Brücke mit 17 m lichter Höhe überspannt wird. Der kleine Bootshafen dient in erster Linie Fischern. Ostwärts der Brücke befindet sich am Nordufer der östlichen Einfahrt ebenfalls ein kleines Becken mit einer Wassertiefe um 3 m in der Mitte, zum Rand hin schnell abnehmend. Ankern vor dem Strand nahe der Osteinfahrt ist problemlos.

Den ganzen Kanal entlang gibt es am Südufer kurze Holzstege, an denen Fischkutter festmachen. Der Kanal versandet im Westteil; da er aber von Fischern viel benutzt wird, wird er von Zeit zu Zeit ausgebaggert. Er soll nie weniger als 3 m Tiefe haben; in der Mitte soll er doppelt so tief sein. Will man mit einer Yacht mit mehr als 2 m Tiefgang durchfahren, erkundige man sich vorher nach der Wassertiefe.

Der Ort mit seinen 1200 Einwohnern wurde im 5. Jahrhundert v. Chr. als Kolonie von Korinth gegründet. Einige der alten Mauern kann man noch auf dem Südufer sehen. Sie erstrecken sich zum Meer hin. Im Ort und in Strandnähe gibt es Geschäfte, gute Fischrestaurants und Cafés.

Läuft man an der Westküste der Halbinsel nach Süden, stößt man bei **Pyrgos** und **Sivri** auf sehr offene Ankerplätze in hübscher Umgebung. Ebenfalls sehr ungeschützt sind die Ankerplätze nördlich und östlich des **Kaps Kassandra,** zudem muß man mit verhältnismäßig großen Wassertiefen rechnen. Der kleine Fischerhafen **Nea Skioni** ist dagegen nur an der Außenmole 3 m tief, vor der Einfahrt sogar weniger. Für kleinere Boote mag sich dort ein Platz finden lassen.

Paliouri ist ein Ort am Ormos Kannavitsa, 5 sm nordwestlich von Kap Paliouri. Man ankert in der südlichen Ecke der Bucht nahe einer abgerutschten Pier (1,80 m Wassertiefe) auf 4 m Wasser über mit Seegras bewachsenem Sandgrund. Hinter dem langen Sandstrand schließt sich an Hotel und Appartements ein Campingplatz mit einem Lebensmittelladen an. Das seichte, durch gewaltige Felsbrocken geschützte Becken in der Nordwestecke der Kannavitsa-Bucht wird von ganz flachgehenden Fischer- und Gleitbooten benutzt.

Glarokavos, ein Naturhafen ca. 1 sm nordwestlich des gleichnamigen Kaps, sollte ursprünglich zur „Marina Glarocambos" ausgebaut werden, doch trotz Baggerns ist die Einfahrt schon wieder auf weniger als 1,50 m aufgesandet. Außerdem führen Nordwinde zu solchen Brechern, daß man dann nicht einlaufen kann. Im Inneren ist das Wasser stellenweise bis 4 m tief (Schlickgrund). Nur einheimische Boote liegen hier vor Anker. Die Ufer − unbewohnt und mit Pinien gegen See hin − laufen flach aus. Das nächste Dorf ist 4−5 km entfernt.

Die Halbinsel **Sithonia** ist ebenfalls in erster Linie Acker- und Weideland, aber sie ist der am meisten bewaldete und hübscheste der drei „Finger". Auch hier führt eine Küstenstraße rund um die Halbinsel.

187

Kouphos liegt 8 sm ostwärts von Kap Paliouri in ansprechender Umgebung inmitten von Pinienwäldern und gehört zu den schönsten Naturhäfen des Mittelmeeres. Der Raum reicht für mehrere Yachten, denen ausgezeichneter Schutz geboten wird.

Ansteuerung, Ankerplatz und Versorgungsmöglichkeiten: Bei Tag und Nacht ist die Ansteuerung leicht. Man laufe bis ans Nordende der Bucht und lasse dort auf 5–7 m Wasser den Anker fallen. Der Grund besteht aus mit feinem Seegras bewachsenem Sand und Schlick. Entlang der Uferbefestigung ist es größtenteils nur 1 m tief. Die breitere Pier wird von Fischer- und Ausflugsbooten beansprucht. Zum Treibstoffbunkern darf man anlegen. An der kürzeren Pier hat eine Charterflotte Vorrang. Hier gibt es Wasser gegen Bezahlung. Gute Tavernen und Lebensmittelläden in der Nähe.

Porto Carras ist eine sichere Marina, umgeben von Olivenhainen, Mandel- und Zitrusgärten sowie Weinbergen, die früher dem Athos-Kloster St. Gregorius gehörten.

Einsteuerung und Liegeplatz: Ein riesiger, pyramidenförmiger Hotelpalast („Meliton") markiert die nördliche Einfahrt in einen 20 m breiten Kanal, dessen Ränder versanden, weshalb man sich innerhalb der Bojen halten muß. Die Einfahrt ist befeuert, außerdem führt nachts ein Richtfeuer in den Hafen. Das Personal weist einen Liegeplatz zu. Die

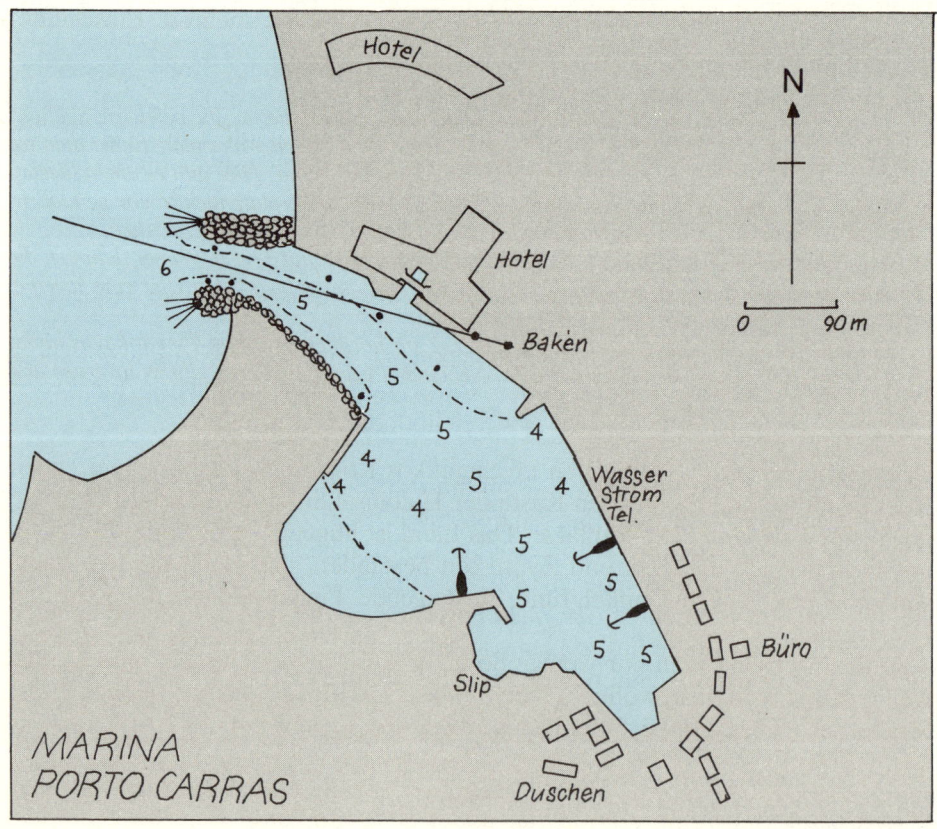

ziemlich hohen Liegegebühren dieser Privatmarina richten sich wie die Kosten für das Winterlager nach der Bootslänge und Liegezeit.

Versorgungsmöglichkeiten: Wasser- und Stromanschlüsse an jedem Liegeplatz, Kraftstoff per Tankwagen aus Neos Marmaras. Es gibt hier sehr vornehme Restaurants und Bars, ein Museum, Freilichtbühne, Kunstgalerie und ein Zentrum für Kunsthandwerker, die dort schaffen und verkaufen. Lebensmittel in Neos Marmaras (zu Fuß 30 Minuten am Strand entlang; man kann aber auch ein Taxi bestellen oder ein Fährboot ab Hotel „Meliton" benutzen). Vom Hotel „Meliton" werden im Sommer Busfahrten nach Thessaloniki organisiert.

Neos Marmaras dicht nördlich von Porto Carras, ein äußerst belebter Fremdenverkehrsort, bietet beste Versorgungsmöglichkeiten. Am neuen Westkai ist es jedoch nur um 2 m tief. An der Fährpier mit 3 m Wassertiefe und an der Pier für das Patrolboat im Osten dürfen Yachten nicht anlegen. Der Ankerplatz vor dem Ort ist zwar der Tagesbrise ausgesetzt, der Sandgrund hält jedoch sehr gut, so daß Neos Marmaras bei beständiger Wetterlage als Alternative zu Porto Carras in Betracht kommt.

Sykias-Bucht. Ein Besuch dieser weiträumigen Bucht mit einem Sandstrand in ihrem Scheitel lohnt sich. Sie liegt knapp 12 sm von Kouphos entfernt an der Ostseite der Halbinsel Sithonia, etwa an der Grenze zwischen Ägäis und Singitikos Kolpos. Außer dem Sandstrand im Scheitel hat sie mehrere Einschnitte, die sich zum Ankern eignen.

Einsteuerung und Ankerplatz: Beim Einlaufen halte man sich näher an die befeuerte Südhuk, um den Untiefen im nördlichen Teil fernzubleiben. Den besten Ankerplatz findet man im südlichen Winkel der Bucht auf 5 m Wasser über festem Sand. Hier gibt es einen idealen Badestrand. Nur wenn es aus Nordosten weht, ist der Ankerplatz nicht mehr gemütlich; dann sind die beiden Ausbuchtungen im Norden der großen Bai vorzuziehen.
In der südwestlichen Ausbuchtung gibt es eine kurze Mole mit 3−4 m Wasser dahinter, die einen gewissen Schutz gegen Winde aus dem I. Quadranten bietet. Am Ufer eine Taverne. Das Dorf Sykia liegt 3 km weiter binnen.
Ein anderer Ankerplatz liegt 3 sm südlicher, 2 sm nördlich von Kap Psevdokavos hinter einer Felszunge in einer sandigen Bucht. Neben den Campingplätzen gibt es Tavernen und Einkaufsmöglichkeiten.

Ormos Dimitri liegt weiter innen im Singitikos Kolpos, zwischen der reizenden Insel Diaporos und der flachen Küste der Halbinsel Sithonia. Es gibt hier einige für Yachten geeignete Ankerplätze. Das Land ist hügelig und in Nähe des Ufers mit Gruppen von Pappeln und Zypressen bestanden, die weiter binnen in Olivenhaine übergehen. Dunkelgrüne, ansteigende Pinienwaldungen bilden den Hintergrund.
Auf der Insel sieht man nur wenige Sommerhäuser und kleine Hütten, die zeitweilig von Fischern bewohnt werden. Das Festland ist dichter besiedelt; die Straße nach Thessaloniki führt hier vorbei.

Einsteuerung: Es gibt eine Reihe von Eilanden und Felsen, die nicht deutlich kartiert sind. Deshalb beschränke man sich auf die beiden Einfahrten gemäß Plan. Die Südeinfahrt

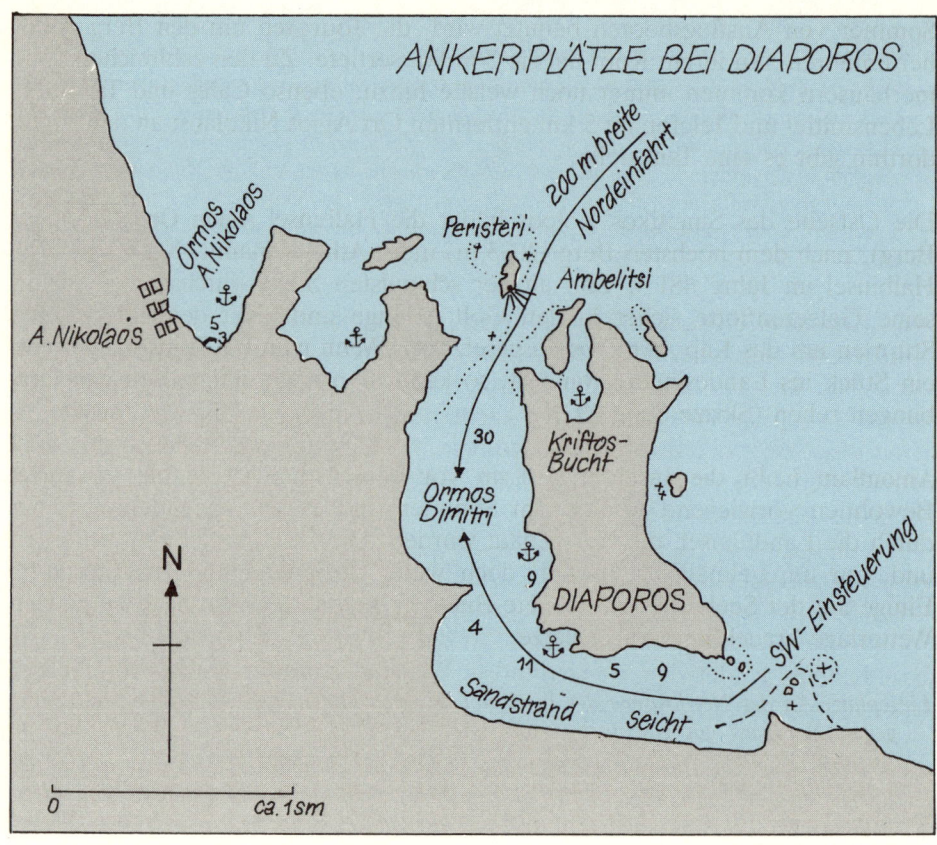

ANKERPLÄTZE BEI DIAPOROS

sollte man in südwestlicher Richtung ansteuern, jedoch nur bei ruhiger See mit Sicht auf den Grund. Die Klippen ragen aus dem Wasser heraus und sind gut sichtbar. Der Felsen mit der Bake bleibt an Backbord.
Noch eindeutiger ist die Nordeinfahrt. Sie führt zwischen der Leuchtturminsel Peristeri und Ambelitsi hindurch. Die davor liegenden Klippen sind deutlich über Wasser sichtbar. Diese Einfahrt ist 200 m breit und wird nachts durch ein grünes Funkelfeuer gekennzeichnet, das man an Steuerbord läßt.

Ankerplätze: Dicht unter Diaporos, wie im Plan gezeigt. Es gibt auch einen hübschen Ankerplatz in der Kriftos-Bucht, die man erreicht, wenn man östlich an Ambelitsi vorbeisteuert. Der Sand- oder Schlickboden hält den Anker gut.

Für die navigatorischen Mühen bei der Einsteuerung wird man durch eine einmalig schöne Umgebung entschädigt, die alle Möglichkeiten der Erholung bietet: Baden an einsamen Sandstränden, Ausruhen im Schatten von Pappeln und Pinien, Schnorcheln und Tauchen an den Riffen.

Ormos Agios Nikolaos ist eine hübsche bewaldete Bucht, die sich nach Nordnordosten öffnet, mit gut geschützten Ankerplätzen in den östlichen Ausbuchtungen. Der Meeresboden besteht aus weichem Schlamm und Sand. Vor dem gleichnamigen Weiler befindet sich eine kurze Pier, die von Fischern und im

Sommer von Ausflugsbooten benutzt wird, die Touristen um den Berg Athos herumfahren. An ihrem Kopf hat sie 2 m Wassertiefe. Zu den zahlreichen Sommerhäusern kommen immer noch welche hinzu, ebenso Cafés und Tavernen. Lebensmittel und Telefon im 5 km entfernten Ort Agios Nikolaos; an der Straße dorthin gibt es eine Tankstelle.

Die Ostseite des Singitikos Kolpos bildet die Halbinsel **Agion Oros** (Heiliger Berg), nach dem höchsten Berg (2033 m) meist **Athos** genannt. Xerxes ließ die Halbinsel im Jahre 481 v. Chr. an der schmalsten Stelle durchstechen, damit seine Galeerenflotte sicher in den Golf gelange und nicht den gefürchteten Stürmen um das Kap Akrathos ausgesetzt sei. Wenn man bei Tripiti landet und ein Stück ins Landesinnere wandert, so kann man noch einiges von den Grabungen sehen (Skizze Seite 193).

Amouliani heißt die Insel etwa 1 sm vor dem Isthmus. Sie hat etwa 600 Bewohner, vorwiegend Fischer. Im Sommer sind es sehr viel mehr, bedingt durch die Landhäuser, die hier gebaut wurden. Die Insel ist tief eingeschnitten und von unregelmäßiger Gestalt, doch wenig anziehend und ziemlich kahl. Einige auf der Seekarte verzeichnete Buchten bieten kleineren Schiffen je nach Wetterlage brauchbare Ankerplätze.

Liegeplatz: An der Nordostseite der Insel gibt es einen Hafen, der durch eine Mole außer gegen Nordwest gut geschützt ist. Er wird von Fischerbooten und Fähren stark in Anspruch genommen. Die befeuerte Mole ist über 100 m lang. Die Wassertiefe beträgt am Kopf 3 m, nimmt aber zum Land hin auf 2 m ab. Liegen kann man nur an der Westseite.

Versorgungsmöglichkeiten: Tavernen, Cafés, öffentlicher Fernsprecher. Häufige Fährverbindung mit Tripiti.

Auf der Halbinsel Athos befindet sich als hervorstechende Landmarke am Kap Pirgos der viereckige, fast 25 m hohe byzantinische Turm Prosphori. Im Gegensatz zu ihm ist die benachbarte Ortschaft

Ouranoupolis noch recht jung; sie wurde für jene Griechen gebaut, die nach dem Ersten Weltkrieg von einer der Prinzeninseln im Marmarameer vertrieben worden waren.

Der Ort ist jetzt ein Touristenzentrum, mit zahlreichen Hotels, Restaurants, Tavernen und Cafés an der Wasserfront. Mit Thessaloniki besteht Busverbindung.

Gegenüber vom Turm ist eine Mole gebaut worden, doch das Wasser ist nur am äußeren Ende zwischen 2 und 3 m tief. Yachten ankern bei ablandigem Wind besser etwa 150 m nordwestlich vom Turm vor dem Strand auf 4–5 m Wassertiefe. Bei südlichen Winden ist der Ankerplatz jedoch nicht zu empfehlen; dann sollte man nach Amouliani gehen oder im Schutz der am weitesten westlich gelegenen Insel der Inselgruppe Drenia ankern. Wegen der schweren Brecher, die bei Südsturm über dem dicht vor der Küste liegenden Riff stehen, sollte man die Durchfahrt nahe dem Leuchtfeuer Vr. Phryni nur bei ruhiger See benutzen.

Weniger als 1 sm vom Turm entfernt beginnt die Mönchsrepublik Athos, deren Bewohner ein zurückgezogenes Leben führen. Alles in allem gibt es hier 20 große und zahlreiche kleine Klöster, die man am besten von See her betrachten kann. Einige dieser Klöster sind bereits in der zweiten Hälfte des 10. Jahrhunderts erbaut worden. Die meisten erheben sich kühn auf Felsgraten oder ducken sich in die Mündung eines begrünten Tales, oder sie haben sich auf einem Stück fruchtbaren Landes dicht am Meer ausgebreitet. Mit Ausnahme einiger relativ moderner Anlagen stellen die Klöster für gewöhnlich ein unregelmäßiges Durcheinander byzantinischer Bauten dar, farbenfroh schattiert in roten und blauen Tönungen, überragt von Domen und Kuppeln. Wenn man sie so inmitten der begrünten Bergwelt sieht, machen sie einen sehr anziehenden Eindruck.

Die annähernd 45 km lange und 7 km breite Halbinsel Agion Oros ist an ihrer Westseite steilwandig und zerklüftet, während die Hänge gegen Osten sanft abfallen und mit vielen Arten von Bäumen bestanden sind. Dicht unterhalb des Kammes zieht sich ein Waldgürtel hin, dessen oberer Teil aus Buchen und Kastanien besteht, der untere aus Eichen und Platanen, durchsetzt mit Unterholz. Der Bergrücken erstreckt sich gleich einem Rückgrat bis zum Kopf der Halbinsel, wo er im heiligen Berg Athos eine Höhe von 2033 m erreicht; hier ist er nahezu kahl und fällt schroff zum Meer hin ab.

Daphni (Ormos Daphnis, Plan H der D 1080) ist der Kontrollhafen für die Mönchsrepublik Athos, wo man für beschränkte Dauer anlegen kann; er liegt ungefähr in der Mitte der Halbinsel am Singitikos Kolpos.

Ein Zoll- und Polizeiposten ist hier stationiert, um die Papiere und das persönliche Eigentum der Besucher zu überprüfen. Frauen ist der Besuch verwehrt. Einst lebten 40000 Mönche in den 20 mächtigen Klöstern oder in Einsiedeleien; heute sind es weniger als 1000. Ein Zivilgouverneur hat nun die Entscheidungen der „Heiligen Gemeinschaft" zu bestätigen. Weltliche Polizei überwacht Ankunft und Abfahrt der Besucher, die mit Kaïken in die Häfen und an die Anlegestege der Klöster kommen. Männliche Touristen haben sich zuerst bei einer diplomatischen Vertretung ihres Heimatlandes eine Befürwortung zu verschaffen. Damit erhält man vom griechischen Außenministerium in Athen oder vom Ministerium für Nordgriechenland in Thessaloniki die Einreisegenehmigung. Diese weist man der Polizei vor, die einen nach **Karyai** reisen läßt. Dort erhält man − korrekte Kleidung vorausgesetzt − von den Mönchen das Diamonitirion, eine Aufenthaltsgenehmigung für drei bis sieben Tage. Auf Maultieren oder in Booten kann man von einem Kloster zum anderen gelangen. Die Besichtigungen und auch die Benutzung der Maultiere sind kostenlos − aber selbstverständlich wird eine angemessene Spende erwartet.

Einsteuerung und Liegeplatz: Etwa 500 m südöstlich vom Leuchtturm befindet sich ein kleiner Kai mit einer steinernen Pier, die vor ihrem Kopf eine Wassertiefe von 2 m hat. Der Meeresgrund steigt steil an. Querab vom Kai liegt eine Festmachetonne für größere Schiffe aus. Doch nahe beim Kopf der Pier gibt es einen Flecken Sandgrund, der den Anker zwar schlecht hält, wohl aber hinreicht, den Bug einer Yacht klarzuhalten, wenn man ihr Heck kurzfristig zur Pier verholt. Die zumeist vorherrschenden Winde stehen hier nicht herein, und wenn die Bucht selbst auch vollkommen offen ist, so kann man doch

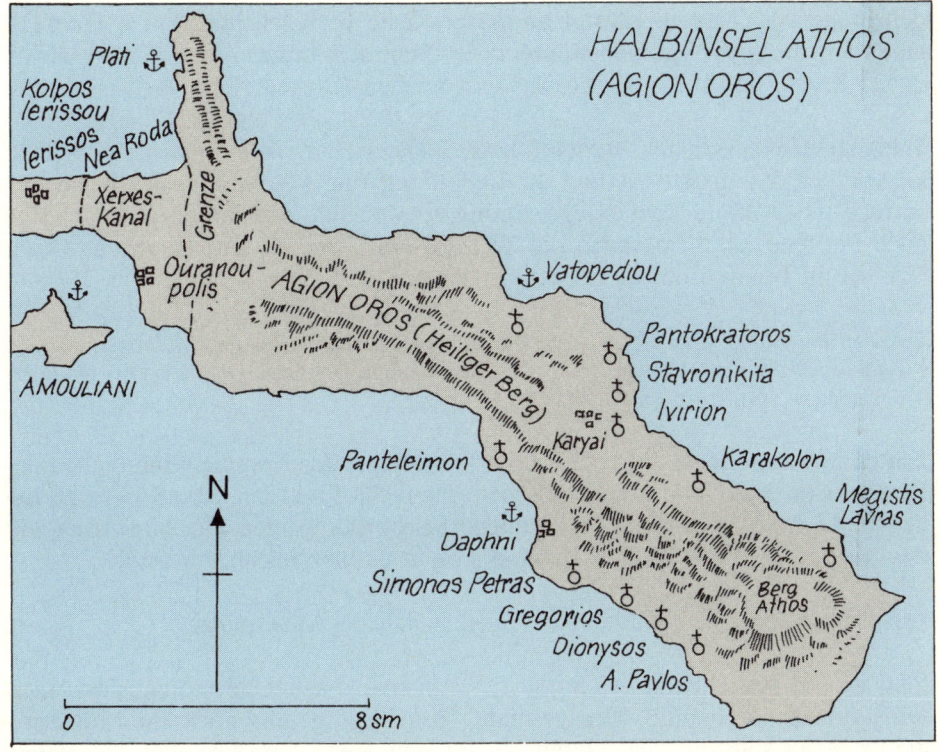

unter den gewöhnlichen Wetterverhältnissen des Sommers durch den Küstenverlauf hinreichend Schutz erwarten.

Versorgungsmöglichkeiten: Es gibt ein paar bescheidene kleine Läden sowie auch ganz in der Nähe einen Trinkwasserhahn. Ein Maultierpfad führt nach Karyai hinauf, dem Hauptort von Athos, wo die Landegenehmigung von neuem überprüft wird.

Folgt man der Küste in Richtung Südost, so sieht man das eindrucksvolle Kloster Simonos Petras hoch die Felsen überragen; es erinnert an die burgartigen Bauten in Tibet. Näher zum Ende der Halbinsel gewahrt man auf steilem Bergeshang kleine Häuser: Klausen von Einsiedlern. Andere, noch primitivere Wohnstätten, Höhlen in steiler Felsenwand, sind nur über Leitern zu erreichen. Wieder andere scheinen keinen erkennbaren Zugang zu haben und kleben wie Schwalbennester an den Felsen.

Das Meer vor Kap Akrathos kann recht unruhig sein; unter bestimmten Bedingungen fallen heftige Böen von den Berghängen ein. Im Jahre 492 v. Chr. erlebte Mardonius hier einen ungewöhnlich heftigen Sturm; aus klarem Himmel bracht plötzlich ein Levanter los und ließ eine große Anzahl der dreihundert Schiffe scheitern, die das Gros der persischen Flotte ausmachten.

Hat man das massive Vorgebirge gerundet und folgt der Nordostküste von Agion Oros, gelangt man zu dem ältesten und wohl schönsten Kloster des Athos, **Megistis Lavras** (Plan F der D 1080), mit einem winzigen Hafen zwischen den Steilufern. Andere Klöster an dieser Küste verfügen über kurze Piers. Es gibt aber nur einen einzigen während des Sommers brauchbaren Ankerplatz an dieser Küste, unterhalb des großen und reichen Klosters

Vatopediou. Von See her erscheint dieses Kloster eher wie ein mächtiges Schloß. Obwohl es das größte ist und an Bedeutung nur Megistis Lavras nachsteht, vermag das Äußere keine Begeisterung zu wecken. Am interessantesten sind noch der Glockenturm sowie die Vielzahl von Kirchen und Kapellen. Dafür birgt es im Inneren um so reichere Schätze.

Einsteuerung und Ankerplatz: Man nehme Kurs auf die Klosterbauten und lasse den Anker 100 m vor der kleinen Steinpier auf 7 m Wasser fallen. Der Grund hält gut, aber die Bucht liegt gegen Norden offen.

Ein Polizist tut Dienst auf dem Kai; er kontrolliert das Kommen und Gehen der Besucher oder auch der Einheimischen, die nicht direkt mit dem Kloster zu tun haben. Den Sommer über liegen einige Fischerboote hier. Der alte Aquädukt des Klosters ist noch in Betrieb, und so gibt es hier reichlich Wasser.

Am **Kolpos Ierissou** befinden sich einige nützliche Ankerplätze:

Plati ist ein brauchbarer Ankerplatz, wenn man nach Umrundung des Agion Oros verschnaufen muß. Das gesamte Vorgebirge gehört noch zur Mönchsrepublik. Man sollte deshalb darauf gefaßt sein, bei Kontrollen den Ankerplatz verlassen zu müssen.

Einsteuerung: Man halte sich seewärts von den Kap Arapis vorgelagerten Eilanden.

Ankerplatz: Ganz nach Belieben in der fast kreisrunden Bucht auf 7−9 m Wasser über mit dünnem Seegras bewachsenem Sand. Die Bucht ist nur gegen Südwesten offen, mit einer Windwirkstrecke von etwa 5 sm davor. Normalerweise steht jedoch nur die Nachtbrise aus dieser Richtung herein, obwohl in der Bucht selbst die Windrichtung häufig wechselt. Sie bietet indes für ein halbes Dutzend Yachten hinreichend Raum zum Schwojen. Das sie umschließende Land ist verhältnismäßig flach und der Ankerplatz friedlich.

Nea Roda ist ein gut geschützter, aber sehr schmutziger kleiner Fischerhafen am Nordausgang von Xerxes' einstigem Kanal. Eine 60 m lange Mole erstreckt sich von der Huk in westliche Richtung.

Ankerplatz: Man lasse den Anker in den 4−5 m tief liegenden Sandboden vor dem Molenkopf fallen, hinter dem kleine Boote liegen.

Versorgungsmöglichkeiten: Fischtavernen und Cafés säumen die Wasserfront; in dem Ort mit seinem lebhaften Fremdenverkehr gibt es reichlich Einkaufsmöglichkeiten und am Ortsausgang eine Tankstelle. Busverbindung mit Thessaloniki und Ouranoupolis.

Ierissos verfügt über einen durch Molen nur leidlich geschützten Fischerhafen. Die Wassertiefe am Kopf der Pier beträgt um 5 m, doch wird das Ankern davor durch Muringketten auf dem Grund erschwert. Deshalb macht man dort längsseits fest oder legt sich vor Buganker in den Außenhafen an die abgewinkelte Mole. In der unmittelbaren Umgebung ist eine große Hotelanlage entstanden; der vielbesuchte Urlaubsort Ierissos liegt weiter nordwestlich. Dort gibt es gute Versorgungsmöglichkeiten.

Stratonion in der Nordwestecke des Kolpos Ierissou bietet einen offenen Tagesankerplatz vor dem Sandstrand. Im Ort Läden und eine Tankstelle.

Festland bis Alexandroupolis und Nordägäische Inseln

Nordwestwärts laufend, nähert man sich den bewaldeten Berghängen am Kopf des Strymonikos Kolpos. Auf dem sandigen Westufer liegt in der Südwestecke des Ormos Stavrou die Ortschaft Stavros, und hinter ihr breitet sich eine bebaute Ebene bis an den Fuß der Berge im Hintergrund.

Stavros (Ormos Stavrou, Plan D der D 1080), zwar in ansprechender Landschaft gelegen, hat nur einen durch auflandigen Schwell unruhigen Ankerplatz vor dem Strand zu bieten. Östlich der T-förmigen Pier wurde eine zweite in Richtung Norden gebaut; sie trägt ein Leuchtfeuer. An ihrer Westseite können Yachten längsseits anlegen. Die Wassertiefe nimmt in der ersten Hälfte von 10 m auf 3 m ab. Der Ort ist mit Hotels und Ferienhäusern zugebaut worden, und viele Geschäfte und Restaurants sind entstanden.
Nördlich der Ortschaft mündet der aus dem Volvi-See kommende Rentina ins Meer. Seine begrünte und bewaldete Schlucht ist sehr reizvoll; man kann ihr auf der Straße 10 km weit bis zum See folgen. Leider ist ein großes Gebiet am Eingang zur Schlucht durch einen Waldbrand zerstört worden.

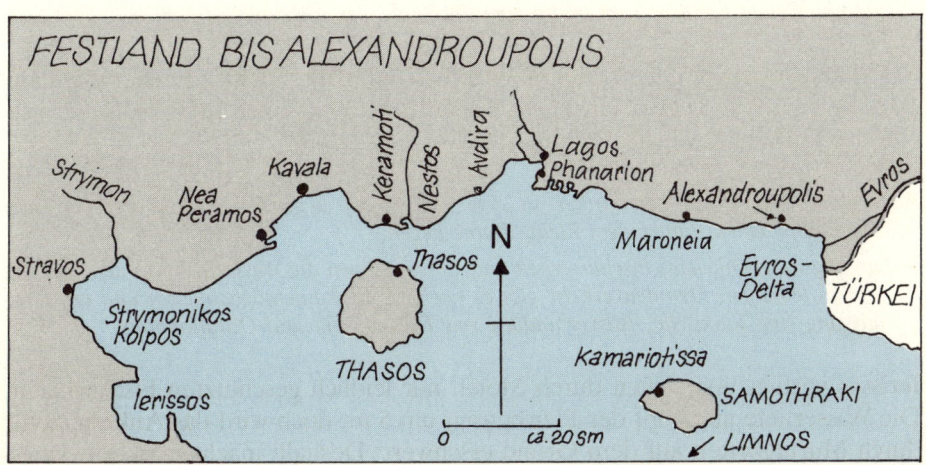

195

10 sm weiter nordostwärts ergießt ein noch bedeutenderer Fluß seine Fluten in die Ägäis: der Strymon. Dies ist der erste makedonische Fluß, der aus den bulgarischen Bergen kommt und in die nördliche Ägäis mündet; außerdem gibt es gegenüber von Thasos den Nestos, ferner zwei Flüsse bei Porto Lagos und schließlich den Evros, der die Grenze zwischen Griechenland und der Türkei bildet. Die Mündungsgebiete all dieser Flüsse sind interessant durch die Vielfalt der hier lebenden Vogelwelt, und zwar sowohl an Stand- wie an Zugvögeln.

In der Antike war der Strymon die Lebensader für den dicht bei der Stadt Amphipolis gelegenen Hafen Eion, der einige Male vom Apostel Paulus besucht worden ist. Jetzt existieren von ihr nur mehr Teile der Mauern; einige Gräber und Reste des Hafens sind oberhalb der Brücke zu sehen, ebenso Fundamente der Akropolis aus dem 5. Jahrhundert v. Chr. Der berühmte Löwe, der angeblich an den Sieg der Spartaner über die Athener 422 v. Chr. erinnern soll, wahrscheinlich aber Teil eines hellenistischen, also späteren Grabes ist, steht kurz vor der Strymon-Brücke nahe der Autostraße. Reste der Holzbrücke, über die Thukydides berichtet, wurden erst in jüngerer Zeit nur 10 m vom Ufer entfernt von Archäologen ausgegraben.

Die Bedeutung der Stadt in der Antike beruhte nicht nur auf ihrer strategischen Lage am Schnittpunkt von neun Straßen, sondern auch auf den ausgedehnten Waldungen im Hinterland, aus denen die Athener ihr Schiffbauholz bezogen, und den Goldminen des sich unmittelbar nordwestlich der Stadt erhebenden, fast 2000 m hohen Pangaion.

Ormos Elevtheron (Nea Peramos, Plan E der D 609), 7 sm südwestlich von Kavala, ist eine nützliche Alternative zu dem meist vollbelegten Kavala. Weiträumig und gut geschützt, hat diese Bucht in ihrem nordwestlichen und nordöstlichen Winkel einen Ladekai für Frachter (auch Fähre nach Thasos) und dazwischen einen sicheren Ankerplatz für Yachten. Unweit der mittelalterlichen Burg im Süden findet man einen Platz zum Ankern und Baden. Springt der Wind um, kann sich rasch der Wasserstand verändern. Im Ferienort Nea Peramos gibt es reichlich Restaurants und Geschäfte.

Kavala (Limin Kavalas, Plan B der D 609; Port of Entry) ist eines der zahlreichen Neapolis (Neustadt) der Antike. In dem modernen, gut ausgebauten Hafen herrscht oft geschäftiges Treiben, wenn mittelgroße Frachter Tabak laden oder während der Sommermonate Fähren Touristen nach Thasos bringen.

Einsteuerung und Liegeplatz: Keine Schwierigkeiten, weder bei Tag noch bei Nacht. Yachten machen am Kai zwischen Yacht-Club und Fähranleger fest. Die Kaimauer ist zum Übersteigen unbequem hoch, auch verursachen die Fähren starken Schwell. Der innere Hafen ist mit Fischerbooten voll belegt. Notfalls findet sich ein Platz in dem südwestlich gelegenen Hafenbecken weitab vom Zentrum (siehe Plan B der D 609).

Versorgungsmöglichkeiten: Trinkwasser am Kai, Treibstoff von einer nahen Tankstelle, Eis am Fischmarkt. Örtliche Spezialität sind frische Muscheln. Verproviantierung in der Stadt. In der Nähe Restaurants und Cafés. Motorreparaturen. 25- und 5-t-Kran. Archäologisches Museum nahebei. Täglich Flugverbindung mit Athen, regelmäßiger Fährdienst nach

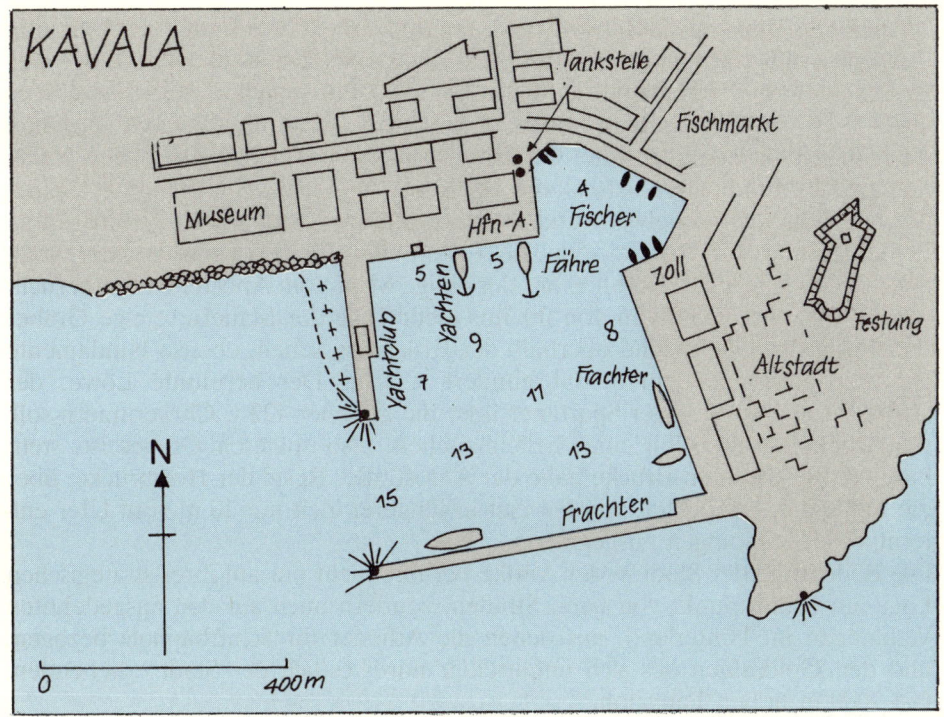

Thasos, Busverbindung mit Thessaloniki und Alexandroupolis. Fähren nach Piräus über die Inseln.

15 km entfernt liegt Philippi, wo der Apostel Paulus mit Lydia, dem Purpurverkäufer, seinen ersten europäischen Jünger gewann (Apostelgeschichte 16, 14) und wo 42 v. Chr. Antonius und der junge Oktavian ihren entscheidenden Sieg über Brutus und Cassius, die Mörder Cäsars, errangen.

Aus byzantinischer Zeit stammt die mächtige Festung Kavalas. Die Stadt hat durch die 400jährige türkische Besetzung viel von ihrer früheren Bedeutung verloren; geblieben aber ist die malerische „türkische" Altstadt unterhalb der Festung mit dem Geburtshaus von Mohammed Ali (1769–1849), dem Begründer der ägyptischen Dynastie, die mit König Faruk endete. Es ist jetzt ein Museum. Das „Imaret", einst eine stimmungsvolle Anlage mit Kuppeln und Kolonnaden, ist total verfallen; seine Höfe dienen heute als Läden und Lagerschuppen. Auch der römisch anmutende Aquädukt inmitten der Stadt ist ein türkisches Bauwerk aus dem 16. Jahrhundert.

Erst seit 1913 gehört Kavala zu Griechenland. Der moderne Teil der Stadt wurde nach dem Ersten Weltkrieg gebaut, um aus der Türkei vertriebene Griechen unterzubringen; 16000 Menschen fanden hier eine neue Heimat.

Obgleich etliche Tabakpflanzer nach Amerika ausgewandert sind, scheint die weitere wirtschaftliche Entwicklung Kavalas gesichert. Inzwischen wurden andere Industriezweige angesiedelt. Eine Kunstdüngerfabrik steht unübersehbar 7 km ostwärts des Hafens. Unter dem Meeresboden wurden Erdgasvorkommen entdeckt.

Keramoti (Ormos Keramotis, Plan A der D 609) ist ein kleiner Hafen etwa 15 sm südöstlich von Kavala inmitten flachen Landes. Es ist der Thasos am nächsten liegende Fährhafen. Dem Yachtskipper hat er nichts von besonderem Interesse zu bieten, doch liegt man gut geschützt, wenn man an der Nordseite der befeuerten Pier über Bug oder Heck festmacht. In der Nähe gibt es einen üppig sprudelnden Wasserhahn, eine Tankstelle und etliche Tavernen.

An der unmittelbar östlich von Keramoti liegenden Mündung des Nestos leben viele Vögel. Zwischen den Deltaarmen sind häufig Pelikane und Wildenten zu sehen, ebenso kleine weiße und gewöhnliche Reiher, die auf Thasos brüten und von dort herüberfliegen. Daneben gibt es zahlreiche kleinere Arten, wie sie für die Marschen üblich sind.

THASOS, hoch und bewaldet und größtenteils aus Marmor bestehend, ist eine der schönsten Inseln der Ägäis. Obwohl die begrünten Berge schon weit draußen auf See zu sehen sind, lassen sich die niedrigen Mauern des alten griechischen Hafens erst aus nächster Nähe ausmachen.

Thasos (Ormos Panagias, Plan C der D 609).

Einsteuerung und Liegeplatz: Beim Einlaufen in den Hafen sollte man sich in der Mitte des Fahrwassers halten, wo die Wassertiefe 4 m beträgt. Zum Ufer hin verringert sich die Wassertiefe schnell erheblich. Festmachen kann man mit langen Leinen an der Nordmole. Man liegt nach allen Seiten gut geschützt. – Außerhalb des Hafens, einige hundert Meter westlich, ist der Fährkai.

Versorgungsmöglichkeiten: Wasserhahn nahe der Steinpier, Kraftstoff am Fähranleger. Während des Sommers bieten die Lebensmittelgeschäfte eine reiche Auswahl. Tavernen am Hafen. Autofähren verkehren mehrmals am Tage sowohl nach Kavala als auch nach Keramoti.

Der moderne Ort Thasos mit 2000 Einwohnern hat sich im Laufe der letzten Jahre merklich ausgedehnt und wird viel von Touristen besucht. Die von den

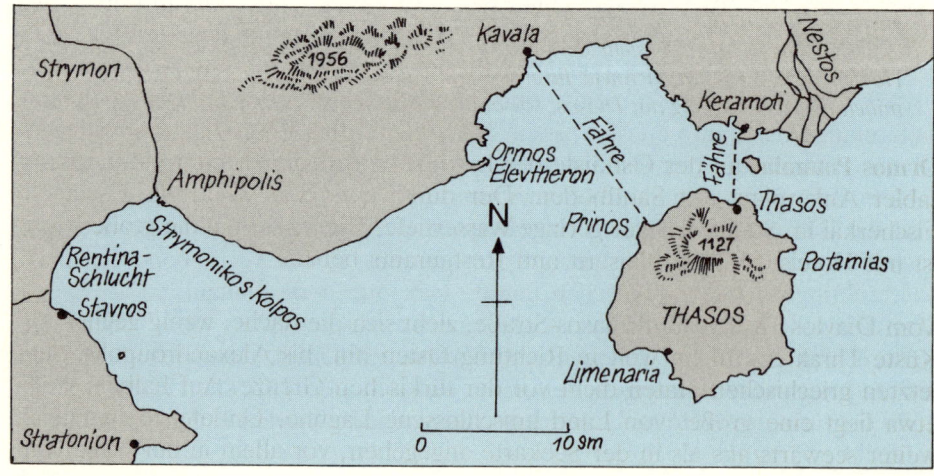

Franzosen ausgegrabene antike Stadt war in einer Länge von 4 km von Wehrmauern mit einem Dutzend Türmen und Toren eingefaßt. Sie breitete sich bis
zur Akropolis aus, die sich, umgeben von Pinien und Oliven, auf einem Hügel
über dem Hafen erhebt. Man kann mühelos zu jener Stätte mit ihren Tempeln
und einem Theater hinaufsteigen und sich dabei an den Ausblicken auf den
Hafen und die grünen, bewaldeten Berge im Hinterland erfreuen. Einige der in
der Akropolis gemachten Funde sind in dem kleinen Museum am Hafen zu
sehen.
Die Landschaft ringsum, die an Tirol erinnert, lohnt eine Entdeckungsreise. Es
gibt hier viele Arten von Vögeln und Bäumen und überall Bäche oder Flüsse.
Zu den Bergdörfern verkehren Busse. Bei einer Rundfahrt werden freilich auch
die Folgen des Waldbrandes sichtbar, der 1985 einen großen Teil des herrlichen
Baumbestandes im Süden der Insel vernichtete.
Unter den bedeutenderen Besuchern der Insel befanden sich einst der Histo-
riker und Admiral Thukydides und der große Arzt Hippokrates.
Zur Zeit der alten Griechen wurde der Marmor dieser Insel nach Samothraki
verschifft, wo er zum Bau der Tempel und als Material für die Plastiken diente.
Die Ostseite war in der Antike ein einziges gewaltiges Goldbergwerk, wie
Herodot berichtet und 1980 durch Archäologen bestätigt werden konnte. Heute
führt die Insel neben Marmor Holz, Oliven und Honig aus. Bald aber dürfte
Erdöl dazugehören, denn nach der Entdeckung umfangreicher Lagerstätten nur
6 sm südlich der lieblichen Insel wurde ein Bohrturm installiert.

Prinos, 8 sm westlich von Thasos, ist Anlaufpunkt der Fähren von Kavala. Aber
für eine Yacht ist er uninteressant.

Limenaria an der Südwestküste von Thasos ist ein kleiner Fischerhafen, der
durch den Bau einer Mole auch nach Süden geschützt ist.

*Ankerplatz und Versorgungsmöglichkeiten: Wenn am Westkai in dem schmalen felsigen Ein-
schnitt, der 2–2,50 m Wassertiefe hat, kein Platz frei ist, lasse man den Anker auf 3,50 m
Wassertiefe in einen der Sandflecken in der Einfahrt fallen und bringe, um die ein- und
ausfahrenden Boote nicht zu behindern, eine Leine zur Steinschüttung aus. Auch
außerhalb des Hafens besteht der Ankergrund aus Sand. In dem kleinen, malerischen
Hafenort gibt es ausgezeichnete Tavernen und Cafés und eine gute Auswahl an Lebensmitteln. Busverbindung mit Thasos, sowohl in westlicher als auch in östlicher Richtung.*

Ormos Potamias an der Ostküste der Insel ist bei ruhigem Wetter ein ganz pas-
sabler Ankerplatz mit Sandboden. Der durch eine Steinschüttung geschützte
Fischerkai im Süden hat nur geringe Wassertiefe. Die Küste um die große Bucht
ist mit Hotels, Sommerhäusern und Restaurants bebaut.

Vom Diavlos Thasou, der Thasos-Straße, zieht sich die flache, wenig gegliederte
Küste Thrakiens 70 sm weit in Richtung Osten hin, bis Alexandroupolis, dem
letzten griechischen Hafen dicht vor der türkischen Grenze. Auf halbem Wege
etwa liegt eine große, von Land umschlossene Lagune. Untiefen dehnen sich
weiter seewärts aus als in der Seekarte angegeben, vor allem in der Nähe vom

Kap Makris. Man sollte sich deshalb mehr als 1 sm von der Küste fernhalten. Laut BSH-Handbuch ist es verboten, „bei Nacht die Hoheitsgewässer zwischen Ammodis Akra und Akra Baloustra zu befahren (Schießübungsgebiet)".

Avdira, der befeuerte Hafen auf dem Festland, 1 sm westlich des Kaps Baloustra, ist in der Seekarte D 609 ohne namentliche Bezeichnung.

Einsteuerung und Liegeplatz: Will man den Klippen im Hafen entgehen, muß man sich vorsichtig zwischen den Bojen durch die 3 m tiefe Fahrrinne loten. Am Kai findet man einen ruhigen Liegeplatz, Wasserhahn und Taverne. Zum Ort Avdira sind es 6 km, die antike Ausgrabungsstätte Abdera dagegen befindet sich in der Umgebung.

Lagos (Plan D der D 609) liegt auf dem Festland am Ende einer flachen Sandbucht im Ormos Vistonias (auch O. Vistonikos). Von der interessanten Einfahrt abgesehen, bietet sich hier nichts, was einen Besuch zu rechtfertigen vermöchte, doch ist der Hafen absolut sicher, und seit der Westkai als private Marina gilt, gibt es auch Murings und Stellplätze an Land.

Einsteuerung und Liegeplatz: Nachdem man die nordwestlich von Ak. Phanari liegende Leuchttonne an Steuerbord gelassen hat, laufe man mit Kurs 023° in den Hafen ein. Das Fahrwasser ist betonnt und befeuert. Betonkais mit Pollern wurden an der Nord- und Westseite des Hafenbeckens gebaut. Yachten sollten an der Westseite mit 5 m Wassertiefe festmachen, denn im Sommer benutzen Frachter den Nordkai, um Weizen zu laden.

Versorgungsmöglichkeiten: Wasser und Strom am Yachtkai. Grundnahrungsmittel und eine Taverne am Nordkai, eine Tankstelle an der Straße. Bademöglichkeit jenseits des Pinienwäldchens am Südstrand. Busverbindung mit Alexandroupolis und Kavala.

Ein wiederaufgebautes byzantinisches Kloster, eine Niederlassung des Klosters Vatopediou auf Athos, liegt am See gegenüber der Straße nach Komotini. Zwischen dem See und dem Meer sind den ganzen Sommer über viele Vögel zu sehen, wie sie auf die Salzgärten und Lagunen niedergehen. Sumpfvögel und Strandläufer sind „bodenständig", während Pelikane, Reiher und Weißschwanzadler von Thasos herkommen, um zu jagen.

Phanarion befindet sich ebenfalls im Lagunengebiet des Vistonikos Ormos. Ohne die Seekarte D 609 mit Plan D sollte man es nicht riskieren, diesen bestens geschützten Hafen anzulaufen, denn die Wassertiefen davor sind wegen der Verlandungen sehr unterschiedlich. Die durch Molen geschützte Einfahrt und der Hafen sind auf 3–4 m Tiefe ausgebaggert worden. Für die Versorgung ist alles in der Nähe.

Maroneia liegt 2,5 sm westlich des gleichnamigen Kaps im Schutz der felsigen Huk A. Charalampos. Auffällige Landmarken sind die rote Steilküste im Westen und eine Militärstation auf dem 678 m hohen Berg. Zwei befeuerte Molen schützen den Hafen, der bis zum Kai im Osten über 3 m tief ist. Dort kann man zwischen den großen Fischerkaïken anlegen. Der Südteil ist wegen der Klippen zu meiden. In der Nähe gibt es außer Sommerhäusern das Hafenamt, eine

Taverne und mehrere verstreute Ausgrabungsstellen des antiken Maroneia. Der heutige Ort gleichen Namens ist weit entfernt.

Alexandroupolis (Plan A der D 1080; Port of Entry) war früher ein türkischer, später bulgarischer Hafen namens Dedeagatch und ist von den Griechen ausgebaut worden. Die Stadt hat infolge ihrer Flug-, Straßen- und Eisenbahnverbindungen zur Türkei Bedeutung erlangt. Sie hat 25000 Einwohner. Die Ausfuhr beschränkt sich auf Tabak und landwirtschaftliche Produkte. Ihren Wohlstand verdankt die Stadt nicht zuletzt ihrer Garnison.

Einsteuerung und Liegeplatz: Da sich die Küstenebene mehr als 3 km landeinwärts erstreckt, ehe sie auf eine Hügelkette stößt, ist der Hafen kaum auszumachen, bevor man nicht die 10-m-Tiefenlinie erreicht hat. Ist man im Hafen, laufe man in das nordwestliche Becken und lege sich mit Bug oder Heck an den Nordkai nahe dem Zollhäuschen. Die Wassertiefe beträgt innen 3−4 m, im äußeren Becken 5−6 m. Das Hafenamt befindet sich gegenüber dem Leuchtturm.

Versorgungsmöglichkeiten: Trinkwasser am Kai, Treibstoff per Tankwagen. Gute Lebensmittelgeschäfte und Restaurants. Kräne und Motorreparaturen. Täglich Flugverbindung mit Athen, Eisenbahn nach Thessaloniki und Istanbul, Fährverkehr mit Samothraki, seltener mit Limnos und Piräus.

Alexandroupolis war 1913 den Türken abgenommen worden, ging aber noch im gleichen Jahr an die Bulgaren verloren. Endgültig kam es 1920 an Griechenland. Die Stadt hat seither ein ganz neues Aussehen erhalten, und vor allem die Wasserfront ist verschönert worden.

Verläßt man Alexandroupolis und folgt der flachen, seichten, sandigen Küste für weitere 10 sm, so erreicht man das Delta des Evros, der die Grenze zur Türkei bildet. Dies ist der größte Fluß an dieser Küste, er entspringt in den Bergen Bulgariens. Die Flüsse verursachen eine südwärts laufende Strömung, die sich oftmals in manchen Durchfahrten der Ägäis bemerkbar macht.

SAMOTHRAKI erhebt sich gleichsam als Marmorklotz aus dem Meer. Dem Fudschijama nicht unähnlich, bildet der 1611 m hohe Phengari, dessen Hänge teilweise mit Wäldern bedeckt sind und dessen Westseite in einer flachen, bebauten Landspitze ausläuft, einen natürlichen Schutz für den Hafen Kamariotissa. Es lohnt sich, diese Insel mit ihren 4000 Bewohnern zu besuchen.

Kamariotissa wird täglich von einem Fährschiff aus Alexandroupolis angelaufen.

Einsteuerung und Liegeplatz: Man kann den Hafen sowohl bei Tage als auch bei Nacht anlaufen. Der dreimal abknickende Wellenbrecher erstreckt sich 200 m in Richtung Südsüdwest. Die Wassertiefe beträgt im nördlichen Teil 3−5 m. Yachten machen hier über Bug oder Heck fest. Der Grund besteht aus weichem Schlick, der schlecht hält. Bisweilen ist der Hafen dicht mit Fischerbooten belegt. Man kann auch zum Molenkopf hin längsseits anlegen. Die Fähre hat ihren Platz gegenüber. Man liegt gut geschützt, nur bei südwestlichen Winden kann es ungemütlich werden.

Versorgungsmöglichkeiten: Ausgezeichnetes Trinkwasser aus öffentlichen Wasserhähnen. Tankstelle, Supermarkt, Tavernen in der Nähe. Die antike Stätte Paläopolis erreicht man mit Bus oder Taxi.

Der panhellenische Altar „Heiligtum der Großen Götter" liegt, eingebettet in ein bezauberndes grünes Tal, zu Füßen des hochragenden Berggipfels, ohne durch irgendein Anzeichen moderner Zivilisation beeinträchtigt zu werden. Über der Umgebung liegt ein Hauch von Frieden. In der Nähe des Theaters wurde 1863 die berühmte „Nike von Samothraki" entdeckt. Neben anderen wertvollen Funden steht ein Gipsabguß der Nike in dem gut eingerichteten Museum; das Original befindet sich in Paris.

LIMNOS liegt 40 sm südöstlich von Thasos und 30 sm südwestlich von Samothraki, ist hügelig und sowohl historisch als auch archäologisch interessant. Vor allem aber wird man diese Insel beim Landgang schöner finden, als sie von See her erscheint. Ihre beiden großen Naturhäfen Moudros und Kontia wurden im Ersten Weltkrieg während der Schlacht um die Dardanellen von den Briten als Flottenstützpunkte benutzt. Auch heute noch machen militärische Anlagen den Aufenthalt in diesen geschützten Buchten etwas unbehaglich. Man sollte statt dessen lieber nach Myrina gehen.

Moudros (Plan B der D 1080) ist ein Hafen am Ostufer der weiträumigen Bucht von Ormos Moudrou. Mit Hilfe des Detailplans in der Seekarte macht die Einsteuerung keine Schwierigkeiten, nachts weisen Leuchttonnen den Weg zum Hafen. Yachten legen sich meist längsseits an die Südseite der abgewinkelten Pier, wo die Wassertiefe von 5 m am Kopf bis auf 2 m zur Fischermole hin abnimmt. Kraftstoff und Lebensmittel erhält man im Ort, Tavernen findet man auch am Hafen. Busverbindung mit Myrina.

Myrina (Kastron; Port of Entry) an der Westküste von Limnos liegt zu Füßen der immer noch imposanten Mauern eines genuesischen Kastells aus dem 14. Jahrhundert (daher auch der bisherige Ortsname Kastron).

Einsteuerung und Liegeplatz: Ein weittragendes Leuchtfeuer befindet sich auf dem Kastell. Der Wellenbrecher erstreckt sich vom südlichen Vorgebirge in nordwestliche Richtung und ist ebenfalls befeuert. Der Hafen hat an dem gut geschützten Kai Wassertiefen von 5–6 m. Dort können Yachten nach Anweisung der Hafenpolizei anlegen. Der kleine Fischerhafen ist mit einheimischen Booten dicht belegt. Da Port of Entry, werden die Formalitäten sehr genau genommen.

Versorgungsmöglichkeiten: Wasseranschluß auf dem Kai. Tankstelle am Ortsausgang. Gut sortierte Lebensmittelläden, einige Tavernen. Mechanikerwerkstatt. Flugverbindung mit Athen und Thessaloniki, Fährverbindung mit Piräus, Kavala und Thessaloniki.

Limnos hat etwa 20000 Bewohner. Der landwirtschaftliche Anbau ist begrenzt; nur im östlichen Teil sieht man Getreide-, Mais- und Baumwollfelder. Diese Insel besaß die am meisten fortgeschrittene neolithische Zivilisation der Ägäis, von der noch einzigartige steinerne Bäder zeugen. Die frühesten Siedler waren

Thrazier und Pelasger, Griechen kamen erst im 6. Jahrhundert v. Chr. Limnos wurde später berühmt als Zentrum des Hephaistoskultes und des Kultes der Kabiren, ursprünglich wahrscheinlich Zwillings-Unterweltdämonen anatolischen Ursprungs. Der damals noch tätige 320 m hohe Vulkan Mosyklos (seit 2000 Jahren erloschen) galt als Hephaistos' Schmiede, die Insel als Ort seiner Hochzeit mit Aphrodite. 513 v. Chr. wurde die Insel von den Persern besetzt, jedoch drei Jahre darauf durch Miltiades befreit und später Mitglied des Delisch-Attischen Seebundes. In den folgenden Jahrhunderten waren Römer, Byzantiner, Genuesen, Venezianer, Türken und Russen im Wechsel ihre Besatzer. Erst seit 1912 gehört sie zu Griechenland.

Die bemerkenswertesten prähistorischen Reste aus der Antike finden sich bei Poliochni am Kap Voroskopos an der Ostküste. Sie stammen von vier höchst eindrucksvollen Siedlungen: zwei neolithischen – die ältere hat schon vor Troja I bestanden –, einer kupferzeitlichen – älter als Troja VI – und einer bronzezeitlichen.

Die antike Siedlung Hephaistia, heute Paläopolis genannt, liegt auf der Landenge über der Bucht Pournias; auf der gegenüberliegenden Seite der Bucht wurden Reste eines Kabiren-Heiligtums, ähnlich dem von ·Samothraki, freigelegt. Hier und bei Plaka im äußersten Nordosten der Insel ist der Fundort der „Lemnischen Erde", die bereits im Altertum als Heilerde Verwendung fand.

AGIOS EVSTRATIOS liegt etwa 17 sm südlich der Südwestspitze von Limnos. Die Insel erscheint von See her als ein öder Felshaufen. Sie bringt jedoch immerhin einige Agrarprodukte hervor.

In der kleinen Bucht an der Westküste, 4,5 sm nördlich von Kap Trypiti, 1,5 sm südlich von Kap Kalamaki, gibt es einen Wellenbrecher, der an der Innenseite zu einem breiten Kai mit 4–6 m Wassertiefe ausgebaut ist. Hier können Yachten anlegen. Der Grund besteht aus Sand. Der vorspringende Teil des Kais wird von Fischern benutzt. Bei starkem Meltemi macht reflektierender Seegang den Hafen unruhig.

Die Ortschaft mit mehr als 300 Einwohnern liegt hinter dem Hafen und am Hügelhang. Ihr weiß ummauerter Friedhof auf der Höhe ist von See her gut auszumachen. Man erhält Wasser und Grundnahrungsmittel. Es besteht Fährverbindung mit Euböa, gelegentlich nehmen auch andere Fährlinien ihren Weg über Agios Evstratios.

8 Ostägäische Inseln

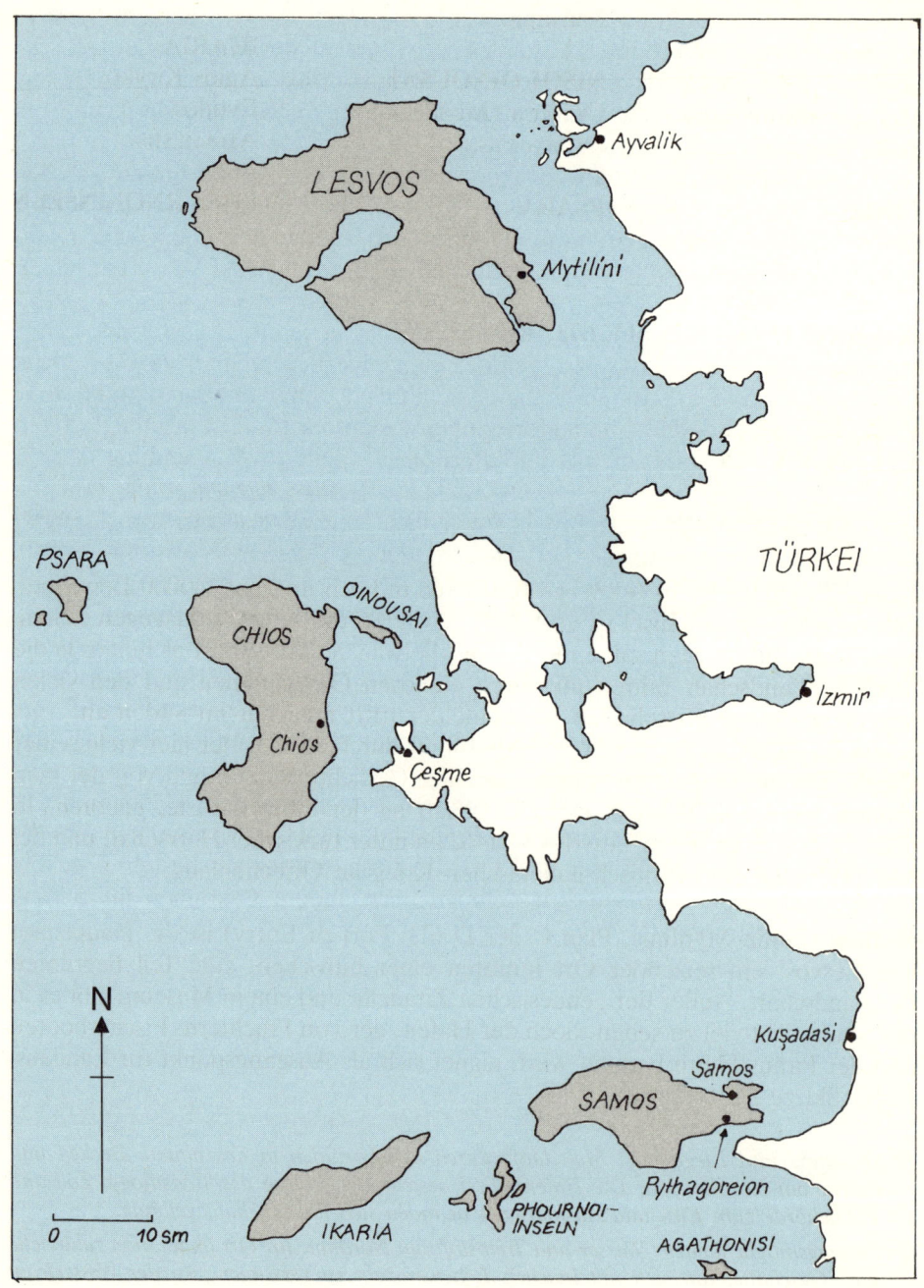

LESVOS
Mytilini
Geras-Bucht
  Skala Loutra
Ormos Mersinia
Plomarion
Kalloni
Sigri
Molyvos (Mithymna)
Petra

CHIOS
Chios

Ormos Kolokythias
Emporio
Ormos Mesta
Lithion
Ormos Volissou (Limia)
Marmaro

NISOI OINOUSAI
Oinousa (Mandraki)
Ormos Passa

PSARA

SAMOS
Samos (Vathy)
Pythagoreion
Marathokampos
Karlovasi

IKARIA
Agios Kirykos
Evdilos
Armenistis

PHOURNOI-INSELN

Seekarten: D 611, 612, 613, 673, 1084

LESVOS

Diese edle und schöne Insel . . .
Strabo

Lesvos (Mytilini) ist 1630 km² groß, bis 968 m hoch und hat 140000 Bewohner. Der östliche Teil der Insel ist grün und bewaldet, die Westseite dagegen stellenweise unfruchtbar. Man sollte mit einem Mietwagen, Taxi oder Bus hinaus in die herrliche Landschaft fahren mit ihren endlosen Olivenhainen und den vielen reizvollen kleinen Ortschaften. Weizenfelder trifft man nur im Süden an.
Schon im Altertum wurde die Insel berühmt durch Aesop, der hier viele seiner Fabeln schrieb, und durch Sappho, die hier Gedichte schrieb und von der man glaubte, sie sei in Eressos, einer Ortschaft an der Südwestküste, geboren. In neuerer Zeit befand sich Lesvos von 1462 an unter türkischer Herrschaft und fiel erst 1912 nach dem türkisch-italienischen Krieg an Griechenland.

Mytilini (Limin Mytilinis, Plan C der D 611; Port of Entry) ist die Hauptstadt von Lesvos, ein reizender Ort inmitten einer hübschen, zum Teil begrünten Berglandschaft. Außer der genuesischen Zitadelle und einem Museum gibt es in der Stadt nicht viel zu sehen, doch der Hafen, der von Frachtern, Fischerbooten und der Piräus-Fähre benutzt wird, eignet sich als Ausgangspunkt für Landausflüge (Skizze Seite 207).

Einsteuerung und Liegeplatz: Man laufe durch den Vorhafen in das hintere Becken und mache am Nordkai fest. Die Hafenpolizei besteht auf Vorlage des Transitlogs; Zoll und Paßbehörde zum Ein- und Ausklarieren befinden sich im Fährhafengelände.

Versorgungsmöglichkeiten: Wasser und Treibstoff am Nordkai. Im Ort findet man zahlreiche gute Geschäfte, um sich mit frischen Lebensmitteln zu versorgen. An der Wasserfront

liegen mehrere Restaurants. Taxis und Mietwagen; Fährverbindung mit Piräus und Chios, tägliche Flugverbindung mit Athen. Im Sommer verkehren Fährboote nach Ayvalik/ Türkei (17 sm).

Geras-Bucht (Kolpos Geras, Plan D der D 611). Die Bucht ist für eine ganze Flotte von Yachten geeignet. Ihre enge Einfahrt ist sehr reizvoll, und es gibt einige Ausbuchtungen, die einen angenehmen Ankerplatz bieten, so zum Beispiel die nach Südwesten offene Bucht Palaioloutros, nahezu verlassen und von Olivenhainen umgeben, oder

Skala Loutra an der Ostseite. Dieser Ankerplatz ist gut geschützt und nicht ohne Reiz. Das Wasser ist hier aber nicht so sauber wie im übrigen Golf.

Liegeplatz und Versorgungsmöglichkeiten: Man geht an die Pier mit 4 m Wasser am Kopf, oder man ankert an der Ostseite vor einer Taverne und einer Werft auf 5–10 m Wasser über Schlickgrund. Trinkwasser und Eis sind erhältlich, in den einfachen Tavernen gibt es auch Fisch. Lebensmittel in Loutra (2 km). Es besteht Busverbindung mit Mytilini. Nach Perama, einem Fabrikort an der Westseite der Durchfahrt mit einer Pier, geht ein Fährboot.

Ormos Mersinia liegt 3 sm südwestlich der Einfahrt zum Kolpos Geras. Man laufe bis vor die Kapelle und ankere am Kopf der Bucht auf beliebiger Wassertiefe über dünn mit Seegras bewachsenem Sandgrund. Die Bucht ist nahezu unbewohnt: ein Bauernhaus im westlichen Einschnitt, ein paar Ziegen – das ist alles.

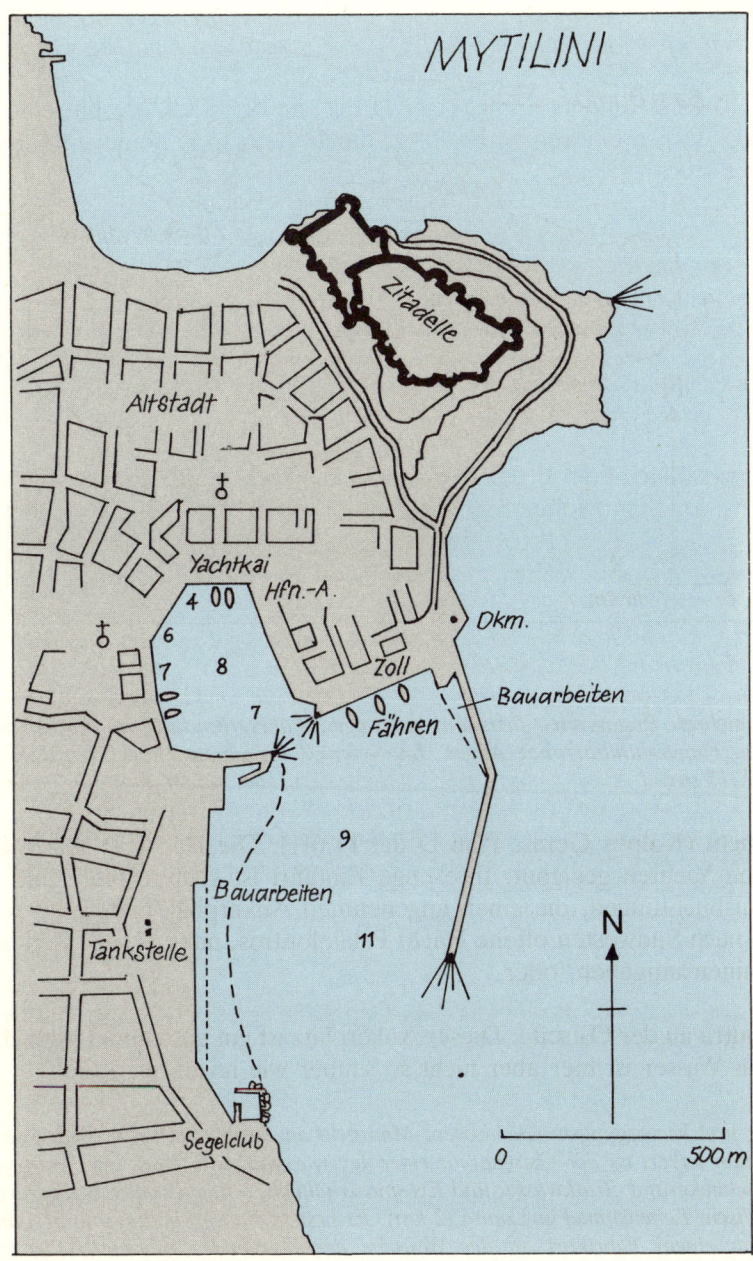

Plomarion (Limin Plomariou, Plan J der D 611) ist ein kleiner Hafen, der von zwei befeuerten Wellenbrechern geschützt wird.

Einsteuerung, Liegeplatz und Versorgungsmöglichkeiten: Die Einfahrt ist nach Südosten geöffnet und führt mit 3–5 m Wassertiefe auf den Kai vor dem Ort zu. Man kann über

Bug oder Heck festmachen. Der Hafen bietet auch mittelgroßen Yachten ausreichend Platz zum Schwojen. Wasser am Kai. Ein paar Restaurants, zahlreiche Geschäfte.

Kalloni (Kolpos Kallonis, Plan A der D 611) an der Südküste hat eine interessante, von Bergen eingeengte Einfahrt, durch die man in eine weiträumige, gut geschützte Bucht gelangt.

Einsteuerung: Die enge Einfahrt ist sowohl durch Leitbaken als auch Tonnen markiert. Auf die Fahrwasser-Befeuerung ist jedoch kein Verlaß.

Ankerplätze und Versorgungsmöglichkeiten: Die Apothikai-Bucht nördlich der Einfahrt ist gegen Meltemi gut geschützt, der Schlickgrund hält gut, doch das Dorf hat nichts zu bieten. Weiter innen gibt es den Fischerhafen Skala Polichnitou und im Scheitel des Golfes Skala Kalloni mit einem seichten Bootsbecken, vor dem man auf Schlickgrund ankern kann. In beiden Orten findet man Tavernen und Läden.

Sigri (Ormos Sigri, Plan B der D 611) an der Westküste ist ein geeigneter Platz, um Schutz vor dem Meltemi zu suchen.

Einsteuerung: Die drei Einfahrten in die weiträumige Bucht sind breit genug, um keine Probleme zu machen.

Liegeplatz: Es gibt mehrere Möglichkeiten. a) Am wenigsten geeignet ist der neue Fähranleger mit Auffahrtsrampe für Autos westlich des Kastells, da gegen Seegang und Dünung ungeschützt. b) Die ehemalige Fischerpier auf der Nordseite der Halbinsel ist in einen Hafenneubau einbezogen worden. Die Wassertiefe soll nach Fertigstellung an der Mole 4 m, am Kai vor den Häusern 3 m betragen. Dies wäre dann der beste Liegeplatz für Yachten. c) Ankern in der Bucht südlich der Ortschaft Sigri. Hier findet man auf 5–7 m Wasser hinreichend Schutz vor Nordostwind und Schwell. Auch Kaïken liegen hier vor Anker. Bei nördlichen Winden bringe man vom Bug eine Leine zu einem Felsen am Ufer aus, denn der mit dünnem Seegras bewachsene harte Sandgrund hält den Anker nur unzureichend. Wahrscheinlich liegt unmittelbar unter der dünnen Sandschicht harter Fels. d) Besseren Halt findet man in der 1 sm nördlich gelegenen Nordostecke der Bucht, wo die Kaïken bei Nordoststürmen Schutz suchen. Die im Detailplan der Seekarte eingezeichnete Mole mit Yachtzeichen ist zerstört und überspült.

Versorgungsmöglichkeiten: Wasser und Diesel am Fähranleger oder – später – im Fischerhafen. Restaurants und Geschäfte im Ort Sigri. Die Busfahrt nach Mytilini dauert drei Stunden.

Die Nordküste von Lesvos, von der aus man über den Diavlos Mouzelim hinweg die 5 sm entfernten Hügel der Türkei erblickt, ist am schönsten. Bevor man Kap Molyvos erreicht, bietet sich durch eine Lücke ganz unversehens ein schöner Blick auf ein Kastell.

Mithymna (Molyvos) liegt in einer romantischen Gegend zu Füßen eines genuesischen Kastells.

Liegeplatz: Der sehr kleine Hafen hat eine Wassertiefe von 2 bis 2,50 m und ist gewöhnlich stark belegt. Yachten sollten deshalb nicht einlaufen, sondern an der Innenseite der Außenmole festmachen, wo die Wassertiefe um 4 m beträgt. Der Kai auf der Landseite ist für Fischer- und Ausflugsboote bestimmt (Wassertiefe stellenweise weniger als 2 m).

Versorgungsmöglichkeiten: Wasser und Stangeneis; Lebensmittel im Ort (zehn Minuten Fußweg). Tavernen am Hafen, Restaurants in Molyvos.

Ein schöner Badestrand zieht sich rings um die Bucht, doch stellenweise ragen Felsen aus dem Wasser.

Petra hat 2 sm südlich im Schutz der Felsküste eine 160 m lange Mole, die sich vom Nordufer in südlicher Richtung erstreckt. Dahinter liegen Kümos und Fischerboote auf 5–6 m Wasser. Yachten können weiter landwärts bei 3 m Wassertiefe anlegen oder in einigem Abstand ankern. Während des Sommers und unter normalen Wetterverhältnissen liegt man hier gut geschützt. Das klare Wasser lädt zum Baden ein. Der beliebte Ferienort Petra ist etwa 15 Minuten Fußweg entfernt. Eine byzantinische Kirche mit alten Fresken, grüne Bäume, Blüten und fließende Gewässer verleihen dem Ort einen besonderen Reiz.

CHIOS

Chios ist eine über 800 km² große, hügelige Insel mit einer kahlen Bergkette, die mit bis zu 1297 m Höhe sozusagen ihr Rückgrat bildet. In früheren Zeiten war sie berühmt wegen der von hier ausgeführten Mastixharze, Kräuter und Orangen, und noch heute leben viele ihrer 54000 Bewohner vom Wein- und Obstanbau. Zu Beginn des letzten Jahrhunderts wurde Chios in den Reiseführern als „die schönste, fruchtbarste, reichste und am schwersten getroffene aller ägäischen Inseln" bezeichnet. Fährt man heute an ihrer Ostküste entlang, so erscheint einem die Insel felsig und kahl. Landet man, so erweckt sie nicht gerade den Eindruck von Schönheit oder Fruchtbarkeit, obschon es in ihrem Inneren fruchtbare Ebenen gibt, auf denen noch immer Ackerbau betrieben wird. An den Berghängen der West- und Nordwestküste sieht man aufgegebene Terrassen, auf denen einst Wein angebaut wurde, die aber noch immer grün sind.

Chios (Limin Chiou, Plan G der D 1084; Port of Entry) ist eine geschäftige Stadt mit 25000 Einwohnern und einem geräumigen, geschützten Hafen mit breiten Kais.

Einsteuerung und Liegeplatz: Das Einlaufen ist leicht bei Tag wie bei Nacht. Man bringe den Anker am südlichen Kai gegen Norden aus und mache über Bug oder Heck fest. Die Wassertiefe vor dem Kai beträgt 4 m. Der Grund hält den Anker gut, aber man ist hier Nordwinden ausgesetzt. Zum Wasserbunkern darf man am Nordkai Nähe Hafenamt anlegen. (Die übrigen Behörden zum Ein- oder Ausklarieren befinden sich am Westkai.)

Versorgungsmöglichkeiten: Wasser am Nordkai, Kraftstoff per Tankwagen. Lebensmittel erhält man in den Läden an der Straße hinter der Wasserfront. Es gibt mehrere zweitrangige Restaurants und Tavernen. In den Souvenirgeschäften wird als Spezialität eine weißliche Mastixkonfitüre angeboten.
Die Piräus-Fähre läuft täglich den Hafen an. In der Saison fährt je nach Bedarf ein Fährboot nach Çeşme an der türkischen Küste (8 sm).

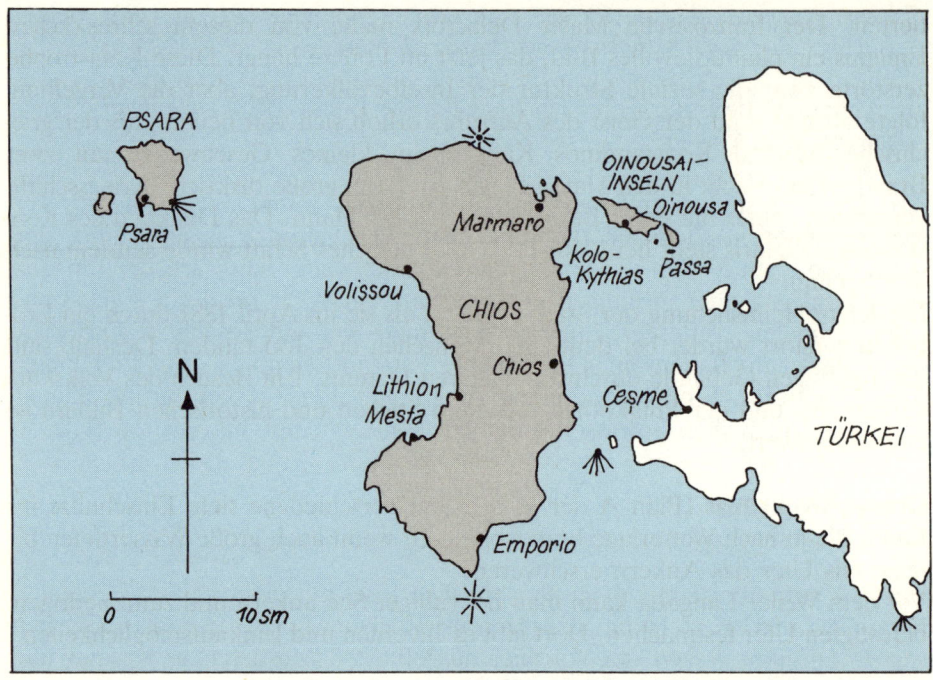

Nördlich des Hafens ist eine Marina der EOT (Griechische Zentrale für Fremdenverkehr) im Entstehen, die 1994 fertiggestellt sein soll. Sie wird 274 Liegeplätze haben. Auch ein Travellift und Stellplätze sollen dann zur Verfügung stehen.

Von der Stadt aus kann man Ausflüge mit Taxi oder Mietwagen unternehmen; am interessantesten ist eine Fahrt über die Hügel zum byzantinischen Kloster Nea Moni (15 km), in dem es bemerkenswerte Mosaiken aus dem 11. Jahrhundert gibt. Sehenswert sind auch die „Schule des Homer" mit ihrem Felskegel und der angebliche Geburtsort des Dichters etwa 5 km nördlich der Stadt. Pirgion mit seinen mittelalterlichen Wehrmauern, einer Kirche aus dem 12. Jahrhundert und Mastixpflanzungen in der Nähe lohnt ebenfalls einen Besuch.

Mastix wird gewonnen, indem man Einschnitte in die Äste der etwa 2 m hohen Mastixsträucher macht und das dickflüssige Harz in kleinen Bechern auffängt. Plinius zufolge gleicht es „mit Weihrauch angereichertem Harz". Der weiße Mastix von Chios wurde am höchsten geschätzt, und Jahre hindurch hatte die Insel das ausschließliche Monopol, das Türkische Reich damit zu versorgen. Im 17. Jahrhundert soll Chios deshalb nach Konstantinopel und Smyrna der wohlhabendste und zivilisierteste Ort im ganzen Türkenreich gewesen sein. Seine Frauen hatten den Ruf, außerordentlich schön zu sein.

Zu Beginn des 19. Jahrhunderts, als die Insel infolge ihrer wertvollen Ausfuhren in hoher Blüte stand, erfreuten sich viele griechische Familien eines allgemein sehr hohen Lebensstandards. Im Jahre 1821 fanden ihre Bewohner den Mut, gegen ihre türkischen Herren zu rebellieren, die aber schon 1822 in rascher Vergeltung 25000 der Inselbewohner rücksichtslos umbrachten und 45000 deportierten. Der französische Maler Delacroix malte von diesem schrecklichen Ereignis ein phantasievolles Bild, das jetzt im Louvre hängt. Diese Katastrophe zerstörte zwar die soziale Struktur der Inselbevölkerung, aber die Vergeltung folgte alsbald, und der Geist des Aufruhrs erhob sich von neuem, als der griechische Admiral Konstandinos Kanaris ein kleines Geschwader mit zwei Brandern bei Nacht in den Hafen führte und zwei große türkische Kriegsschiffe vernichtete, eines mit einer Besatzung von 2000 Mann. Das Denkmal des Konstandinos Kanaris steht heute im Park, und manches Schiff wurde seitdem nach ihm benannt.

Die letzte Heimsuchung der Stadt erfolgte, als sie im April 1881 durch ein Erdbeben zerstört wurde, bei dem 5000 Menschen den Tod fanden. Deshalb sind die auffälligen Gebäude durchweg jüngeren Datums. Ein Besuch des Volkskundemuseums und der Pinakothek mit alten Stichen und historischen Bildern ist empfehlenswert.

Ormos Kolokythias (Plan A der D 612) hat verschiedene tiefe Einschnitte ins Land, die je nach Wetterlage brauchbar sind, wenn auch große Wassertiefen bis nahe ans Ufer das Ankern erschweren.

Vor dem Weiler Langada kann man bei ruhiger See ankern und zum niedrigen, befestigten Ufer festmachen. Dort gibt es Tavernen und Einkaufsmöglichkeiten.

Emporio an der Südostseite der Insel ist eine bezaubernde kleine, zwischen zwei Hügeln gelegene und an drei Seiten geschützte Bucht, die während der Sommermonate von Fischerbooten als Stützpunkt benutzt wird. Ein paar Häuser und Tavernen am Ufer, einige Weingärten und Mastixpflanzungen bereichern die friedliche Landschaft.

Einsteuerung und Ankerplatz: Diese etwa 400 m weit ins Land einschneidende Bucht ohne Befeuerung ist nicht leicht zu finden. Sie liegt im Ormos Kalamotis, 2,5 sm nördlich des Südkaps der Insel. Der Grund besteht aus reinem Sand und zieht sich etwa 300 m weit hin bis zu Wassertiefen von 5–7 m. 100 m vor der steinernen Pier im Scheitel der Bucht steigt der Grund unvermittelt an. Da der Raum zum Schwojen begrenzt ist, muß eine Leine zum Land ausgebracht werden. Die Tagesbrise weht seewärts. Die Bucht ist nur gegen Südosten offen.

Einige schöne und bei Meltemi recht gut geschützte Ankerplätze befinden sich an der Südwestküste von Chios. Bei vorsichtiger Einsteuerung unter ständigem Loten und mit Blick auf den Grund dürfte es nicht schwer sein, einen geeigneten Platz für den Anker zu finden.

Ormos Mesta an der Westküste ist eine nach Norden offene, weit ins Land einschneidende Bucht mit Kaianlagen an ihrer Ostseite und einer steinernen Pier im Scheitel. Die Wassertiefen sind überall ausreichend. Es gibt hier Trinkwasser und Tavernen.

Lithion, etwa 4 sm nordöstlich gelegen, ist ein im Ausbau befindlicher Fischerhafen in der Westecke einer großen sandigen Bucht. Im nördlichen Becken ist der Schlickgrund auf 3−4 m Tiefe ausgebaggert, so daß man dort bereits anlegen kann. Außer ein bis zwei Tavernen gibt es keine Versorgungsmöglichkeiten. Der Ort Lithion befindet sich weit oberhalb an der Straße.

Ormos Volissou hat einen Bootshafen, der von Fischerfahrzeugen und dem Fährboot nach Psara benutzt wird. Die Einfahrt öffnet sich nach Süden; sie wurde durch zwei Steinschüttungen verengt, um den Schutz vor Seegang zu verbessern. Bei auflandigem Seegang und bei Nacht sollte man nicht einlaufen, denn auch der Ostteil des Hafens wird aufgefüllt, und Bauarbeiten sind im Gange. Plan B der D 612 ist überholt. Am Kai im Norden, der bereits ausgebaut ist, kann man bei 4 m Wassertiefe anlegen. Unter den wenigen Häusern des Hafenortes Limia befinden sich zwei Tavernen; der Ort Volissos liegt hügelan in 2 km Entfernung.

Marmaro an der Nordküste und die Bucht östlich davon können bei Südwindlage einen nützlichen Ankerplatz bieten. Vor dem Ort Marmaro befindet sich eine abknickende Pier, die sich zum Anlegen eignet. Wegen der unterschiedlichen Wassertiefe lote man sorgfältig und prüfe den Halt des Ankers. In dem ruhigen Ort kann man sich verproviantieren.

NISOI OINOUSAI

Diese kahlen, hügeligen Inseln, die der Ostküste von Chios vorgelagert sind, haben ein paar kleine Buchten an ihren südlichen Ufern, in denen Yachten für die Nacht vor Anker gehen oder vor dem Meltemi Schutz finden können. Die Inseln bilden gleichsam einen Wall, der den Stenon Chiou gegen die grobe See schützt, die von starken Nordwestwinden aufgeworfen wird. Je weiter man südwärts gelangt, desto nördlicher wird die Richtung des Windes.

Oinousa (Ormos Mandraki, Plan E der D 1084) ist der einzige Ort dieser Inselgruppe und hat 1000 Einwohner, von denen aber viele nur einen Teil des Jahres hier verbringen. Nahe der Küste sind zwei moderne Gebäude, eine Seefahrtschule und eine technische Schule, auszumachen.

Liegeplatz und Versorgungsmöglichkeiten: An der Nordseite der Hafenbucht befindet sich eine Landepier mit 3 m Wasser an ihrer Südseite. Dieser Platz ist gegen die vorherrschenden Winde geschützt, aber der weiche Ankergrund hält nicht gut. Die Fähren aus Chios machen an der Innenseite der befeuerten Mole fest. Wasser ist nicht immer zu bekommen, Läden und Tavernen gibt es in der Nähe.

Ormos Passa. Diese Bucht hat gut haltenden Sandgrund bei einer Wassertiefe von etwa 10 m. Die benachbarten Buchten sind ebenfalls als Ankerplätze gut geeignet. Als einziges Anzeichen dafür, daß die Gegend bewohnt ist, sieht man ein Bauernhaus sowie in den Tälern ein bißchen Wein- und Feigenanbau. Die Hügelhänge verdorren im Sommer, aber im Frühling grasen hier die Ziegen.

PSARA

Die Insel liegt 10 sm westlich von Chios und ist klein und kahl. An der Südseite befindet sich der gleichnamige Hauptort mit einem kleinen, gut geschützten Hafen (Ormos Psaron, Plan C der D 612).

Einsteuerung, Liegeplatz und Versorgungsmöglichkeiten: Der befeuerte, nach Osten weisende Wellenbrecher ist eine gute Ansteuerungshilfe. In seinem Schutz macht die Fähre von Chios (Ormos Volissou) fest. Yachten laufen hinter die innere Mole und legen in der Mitte des West- oder Südkais an. Dort ist das Wasser um 3 m tief. Die Südwestecke und der nördliche Bogen des inneren Hafens sind seicht. Im Ort sind allenfalls Grundnahrungsmittel erhältlich. Trinkwasser ist knapp.

In der während des letzten Jahrhunderts erbauten Ortschaft leben die meisten der 600 Inselbewohner; die jungen Männer fahren nahezu alle auf Handelsschiffen zur See. Es wird eben genug für den eigenen Bedarf angebaut, und die wenigen Fischer fangen gerade so viel, daß es ausreicht. Unter den kleinen, bescheidenen Häusern fallen die noch erhaltenen Mauern einiger Herrenhäuser aus dem 18. Jahrhundert auf, die reichen Reedern gehörten. Sie erinnern an jene glücklichen Zeiten, als hier an die 6000 Menschen lebten und einen blühenden Seehandel mit allen Häfen des Mittelmeeres unterhielten. Die stumpfen Türme von Windmühlen auf den Höhen ringsum stammen auch noch aus jener Zeit, als russisches Getreide vom Schwarzen Meer hierhergebracht und von den psariotischen Kaufleuten weitergehandelt wurde.
Als Sir Francis Darwin im Jahre 1810 die Insel besuchte, war er von der Schönheit der 25 Schiffsmodelle beeindruckt, die damals noch in der Agios-Nikolaos-Kirche hingen.
Der Wohlstand nahm zu Anfang des vergangenen Jahrhundert ein jähes Ende, als die griechischen Patrioten sich gegen die Türken erhoben, woran psariotische Schiffe einen bedeutenden Anteil hatten. Die Vergeltung folgte auf dem Fuße: 1824 landete ein starkes türkisches Expeditionskorps, zerstörte den Ort und tötete die meisten seiner Bewohner. Von diesem Schlag hat sich Psara niemals erholt, aber ebensowenig haben die Psarioten ihren Helden, Admiral Kanaris, vergessen: Sie haben ihm am Hafen ein Denkmal gesetzt.

SAMOS

Samos ist eine der reizvollsten Inseln in der Ägäis. Groß, reich an bis zu 1400 m hohen Bergen, durch eine gut 1 sm breite Meeresstraße vom türkischen Festland getrennt, ist sie seit den Tagen des Polykrates ihrer Wälder und Weingärten wegen berühmt. Heute hat Samos mehr als 40000 Bewohner, die sich auf eine Anzahl Bergdörfer und die drei Haupthäfen verteilen. Der trockene Weißwein „Samaina" stellt neben dem „Samos" genannten Dessertwein (der freilich nicht nur auf der Insel erzeugt wird) den Hauptexportartikel dar. Auf Samos wächst darüber hinaus das beste Pinienholz für den Bau von Kaïken, und so gibt es hier noch drei oder vier kleine Werften, deren Bautätigkeit allerdings mehr und mehr

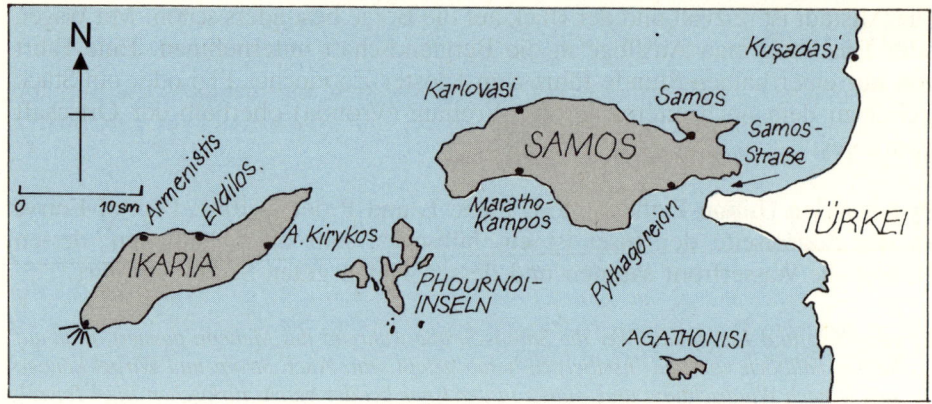

nachläßt. Die zu hellenischer Zeit so beliebten Töpferwaren werden nicht mehr hergestellt.

Samos war das Zentrum der ionischen Kultur. Zu jener Zeit genossen seine Wissenschaftler, Künstler und Handwerker weltweites Ansehen. So wie es vorübergehend der Aufenthaltsort für Antonius und Kleopatra war, wurde es die Winterresidenz des Kaisers Augustus.

Im Mittelalter lösten sich Byzantiner, Franken und Genuesen als Herren der Insel ab, bis sie 1453 von den Türken erobert wurde. Der Niedergang, den benachbarte Inseln im vergangenen Jahrhundert erlitten, blieb Samos erspart, weil es sich als Fürstentum unter eigenem Herrscher eine gewisse Selbständigkeit bewahren konnte. Der jeweils von den wohlhabenden Grundbesitzern gewählte Fürst vermochte die Insel sogar zu wirtschaftlicher Blüte zu führen: Handel und Landwirtschaft gediehen prächtig. So konnte man es gut erwarten, erst 1912 nach dem italienisch-türkischen Krieg an Griechenland zu kommen.

Samos (Vathy, Limenas Samou, Pläne A und P der D 1084; Port of Entry) am Ende des tiefen, von bewaldeten Hügeln gesäumten Kolpos Vathy ist die Hauptstadt der Insel. Wenn auch durch eine Mole, an der die Fähren anlegen, ein wenig geschützt, ist der Hafen zur Zeit des Meltemi doch störendem Schwell ausgesetzt. Deshalb kann man eine Yacht hier niemals unbeaufsichtigt zurücklassen. Der Bau einer Marina ist geplant.

Einsteuerung und Liegeplatz: Ein Überwasserfelsen, der auf der Seekarte nicht verzeichnet ist, liegt etwa 100 m nordnordwestlich von Kap Kotzikas, dessen Leuchtturm nicht leicht auszumachen ist. Yachten können östlich der Mole vor Anker gehen und eine Leine zu einem Festmachering an der Wasserfront ausbringen, wo die Tiefe um 3 m beträgt. Der Grund bietet guten Halt, doch wegen des Schwells liegt man unruhig. Manche Yachten gehen deshalb an der Wasserfront längsseits, wobei auf die Wassertiefe zu achten ist, die nach Süden zu abnimmt.

Versorgungsmöglichkeiten: Wasseranschluß am Fähranleger. Tankstellen Richtung Palmenplatz. Bootszubehör und Ersatzteile bei K. G. Kapnoulas. Im Stadtzentrum Lebensmittelgeschäfte, Restaurants an der Wasserfront. Die Museen der Stadt lohnen einen Besuch. Flugverbindung mit Athen, Fähre nach Piräus, Busse über die Insel. Während der Saison fährt je nach Bedarf eine Fähre nach Kuşadasi (20 sm).

214

Die Altstadt ist reizvoll und der Blick auf die Berge besonders schön. Mit Wagen oder Bus kann man Ausflüge in die Berglandschaft unternehmen. Eine Fahrt von nur einer halben Stunde führt zum Kloster Zoodochos Pigi oder ein Stück weiter zu dem noch interessanteren Vrotiani (Vronda) oberhalb der Ortschaft Vourliotes.

Pythagoreion (Limin Pythagoreiou, Pläne L und P der D 1084; Port of Entry) an der Südostseite der Insel ist ein hübsches, sehr altes Städtchen, dessen Häuser die Wasserfront säumen und dessen Hafen guten Schutz gewährt.

Einsteuerung und Liegeplatz: Wer die Samos-Straße während des Meltemi passiert, muß auf heftige Fallböen von den Inselbergen herab gefaßt sein. Auch Strom und Wirbel können sich je nach Windrichtung und -stärke in der Enge bei der bereits türkischen Insel Bayrak bemerkbar machen. Der Außenhafen ist bei Tag und Nacht ohne Schwierigkeiten anzulaufen; der Kopf des Wellenbrechers und die Mole sind befeuert. Die Bake bleibt an Backbord. Das innere Hafenbecken wird im Nord- bis Nordwestteil auf 3 m Wassertiefe gehalten. Yachten liegen sehr bequem am Nordwestkai, wo es Wasser- und Stromanschlüsse gibt. − In der östlichen Nachbarbucht ist eine Marina der EOT im Bau, die 258 Liegeplätze haben und bis etwa 1994 betriebsfertig sein soll.

Versorgungsmöglichkeiten: Trinkwasser zu bestimmten Zeiten. Diesel an der Tankpier im Süden des Hafens. Lebensmittel in der Hauptstraße. An der Wasserfront gibt es mehrere Cafés und Restaurants unter breiten Sonnendächern, so daß man angenehm schattig sitzt. Täglich Flugverbindung mit Athen. Busverbindung mit Samos.

Um den Geburtsort des großen Mathematikers zu ehren, wurde 1945 der Name Tigani, unter dem der Ort nach wie vor bekannt ist, in Pythagoreion geändert. Sehr viel berühmter aber ist der Ort durch die Bauwerke des Polykrates. Zur Zeit des Herodot hielt man die Stadt für eine der bedeutendsten der Welt. Der

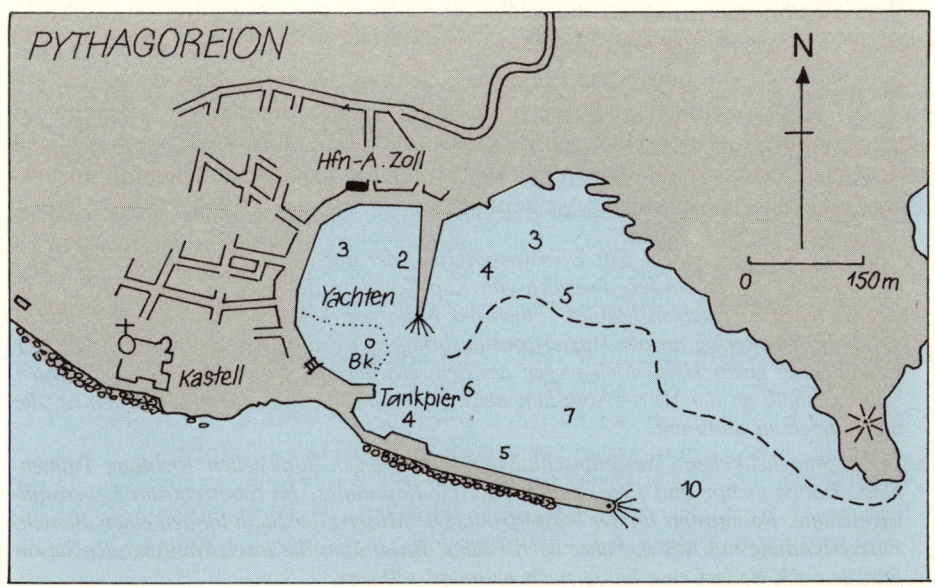

innere Hafen ist fast noch so, wie ihn Polykrates bauen ließ, und auf dem Hügel darüber sieht man die 4 m dicken Mauern, die die antike Stadt umgaben.

Der berühmte, jetzt 2500 Jahre alte Wasserleitungstunnel des Eupalinos ist leicht zu Fuß zu erreichen (2 km). Der Tunnel ist auf 600 m begehbar. Man frage vorher nach den Öffnungszeiten. Erst 1853 wurde das Quellenhaus an der Nordseite gefunden, und 1882 wurde ein Versuch gemacht, die Leitung wiederherzustellen. Seit 1884 wurde von deutschen Archäologen am Tunnel gegraben, und 1973 war er in voller Länge zugänglich. Inzwischen aber ist er teilweise wieder eingestürzt. Er ist 1045 m lang und bis etwa 1,80 m hoch. Die eigentliche Leitung bestand aus Tonröhren von 70 cm Länge und 25 cm Durchmesser, die übergreifenden Muffen waren abgedichtet. Es ist eine höchst staunenswerte Leistung, daß sich die griechischen Tunnelbauer mit einer sehr kleinen Abweichung in der Mitte des Berges treffen konnten.

In den weiten Tälern zu beiden Seiten von Pythagoreion wird lohnender Ackerbau betrieben: Wein, Tabak und Getreide. Eine sehr interessante Fahrt führt an der Küste entlang zum Tempel der Hera und ein anderer Ausflug über die Bergdörfer zur Nordküste.

Marathokampos (Limin Marathokampou, Plan K der D 1084) an der Südwestküste von Samos liegt am Kolpos Marathokampou. Der Hafen wird nur von wenigen Schiffen aufgesucht, einmal wegen seiner unterschiedlichen Wassertiefen, zum anderen wegen der heftigen Fallböen, die während des Sommers über die Bucht fegen. Die Kaïkenwerft, einst die bedeutendste der Insel, ist nicht mehr in Betrieb, doch viele Boote werden hier zu Überholungsarbeiten an Land gezogen. Eine Mechanikerwerkstatt befindet sich am Hafen.

Karlovasi (Plan Q der D 1084) an der Nordküste von Samos ist ein recht langweiliger Hafen, der − instandgesetzt und ausgebaggert − immerhin selbst bei Meltemi brauchbar ist, wenn auch Schwell hereinsteht.

Einsteuerung und Liegeplatz: Die nach Osten offene Hafeneinfahrt ist befeuert, so daß man ohne Schwierigkeiten auch nachts einlaufen kann. Man ankere vor dem Hafenamt, aber klar vom vorspringenden Fährkai, der täglich benutzt wird. Der Grund hält den Anker schlecht.

Versorgungsmöglichkeiten: Trinkwasser am Kai gegen geringe Gebühr (beim Lädchen anmelden). An der Wasserfront reiht sich ein Restaurant an das andere. Im westlichen Teil des Hafens eine Kaïkenwerft, dort eventuell Reparaturmöglichkeiten. Im Sommer läuft die Piräus-Fähre den Hafen fast täglich an. Busverbindung mit Samos.

Die kleine Ortschaft mit ihrer Kirche auf einem spitzen Felsen lädt zu einem schönen Spaziergang ein; auch das Bergland ist sehr eindrucksvoll. Die älteste Kirche der Insel liegt an der nächsten Bucht gegen Westen. Sonst aber gibt es hier wenig, was Yachten veranlassen könnte, den Hafen anzulaufen.

Die gebirgige Küste von Karlovasi ostwärts bis zum Hafen Samos ist eine der schönsten in der Ägäis. An den Berghängen wechseln sich Weinbauterrassen mit Pinienwäldern ab, Ortschaften mit rotgedeckten Häusern schmiegen sich in die begrünten Täler.

IKARIA

Diese langgestreckte, hohe, weithin kahle Insel liegt nur 10 sm westlich von Samos. Ihr Hauptort, Agios Kirykos, zeichnet sich durch schöne Badestrände und radioaktive Quellen aus, die im Sommer viele Rheumakranke vom griechischen Festland anziehen.

Die Insel erhielt ihren Namen nach der Sage von Ikaros, dem Sohn des Daidalos, der das Mißfallen des kretischen Königs Minos erregt hatte und sich mit seinem Sohn Schwingen aus Wachs und Federn machte, um mit ihrer Hilfe von Kreta zu entkommen. Da Ikaros sich aber zu hoch erhob, schmolz die Sonnenglut das Wachs der Flügel, und Ikaros stürzte nahe dieser Insel ins Meer.

Agios Kirykos (Ormos Agiou Kirykou, Plan C der D 673) an der Südostküste verfügt über einen neuen Hafen, der aber wenig Schutz bietet. Der Wellenbrecher erstreckt sich in östlicher Richtung. Obwohl er verlängert wurde, hat sich der Schutz nicht verbessert, so daß nur wenige Yachten herkommen.

Einsteuerung und Liegeplatz: Die große Kirche mit ihrer blauen Kuppel mitten im Ort stellt eine gute Landmarke dar. Auch der Wellenbrecher ist von weitem auszumachen. Am Westkai können Yachten je nach Wetterlage vor Buganker oder längsseits festmachen. Ein kleineres Boot kann vielleicht einen Platz im engen Fischerhafen finden, aber selbst dort steht Schwell herein.

Ankerplatz: Man lasse den Anker dicht vor dem Ort auf 7−9 m Wasser fallen. Der Halt in Kies und Kraut ist schlecht. Der Platz ist von Nordost bis Südost offen; darüber hinaus muß mit Fallwinden von dem 1042 m hohen, nur 4 km entfernten Phardy gerechnet werden.

Versorgungsmöglichkeiten: Tavernen, Cafés in der Nähe des Hafens. Lebensmittel, Post und Telefon im Ort.

Evdilos (Ormos Evdilou, Plan B der D 673) an der Nordküste von Ikaria hat eine nach Osten gerichtete Mole von etwa 150 m Länge und einen vorspringenden Kai mit 3 m Wassertiefe davor. Ein gewisser Schutz besteht durch das kleine Vorgebirge, von dem die Mole ausgeht. Wenn der Meltemi es zuläßt, legt die Fähre aus Piräus am Kopf der Mole an, wo die Wassertiefe um 6 m beträgt. Yachten können mit Bug oder Heck an den Kai gehen; dort gibt es auch Wasser. Der Ort hat außer seiner zauberhaften Lage nicht viel zu bieten.

Armenistis (Ormos Armenistou, Plan A der D 673) gewährt bei nördlichen Winden noch weniger Schutz, denn die Bucht ist weit offen. Die Fischerpier ist kaum 10 m lang.

PHOURNOI-INSELN

Die felsigen und schroffen Phournoi-Inseln inmitten des Dreiecks Ikaria – Samos – Patmos haben mehrere Buchten. Zusammen mit Ikaria unterstehen diese Inseln der Verwaltung von Samos. Die meisten ihrer Bewohner leben auf der Hauptinsel dicht bei der engen Durchfahrt, die aus der Seekarte D 613 (mit Plan) ersichtlich ist, ebenso wie die verschiedenen sandigen Buchten, die ideale Ankerplätze für denjenigen sind, der die völlige Einsamkeit sucht. Während die Bucht vor dem Ort Kampos bei starken nördlichen Winden nur ungenügenden Schutz vor Seegang bietet, sind die weiter südlich gelegenen Einschnitte mit sandigem Ankergrund für einen ruhigen Aufenthalt gut geeignet.

Die Phournoi-Inseln dienten einst den Piraten als Schlupfwinkel. Einer ihrer Gefangenen, ein Engländer, schrieb im Jahre 1692, nachdem er ihnen entkommen war: „Sie gehen nach Furnes, und da liegen sie unter dem hohen Land auf der Lauer, während ein Mann mit einer kleinen Flagge auf dem Hügel Wache hält und ein Zeichen gibt, sobald er ein Segel sieht; dann kommen sie zum Vorschein, blockieren die Durchfahrt bei Samos und kapern ihre Prise." Heute kann man zu diesem Hügel hinaufsteigen und sich an eben demselben Blick über die Meeresstraße erfreuen.

9 Dodekanes

Südliche Sporaden

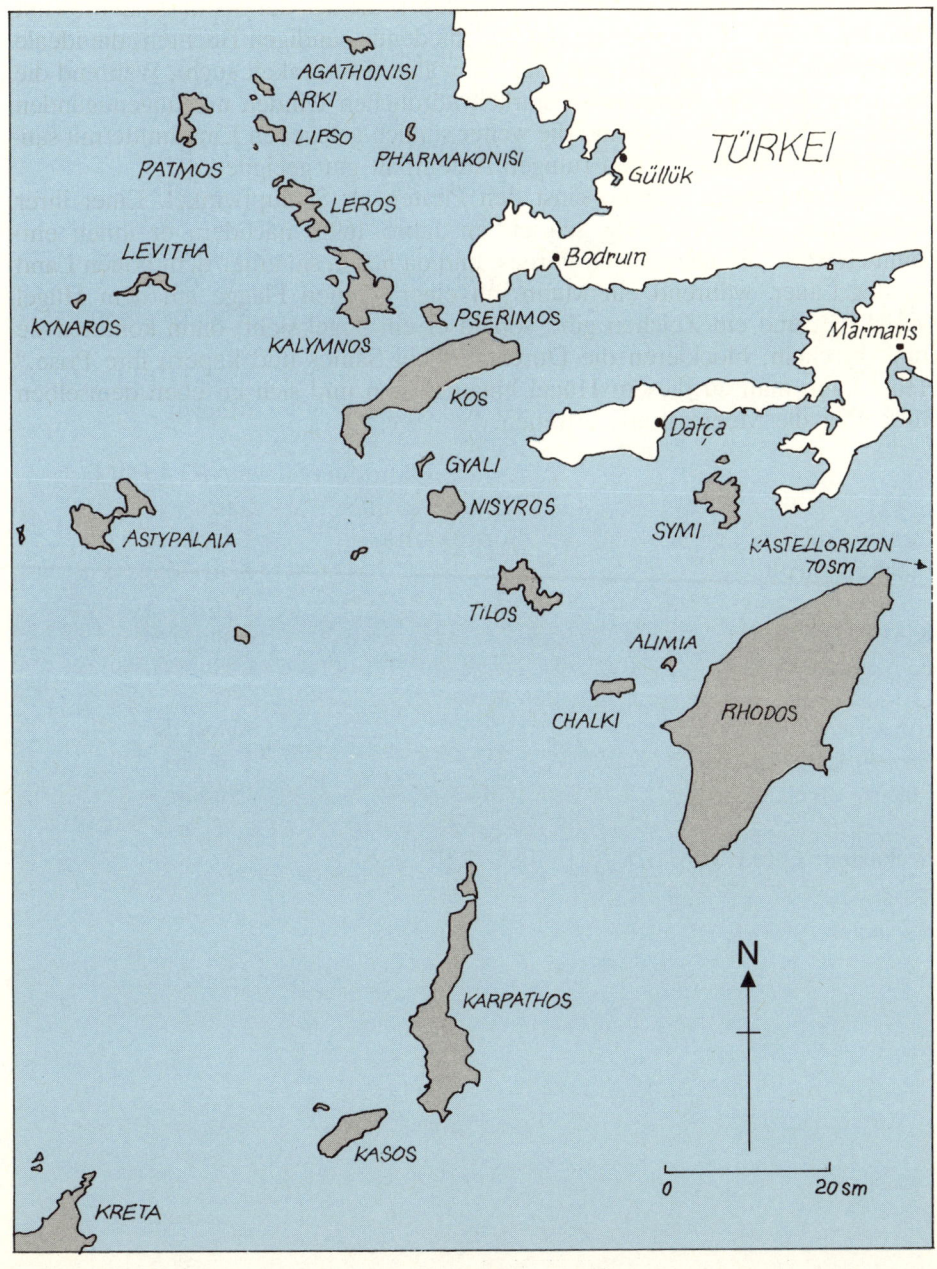

PATMOS
Skala Patmou
Ormos Melogi
Ormos Agria Leivadia
Ormos Kampos
Ormos Grikou

ARKI
Augusta

MARATHO

LIPSO

AGATHONISI (GAIDAROS)

PHARMAKONISI

LEROS
Agia Marina
Panteli
Xerokampos
Lakki
Ormos Partheni
Plakouti-Bucht

KALYMNOS
Kalymnos
Ormos Vathy
Emporio
Ormos Linarias
Ormos Vlychadia

TELENDOS

PSERIMOS

KOS
Kos
Kardamena
Kephalos
Paleo Kastro
Mastichari

NISYROS
Mandrakion
Paloi

GYALI

TILOS

ASTYPALAIA
Skala
Ormos Maltezana
Ormos Agrilithi
Porto Vathy

SYMI
Symi
Ormos Pedi
Ormos Marathounta
Limin Panormitou
Kephala

CHALKI

ALIMIA

RHODOS
Kap Niso
Kap Vigli
Kap Istros
Lindos
Rhodos (Mandraki)

KASTELLORIZON
Megisti

KARPATHOS
Saros
Diaphani
Karpathos (Pigadia)
Ormos Amorphos
Foinikion
Ormos Tristoma

KASOS
Emporio
Chelatros

Seekarten: D 613, 614, 678, 711, 1085, 1091

Die „Zwölf Inseln" mit ihren Gebirgsformationen und ihren vielfach ein-geschnittenen Küsten bilden ein reizvolles Segelrevier. Diese Inseln, die auch **Südliche Sporaden** genannt werden, erschienen den alten Griechen als „magere Wölfe". So dicht liegen sie vor der kleinasiatischen Küste, daß einige bis in die türkischen Golfe hineinreichen.

Nachdem sie viele Jahrhunderte unter türkischer Herrschaft gewesen waren, wurden die Inseln nach dem Ersten Weltkrieg Italien zugeschlagen (Rhodos schon 1912), nach dem Zweiten Weltkrieg aber an Griechenland gegeben. Auf Kos und Rhodos wirken die Einflüsse der italienischen Besetzung noch immer nach. Die übrigen Inseln sind dünn besiedelt, aber sie bieten einige entzük-kende, einsame Ankerplätze.

Die Inseln des Dodekanes unterstehen der Zentralverwaltung auf Rhodos und haben Zollbestimmungen, die von denen des übrigen Griechenland abweichen; einige Waren sind zollfrei.

PATMOS liegt nur wenig südlicher als die Phournoi-Inseln. Ein sich von Osten her Patmos näherndes Fahrzeug passiert einige ziemlich abweisend wirkende Felsenkaps und gelangt schließlich in eine weiträumige, geschützte Bucht. Hier führt ein langgestreckter Einschnitt nach Skala Patmou.

Auf der Höhe dahinter liegt der Ort Patmos, überragt von einem Gemäuer, das eine mittelalterliche Festung zu sein scheint. Tatsächlich aber handelt es sich um das Kloster des heiligen Johannes des Evangelisten.

Skala Patmou (Plan A der D 1085 und Skizze Seite 222; Port of Entry) ist ein kleiner Hafen, in dem noch einige Gebäude im italienischen Stil an die 35jährige Besetzung erinnern.

Einsteuerung, Liegeplatz und Versorgungsmöglichkeiten: Skala Patmou ist bei Tag wie bei Nacht ohne Probleme anzulaufen. An den 200 m langen Kai für die Kreuzfahrtschiffe und Fähren schließt sich der Platz für Ausflugsboote und Yachten an. Der früher von Sport-booten bevorzugte Ankerplatz im Scheitel der Bucht ist durch Fäkalienablagerung stark eingeengt worden. Die dort befindliche kurze Pier mit 2,50 m Wasser am Kopf kann zum Dieselbunkern angelaufen werden. Trinkwasser hingegen erhält man am Kai vor dem Ort, in dem man auch bequem einkaufen kann. Restaurants gibt es in unmittelbarer Nähe des Hafens. Die Behörden zum Ein- oder Ausklarieren befinden sich ebenfalls an der Was-serfront. (Nächster türkischer Port of Entry ist Güllük, 52 sm.)

Wegen des Klosters laufen täglich viele Touristenschiffe den Hafen an. Die Insel selbst wird davon nicht weiter berührt. Dicht beim Zollamt stehen Busse und Taxis bereit für die Fahrt zum Kloster. Auf halbem Wege liegt ein kleines, um eine Grotte herumgebautes Kloster. In der als Heiligtum verehrten Grotte soll der heilige Johannes die „Geheime Offenbarung" niedergeschrieben haben, nachdem er durch den Kaiser Domitian im Jahre 95 hierher verbannt worden war, weil er das Evangelium gepredigt hatte.

Auf der Hügelkuppe, unmittelbar über dem kleinen Ort, thront das im 11. Jahr-hundert erbaute burgartige Kloster − mit Kapellen, Schatzkellern, Museum und Bibliothek unter einem uneinheitlichen Gewirr von Dächern, Türmchen und

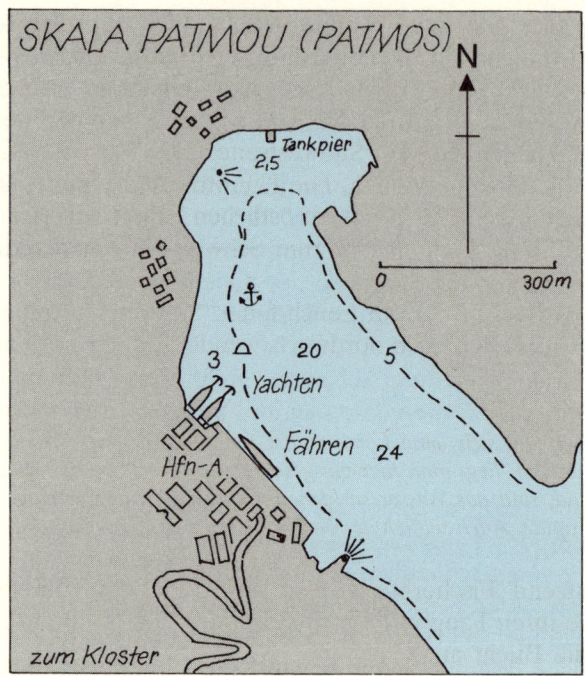

Blenden. Zuzeiten barg es viele Schätze, von denen einige im Laufe des vergangenen Jahrhunderts ihren Weg nach London, Leningrad und Wien gefunden haben. Der kostbarste Gegenstand, den es jetzt noch besitzt, sind 33 Seiten des Markus-Evangeliums, der Codex Porphyrius, der im 6. Jahrhundert auf purpurfarbigem *vellus* (Pergament) niedergeschrieben wurde.

Vom Kloster zur anatolischen Küste hinüberschauend, sieht man in weiter Ferne die wuchtigen Berge Asiens.

Wenn man nicht gerade der Versorgungsmöglichkeiten wegen im Hafen bleiben will, so ist es sehr viel angenehmer, in einem der Seitenarme an der Nordwestküste der Patmos-Bucht vor Anker zu gehen.

Ormos Melogi heißt die dem Hafen am nächsten gelegene Bucht, die zwei oder drei Yachten Raum bietet. Man ankert vor einem Sandstrand auf beliebiger Wassertiefe (Grund Sand mit Tangbewuchs).

Ormos Agria Leivadia ist eine ebenso hübsche und noch besser geschützte Bucht. Man ankere ganz nach Belieben vor dem Strand.

Ormos Kampos ist ebenso wie die genannten Buchten durch eine Straße mit Skala Patmou verbunden. Auch hierher werden mit Ausflugsbooten zahlreiche Badegäste gebracht.

An der Ostseite von Patmos gibt es noch andere kleine Buchten, die nach der Seekarte leicht zu finden sind. Besonders empfehlenswert ist der 3 sm südlich gelegene **Ormos Grikou** mit Tavernen am Strand. Tamarisken säumen das Ufer.

ARKI gehört zu einer kleinen Gruppe von kahlen Inseln östlich von Patmos, auf denen etwa 150 Menschen in zwei oder drei verstreut liegenden Weilern leben.
Arki ist langgestreckt und schmal, hat aber ein paar hübsche, geschützte Buchten aufzuweisen, die gewöhnlich von Fischern benutzt werden. Die drei größten Buchten liegen an der Südwestseite. Die Ansteuerung ist bei Tage leicht, bei Nacht jedoch unmöglich. Die Hauptbucht, Augusta, kann man empfehlen; die Bucht südlich davon hat im östlichen Einschnitt zwar einen schlecht haltenden Grund, aber mehr Raum zum Schwojen als im westlichen.

Augusta heißt die Bucht mit dem Leuchtfeuer. Sie weist unmittelbar hinter der Biegung, wo der Einschnitt sich nordwärts wendet, immer noch eine Wassertiefe von 10 m auf.

Ankerplatz: Es empfiehlt sich, eine Leine zum Ufer auszubringen, zumal bei Meltemi. Von den Böen abgesehen, liegt man hier gut geschützt. In der Mitte der Fahrrinne besteht der Grund aus Sand, und das Wasser ist klar, doch Seegrasbänke verringern die Wassertiefe an den Seiten rapide. Auch seitlich des Kais mit etwa 3 m Wasser am Kopf ist es seicht.

Ein halbes Dutzend Fischerboote liegt am Ende des Einschnitts, darunter Krebsfischer, die ihren Fang in Patmos verkaufen. Im Sommer läuft ein kleines Touristenboot die Bucht an.
Größere Yachten finden einen guten Ankerplatz mit hinreichend Raum, aber in weniger anziehender Umgebung an der gegenüberliegenden Insel

MARATHO in einer gegen Osten offenen Bucht mit brauchbaren Wassertiefen (Sandgrund). Die Bucht ist an einer weißen Kirche auf dem Hügel und an einem Restaurant zu erkennen, dessen Anleger mit 1,60 m Wasser davor man benutzen darf.
Laut Seglerhinweis wird die Durchfahrt zwischen Maratho und Spalato durch eine begrenzte felsige 0,50-m-Stelle eingeengt. Auf beiden Seiten davon ist das Wasser sehr tief.

LIPSO liegt südlich von Arki und hat einen Hafen an der Südwestseite. Die Wassertiefe hinter dem neuen Anleger für Fähren und Versorgungsschiffe beträgt 5 m. In der sauberen kleinen Ortschaft bekommt man Lebensmittel und Eis. Restaurants am Hafen.

AGATHONISI (früher GAIDAROS), eine abgelegene, ziemlich große Insel im weiten Seeraum zwischen Samos und dem türkischen Festland, weist an ihrer Südseite einige sehr brauchbare Ankerplätze auf.

Ansteuerung, Liegeplatz und Versorgungsmöglichkeiten: Das westliche Einfahrtskap ist befeuert. Seitdem der Kai in der Hauptbucht, Limin tou A. Georgiou, verbreitert wurde, können auch Yachten anlegen. Für die Fähre ist allerdings Platz zu lassen; notfalls kann man über Sand-Schlick-Grund in der Bucht ankern. Trotz der Fallböen liegt man hier bei Meltemi sehr gut geschützt. Zwei Tavernen sorgen für das leibliche Wohl.

Die meisten Insulaner wohnen im oberen Teil des über der Bucht liegenden
Tales, wo ein wenig Landbau betrieben wird. Es wird gerade soviel angebaut,
daß es für die eigenen Bedürfnisse der kaum 200 Bewohner reicht; hinzu kommt
allerlei Vieh wie Ziegen, Schafe und Kühe. Wasser wird in einigen Reservoirs
auf den Hügelhängen gesammelt.

PHARMAKONISI, eine noch südlicher liegende Insel, hat sanfte Hänge und ist
stellenweise mit grünem Buschwerk bewachsen. Sie eigens zu besuchen, lohnt
sich nicht. An ihrer Ostküste gibt es vier kleine, gegen die vorherrschenden
nördlichen Winde kaum geschützte Buchten, von denen diejenige am brauch-
barsten ist, die am weitesten nach Westen einschneidet.

*Einsteuerung und Ankerplatz: Die Bucht ist an einer kleinen weißen Kirche und den vier
Bögen einer Ruine auf dem dicht am Wasser liegenden Hügel zu erkennen. Der Meeresgrund steigt hier an und bildet so dicht vor dem Ufer einen sandigen Ankerplatz mit einer
Wassertiefe von 5 m. Bei sommerlichem Wetter ganz angenehm, ist dieser Ankerplatz
jedoch völlig Winden aus dem östlichen Quadranten ausgesetzt.*

Die Insel ist weithin kahl, und es gibt hier nur ein einziges kleines bewohntes
Haus. Inmitten der Ruinen sieht man die Fundamente einiger römischer Villen;
auch die Reste eines versunkenen Anlegers sind noch zu erkennen. Die einzigen
Besucher sind heute griechische Fischer, die den Sommer hier verbringen. Sie
haben ihre Boote im Schutz der Loggia eines römischen Hauses liegen.
Auf Pharmakonisi hat Julius Cäsar viele Wochen als Gefangener verbracht. Als
er sich im Jahre 75 v. Chr. als 25jähriger auf der Reise nach Rhodos befand, um
dort seine Bildung zu vervollständigen, wurde er vor Milet von Piraten gefangengenommen und auf diese Insel gebracht. Hier hielten ihn die Piraten in
Gewahrsam und forderten ein Lösegeld von 22 Talenten (ca. 100000 DM).
Cäsar indes, der nach und nach Einfluß auf seine Bewacher gewann, äußerte
sein Mißvergnügen darüber, daß sein Leben so niedrig eingeschätzt werde, wor-
aufhin die Piraten ihre Forderung auf 50 Talente (225000 DM) erhöhten. Er
nutzte die vielen Wochen seiner Gefangenschaft, indem er Gedichte und Reden
verfaßte, mit den Piraten scherzte und ihnen versicherte, sie alle würden eines
Tages gehängt. Das Lösegeld wurde schließlich von Rom nach Milet und von
dort zu dem Piratenlager auf Pharmakonisi gebracht.
Sobald Cäsar entlassen worden war, organisierte er eine Strafexpedition, nahm
die Piraten gefangen und sandte sie nach Pergamon, wo sie zum Tode verurteilt
wurden. Es heißt, mit Rücksicht auf die humane Behandlung, die er während
seiner Gefangenschaft erfahren hatte, habe Cäsar ihnen die Kehlen durch-
schneiden lassen, bevor sie ans Kreuz genagelt wurden.

LEROS, eine 15 km lange Insel mit 9000 Bewohnern, liegt südlich von Lipso;
ihre zahlreichen Einschnitte und Vorgebirge bieten zur Sommerzeit angenehme
Ankerplätze. Im Nordwesten bildet die langgestreckte Insel Archangelos einen
Schild gegen die vorherrschenden Winde und schützt die entlegenen Buchten am
Diavlos Pharios. Leros hat zwei Haupthäfen: Lakki und Agia Marina.

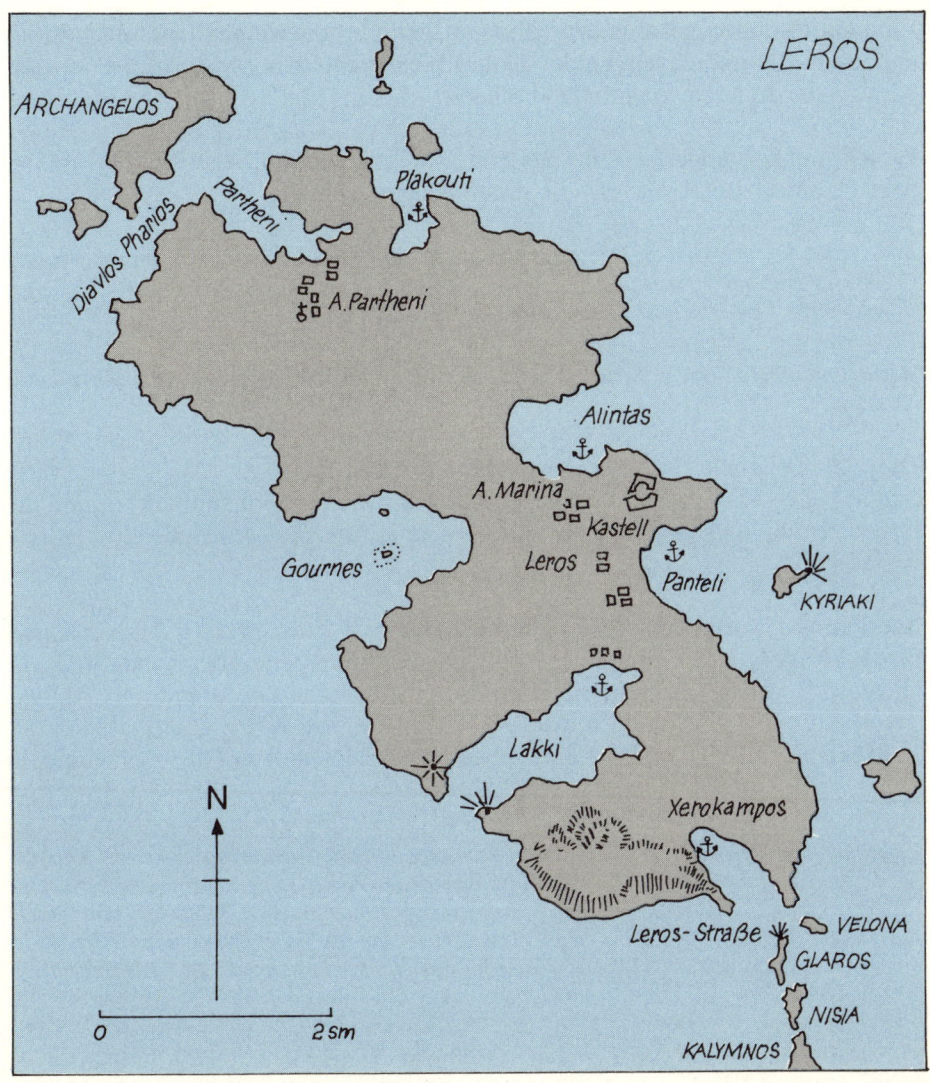

Agia Marina (Ormos Alintas, Plan L der D 1085), eine reizende Ortschaft an der Ostseite der Insel, kann man von See her an einem mächtigen Johanniterkastell auf der Höhe von Kap Phrouriou (Ak. Kastello) mühelos ausmachen. Es liegt südöstlich der Bucht.

Liegeplatz: Von der kurzen Mole ausgehend wurde ein breiter Kai gebaut, der jedoch wenig Schutz bietet. Das daran anschließende befestigte Ufer hat nur geringe Wassertiefen. Bei ruhigem Wetter kann man mit Bug oder Heck an den Kai gehen; bei nördlichen Winden ist der Schutz in der südöstlich gelegenen Panteli-Bucht jedoch besser.

Versorgungsmöglichkeiten: Frische Lebensmittel bekommt man in der auf dem Sattel liegenden Stadt Leros. In der Nähe des Kais Trinkwasser und mehrere bescheidene Tavernen.

Eine interessante, halbstündige Fahrt im Taxi führt die Berge hinauf nach Leros und dann hinunter nach Lakki. Dabei bieten sich schöne Ausblicke auf das bergige, im Inneren fruchtbare Inselland.

Panteli, auf der anderen Seite des Sattels, südöstlich von Agia Marina, ist mit dem Hauptort Leros inzwischen zusammengewachsen.

Ankerplatz: Vor der Mitte des Sandstrandes auf 5−9 m Wasser über Sandgrund mit leichtem Bewuchs. Der Platz ist nur gegen Süden offen und gegen die vorherrschenden Winde gut geschützt. Gegebenenfalls findet sich ein Liegeplatz am Molenkopf des neuen Fischerhafens.

Versorgungsmöglichkeiten: Lebensmittel in Leros, 15 Minuten hügelan. Am Ufer Fischtavernen.

Die einheimischen Fischerboote landen hier ihre Fänge an. Am späten Nachmittag bietet sich ein eindrucksvoller Anblick, wenn die Johanniterburg und die farbenfreudig angemalten Fischerboote im Licht der schwindenden Sonne liegen.

Xerokampos ist ein hübsches Fischerdorf an einem Einschnitt der Südküste und bietet Yachten aller Größen einen bequemen Ankerplatz über Sandgrund mit leichtem Bewuchs. Neben Ferienhäusern eine Taverne am Strand.

Lakki (Plan B der D 1085) ist ein großer, bestens geschützter Fähr- und Handelshafen an der Südwestseite der Insel.

Liegeplatz und Versorgungsmöglichkeiten: Yachten gehen mit Bug oder Heck an den Kai oder an die Anlegebrücke im nordwestlichen Winkel des Hafens. Die Leuchttonne bezeichnet das westliche Ende einer Untiefe. Wasser bekommt man am Kai; Kraftstoff kann bestellt werden. (Die im Detailplan als Yachtstation gekennzeichnete Pier weiter östlich bietet keine Versorgungsmöglichkeiten.) Taverne am Hafen, Restaurants und Lebensmittelgeschäfte im Ort.

Die Badestrände der Insel ziehen zahlreiche Touristen an, die mit Fähren in Lakki ankommen. Sobald die Fähren abgefertigt sind, herrscht am Hafen wenig Betrieb. Die Anpflanzung schattenspendender Bäume an der Promenade und die Renovierung der Häuser haben dem Ort ein ganz neues Aussehen verliehen. Während der italienischen Besetzung war Lakki Flottenstützpunkt; die Gebäude am Hafen zeugen noch von dem italienischen Einfluß.

Ormos Partheni (Plan C der D 1085), eine vom Land umschlossene Bucht im Norden von Leros, bietet vollkommenen Schutz und brauchbare Wassertiefen. Das Dorf Agia Matrona liegt im Scheitelpunkt der Bucht.

Einsteuerung und Ankerplatz: In der Einfahrt zum Ormos Partheni liegen Festmachetonnen aus, wodurch eine nächtliche Einsteuerung zu einem Wagnis wird. Vorbei an dem in der Seekarte eingezeichneten Sperrgebiet können Yachten in den östlichen Teil der Bucht,

Limeniskos A. Matronas, einlaufen. Auf die Fischzuchtanlage am nördlichen Ufer ist zu achten. Der Ankerplatz hat Wassertiefen um 6 m, nach den Seiten allmählich ansteigend.

Plakouti-Bucht. Ein nützlicher Ankerplatz bei Südwind in einer ziemlich abgeschiedenen Umgebung. Wegen der Klippen in der Einfahrt muß man sorgfältig navigieren. Die Bucht bietet guten Schutz außer gegen Norden und passende Wassertiefen. Ein Weiler liegt im Scheitel der Bucht; die Taverne wird nur in der Saison bewirtschaftet.

KALYMNOS. Eine schmale, jedoch gut bezeichnete Meeresstraße trennt Leros von der unmittelbar südlich liegenden gebirgigen, weithin kahlen Insel Kalymnos. Die Westküste ist besonders reizvoll. Obendrein gibt es hier auch sehr angenehme, gegen die vorherrschenden Winde geschützte Ankerplätze. Während der langen türkischen Besetzung wurde die Insel abgeholzt; nur mehr die Täler und einige wenige Ebenen im Inneren werden heute noch landwirtschaftlich genutzt. Dies reicht gerade aus, um die annähernd 16000 Bewohner zu ernähren. Somit ist der Tourismus – neben dem Handel mit Schwämmen – eine willkommene zusätzliche Einnahmequelle.

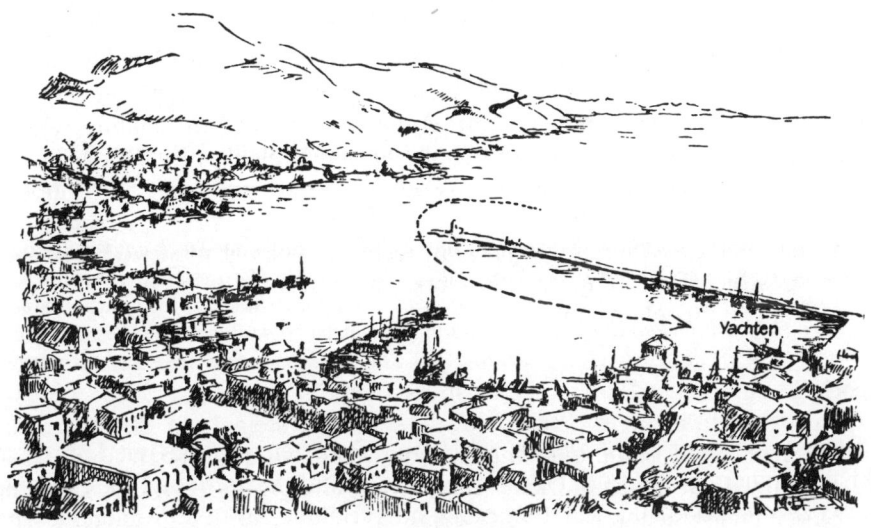

Hafen Kalymnos

Kalymnos (Limin Kalymnou, Plan M der D 1085). Die Hauptstadt der Insel, Heimatort der berühmten Schwammtaucher, hat einen geräumigen Hafen, der täglich von Fähren, Frachtern und Kaïken angelaufen wird.

Einsteuerung und Liegeplatz: Läuft man auf die Stadt zu, deren Häuser sehr malerisch um die große Hafenbucht liegen, so passiert man zunächst den befeuerten neuen Wellenbrecher, der ebenfalls zum Anlegen geeignet ist. Yachten liegen jedoch meistens im inneren Hafen hinter der Mole, an deren Kopf die Passagierschiffe anlegen. Noch besser ist der Platz am Südwestkai. Da bei Meltemi der Anker durch die harten, in der Richtung wechselnden Fallböen stark belastet wird, achte man auf guten Halt.

Versorgungsmöglichkeiten: Wasser am Kai, Treibstoff wird per Tankwagen geliefert. Restaurants, Cafés und Lebensmittelgeschäfte entlang der Wasserfront und in der Stadt. Täglich verkehren Fähren nach Rhodos und zum Piräus. Eine große Kaïkenwerft mit Slipvorrichtung befindet sich auf der Nordseite außerhalb des Hafens.

Seit vielen Jahrzehnten war der bedeutendste Erwerbszweig der Insulaner die Schwammfischerei. Mehrere hundert Mann pflegten nach dem griechischen Osterfest in annähernd 80 Booten zur afrikanischen Küste zu segeln. In den letzten Jahren wurden die Tauchreviere stark eingeschränkt. Auch die Tauchmethoden haben sich geändert. In früheren Jahrhunderten hatte der Taucher keine andere Tauchhilfe als einen Marmorstein; dann gab es Gummianzüge und Helme. Jetzt benutzen die Schwammfischer teilweise moderne Taucherausrüstungen. Doch ihre Arbeit ist trotzdem hart und gefährlich; viele benutzen nur Tauchermaske und Dreizack. Ein Großteil der Schwämme gelangt auf den amerikanischen Markt.
Zu Beginn des letzten Jahrhunderts wurden Taucher aus Kalymnos nach Kythira geholt, um die „Elgin Marbles" (Marmorfries vom Parthenon) zu bergen, die im Wrack der 1802 gesunkenen englischen Brigg „Mentor" in einer Wassertiefe von etwa 18 m lagen.

Ormos Vathy, ein tiefer Einschnitt an der Ostküste mit einem Weiler an seinem Ende, ist als Ankerplatz für ein paar Yachten geeignet. Am Kopf der schräg in die schmale Bucht ragenden Mole beträgt die Wassertiefe 4 m, dahinter wird es schnell seichter. Man kann mit dem Heck an den Molenkopf gehen oder eine Leine zum Felsufer ausbringen. Ankergrund Sand. In dem Dorf gibt es Tavernen und Grundnahrungsmittel.
Scheut man einen Spaziergang von 3 km nicht, so gelangt man nach Platanos, wo es vorgeschichtliche Mauern („Kyklopenmauern") und eine hübsche byzantinische Kapelle zu sehen gibt.

Emporio ist ein kleines Dorf im Norden der Westküste, an einer Bucht, die zwei als Ankerplätze brauchbare Einschnitte hat. Zu der steinernen Pier kann man eventuell eine lange Leine ausbringen, denn der Grund fällt steil ab und hält den Anker nicht gut. Auch hier eine Taverne am Ufer, weitere im Ort. Der westliche Einschnitt ist sicherer.

Ormos Linarias heißt eine Bucht in der südlichen Hälfte der Westküste mit einigen Sommervillen und einem Restaurant am Ufer. Da gegen Winde aus Südost bis Nordwest offen, ist der Ankerplatz nur teilweise geschützt. Eine Straße führt nach Kalymnos.

Ormos Vlychadia ist eine gut geschützte, nur gegen Süden offene Bucht an der Südküste, 2,5 sm von Kalymnos entfernt. An ihrem Ende gibt es einige Sommerhäuser und eine Taverne. Der Ankergrund besteht aus Sand und Seegras. Die Bucht ist ein angenehmer Liegeplatz für die Nacht.

TELENDOS, die der Westküste von Kalymnos vorgelagerte Insel, hat vor dem Dorf, zu Füßen des hohen Berges, einen ungeschützten Ankerplatz mit brauchbaren Wassertiefen. Der Blick auf die schroffe, kahle Küste ist eindrucksvoll. Allem Anschein nach war die Insel seit frühester Zeit bewohnt, denn man findet hier einige riesige Steinblöcke kyklopischer Mauern sowie auch griechische und römische Ruinen und die Überreste eines verlassenen Klosters.

PSERIMOS heißt eine Insel im Südosten von Kalymnos. Sie hat außer einem schönen Badestrand in der Bucht an ihrer Südwestküste nichts Besonderes zu bieten.

Einsteuerung und Ankerplatz: Das Einlaufen macht bei Tage keine Schwierigkeiten, doch sollte man sich vor dem überspülten Felsen südlich der Bucht in acht nehmen. Der Sandgrund steigt bis 5 m an, aber ihn durchzieht ein etwa 0,50 m über den Sand emporragendes Felsenriff. Wenn der Meltemi weht, steht lebhafte Dünung herein. Ein kurzer Wellenbrecher schützt etwas den kleinen Kai an der Westseite; dort gehen die Touristen an Land. Die Tavernenwirte haben sich auf Tagesgäste eingestellt.

KOS ist eine langgestreckte, zum Teil gebirgige Insel, nach Rhodos die zweitgrößte des Dodekanes. Sie ist 282 km^2 groß, bis 846 m hoch und hat an die 20000 Bewohner.

Kos (Plan H der D 1085; Port of Entry), Hauptort am Nordostende der Insel, ist ein modernes Seebad mit einem gut geschützten, angesichts der Vielzahl von Yachten und Ausflugsbooten aber viel zu kleinen Hafen. (Der nächste türkische Port of Entry, Bodrum, ist 11 sm entfernt.)

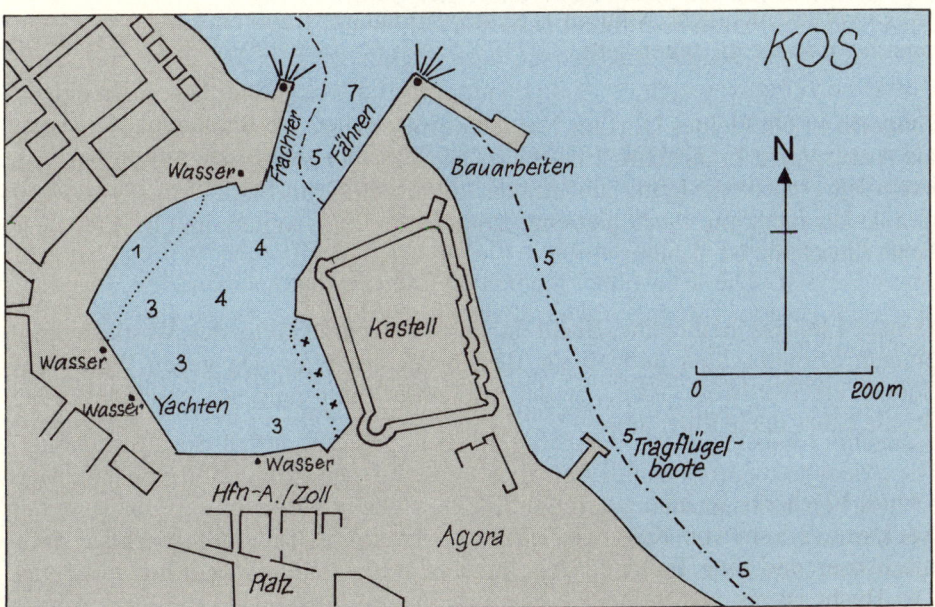

229

Einsteuerung: Die Hafeneinfahrt ist bei Tag wie bei Nacht leicht anzusteuern, die Ordensritterburg klar auszumachen. Man laufe zwischen den beiden Molenköpfen ein, den Fährkai an Backbord, an Steuerbord den Frachterkai. Die erweiterte Einfahrt bringt es mit sich, daß bei starken nördlichen Winden Schwell in den Hafen steht. Im Winter ist der Hafen nicht sicher. Die Einfahrt neigt zum Versanden; sie muß daher fortwährend ausgebaggert werden, damit eine durchschnittliche Wassertiefe von 5 m erhalten bleibt.

Liegeplatz und Versorgungsmöglichkeiten: Yachten laufen bis zum Südwestkai und machen hier über Bug oder Heck fest. Außerdem besteht die Möglichkeit, mit sehr langen Leinen zum Nordwestkai festzumachen; die Wassertiefen sind dort stellenweise sehr gering. Große Fährboote liegen am Südkai. Die Behörden zum Ein- oder Ausklarieren befinden sich in einem Gebäudekomplex am Südkai.

Mehrere Trinkwasserhähne direkt am Kai. Kraftstoff und Stangeneis werden angeliefert. Reparaturen in beschränktem Umfang möglich. Es gibt einen ausgezeichneten Markt und viele moderne Geschäfte. Die Auswahl an Restaurants ist nicht zu überbieten. Der örtliche Weißwein ist vorzüglich. Während des Sommers gute Fährverbindungen mit Piräus und den Inseln. Täglich Flüge nach Athen.

Sowohl die Stadt als auch der Hafen, mit Ausnahme der im 15. Jahrhundert von den Johanniter-Kreuzrittern aus Rhodos errichteten Burg, wurden nach dem Erdbeben von 1933 durch die Italiener wiederaufgebaut. Alles, was in dieser Stadt interessant ist, findet man nahe beim Hafen. Das Stadtbild ist besonders reizvoll durch die blühenden Hibiskus- und Oleanderbüsche, welche die Straßen säumen.

Man muß die Moschee aus dem 18. Jahrhundert mit ihren hellenistischen und byzantinischen Säulen ebenso gesehen haben wie die alte Platane, von der es heißt, Hippokrates habe im 5. Jahrhundert v. Chr. unter diesem Baum gelehrt. Botaniker halten dem jedoch entgegen, keine Platane lebe länger als 500 Jahre. Das Kastell und das interessante Museum sollte man sich ebenso anschauen wie die Ausgrabungen am westlichen Rande der Stadt.

Ungefähr 4 km außerhalb findet man das Asklepieion, das Hospital des Hippokrates, dem die Schule der Medizin angegliedert war. Im Jahre 554 durch ein Erdbeben zerstört, wurde es 1902−04 unter Leitung des deutschen Archäologen Herzog ausgegraben und 1939−43 von den Italienern rekonstruiert. Dabei haben sie beinahe des Guten zuviel getan. Von hier bietet sich ein großartiger Blick über die Meeresstraße auf die Berge Anatoliens. Am besten mietet man in Kos ein Fahrrad, um hierher zu gelangen.

Auch einige kleine Weiler, darunter Platanion, eine türkische Siedlung, lohnen einen Besuch. Die Einwohner behielten ihren mohammedanischen Glauben bei, nahmen aber die griechische Staatsbürgerschaft an, als die Insel an Griechenland kam.

Kos hat heute 9000 Einwohner. Auf den Kais des lebhaften kleinen Hafens herrscht stets geschäftiges Leben und Treiben, und täglich wird eine Menge sich drängender Passagiere von der Fähre an Land gesetzt oder an Bord genommen. Die Wirtschaft beruht außer auf Tourismus auf der Produktion von landwirtschaftlichen Erzeugnissen, darunter Tomaten und Honig.

Als der Apostel Paulus auf seiner dritten Missionsreise von Makedonien nach Jerusalem hier für eine Nacht Rast hielt, sah der Hafen vermutlich nicht viel anders aus. Während des Mittelalters war er versandet, doch die Piraten hielt das nicht ab. In seiner wechselvollen Geschichte eroberten den Hafen und damit die Insel Alexander und die Ptolemäer, Römer und Genuesen, die Johanniter-ritter und schließlich – 1522 – deren Gegner, die Türken. Die Türken behielten Kos nahezu vier Jahrhunderte lang, bis 1912. Dann besetzten es die Italiener bis 1941. Nach dem Zweiten Weltkrieg kam es an Griechenland.

Auf der gesamten Südostseite von Kos findet man keinen befriedigenden Anker-platz. Segelt man nahe an dieser Küste entlang, muß man auf Fallböen von den bis über 800 m hohen Hängen des Dikaios gefaßt sein.

Kardamena, ein belebter Urlaubsort an dieser Küste, hat einen kleinen Hafen, der durch beständige Dünung zur Versandung neigt, so daß die Wassertiefe von 3 m kaum zu halten ist. Von hier starten im Sommer die Ausflugsboote nach Nisyros.

Kephalos. Am westlichen Ende der Südküste von Kos bildet ein hohes Vorge-birge die Bucht Kamari, die bei nördlichen Winden einigen Schutz gewährt. Eine Mole erstreckt sich in Richtung Nordost. Hoch auf dem Steilhang weiter im Lande liegt Kephalos, eine Ortschaft mit 2000 Einwohnern.

Einsteuerung und Liegeplatz: Der Ort Kephalos auf der Höhe ist auffällig, im Inneren der Bucht sind die Insel A. Nikolaos und die Mole mühelos auszumachen. Bei gutem Wetter wirft man den Anker gegen Norden und holt Bug oder Heck zur Mole, wo die Wassertiefe 4–5 m beträgt; westlich der nach Norden weisenden Fischerpier nimmt die Wassertiefe von 3 m rasch ab. Bei Platzmangel oder Schwell durch stärkere nördliche Winde kann man gut südlich der Mole vor dem Strand auf 4 m Wasser ankern (überall Sandgrund).

Versorgungsmöglichkeiten: Im Ort Kephalos (4 km) ist alles erhältlich, am Hafen und am Strand entlang gibt es mehrere Fischtavernen.

Der Ankerplatz bei **Paleo Kastro,** der auffälligen Klippeninsel, die in der D 613 Vr. A. Nikolaos genannt wird, kann nur unter sorgfältigem Loten und mit Sicht auf den Grund angelaufen werden. Die große Hotelanlage hat dem Platz viel seines früheren Reizes genommen, doch das Wasser ist nach wie vor klar und der Strand bei Touristen und Einheimischen gleichermaßen beliebt. Der Platz wird nach der hier freigelegten byzantinischen Basilika auch Agios Stephanos genannt; sie befindet sich gegenüber der Insel direkt am Ufer.

Mastichari an der Nordwestküste der Insel dient dem lokalen Fährverkehr zwi-schen Kos und Kalymnos. Der Hafen ist den im Sommer vorherrschenden Nord-westwinden ausgesetzt und neigt zum Versanden. Man sollte ihn deshalb bei auf-landigem Seegang nicht anlaufen. An der Innenseite der Mole bleibt Yachten nur wenig Platz, bei 3–4 m Wassertiefe anzulegen. Wasserhahn, Restaurants und Geschäfte sind in der Nähe. Ein Bus fährt zur Stadt Kos.

NISYROS ist eine runde, weithin begrünte Insel mit zwei Häfen und knapp 1800 Bewohnern. Das Land erhebt sich in Terrassen zu einem Ring von Hügeln in der Mitte, die die Senke eines vulkanischen Kraters umgeben – letzter Aus-bruch 1885 –, in dem Schwefelquellen sprudeln. Anders als auf Milos ist der vulkanische Boden sehr fruchtbar, die Insel bewaldet; auf den Hügelhängen wachsen Mandel- und Olivenbäume. Die vier kleinen Ortschaften sind sehr urtümlich, die beiden in den Bergen fast menschenleer. Die Bewohner leben vom Tourismus, dem Export von Bimsstein und dem Geld, das Angehörige vor allem aus den USA und aus Australien schicken. Es gibt erhebliche Schwierigkeiten mit der Wasserversorgung, weil das Vulkangestein porös ist. Der Wasserspiegel in den Brunnen sinkt ständig. Deshalb hat man auf den Berghängen riesige Zisternen gebaut, aus denen das Wasser in Rohrleitungen in die Dörfer fließt.

Mandrakion (Limin Mandraki, Plan E der D 1085) ist der Haupthafen der Insel und bei gesicherter Wetterlage einen Besuch wert.

Einsteuerung und Liegeplatz: Schwierigkeiten gibt es keine; Yachten gehen mit Bug oder Heck an den breiten Kai, Fähren an der 90 m langen Mole längsseits. Das Hafenbecken ist 4 − 5 m tief, der Grund Sand mit Steinen, der Halt mittelmäßig. Man muß auf heftigen Schwell gefaßt sein. Der Hafen ist offen gegen den I. Quadranten.

Versorgungsmöglichkeiten: Grundnahrungsmittel, meist von Kos oder Rhodos herbeigeschafft, sind ebenso zu haben wie hier gefangener Fisch. Ein Restaurant am Hafen, ein zweites im Ort (zehn Minuten Fußweg). Postamt am Kai. Fährverbindung mit Piräus und Rhodos, täglich mit Kos.

Zu besichtigen wären die gewaltigen Mauern der antiken Akropolis südwestlich von Mandrakion und die Klosterkirche Panagia Spiliani in der mittelalterlichen Festung. Interessant ist auch ein Ausflug mit Bus oder Taxi zum Krater und zu den hübschen, wenn auch fast verlassenen Dörfern Nikia und Emporio.

Paloi (Limin Palon, Plan F der D 1085) liegt 2 sm ostnordostwärts von Mandrakion, gleich hinter Kap Akrotiri. Der kleine Fischerhafen öffnet sich nach Norden.

Einsteuerung, Liegeplatz und Versorgungsmöglichkeiten: Nähert man sich dem Hafen von Osten, so sieht man im Westen eine auffallende weiße Kirche. Die Einfahrt ist, nachdem beide Molen stark befestigt wurden, noch etwas schmaler geworden, so daß man bei auflandigem Seegang nicht einlaufen sollte. Der Hafen wurde so weit auf 3 m ausgebaggert, daß man gerade eben Platz zum Manövrieren hat. Yachten können 20 − 30 m binnen vom Kopf der in West-Ost-Richtung verlaufenden Mole über Bug oder Heck festmachen. An der Wasserfront gibt es Tavernen und einen bescheidenen Lebensmittelladen.

GYALI liegt 3 sm nordwestlich von Nisyros. Diese kleine, aber unattraktive Insel ist leicht an den ausgedehnten Bimssteinbrüchen an ihren Hügeln auszumachen. Wenn man Schutz vor einem kräftigen Meltemi braucht, findet man im Zentrum der Südküste einen sehr nützlichen Ankerplatz, wo an den Festmachetonnen meist Frachter liegen. Am Ufer sieht man die Anlagen für den Bimssteinabbau und -abtransport. In der Nordhälfte der Insel wird Obsidian gefunden − daher der Name der Insel, der „Glas" bedeutet.

TILOS ist eine von Fremden wenig besuchte Insel mit verhältnismäßig hohen Bergen und einer landwirtschaftlich genutzten Fläche, die sich vom Hauptort Megalo Chorio bis hin zur sandigen Bucht Eriston im Süden erstreckt.

Liege- und Ankerplatz: Die Piräus-Fähre läuft — fahrplanmäßig nachts — den kleinen Hafenort Leivadia in der Ostbucht an. Den Fährkai können in der Zwischenzeit auch Yachten benutzen, doch ist dieser Platz wegen der ständigen Dünung recht ungemütlich, es sei denn, man findet eine Lücke zwischen den Fischerbooten im Süden des Kais, wo die Wassertiefe um 2 m beträgt. Raum zum Ankern vor dem Strand ist allerdings reichlich vorhanden.

Versorgungsmöglichkeiten: Wasser ist knapp. Lebensmittel und Tavernen in dem geruhsamen, gleich oberhalb des Hafens liegenden Ort.

Die Insel mit heute etwa 400 Bewohnern ist historisch unbedeutend. In der Zeit der Ordensherrschaft beruhte ihre Sicherheit darauf, daß von einigen Wachttürmen aus das Nahen feindlicher Schiffe nach Rhodos signalisiert werden konnte.

ASTYPALAIA, früher auch Stampalia, ist die westlichste Insel des Dodekanes. Ihre beiden Berggipfel lassen sie aus der Entfernung als zwei Inseln erscheinen. Wenn man sich ihr dann nähert, macht sie einen öden, abweisenden Eindruck. Sie bietet jedoch eine Reihe guter Ankerplätze selbst für größere Yachten.

Skala liegt am Kopf einer Bucht. Die weißen Häuser säumen das Ufer und ziehen sich an dem Berg hinauf bis zur Ruine eines venezianischen Kastells. Der Ankerplatz bietet einem halben Dutzend Yachten oder Kaïken Raum zum Schwojen.

Einsteuerung und Liegeplatz: Sowohl die Ruine des Kastells als auch das Leuchtfeuer sind auffallende Landmarken. Yachten gehen an den Fährkai mit 7 m Wassertiefe, falls Ausflugsboote und Fischerkaïken Platz lassen. Die kurze Fischerpier in der Westecke der Hafenbucht hat am Kopf um 2 m Wassertiefe. Bei normalem Sommerwetter mit nördlichen Winden und Fallböen liegt man am sichersten frei vor Anker. Falls es aus Süden zu wehen beginnt, sucht man besser in Maltezana Schutz.

Versorgungsmöglichkeiten: Wasser und Eis Nähe Fährkai, Lebensmittel im Ort. Tavernen oberhalb der Fischerpier. Außer der regelmäßig verkehrenden Piräus-Fähre wird Skala im Sommer auch von einem Fährboot aus Kalymnos angelaufen.

Von den 1200 Bewohnern der Insel leben 800 in Skala selbst; der Ort ist bezaubernd. Das Kastell wurde von der Familie Guerini erbaut, die 200 Jahre lang auf der Insel regierte, bevor diese von den Türken eingenommen wurde. Das Familienwappen ist auf einer Tafel am Burgtor zu sehen.

Ormos Maltezana (Plan N der D 1091) ist eine verhältnismäßig einsame Badebucht, die sich zum Übernachten eignet. Sie bietet Schutz nach allen Seiten hin. Man kann an beiden Seiten der befeuerten Fischerpier, die am Kopf 4 m Wassertiefe hat, anlegen oder westlich davon über Sand-Schlick-Grund ankern. Auch die nächste Ausbuchtung, Ormos Schinounta, hat bei 5 m Wassertiefe

Sandgrund. In dem Dorf gibt es zwar keine Versorgungsmöglichkeiten, aber ein Bus verkehrt von dort nach Skala.

Ormos Agrilithi heißt ein 2,5 sm westlich von Kap Poulari liegender, tief ins Land reichender Einschnitt, der im Scheitel und in den beiden seitlichen Ausbuchtungen gut geschützte Ankerplätze in einsamer Umgebung bietet. Bei 5 m Wassertiefe besteht der Grund aus Sand. Versorgungsmöglichkeiten gibt es nicht.

Porto Vathy (Plan M der D 1091). Dieses von Land umschlossene Becken mit kahlen, wenig einladenden Ufern ist ein sicherer Ankerplatz selbst bei starkem Meltemi.

Einsteuerung und Ankerplatz: Nachdem man die Bank mit ihrer geringsten Wassertiefe von 3 m an der schmalsten Stelle der Einfahrt passiert hat, wende man sich nach Backbord und ankere vor den wenigen Häusern auf 3−5 m Wasser über Schlickgrund mit Bewuchs. Das Wasser ist hier trübe. Mit dem Beiboot kann man an dem befestigten Ufer landen, wo es eine bescheidene Taverne gibt. Der Ankerplatz im Nordosten der Bucht ist einsamer, aber durch Schwell etwas unruhiger.

SYMI. Diese auf weite Strecken kahle Insel mit 3000 Bewohnern liegt am äußersten östlichen Rande der Ägäis vor der Einfahrt zum Yeşilova Körfezi, der schon zu den türkischen Gewässern gehört. Sie hat zwei Haupthäfen: Panormiti an der Westseite und Symi an der Ostseite in einem tiefen Einschnitt, umsäumt von farbenfrohen Häusern. In seiner nächsten Nachbarschaft findet man die gut geschützte Pedi-Bucht. Auf Symi blüht das Geschäft mit den Touristen, die täglich von Rhodos hergebracht werden.

Symi (Limin Symis, Plan G der D 614). Die stattlichen, zumeist in verschiedenen Farben getünchten und damit eher italienisch anmutenden Häuser ziehen sich an den Hängen hinauf bis zu einer Reihe von abgetakelten Windmühlen, die eine neben der anderen auf dem Bergkamm stehen.

Einsteuerung und Liegeplatz: Südlich vom Uhrturm ist ein Kai gebaut worden, an dem die Fähren aus Rhodos anlegen. Yachten gehen weiter innen mit Bug oder Heck an den Kai. Da der Grund rasch abfällt, ist viel Kette erforderlich.

Versorgungsmöglichkeiten: Wasser am Yachtkai (nur zu bestimmten Zeiten). Eine Anzahl Lebensmittelläden in der Stadt. Restaurants rund um den Hafen. Die Werft in der nördlichen Nebenbucht baut gelegentlich noch ein Schwammfischerboot vom Trehandiri-Typ und kann unter Umständen bei kleineren Reparaturen helfen.

Ormos Pedi heißt die bestens geschützte Bucht südlich des Hafens Symi.

Ankerplatz und Versorgungsmöglichkeiten: Im Scheitel der Bucht finden mehrere Yachten Raum zum Schwojen, und zwar zwischen der Pier, an der Versorgungsschiffe und Ausflugsboote anlegen, und den kleinen Anlegern in der Nordwestecke. Ankergrund ist Schlick und Sand mit starkem Seegrasbewuchs. Kleinere Yachten können an dem Anleger mit 1 m Wasser am Kopf eine Leine festmachen; sie liegen so direkt vor einer der

Tavernen. Den Hafen Symi erreicht man nach einem 20 Minuten langen Fußmarsch über den Hügel; tagsüber fährt auch ein Bus dorthin.
Eine kleine, einsame, sandige Bucht liegt unmittelbar nördlich der Einfahrt zum Ormos Pedi. Ein dem Nordufer dieser Bucht vorgelagertes Eiland schafft hinreichend Schutz, und der Ankerplatz ist nur durch eine schmale Lücke gegen Osten offen.

Ormos Marathounta, gut 3 sm südlich der Pedi-Bucht, hat am Ende eine kleine Ausbuchtung, in der man auf 5 m Wasser über Sandgrund ankern kann. Bei Fallböen aus den Bergen wird es notwendig, eine Leine zum Land auszubringen. Der Platz ist gegen Osten offen.

Limin Panormitou (Plan A der D 614) ist ein reizender, nahezu geschlossener Naturhafen am Südende der Insel Symi, inmitten einer gebirgigen Umgebung und mit einem Kloster in der Nähe des Kais.

Einsteuerung: An der Nordostseite der Einfahrt steht der weiß getünchte Turm einer Windmühle, der von Westen her auf eine Entfernung von mindestens 5 sm auszumachen ist; bei Nacht wird ein Feuer gezeigt. Die Ufer sind hier durchweg steil.
Ankerplatz: Am bequemsten ist es, im nordöstlichen Teil der Bucht auf 5 m Wasser über Sandgrund zu ankern. Man liegt hier gut geschützt; die Tagesbrise verursacht nur leichte Dünung. Die befeuerte L-förmige Pier vor dem Kloster mit 4 m Wassertiefe am Kopf wird von den häufig verkehrenden Rhodos-Fähren und Ausflugsbooten benutzt. Yachten können an der Innenseite festmachen.
Versorgungsmöglichkeiten: Trinkwasser ist knapp; das Kloster verfügt über Zisternen. Eventuell kann man frisches Brot bekommen. Über Sommer ist ein Restaurant geöffnet.

Die Zeiten sind vorbei, als noch beim Eintreffen eines fremden Schiffes als Willkommensgruß die Klosterglocke geläutet wurde. Doch immer noch besuchen viele Wallfahrer die Ikone des heiligen Michael in der Kirche aus dem 12. Jahrhundert. Im Gegensatz zu dem eher modernen Äußeren des Klosters, das mit seiner langen Front und dem Glockenturm das ganze Südostufer der Bucht beherrscht, sind der Hof und die Kirche mit Schnitzereien und Ikonen sehr alt und durchaus sehenswert.

Kephala. Östlich der gleichnamigen Halbinsel an der Westseite von Symi findet man eine sandige Bucht, die bei ruhigem Wetter als Tagesankerplatz geeignet ist. Durch den Kiesdamm zwischen der Halbinsel und dem Eiland mit dem Kloster Agios Emilianos ist die Bucht einigermaßen geschützt.

Nur wenige Seemeilen vor der Westküste von Rhodos liegen die beiden Inseln Chalki und Alimia (Alimnia). Sie haben wenig Interessantes aufzuweisen, doch es lohnt sich, sie wegen der Ritterkastelle zu besuchen, die in beherrschender Lage mit freiem Blick auf die Küste von Rhodos thronen.

CHALKI. Ortschaft und Hafen Chalki (auch Skala) liegen an der nur teilweise geschützten Emporio-Bucht.

Einsteuerung und Liegeplatz: Man sollte nachts nicht einlaufen. Der Ausbau des Ufers hat bessere Anlegemöglichkeiten auch für Yachten gebracht. An der Stirnseite und an der Südseite des vorspringenden Kais legen die Fähren an. Südlich davon können Yachten über Bug oder Heck festmachen; die Wassertiefe von 2 m nimmt seewärts zu. Der Grund aus Schlamm mit Steinen gibt dem Anker ausreichenden Halt.

Versorgungsmöglichkeiten: In der Eisfabrik kann man auch Wasser bekommen. Tavernen, Lebensmittelläden und Postamt in unmittelbarer Nähe. Die Rhodos-Piräus-Fähre läuft den Hafen regelmäßig an; ein Fährboot geht nach Rhodos (Skala Kameiros).

Die etwa 200 Inselbewohner scheinen die Landwirtschaft weitgehend aufgegeben zu haben. Mit den Fähren kommen ein paar Sommergäste von Rhodos herüber, um in dem klaren Wasser in der Nebenbucht Potamos zu baden.
Die Ritterburg liegt unterhalb einer 600 m hohen Bergkuppe inmitten einer wildromantischen Umgebung und ist in einer guten halben Stunde zu erreichen.

ALIMIA hat an seiner Südwestseite eine gut geschützte Bucht, wenn auch die Wassertiefen zum Ankern etwas groß sind. Man hat die Wahl zwischen zwei Ankerplätzen, auf denen man – mit einer Leine zum Land – gegen Winde aus jeder Richtung sicher liegt.

Einsteuerung und Ankerplatz: Das Einlaufen bereitet bei Tag keine Schwierigkeiten; bei Nacht ist es nicht ratsam. Ankert man in der Nordbucht, so achte man auf die Überreste eines Wellenbrechers in Nähe des Ufers, auf dem eine kleine Kirche steht. Vor dem Kiesstrand ist ausreichend Platz zum Schwojen.
Bei Südsturm suchen die Fischerboote im Südostarm der Bucht Schutz. Hier steigt der Grund steil an. Es empfiehlt sich, eine Leine zum Land auszufahren.

Das Kastell liegt in Trümmern, aber der Blick von der Hügelkuppe ist großartig.

RHODOS (ngr. und in den deutschen Seekarten RODOS) ist die größte Insel des Dodekanes, grün und gebirgig. Die Hauptstadt Rhodos liegt an der Nordspitze. Sowohl Insel als auch Stadt haben eine lange und bewegte Vergangenheit. Außer dem Hafen Rhodos (Mandraki) und der Bucht Lindos, wo man hinreichend Schutz findet, hat die Insel dem Sportschiffer eine Reihe weniger geschützter Ankerplätze zu bieten, vor allem an ihrer Südostküste, die praktisch den ganzen Sommer hindurch in Lee liegt.

Ankerplätze an der Südostküste:

Kap Niso. Die Buchten im Raume dieses Kaps sind sandig und bieten guten Schutz. Das Kap – auf der D 678 ohne Namen – liegt in der Mitte zwischen Kap Prassonisi und Kap Vigli.

Kap Vigli. Die Turmruine auf der Huk ist eine augenfällige Landmarke. Yachten finden einen zufriedenstellenden Ankerplatz nordöstlich der Huk, von wo der Turm in 177° peilt. Der Sandboden hält den Anker gut. Mäßiger Nordwestwind wirft zwar keinen Schwell auf, aber vor dem Wind selbst ist man nicht geschützt.

Kap Istros. Hier pflegen bisweilen Kaïken zu ankern. Am südwestlichen Ufer befindet sich ein Anleger.

Lindos (Ormos Lindou, Plan K der D 1085, Plan O der D 1091). Während der Meltemi-Saison ist es von Rhodos nach Lindos oder umgekehrt ein angenehmer Tagestörn, weil man gut anliegen kann und dazu noch glattes Wasser hat. Die Akropolis von Lindos liegt auf der Kuppe eines hohen Vorgebirges, dessen Hänge schroff ins Meer abfallen. Nordwestlich, im Schutz des Vorgebirges, befindet sich der geräumige Naturhafen von Lindos mit einem langen Sandstrand. Hier kann man bequem an Land gehen, um die Stadt und die Akropolis zu besichtigen.

Einsteuerung und Ankerplatz: Da die Bucht nicht befeuert ist, bereitet das Einlaufen bei Nacht gewisse Schwierigkeiten. Man lasse im westlichen Teil der Bucht auf 5−6 m Wasser den Anker fallen. Den besten Schutz findet man unmittelbar unterhalb des Kliffs, an dem man eine Achterleine festmachen kann. Näher zum Strand hin besteht der Grund aus Sand, inmitten der Bucht teils aus Schlick, teils aus Sand auf flachem Gestein. Der Platz ist gut geschützt, ausgenommen gegen Ost und Südost.

Versorgungsmöglichkeiten: Ein Pfad führt zur Ortschaft hinauf; dort gibt es Restaurants und Lebensmittelgeschäfte.

Auf Schritt und Tritt begegnet man den steinernen Zeugen einer großen Vergangenheit. Lindos war einer der drei dorischen Stadtstaaten von Rhodos. Die Akropolis mit dem Tempel der Athena Lindia auf der obersten Terrasse ist eine der sehenswertesten Stätten in Griechenland. Im 15. Jahrhundert wurden von den Johannitern die gewaltigen Festungsmauern errichtet, und auch die Türken haben Spuren hinterlassen.

Reisebusse bringen Touristen von Rhodos herüber, die tagsüber in Scharen den Ort überschwemmen. Man sollte deshalb die Öffnungszeiten erfragen und die frühen Morgenstunden für die Besichtigung der Akropolis einplanen.

Es gibt noch Häuser, in denen Handwebstühle in Betrieb sind oder die alte Teller ausstellen − zusammen mit dürftigen Kopien für den Verkauf an die Touristen. Die Kirche Panagia aus dem 15. Jahrhundert sollte man ihrer Fresken wegen besuchen: Spätwerke aus dem 18. Jahrhundert im traditionellen Stil gemalt. Da die Zyklen lückenlos sind, vermittelt diese Kirche einen guten Eindruck, wie byzantinische Kirchen der Blütezeit einst ausgesehen haben. Es ist reizvoll, abseits der Hauptwege zwischen den kleinen Häusern umherzuwandern, die im Gegensatz zu denen der meisten griechischen Ortschaften noch alle bewohnt und gut erhalten sind. Viele weisen venezianische Stilelemente beispielsweise an Fenstern oder Mauerwerk auf, und alle haben schwarz-weiß gepflasterte Höfe. Bäume spenden Schatten, ein kunstvoller Brunnen plätschert.

Drunten liegt der moderne Stadtteil, in dem die Zahl der Souvenirläden immer mehr anwächst. Durch lärmende Motorboote ist die frühere idyllische Ruhe der Bucht dahin, doch ihre Lage ist nach wie vor eindrucksvoll.

Hafen Mandraki

Rhodos (Rodos, Limines Rodou, Plan G der D 1085; Port of Entry). Der Detailplan auf der Seekarte zeigt die drei Hafenbecken in allen Einzelheiten; die Skizze auf Seite 239 dient nur zur groben Orientierung.

Mandraki ist der älteste Teil des Hafens. Früher war er nur von Kaïken belegt, doch jetzt ist kaum Platz für die immer größer werdende Zahl der Ausflugsboote, lokalen Fähren und Yachten.

Einsteuerung: Bei Tage bereitet das Einlaufen keinerlei Schwierigkeiten, bei Nacht hingegen ist wegen der vorgelagerten Untiefen Vorsicht geboten. Bei starken östlichen oder südöstlichen Winden ist dringend davon abzuraten, in den Hafen Mandraki einzulaufen.

Liegeplatz: Für gewöhnlich machen Yachten südlich vom zweiten T-förmigen Anleger, Heck zum Kai, fest, oder sie gehen an die Windmühlenmole. Grund Schlick. Der Hafen, bis auf die Einfahrt ein geschlossenes Becken, ist als Winterliegeplatz äußerst brauchbar. Während der Winterstürme aus Südost kann jedoch ein höchst ungemütlicher Wellenschlag entstehen, weil manchmal schwere Seen den Wellenbrecher überrollen.

Versorgungsmöglichkeiten: Wasser und Strom an den Yachtkais, ebenso Kraftstoff. Ein großer Markt mit Fischpavillon grenzt an den Hafen. Dort oder in den benachbarten Geschäften ist alles zu haben. Cafés und Restaurants in der Nähe, ebenso Post- und Hafenamt; Zoll und Paßpolizei im Fährhafen Limin Emporikos. Fähren nach Piräus, Kreta und zu vielen anderen Inseln. Im Sommer Fährdienst nach Marmaris/Türkei (ca. 25 sm). Flugverbindung mit Athen, Linien- und Charterflugverkehr mit dem Ausland. Busse zu allen Orten auf der Insel.

Reparaturen und Winterlager: Während im benachbarten Limin Emporikos die Fähren und Kreuzfahrtschiffe festmachen, ist das östliche Becken, Ormos Akantias, für die Handelsschiffahrt bestimmt. Nach Beendigung der Bauarbeiten an Wellenbrecher und Kaianlagen dürfte auch die Zufahrt zur Nereus-Werft problemloser werden; zunächst führt eine Fahrrinne zwischen den veränderlichen Sandbänken hindurch zur Travelliftbox. Man sollte gegebenenfalls einen Ortskundigen für die Einsteuerung bemühen. Die Nereus-Werft ist bisher die einzige Yachtwerft im ägäischen Raum mit Travellift; nur die Olympic-Werft bei Lavrion an der Attikaküste verfügt noch über einen Travellift (außerdem sind die Marinas an der türkischen Küste entsprechend eingerichtet).

Die Stellfläche reicht für mehr als 100 Yachten. Außer dem Travellift mit 60 t Tragfähigkeit stehen ein Slip für Schiffe bis zu 200 t und ein fahrbarer 5-t-Kran zur Verfügung. Reparaturen an Motor und Rigg kann man immer noch nur unter Schwierigkeiten ausführen

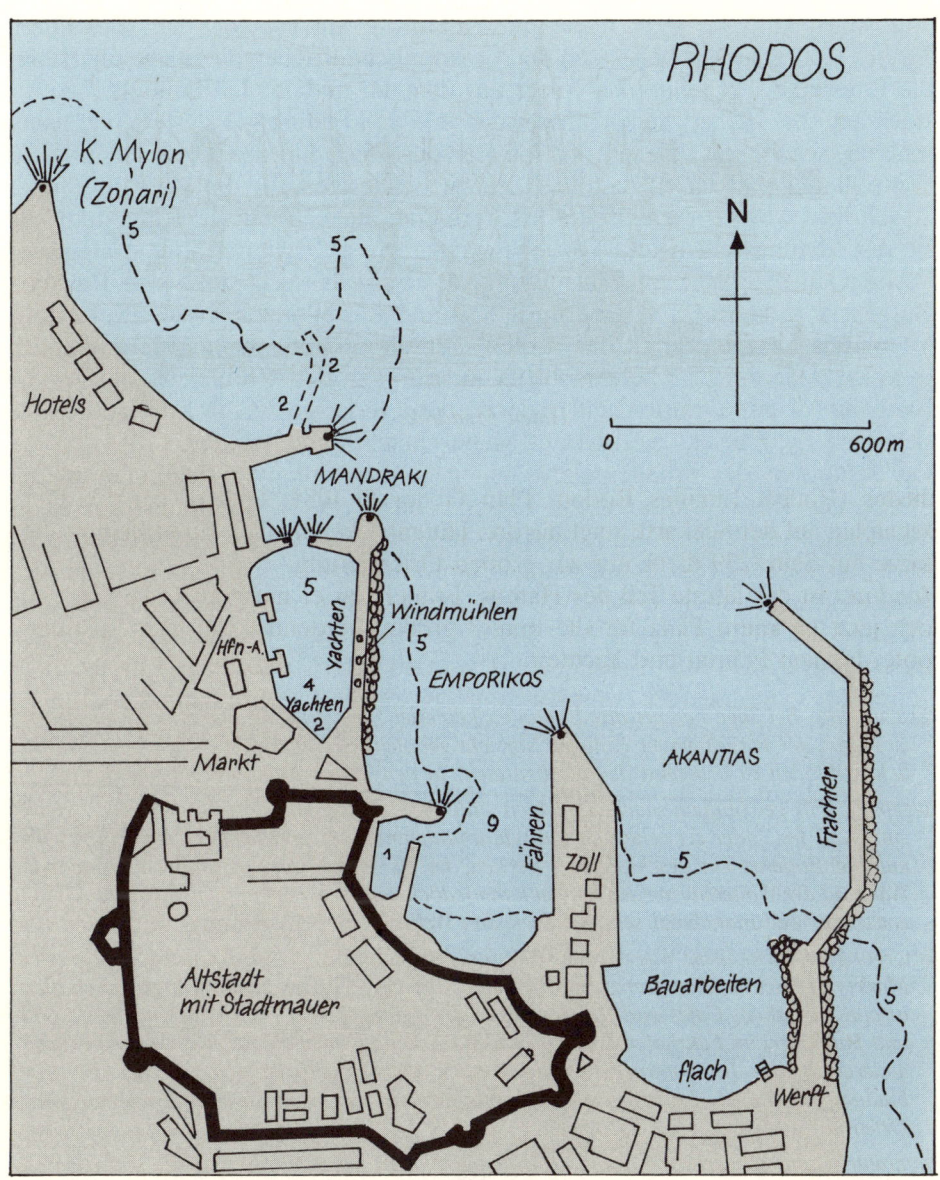

lassen, doch findet man immerhin einige Werkstätten im angrenzenden Stadtviertel, ebenso Geschäfte mit Schiffszubehör.
Anschrift: Nereus, Boatyard of Rhodes, Odos Australias 19, Telefon 22717.

Im Laufe seiner bemerkenswerten Geschichte hat Rhodos viele Eroberer erlebt. Der moderne Stadtteil wurde von den Italienern während ihrer Herrschaft zwischen den beiden Weltkriegen angelegt. Nicht nur errichteten sie die pseudo-venezianischen Gebäude und legten die breiten Avenuen mit ihren blühenden Bäumen an, sie machten die Insel auch zu einem Zentrum des internationalen

Tourismus. Und sie stellten die mittelalterliche Stadt wieder her. Bei ihrem Besuch stößt man auf Moscheen und byzantinische Kirchen und nicht zuletzt auf die Bauwerke der Johanniter-Ritter aus dem 14. und 15. Jahrhundert.

Nachdem die Ritter gegen Ende des 13. Jahrhunderts Palästina verlassen mußten, setzten sie sich auf der Insel Rhodos fest, um den Levantehandel zu kontrollieren und die Türken auf See zu bekämpfen. In der Zeit ihrer über 200jährigen Anwesenheit auf der Insel erbauten sie nicht nur die Ritterstadt, die sie mit Festungswällen und Bastionen umgaben, sie sicherten ihre strategische Position an der östlichen Eingangspforte zur Ägäis auch durch den Bau von Burgen in Halikarnassos (Bodrum), Kos und Kastellorizon. Nach zwei erfolglosen Belagerungen durch die Türken mußten die Johanniter 1522 schließlich doch kapitulieren. Man behandelte sie indes mit großer Achtung; sie durften die Insel mit all ihren Waffen und Besitztümern verlassen. Zunächst wandten sie sich nach Zypern, ehe sie sich auf Malta endgültig niederließen.

Die schönsten der erhalten gebliebenen Johanniterbauten sieht man in der Straße der Ritter, darunter das Hospital aus dem 14. Jahrhundert, das als Museum dient. Auch die sehr breiten, nahezu 4 km langen Stadtmauern sind höchst bemerkenswert. Wenn man sie umwandert, wird man große, säuberlich aufgetürmte Steinkugeln sehen. Viele davon sollen die Geschosse sein, die während der Belagerung im Jahr 305 v. Chr. mit riesigen Katapulten gegen die Befestigungen der Stadt geschleudert wurden. Doch selbst der Einsatz eines neuartigen neunstöckigen Angriffsturmes, Helepolis genannt, hatte damals nicht den erwarteten Erfolg gehabt, weshalb der Belagerer, Demetrios Poliorketes, das gesamte Kriegsmaterial den Rhodiern überließ mit der Auflage, von dem Erlös ein Denkmal zu errichten. So entstand der „Koloß von Rhodos", eine über 30 m hohe Bronzestatue des Gottes Helios. Sie galt als eines der Sieben Weltwunder. Doch schon etwa sechs Jahrzehnte nach ihrer Errichtung stürzte die Riesenfigur durch ein Erdbeben um. 900 Jahre lang lagen dann die Bruchstücke im flachen Wasser, bis sie im Jahre 656 n. Chr. ein Händler aufkaufte und mit Kamelen nach Syrien transportieren ließ.

Daß der Koloß mit gespreizten Beinen über der Hafeneinfahrt stand, ist nicht erwiesen, doch könnte sein Standplatz dort gewesen sein, wo sich heute das Fort Agios Nikolaos befindet.

KASTELLORIZON (MEGISTI, Plan D und J der D 1085) ist ein Vorposten der Griechen dicht vor der türkisch-anatolischen Küste, 70 sm von Rhodos entfernt, ein verdorrtes, ödes Eiland mit dem Hafen **Megisti.**

Einsteuerung und Liegeplatz: Mit Hilfe der erwähnten Detailpläne gibt es keine Schwierig-keiten bei der Einsteuerung. Yachten liegen mit Bug oder Heck zum Kai im Scheitel des Hafens; die Pier muß für das Patrolboat freibleiben. An der Ostseite, nördlich des Fähr-anlegers, sind ebenfalls ausreichende Wassertiefen, doch der Grund hält den Anker schlecht, und die Böen belasten ihn sehr.

Versorgungsmöglichkeiten: Wasser ist knapp. Grundnahrungsmittel sind erhältlich, Gemüse und Obst kommen mit der Fähre aus Rhodos und sind deshalb nicht immer vorrätig. Die Tavernen an der Wasserfront haben jedoch ein ausreichendes Angebot an Fisch- und Fleischgerichten. Außer der Fährverbindung besteht auch Flugverkehr mit Rhodos, und zwar je nach Bedarf im Sommer zwei- bis dreimal wöchentlich.

Obwohl Megisti kein Port of Entry ist, existiert doch ein kleiner touristischer Grenz-verkehr mit dem türkischen Hafen Kaş (4 sm).

Das am Ufer der Hafenbucht zusammengedrängte Städtchen hat einen eigenen Reiz, ist jedoch größtenteils unbewohnt. Im letzten Krieg wurde es bei Luftan-griffen stark beschädigt, und viele Menschen verloren ihr Leben. Wegen feh-lender Erwerbsmöglichkeiten wanderten nach dem Krieg die jüngeren Leute nach Australien oder in die USA aus. Heute hat die Insel noch etwa 200 Bewohner; vor dem Ersten Weltkrieg, als sie noch zur Türkei gehörte und Meis Adasi hieß, lebten annähernd 20000 Griechen hier. Das holzreiche Hinterland der grünen türkischen Küste ermöglichte einen für Türken wie Griechen glei-chermaßen nutzbringenden Handel.

Kaum nennenswert sind die wenigen Trümmer, die von dem Kastell noch übrig-blieben. Von den Genuesen wurde die Stadt einst nach der aus rotem Gestein erbauten Johanniterburg Castello Rosso genannt; die Griechen machten daraus Kastellorizon, und unter diesem Namen ist auch die Insel eher bekannt als unter Megisti, wie sie in den Seekarten bezeichnet wird.

Auf dem Hügel, den Hafen überblickend, steht eine große, weiße Kirche mit korinthischen Säulen, die in vergangenen Jahrhunderten aus dem antiken grie-chischen Tempel bei Patara hierhergebracht worden sind. Dicht bei der Kirche befindet sich eine Schule, ebenfalls viel zu groß für die jetzigen Bedürfnisse.

An der Ostseite liegt eine sehenswerte Blaue Grotte, die man am besten mit einem Boot der Einheimischen besucht; der Ausflug dauert etwa eine Stunde.

KARPATHOS bildet zusammen mit Kasos die Inselbrücke von Rhodos nach Kreta. Der Meeresarm zwischen Rhodos und Karpathos birgt keine besonderen Gefahren. Gewöhnlich setzt der Strom nach Süden, wird aber vom Wind beein-flußt. Segelt man von Karpathos nach Rhodos, sollte man den Landfall bei Tageslicht machen, denn die Eilande, die ostwärts von Kap Prassonisi liegen, sind nicht befeuert, und vor dem Kap setzt Strom nach Nordwest.

Karpathos ist langgestreckt, schmal und gebirgig. Die bis 1215 m hohe Berg-kette, die das Rückgrat der Insel bildet, zieht sich von einem Ende zum anderen hin und verursacht während des Meltemi an der ganzen Ostküste heftige

Fallböen. Es gibt daher nur wenige Plätze, wo es möglich ist, an Land zu gehen. Abgesehen vom Hafen Karpathos (Pigadia) sind es ein paar sandige Buchten an der Südostküste; dort ist das Land flacher, und die Täler sind fruchtbarer, so daß sie landwirtschaftlich genutzt werden können.

Zum Export kann die Insel nichts beisteuern. Die Silber- und Eisenerzminen, die von den Römern und später von den Kreuzrittern von Rhodos ausgebeutet wurden, sind längst erschöpft.

In Olympos und Diaphani im Norden der Insel werden von den Frauen noch interessante Trachten getragen: hohe Stiefel unter einem langen weißen Rock, der bei der Feldarbeit geschürzt wird, oder bunte Röcke und Schürzen mit Goldstickerei. Man sollte schon allein wegen der Szenerie der Berge einen Ausflug dorthin machen. Manche Leute halten Olympos für die schönste Ortschaft Griechenlands.

Saros. Diese Insel im Norden ist von Karpathos nur durch eine schmale, sehr seichte Meeresstraße getrennt. 1,5 sm südlich der Nordostecke von Saros kann man bei extrem ruhigem Wetter vor der kleinen Sandbucht Palatea auf dem mit Steinen durchsetzten, geneigten Sandboden ankern und eine Warpleine zur Küste ausfahren. Von diesem einsamen Ankerplatz aus hat man einen eindrucksvollen Blick auf die Ruinen etlicher alter Siedlungen. Ein paar Schafhirten kommen im Sommer hierher, aber nur selten eine Yacht.

Diaphani, unmittelbar nördlich des gleichnamigen Kaps an der Nordostküste von Karpathos, hat eine kurze Mole mit 3 m Wasser am Kopf. Fischerboote und die Fähre von Pigadia machen hier fest. Yachten können südostwärts auf 4–5 m Wasser über Sandgrund ankern. Da der Ankerplatz starken Fallböen ausgesetzt ist, sollte man das Boot nicht ohne Ankerwache lassen, wenn ein Ausflug zum Bergdorf Olympos geplant ist.

Karpathos (Pigadia). In dem Hauptort der Insel leben 1400 der insgesamt 6000 Inselbewohner. Viele der älteren Männer beziehen eine Rente aus den Ländern, in denen sie den größten Teil ihres Lebens gearbeitet haben. Karpathos ist der offizielle Name des Ortes, doch üblicherweise wird er Pigadia genannt. Der Tourismus hält sich in Grenzen, nur zu den Ankunftszeiten der Fähre herrscht lebhafter Betrieb. Für Yachten ist der Hafen ein gut brauchbarer Platz.

Einsteuerung und Liegeplatz: Die Einsteuerung ist bei Tage wie bei Nacht problemlos. Der Molenkopf wurde zu einem L-förmigen Fähranleger erweitert, wodurch am anschließenden Kai mehr Platz zum Festmachen entstanden ist.

Yachten können an der Außenseite der abknickenden Fischerpier festmachen. Wegen des auflandigen Windes sollte man hier mit dem Heck an die Pier gehen, den Anker nach Nordwesten ausgebracht. Der Schlickgrund hält gut.

Versorgungsmöglichkeiten: Wasser an der Fischerpier. Kraftstoff von der Tankstelle am Ortsausgang. Im Ort mehrere gutsortierte Lebensmittelgeschäfte. Restaurants am Hafen. Flug- und Fährverbindung mit Kreta und Rhodos.

Ormos Amorphos bietet einen schön gelegenen Ankerplatz auf 4–5 m Wasser über Sandgrund. Landmarke ist eine weiße Kapelle auf der Huk südwestwärts. Trotz der Fallböen bei Meltemi liegt man gut geschützt. Der Platz ist gegen Süden und Osten offen.

Nahe der Südspitze der Insel Karpathos findet man ebenfalls gutes Lee in einer sandigen Bucht, in der bei starken nordwestlichen Winden häufig kleine, nach Kreta fahrende Schiffe Schutz suchen.

Foinikion liegt an der Westseite von Karpathos. Der natürliche Einschnitt ist durch einen kurzen Wellenbrecher etwas geschützt. Wegen der geringen Wassertiefe am befestigten Ufer unterhalb der Steilküste, einer felsigen Untiefe inmitten der Einfahrt und der kreuz und quer gespannten Leinen ist diese urige Fischerbucht nur flachgehenden Booten bei extrem ruhiger Wetterlage zugänglich.

Die Ruinen von Palaiokastron liegen 2 km südlich. Rundum ist an den Berghängen eine Anzahl verstreuter Dörfer zu sehen. In Arkasa haben sich die Reste venezianischer Architektur bis heute erhalten.

Ormos Tristoma (Plan L der D 1091) an der Nordwestküste ist ein nahezu völlig von Land umschlossener Naturhafen, der bei jeder Wetterlage besten Schutz gibt. Während des Meltemi oder bei starken auflandigen Winden kann er nicht angelaufen werden, weil sich gefährliche Seen vor der Einfahrt brechen.

Einsteuerung: Man lasse sich nicht durch anderslautende Angaben oder Wassertiefen in anderen Seekarten als der D 1091 irritieren, sondern benutze nur die – offizielle – südliche Einfahrt, bei der die nördlich gelegenen Inseln und Klippen sowie das Leuchtfeuer an Backbord bleiben. Diese Einfahrt zwischen der Leuchtturminsel Notia und der steil abfallenden Felsküste „Tristoma Bluff" ist 12 m tief und 50 m breit; trotzdem sollte man unter Motor einlaufen, da in dieser Enge selbst bei ruhiger See Dünung steht.

Ankerplatz: Die Wassertiefe beträgt südlich der Kirchenhuk in der Mitte immer noch 10 m, nimmt dann aber zum östlichen Scheitel hin schnell ab. Ankergrund ist Schlick.

Die Häuser am steinig-kahlen Ufer sind verfallen; nur ein oder zwei werden noch von Bauern bewohnt, die hier Ziegen und Schafe halten. Auf einem Maultierpfad soll man nach drei Stunden zum nächsten Dorf gelangen.

KASOS. Auf dieser gebirgigen, kahl aussehenden Insel zwischen Karpathos und Kreta gibt es ein halbes Dutzend kleiner Ortschaften und bei Emporio einen Hafen, der vorwiegend von Fischern benutzt wird. Für die Fähren wurde westlich des Hauptortes Phry, der bisher nur einen seichten Bootshafen besaß, im Schutz eines nach Nordosten gerichteten Wellenbrechers eine Pier gebaut.

Emporio liegt etwa 1 sm östlich von Phry. Der Hafen wird durch eine 150 m lange Mole gebildet, die bei Meltemi einigen Schutz bietet.

Anmerkung: Von Karpathos kommend, achte man auf die felsige Untiefe Yph. Karpatho mit 2 m Wasser, die 1,5 sm westlich von Kap A. Theodoros liegt. Steuert man Kasos von Westen an, ist auf die Untiefe Yph. tis Kasou mit 4 m Wasser darüber achtzugeben (knapp 3 sm westlich von Ak. A. Georgios).

Einsteuerung: Die weiße Kirche von Emporio sowie ein Turm an der Wurzel der Mole sind leicht auszumachen. Der Molenkopf ist nachts befeuert.

Liegeplatz und Versorgungsmöglichkeiten: Yachten bringen den Anker nach Süden aus und gehen mit dem Heck an den Kai, wo die Wassertiefe 3—4 m beträgt. Weiter westlich wird es seicht. Zwei Tavernen am Hafen. Eine Straße führt nach Phry (2 km), wo man Lebensmittel bekommt.

Ankerplatz: Kaïken, die nördlich von Kasos in schlechtes Wetter geraten, suchen dann Schutz in Lee der Felseninseln Kasonisia. Das Wasser ist dort ausreichend tief, und der Grund besteht aus Sand. Als beste Wahl gilt die niedrige Insel Makronisi.

Die Insel Kasos bringt genug landwirtschaftliche Erzeugnisse für den eigenen Bedarf der 1400 Bewohner hervor, von denen die meisten in Phry leben. Wenn auch der Ort keinen besonders anziehenden Eindruck macht, so ist er doch einer der wenigen Plätze, an denen man noch die traditionelle Bauweise antrifft: einen der Länge nach geteilten Raum mit erhöhten Schlafstellen an der Seite. Die hölzernen Pfeiler und Geländer dieser Schlafstellen sind reich mit Schnitzwerk verziert.

Auf der Höhe zwischen Emporio und Phry ist die Jahreszahl 1824 in weißem Stein festgehalten:

In jenem Jahr haben die Ägypter Kasos verwüstet. Doch schon wenige Jahrzehnte später war die Zahl der Bewohner — dank albanischer Zuwanderer — wieder stark angestiegen. Obwohl die Insel damals über keinen eigenen Hafen verfügte, konnte man Schiffe von Kasos in zahlreichen Häfen des Mittelmeeres antreffen. Und als der Suezkanal gebaut wurde, zog es auch viele junge Männer von Kasos dorthin; angeblich soll der Steuermann des Führungsschiffes bei der feierlichen Kanaleröffnung ein Seemann von Kasos gewesen sein.

Chelatros ist ein felsiges Kap im Süden der Insel. Westlich davon befindet sich eine Bucht, die bis zu ihrem Scheitel tief ist, gegebenenfalls aber einen brauchbaren Ankerplatz darstellt. Man ankert auf 10 m Wasser und fährt eine Warpleine zum Land aus.

Die Route von Kasos nach Kreta. 25 sm breit ist die Meeresstraße zwischen Kasos und Kreta (Diavlos Kasou). Die Sommerwinde wehen frisch aus nordwestlicher Richtung; der Strom setzt im allgemeinen nach Süden. Bei der Fahrt nach Kreta wie auch in entgegengesetzter Richtung sollte daher um so mehr Versetzung berücksichtigt werden, je stärker Wind und Seegang sind. Auch sollte man es so einrichten, daß man die kretische Küste bei Tage erreicht, denn die Ankerplätze an der Ostseite sind nicht befeuert.

10 Kreta

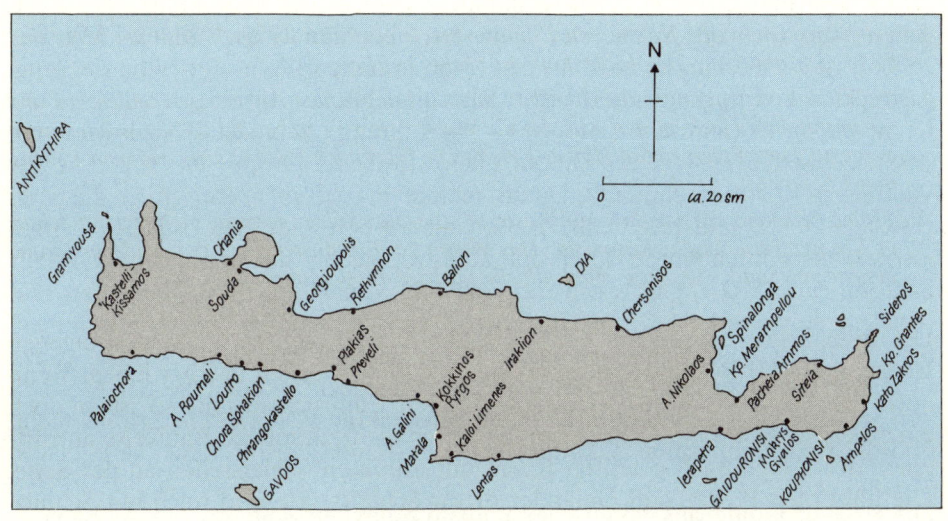

Die Insel

Nord- und Westküste
Siteia
Pacheia Ammos
Agios Nikolaos
Poros-Bucht
Spinalonga-Bucht
Chersonisos
Dia
Iraklion (Herakleion)
Balion
Rethymnon
Georgioupolis
Souda-Bucht
Chania
Kastelli-Kissamos
Gramvousa

Süd- und Ostküste
Palaiochora
Ormos A. Roumelis
Loutro
Chora Sphakion
Gavdos
Phrangokastello
Plakias
Preveli
Agia Galini
Kokkinos Pyrgos
Matala
Kaloi Limenes
Lentas
Ierapetra
Gaidouronisi
Makrys Gyalos
Kouphonisi

Ormos Ampelos
Kato Zakros
Kolpos Grantes
Palaiokastron
Ormos Kouremenos
Vai
Erimoupolis
Daskaleia-Bucht

Seekarten: D 702, 703, 1093

Die Insel

Kreta, von den Griechen Kriti genannt, war einst der Mittelpunkt der westlichen Welt und die Wiege der frühesten abendländischen Kultur. Mit fast 260 km ist sie die längste und mit dem 2456 m hohen Ida in der Mitte der langgestreckten Gebirgskette die höchste aller griechischen Inseln.

Kreta war in der mittleren Bronzezeit die führende Seemacht. Nach Meinung des griechischen Historikers Diodor „lag es äußerst günstig, um von dort aus Weltreisen zu unternehmen". Damit meinte er natürlich Reisen in die griechische „Welt", und das heißt: Reisen an alle Gestade des östlichen Mittelmeeres. Vermutlich wurde durch den katastrophalen Ausbruch des Vulkans auf Santorin um 1500 v. Chr. auch die Osthälfte von Kreta derart betroffen und plötzlich entvölkert, daß die Hegemonie der Minoer über Nacht zusammenbrach. Geologische Untersuchungen haben nämlich erwiesen, daß die ganze Osthälfte mit einer Schicht Bimssteinstaub zugedeckt wurde, die der Meltemi von Santorin hergeweht hatte. Dadurch lieferten die Felder keine Erträge mehr, und die Bewohner waren gezwungen, diesen Landesteil für viele Jahre zu verlassen.

Die reichen Funde aus minoischer und mykenischer Zeit sind im Archäologischen Museum in Iraklion zur Schau gestellt; außerdem vermitteln die Ausgrabungsstätten Knossos, Phaistos, Agia Triada und viele andere ein eindrucksvolles Bild von jener Zeit.

Die aus dem Mittelalter noch erhalten gebliebene Architektur ist venezianisch, manche Straßen und Häuser in den größeren Städten sind ein Erbe der Türken. Seit Kreta 1913 mit Griechenland vereinigt wurde, sind moderne Stadtviertel entstanden. Als Folge des zunehmenden Tourismus sind zudem die Verkehrsverbindungen und die Versorgungsmöglichkeiten verbessert worden.

Großartig ist die Landschaft; zwar kann auf mehr als der Hälfte der Insel nichts angebaut werden, aber die Nordhänge der Berge sowie auch die Hochebenen bringen in reicher Fülle Weintrauben, Oliven und andere landwirtschaftliche Erzeugnisse hervor. Es gibt Gebiete mit Waldungen, jedoch keine Flüsse, die ständig Wasser führen, denn die winterliche Regenflut ergießt sich in steilen Bachbetten sogleich ins Meer.

Die halbe Million Kreter lebt zum größten Teil in den Städten an der Nordküste. Der Einfluß der Venezianer und Türken, jahrhundertelang Herren der Insel, läßt sich nicht leugnen. Es ist noch keine 300 Jahre her, daß die Venezianer von den Türken vertrieben wurden, die dann 250 Jahre lang die Insel beherrschten.

Der Charakter der Volkstrachten ist unzweifelhaft türkisch. Fährt man durch entlegenere Dörfer, sieht man gelegentlich noch Bauern in kretischer Tracht: lange, schwarze, bis zu den Knien reichende Stiefel, schwarze Hosen mit einem mächtigen Beutel hintendran (der auf die Überlieferung zurückgeführt wird, Mohammed sei vom Manne geboren), eine rote oder blaue Schärpe und darüber eine Weste, die den Stand ihres Trägers verrät. Die Weste besteht aus höchst unterschiedlichem Material, ist auch ebenso individuell gefärbt und unterschiedlich zugeschnitten − für gewöhnlich hoch geschlossen, mit verwegen angebrachten Knöpfen. Häufig wird dazu ein weißes Seidenhemd mit Ärmeln getragen. Um den Kopf wird ein arabischer *agal* oder Turban von blauer, roter oder schwarzer Farbe gewunden.

Routenwahl: Nord- oder Südküste?

Während der Sommermonate muß man im Seegebiet nördlich von Kreta im allgemeinen mit nordwestlichen Winden rechnen. In der Kythira-Straße herrschen westliche Winde vor, etwa ab Kap Maleas drehen sie auf Nordost. Gegen die Souda-Bucht hin dominieren Nordwinde, weiter ostwärts nordwestliche. In jedem Fall hat man auflandigen Seegang, weshalb ein entsprechender Abstand zur Küste einzuhalten ist, vor allem bei den weit vorspringenden Kaps.

An der Südküste mangelt es an sicheren Häfen, mit Ausnahme von Agia Galini. Während des Sommers kann man es aber wagen, von einer Anzahl hinreichend sicherer Ankerplätze Gebrauch zu machen. Der schlimmste Feind der Segler an dieser Küste sind die Fallböen, die bei frischen Nordwinden bis zu Sturmstärke von den Gebirgen herabbrausen. Mit rechtzeitig verkleinerter Segelfläche und einem zuverlässigen, kräftigen Motor − den man für die Nordküste ebenso braucht − dürfte es jedoch keine größeren Probleme geben.

Sowohl an der Nord- wie an der Südküste werden große Gebiete zumindest zeitweilig vom Militär beansprucht (siehe Seekarte; außerdem erteilen die Hafenbehörden darüber Auskunft).

Nord- und Westküste

Die gesamte Halbinsel Sideros an der Nordostseite von Kreta ist **militärisches Sperrgebiet.** Ausdrücklich verboten ist zwar nur, Ormos Kyriamadi anzulaufen, doch sollte man auch auf der östlichen Seite das Land nicht betreten. Die Ankerplätze in diesem Bereich sind wegen der Klippen ohnehin nicht ganz einfach anzusteuern. Man runde deshalb auch das Leuchtturmkap in sicherem Abstand, denn manche der Felsen liegen knapp unter der Wasseroberfläche, einige bis zu einem halben Meter.

Die Nordküste ist vielfältig gegliedert: felsige Vorgebirge, weite Küstenebenen. Eine Anzahl kleiner hübscher Häfen und Ankerplätze gewährt in den Sommermonaten hinreichenden Schutz.

Siteia (Limin Siteias, Plan C der D 1093), der erste Hafen im östlichen Teil der Nordküste, ist vor den üblichen Sommerwinden geschützt, nachdem die Nordmole verlängert wurde.

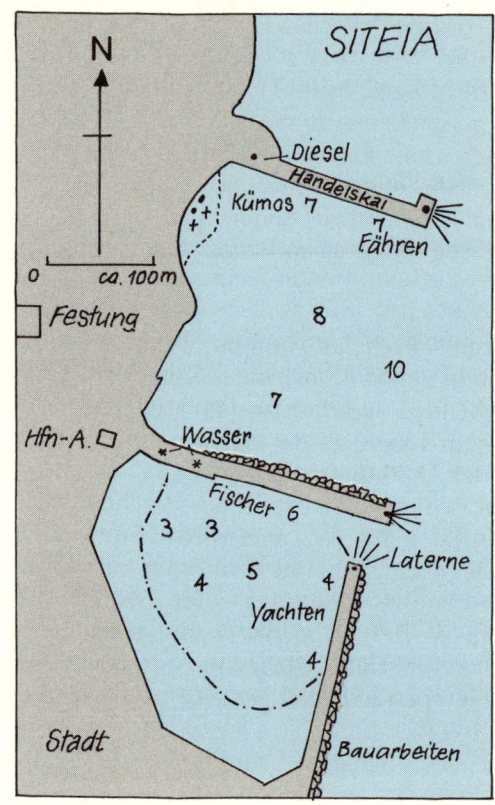

Einsteuerung: Die Stadt und die äußere Mole, deren Feuer nicht immer in Betrieb ist, sind von weitem auszumachen. Die Mauern der venezianischen Festung fallen wegen der hohen neuen Wohnhäuser von See her kaum mehr auf.

Liegeplatz und Versorgungsmöglichkeiten: Yachten machen über Bug oder Heck an der in Nordostrichtung verlaufenden Mole vor der Stadt fest. Wassertiefe 4 m. Dieser Teil des Hafens soll alle Einrichtungen einer Yachtstation erhalten. Zunächst gibt es Wasser nur am Fischerkai gegenüber und Diesel am nördlichen Handelskai oder per Tankwagen. Lebensmittelgeschäfte und Restaurants in unmittelbarer Nähe. Flugverbindung mit Rhodos, Karpathos und Kasos. Busse nach Iraklion, Agios Nikolaos und Ierapetra, im Sommer auch nach Vai und zum Kloster Toplou.

Die heutige Stadt wurde um 1870 erbaut. Trotz des Fremdenverkehrs ist Siteia eine hübsche, noch unverfälschte Kleinstadt. Von den 7000 Einwohnern arbeiten viele in der Landwirtschaft, deren Erträge durch Bewässerungsanlagen gesteigert wurden. Auch Olivenöl, Tafeltrauben und Rosinen sind Spezialitäten Siteias.

In der Antike hieß die Stadt Eteia, die Venezianer machten daraus La Sitia; dieser Name lebt in Lasithi fort, der Bezeichnung für die heutige Provinz. Die Bewohner von Lasithi behaupten von sich, die Nachkommen der Urbevölkerung Kretas zu sein, die sich nach dem Zusammenbruch der minoischen und

30

30 Ormos Vathy, tief in die
felsige Ostküste der Insel
Kalymnos eingeschnitten,
bietet nur wenigen Yachten
Platz, doch schon allein die
Einfahrt ist ein Erlebnis

31 Agia Marina auf der Insel
Leros liegt reizend in der
Landschaft; der Hafen ist
bei Meltemi allerdings ungeschützt

32 Lindos an der Ostseite der Insel Rhodos ist eine sichere, schöne Hafenbucht

33 Zu jeder Tageszeit ein unvergeßliches Hafenbild: Symi mit seinen stattlichen Häu-

32

33

sern, die sich zu beiden Seiten an den Hängen hinaufziehen

34 In den abgeschiedenen Buchten der Dodekanesinsel Lipso findet jeder Sportbootfahrer seinen Ankerplatz

35 Chora Sphakion ist ein lebhafter Touristenort an der Südküste Kretas

36 Kaloi Limenes (Kreta), der „gute Hafen" der Apostelgeschichte, diente bereits dem heiligen Paulus als Zwischenstation

37 Agia Galini an der Südküste Kretas – ein hübscher Hafen und ein beliebter Ferienort

35

34

36

37

38

38 In der Spinalonga-Bucht an
der Nordküste Kretas liegen
Yachten bestens geschützt
vor Anker

39 Die minoische Palastanlage
von Phaistos (Kreta) bietet
einen herrlichen Rundblick
über die Messara-Ebene bis
zum Ida-Gebirge

39

mykenischen Kultur vor den dorischen Eindringlingen in die Hochebene zurück-
gezogen hätte.

Ein Ausflug in die fruchtbare Lasithi-Hochebene mit ihren unzähligen segelbe-
spannten Windrädern ist ebenso lohnenswert wie die Fahrt zum Wehrkloster
Toplou, das sich früher mit eigenen Kanonen gegen die Piraten verteidigte.
Toplou wurde im 14. Jahrhundert gegründet, erhielt aber 1718 weitgehend sein
heutiges Aussehen. Die äußerlich ziemlich düster wirkenden Klostermauern
bergen eine freundliche Anlage und eine kleine Kirche mit sehenswerten
Ikonen.

Pacheia Ammos (Ormos Pacheias Ammou, Plan N der D 1093) ist ein sehr
kleiner Sommerhafen in der Südostecke des Kolpos Merampellou, dem Schwell
durch die vorherrschenden Nordwestwinde ausgesetzt und bei Nordostwind
unbenutzbar. Außerdem versandet die Bucht immer mehr, so daß auf die Wassertiefen in Plan N der D 1093 kein Verlaß ist.

Die Ruinen der Lagerschuppen stammen aus der Zeit, da Pacheia Ammos ein
bedeutsamer Ausfuhrhafen für Erzeugnisse der Umgebung war – vor allem
Tomaten, Oliven und Johannisbrot. Jetzt wird der kurze Kai nur noch von einer
Anzahl von Fischern benutzt, die in den tiefen Gründen nahe der Insel Pseira
Steingarnelen fangen. In der Nähe des wenig einladenden Strandes gibt es
kleine Hotels, Tavernen und Cafés. Nahe am Hafen führt die Straße nach Siteia,
Agios Nikolaos und Ierapetra vorbei.

Agios Nikolaos (Ormos A. Nikolaou, Plan O der D 1093; Port of Entry). Dieser
beliebte Fremdenverkehrsort, früher nur Fischerhafen, wird von Kümos, Fischtrawlern und Fähren angelaufen. Entsprechend eng geht es an dem Kai zu, der
von Kap Mandraki in nordwestliche Richtung ragt. Der im Bau befindliche
Hafen in der Bucht südlich der Stadt dürfte auch für Yachten bessere Liegemöglichkeiten bringen (Skizze Seite 250).

*Einsteuerung und Liegeplatz: Man halte sich frei von der felsigen Untiefe Yph. Nikolos und
steuere auf den befeuerten Handelskai zu. Wenn möglich, lege man an diesem geschützten
Platz längsseits an. Gelegentlich werden Yachten an die Außenseite der im Westen des
Hafens vorspringenden Pier verwiesen, wo man jedoch bei Meltemi starkem Schwell ausgesetzt ist und unsicher liegt. Dann kann man in der seichten, nach Norden einschneidenden Bucht bei Kap Nikolos vor Anker gehen. Sie ist nicht nur gut geschützt, sondern
auch hübsch gelegen. Auf die Murings der hier liegenden Kaïken muß man achtgeben.*

*Versorgungsmöglichkeiten: Wasser am Fährkai und an der Westpier. Kraftstoff per Tank-
wagen. Hafenamt und Zoll an der kleinen Brücke. Zahlreiche Geschäfte, Post und
Telefon in der Hauptstraße, die vom Scheitel des Hafens wegführt. Restaurants an der
Wasserfront und am See, der durch einen überbrückten Kanal vom Hafen getrennt ist. In
der Südwestecke des Hafens ein 2-t-Kran. Busse nach Iraklion, Siteia und Ierapetra.*

Agios Nikolaos, bis in die letzten Jahre des vergangenen Jahrhunderts noch
nicht einmal eine Siedlung, ist jetzt Sitz der Verwaltung des Kreises Lasithi und
wächst ständig weiter. Die Ufer sind von Hotels und Ferienhäusern dicht
gesäumt. Von Agios Nikolaos aus können die Ausgrabungen der minoischen

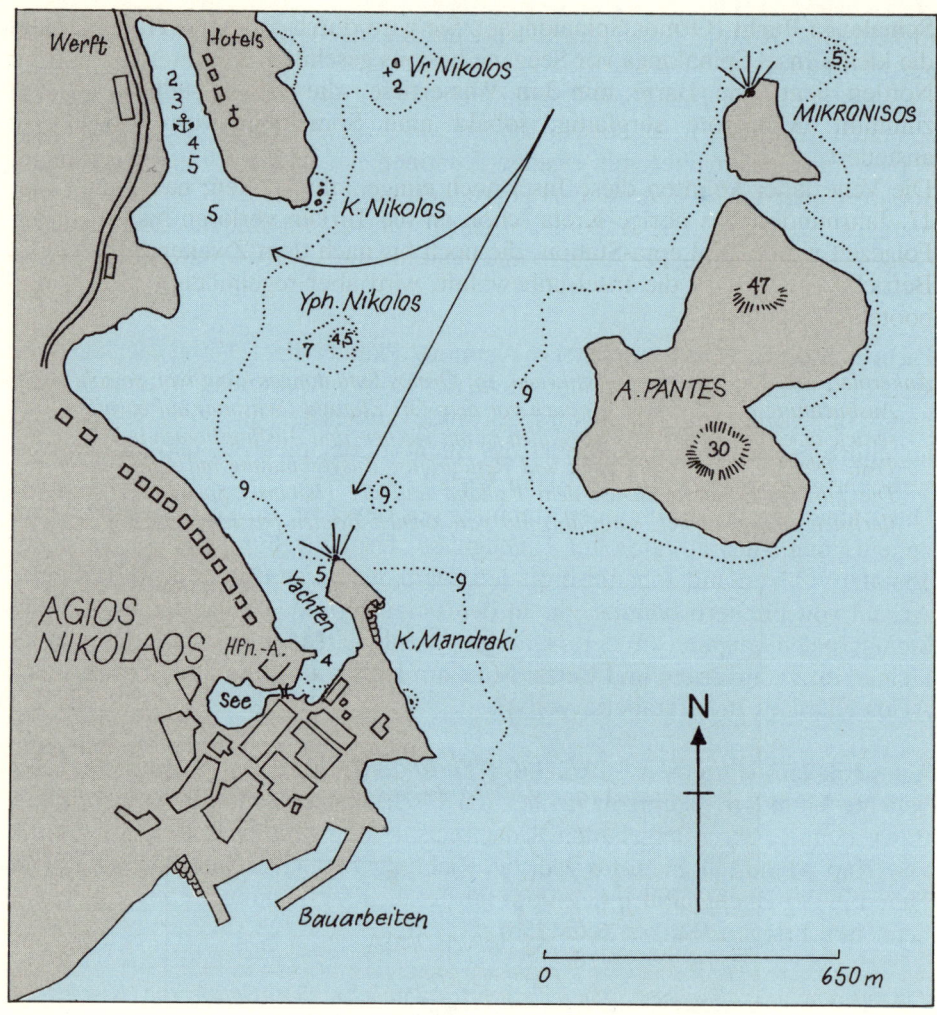

Stadt Gournia oder die byzantinische Kirche Panagia Kera aus dem 13. Jahrhundert bei Kritsa (11 km) besucht werden.

Auf der Strecke zwischen Agios Nikolaos und dem Kap A. Ioannis gibt es im
Kolpos Merampellou einige für Yachten brauchbare Ankerplätze, zum Beispiel
die

Poros-Bucht (Ormos Porou), die sich auch für große Schiffe eignet. In der Nordwestecke der Bucht vor dem weithin sichtbaren Elounda-Beach-Hotel, das über
einen eigenen Bootshafen verfügt, kann man auf 6–7 m Wasser über reinem,
gut haltendem Sandgrund ankern. Die Meltemiböen sind hier harmlos. Es
besteht Busverbindung mit Agios Nikolaos.

Spinalonga-Bucht (Ormos Spinalongas). Sie wird durch die große Halbinsel und die kleine Insel Spinalonga vor Seegang bestens geschützt. Vor ihrer Einfahrt im Norden liegt eine Barre mit 3 m Wassertiefe, die weiter südlich auf 7 m zunimmt. Man lote sorgfältig, sobald man Spinalonga von Norden her ansteuert.

Die Venezianer konnten diese Insel noch einige Jahre halten, nachdem sie im 17. Jahrhundert das übrige Kreta schon an die Türken verloren hatten. In der Folgezeit wurde sie Lepra-Station, die noch bis nach dem Zweiten Weltkrieg in Betrieb war. Jetzt ist die Insel unbewohnt, wird aber regelmäßig von Ausflugsbooten angelaufen.

Ankerplatz und Versorgungsmöglichkeiten: Im Ormos Spinalongas kann man sowohl in der Ausbuchtung der Halbinsel als auch vor dem Ort Elounta (Schisma) auf etwa 5 m Wassertiefe ankern. Der seichte Bootshafen ist mit Fischer- und Ausflugsbooten belegt. Im Ort Post, Telefon, Lebensmittelläden und Restaurants. Busverbindung mit Agios Nikolaos. Die Furt im Süden zwischen dem Festland und der Halbinsel Spinalonga ist an der flachsten Stelle 1 m tief, kann also nur von kleinen Booten passiert werden.

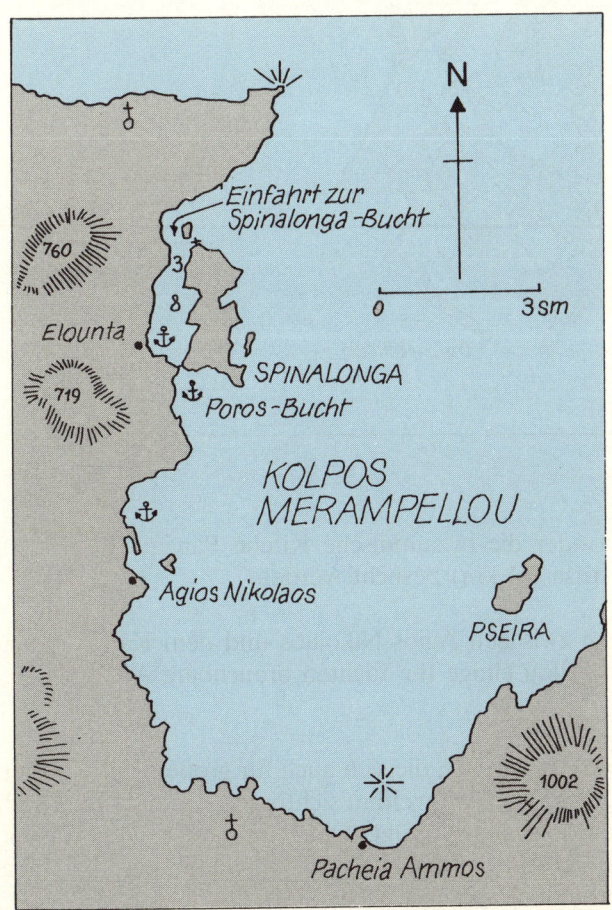

Chersonisos (Limin Chersonisou), ein sehr kleiner und sehr seichter Hafen im Kolpos Malion, kann nur von Yachten mit geringem Tiefgang und nur bei ruhigem Sommerwetter angelaufen werden.

Einsteuerung und Liegeplatz: Die weiße Kirche auf dem Vorgebirge, von dem aus sich die Mole südwärts erstreckt, ist von Osten her gut auszumachen. Man achte auf die Reste einer versunkenen antiken Mole südlich der Hafeneinfahrt. Parallel zum Kai erstreckt sich in 6 m Abstand ein Felsenriff mit 1 m Wasser darüber, so daß nur entsprechend flachgehende Boote zwischen den Fischerkähnen an den Kai gehen können.

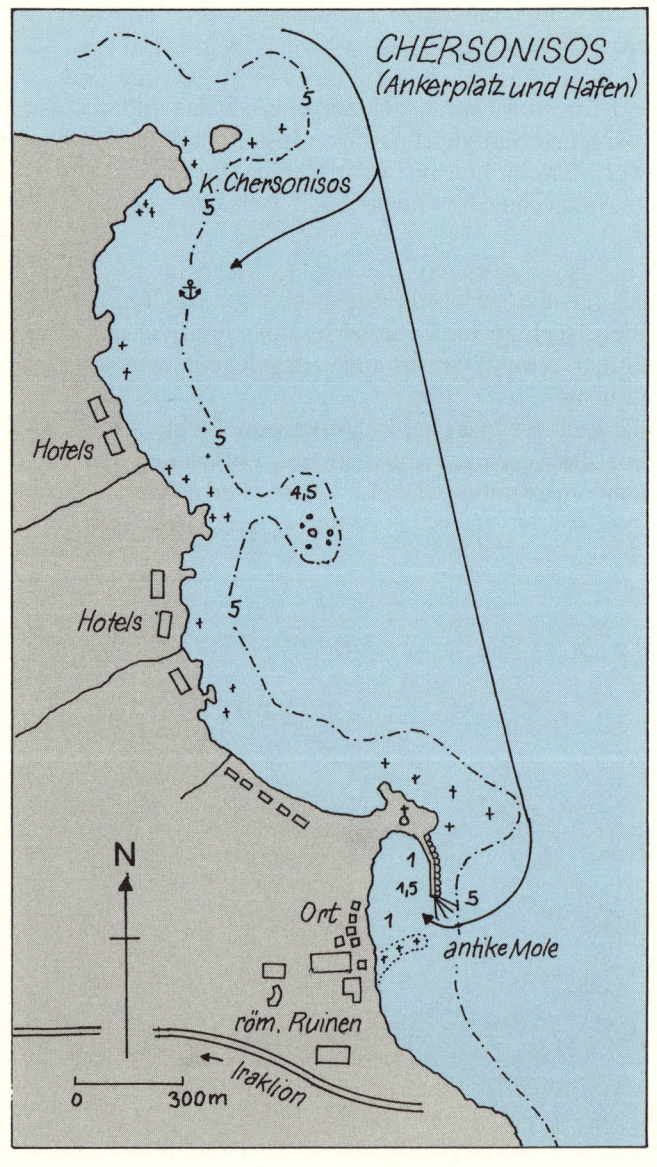

Die Pläne, den Hafen auszubaggern und die antike Mole wieder benutzbar zu machen, scheinen sich nicht verwirklichen zu lassen. Lediglich die Nord-Süd-Mole, die weitgehend auf den Fundamenten einer antiken Mole ruht, wurde mit einer Schutzmauer versehen. Der Molenkopf ist befeuert.

Versorgungsmöglichkeiten: Restaurants, Cafés, einige Läden.

Der Ort mit Hotels und Feriensiedlungen erstreckt sich weit über die vorspringende Halbinsel hinaus. An der Uferpromenade befindet sich das renovierte Fundament eines Brunnens aus der Römerzeit mit einem interessanten Mosaik, das den Fang verschiedener Fischarten darstellt. Auf dem Vorgebirge, unterhalb der Kirche, sieht man rechteckige Fischbassins, die die Römer in den Felsen gehauen haben.

Folgt man der Küste nordwärts, gelangt man an das unbefeuerte Kap Chersonisos mit der vorgelagerten gleichnamigen Insel. Da das Hinterland relativ flach ist, zeigt sich der Meltemi hier nicht gar so böig. Deshalb mag der auf dem Plan eingezeichnete Ankerplatz für Yachten auf Westkurs gegebenenfalls brauchbar sein.

Dia. Diese Insel, etwa 6 sm nordnordostwärts vor Iraklion, ist hügelig und öde. Von ihren beiden Buchten im Ormos Mesaios bietet die nordöstliche selbst bei nördlichen Winden Schutz. Sie ist recht abgelegen, wird aber ab und zu von Fischern aufgesucht.

In der Einsamkeit dieser Insel hat sich noch eine kleine Anzahl kretischer Steinböcke gehalten, die vereinzelt auch in den entlegenen Bergen oberhalb der Samaria-Schlucht in Freiheit leben. Diese herrlichen Tiere sind natürlich geschützt.

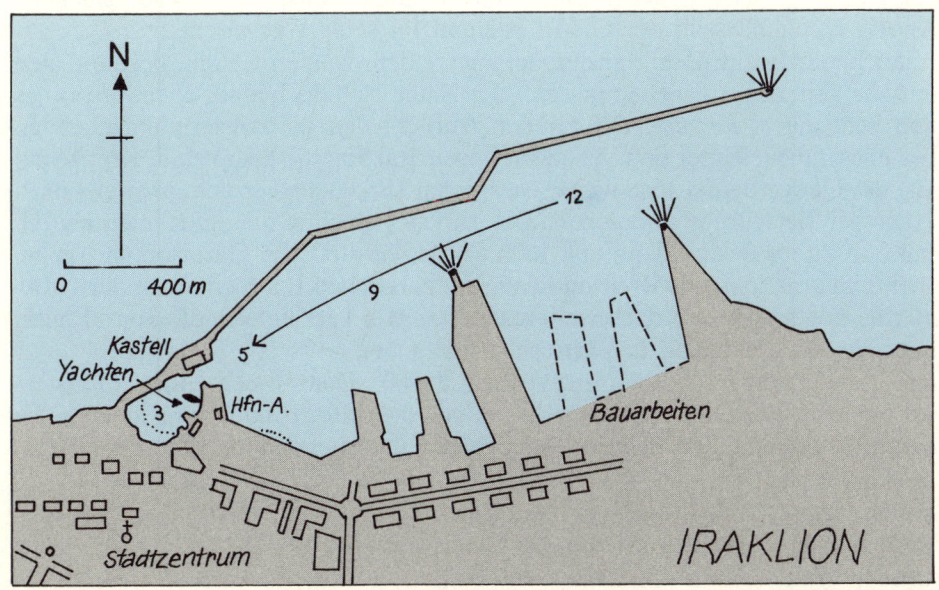

Iraklion (Herakleion, in den deutschen Seekarten Irakleion, Limin Irakleiou, Plan M der D 1093; Port of Entry). Die Hauptstadt Kretas mit einem geschützten Handelshafen ist ein guter Stützpunkt, wenn man Knossos und Phaistos besuchen will (Skizze Seite 253).

Einsteuerung: Die Einfahrt ist bei Tag und Nacht leicht zu finden, auch wenn der 2 km lange Wellenbrecher erst auf kürzeste Entfernung klar auszumachen ist. Man kann bei jedem Wetter auch unter Segeln bis in die äußeren Hafenbecken laufen. Bei nächtlicher Einsteuerung beachte man, daß die Einfahrt zum Yachthafen nicht befeuert ist, das Kastell wird jedoch angestrahlt.

Liegeplatz und Versorgungsmöglichkeiten: Man lege sich im hintersten Becken, dem alten venezianischen Hafen unterhalb des Kastells, mit Bug oder Heck an die Westseite des breiten Kais, Anker westnordwestwärts in 3 m Tiefe auf Schlammboden ausgebracht. Der Halt ist zwar nicht gut, aber meist ausreichend. Das Kastell gewährt nämlich besten Schutz auch gegen starken Meltemi, dessen Richtung hier Nord bis Nordwest ist. Der Liegeplatz ist kostenlos; Dienstleistungen durch das Personal der nahen Bar, wie Treibstoffbestellung oder Stromanschluß, müssen dagegen bezahlt werden. Ein öffentlicher Wasserhahn befindet sich am Kai. Im Hafenamt in dem großen Gebäude in der Nähe kann man eventuell die Wettervorhersage erfahren. Lebensmittel aller Art bekommt man auf dem Markt am Ende der Hauptstraße, die vom Hafen weg in südliche Richtung führt (Odos 25. Avgoustou); dort gibt es auch zahlreiche Tavernen und Restaurants. Häufige Flugverbindung mit Athen, außerdem mit Rhodos und anderen Inlandsflughäfen. Eine Fähre geht jeden Abend nach Piräus. Busse in alle Richtungen.

Auf den Besuch der minoischen Paläste in Knossos und Phaistos sowie des Archäologischen Museums in Iraklion wird wohl niemand verzichten. Knossos ist nur 5 km entfernt; die Busstation befindet sich gegenüber dem Kai der Piräus-Fähre. Tagesausflüge nach Phaistos werden von Busunternehmen organisiert, die Besichtigung des 3 km entfernten Agia Triada und der Ruinen der am Wege liegenden dorischen und römischen Provinzhauptstadt Gortyna (Gortis) eingeschlossen. Auch ein Ausflug in das 53 km westlich von Iraklion gelegene Anogia empfiehlt sich; der Ort ist bekannt für seine Webwaren.

Iraklion war bis in unser Jahrhundert unter dem Namen Candia bekannt, den ihm die Venezianer gegeben hatten. Der Name ist jedoch arabischen Ursprungs und geht auf *el kandak,* der Graben, zurück, den die Altstadt umgebenden Festungsgraben. Unter den Venezianern war Iraklion die Hauptstadt Kretas und Sitz des Gouverneurs. 1648 wurde es von den Türken angegriffen, aber erst nach 21jähriger Belagerung übergeben. Die Türken behielten die Stadt mehr als 200 Jahre in ihrem Besitz, denn erst 1898 wurde die türkische Garnison nach mancherlei internationalem Streit und einigen energischen Interventionen der Großmächte abgezogen und nach weiteren Jahren des Verhandelns die Souveränität über die Insel endgültig den Griechen übergeben.

Die Einwohnerzahl beträgt inzwischen 85000. Dank wachsender Touristenströme und steigender Ernteerträge kann die Infrastruktur zunehmend verbessert und das äußere Bild der Stadt mehr und mehr modernisiert werden.

Balion. Dieser hübsche Hafen im kleinen Ormos Bali kann sehr empfohlen werden. Die Bucht liegt knapp 20 sm westlich von Iraklion und 16 sm östlich von Rethymnon. Sie öffnet sich nach Nordosten.

Einsteuerung: Die Ausbuchtung an der Westseite kann man an den beiden steilen Bergspitzen ausmachen, die sich genau darüber erheben. Außerdem fallen die weißen Ferienhäuser und Apartments auf.

Anker- und Liegeplatz: Vor dem schmalen Strand herrscht passende Wassertiefe über Sand- und Kiesgrund, der steil abfällt. Der Raum zum Schwojen ist beschränkt. Man kann auch in die Nebenbucht ausweichen, die ebenso gut ist. Obwohl gegen Nordosten offen, bietet die Bucht brauchbaren Schutz gegen nördliche Sommerwinde. Vor den Winterstürmen aber ziehen die Fischer ihre Boote an Land. An der Innenseite der befeuerten Mole liegt man bei 4–5 m Wassertiefe recht bequem.

Die Küstenstraße führt oberhalb der Bucht vorbei, doch weit genug entfernt, um nicht zu stören. Der Ort mit seinen kleinen Tavernen, Cafés und Läden ist im Sommer sehr beliebt. Die Umgebung ist reich an Oliven.

Rethymnon (Limin Rethymnis, Plan F der D 1093) ist zwar historisch sehr interessant, doch trotz der verlängerten Wellenbrecher gewährt der Hafen nur unzureichend Schutz. Im Bereich der Ostmole wird eine Marina gebaut, die für Yachten sicherere Liegeplätze bieten soll.

Einsteuerung: Bei Tage kann man die venezianische Festung auf der Westseite des Hafens nicht übersehen. Bei Nacht ist es dafür um so schwieriger, unter den Lichtern der Stadt die schwachen Hafenlichter auszumachen.

Liegeplatz: Bis zur Fertigstellung der Marina entweder an der Innenseite des Nordwellenbrechers bei 5–6 m Wassertiefe, Anker nach Südosten ausgebracht, oder am Ladekai im Westen des Hafens. Südoststürme und Starkwinde aus Nord haben Schwell im Hafen zur Folge, bei Meltemi spritzt es über die Mole, und bei frischem Südwind können Fallböen den Liegeplatz unbrauchbar machen. Ankern inmitten des Hafens ist manchmal die beste Lösung.

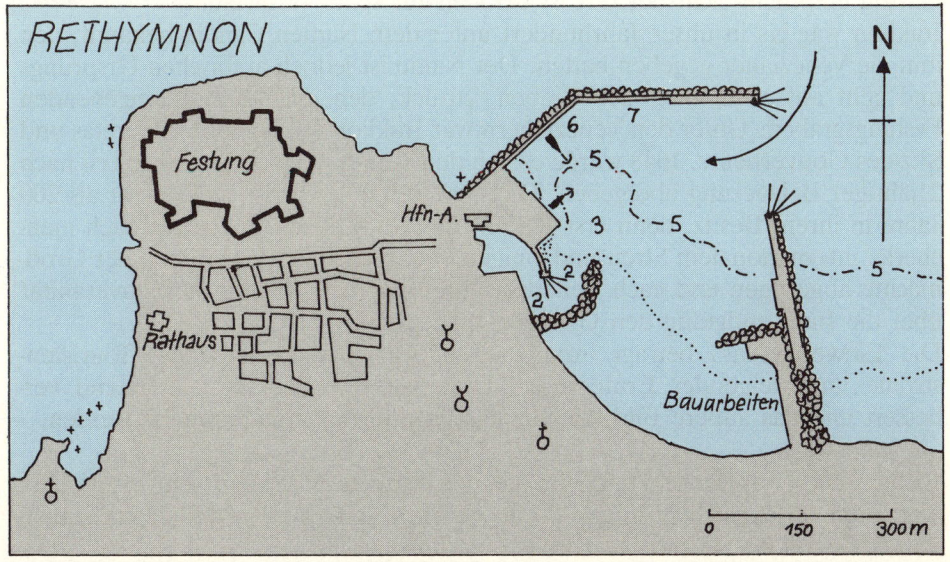

Im meist überfüllten inneren Becken, dem einstigen venezianischen Hafen, ist die Wassertiefe nur in der Mitte und am Südkai um 2 m. Doch schon die Einfahrt ist versandet, so daß nur Boote mit geringem Tiefgang sich vorsichtig hineinloten können.

Versorgungsmöglichkeiten: Wasseranschlüsse am Nordwellenbrecher und am Westkai. Kraftstoff von Tankstellen im Ort. Das Warenangebot entspricht der Größe der Stadt. Hervorragendes einheimisches Obst und Gemüse, gute Weine. In den am alten Hafen gelegenen Tavernen mit viel Lokalkolorit gibt es auch Fischspezialitäten. Kleines Museum. Häufige Busverbindungen mit Chania, Iraklion und den Orten der Umgebung.

Die Stadt hat eine lange Geschichte; sie wird schon in der Ilias als Rheithymna erwähnt. Die heutige Altstadt war einst venezianisches Handelszentrum. Von See aus macht sie mit ihren Minaretts und Palmen eher einen türkischen Eindruck, doch innerhalb der Mauern, in den engen, schattigen Straßen mit ihren Laubengängen, Kirchen, Brunnen und Loggien, ist der venezianische Einfluß deutlich sichtbar. Die neuen Stadtviertel liegen im Osten, wo auch die meisten Hotels und Pensionen zu finden sind.

Die Einwohnerzahl liegt bei 16000. Wichtigster Exportartikel sind Erdnüsse; außerdem gibt es in Rethymnon eine Käserei, in der die meisten kretischen Käsespezialitäten hergestellt werden.

War die Stadt im 15. Jahrhundert wegen ihrer Gelehrten und Dichter bekannt, so ist sie heute auf Pantelis Prevelakis stolz, der 1909 in Rethymnon geboren und durch seinen Roman „Der Kreter" berühmt wurde.

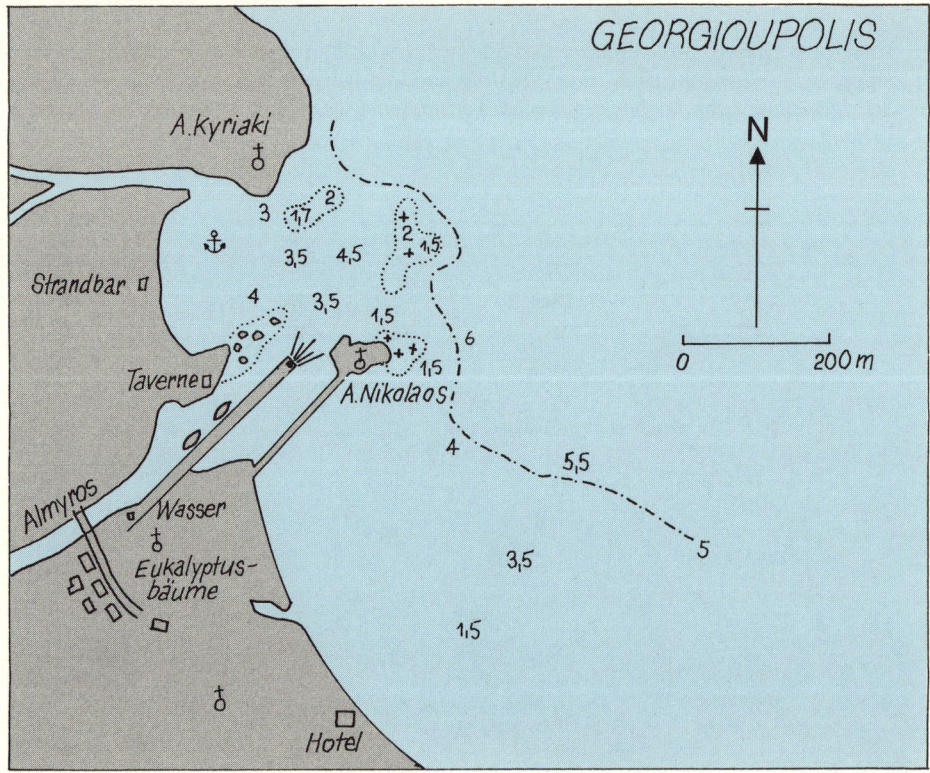

Georgioupolis ist ein reizvoller kleiner Ort am Fluß Almyros, der in der Süd-westecke des Ormos Almyrou ins Meer mündet. Die Einsteuerung empfiehlt sich nur bei ruhigem Wetter und nur unter der Voraussetzung, daß sorgfältig gelotet wird. Die Wassertiefen können sich inzwischen geändert haben, denn 1992 wurde gebaggert und auf dem westlichen Flußufer Land aufgefüllt.

Einsteuerung und Ankerplatz: Die weißen Häuser des Ortes sind schon von weitem auszu-machen. Von Norden kommend, hat man vor dem Vorgebirge mit der Kapelle Agia Kyriaki 3−4 m Wasser. Tiefergehende Yachten wählen einen Ankerplatz in größerem Abstand von der Küste, kleinere können im Fluß längsseits an den Kai gehen. 2−3 kn Stromgeschwindigkeit sowie Untiefen erfordern jedoch sorgfältige Navigation.
Kommt man von Osten, sollte man außerhalb der 10-m-Tiefenlinie auf die weiße Kirche am Fuße des Vorgebirges Agia Kyriaki zuhalten, die weiße Kirche auf dem Eiland Agios Nikolaos 300 m an Backbord lassend, und auf den Kopf der Mole (mit Blinklaterne) in der Flußmündung dann einschwenken, wenn die Kirche Agios Nikolaos und das große Hotel am Strand eine Deckpeilung ergeben.
Versorgungsmöglichkeiten: Am Dorfplatz liegen im Schatten hoher Eukalyptusbäume Geschäfte und Tavernen. Reichhaltiges Angebot an einheimischem Obst und Gemüse, Fisch eventuell direkt von den Fischern. Busverbindung mit Rethymnon und Chania.

Souda-Bucht (Ormos Soudas, Plan E der D 1093; Port of Entry). Obwohl die Bucht den besten Schutz auf Kreta schlechthin gewährt, sind Yachten nicht gern gesehen. Schon immer diente die Bucht den verschiedenen Herren der Insel als Flottenstützpunkt. So ist sie heute Griechenlands südliche Marinebasis und größtenteils Sperrgebiet, das streng überwacht wird. Fotografieren ist natürlich verboten. Die hohen Berge haben bisweilen starke Fallböen zur Folge.

Einsteuerung und Liegeplatz: Das im Sperrgebiet freigegebene Fahrwasser ist aus Plan E der D 1093 ersichtlich. Man halte sich in der Mitte und laufe auf die westliche Pier zu, an der man über Bug oder Heck festmacht. Die Wassertiefe davor beträgt 8−9 m. Man kann auch nordwestlich der Pier auf 4−5 m Wasser über Schlickgrund ankern, nachdem die Papiere kontrolliert worden sind.

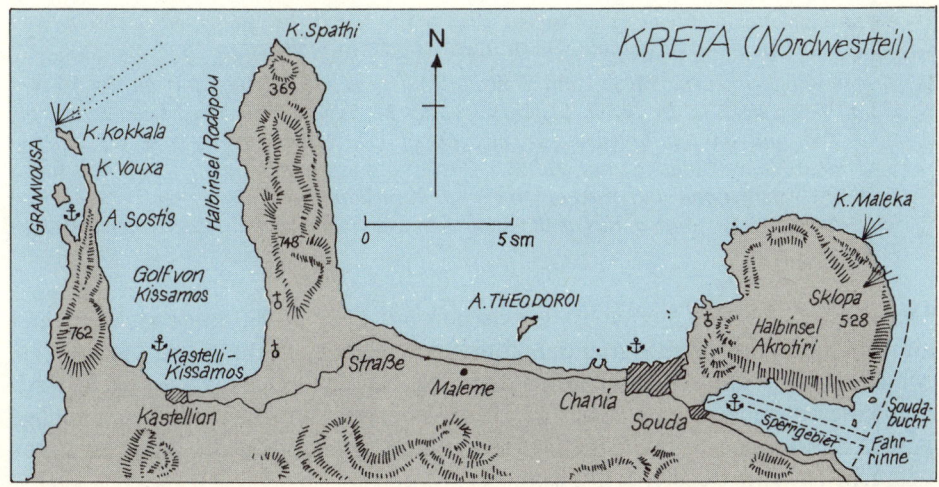

257

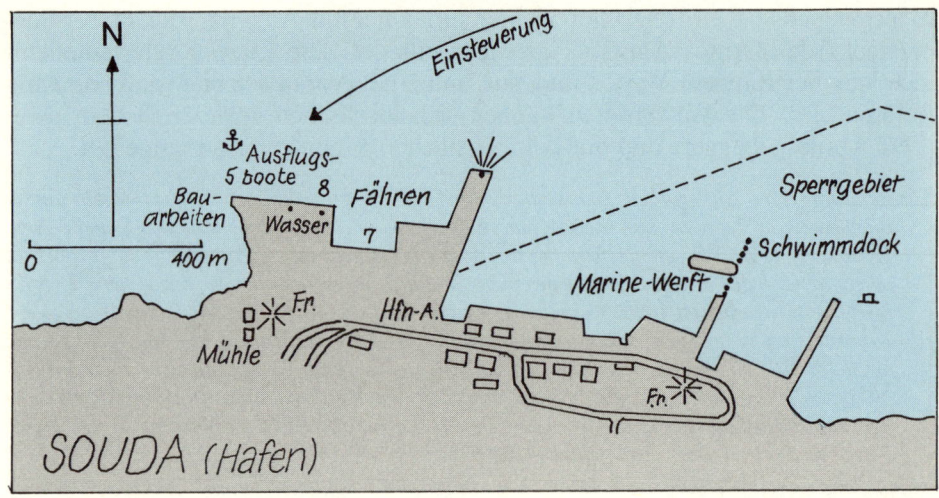

Versorgungsmöglichkeiten: Wasser an der Pier. Im Ort Tankstelle, Postamt und Geschäfte (in Chania, wohin ein Bus geht, kauft man besser ein). Täglich Fährverbindung mit Piräus.

Chania (Limin Chanion, Plan B der D 1093; Port of Entry) ist eine anziehende Stadt von eigenartigem Charakter. Ihr kleiner, von den Venezianern gebauter Hafen ist zwar malerisch, aber meist überfüllt.

Einsteuerung: Etwa 160 m quer vor der Hafeneinfahrt ist ein 300 m langer Wellenbrecher im Bau, der mit einer Leuchttonne markiert ist (siehe Plan B der D 1093). Bei starken nördlichen Winden sollte man nicht einlaufen. Man muß dem Molenkopf möglichst weit fernbleiben und sollte gleich in den inneren Hafen durchlaufen.

Liegeplatz: Normalerweise gehen größere Yachten mit Bug oder Heck an den Kai vor dem Hafenamt. Die Wassertiefe beträgt hier mindestens 3 m. Bei frischen, auflandigen Winden steht Schwell in den Hafen. Die vorherrschenden Sommerwinde kommen aus Nordnordwest bis Nord.
Besser geschützt liegt man weiter östlich; bis zur Pier vor den einstigen Galeerenschuppen kann man mit einer Wassertiefe von mindestens 2,50 m rechnen.

Versorgungsmöglichkeiten: Wasser und Treibstoff auf dem Kai, Restaurants an der Wasserfront. Viele Läden in der Nähe, Eisfabrik bei der Markthalle. Die Werft kann Schiffe bis über 20 m und 100 t aufholen; im seichten Ostteil des Hafens ein kleinerer Slip und ein 3-t-Kran. Flugverbindung mit Athen. Busverbindung mit Souda (dem Fährhafen Chanias), Rethymnon und Iraklion sowie mit Kastellion und Palaiochora (verschiedene Busbahnhöfe). Es werden Busausflüge zur Samaria-Schlucht und anderen Zielen angeboten.

Die Einwohnerzahl Chanias ist inzwischen auf über 50000 angewachsen. Der zunehmende Wohlstand durch den Tourismus, aber auch durch die Gerbereien, Metallbetriebe und Weinkellereien hat auch in der Hafengegend viele neue Gebäude entstehen lassen. Altes wurde renoviert, so zum Beispiel die ehemalige Kirche San Francesco aus dem 14. Jahrhundert, in der jetzt das Museum untergebracht ist. Ein Besuch lohnt sich.

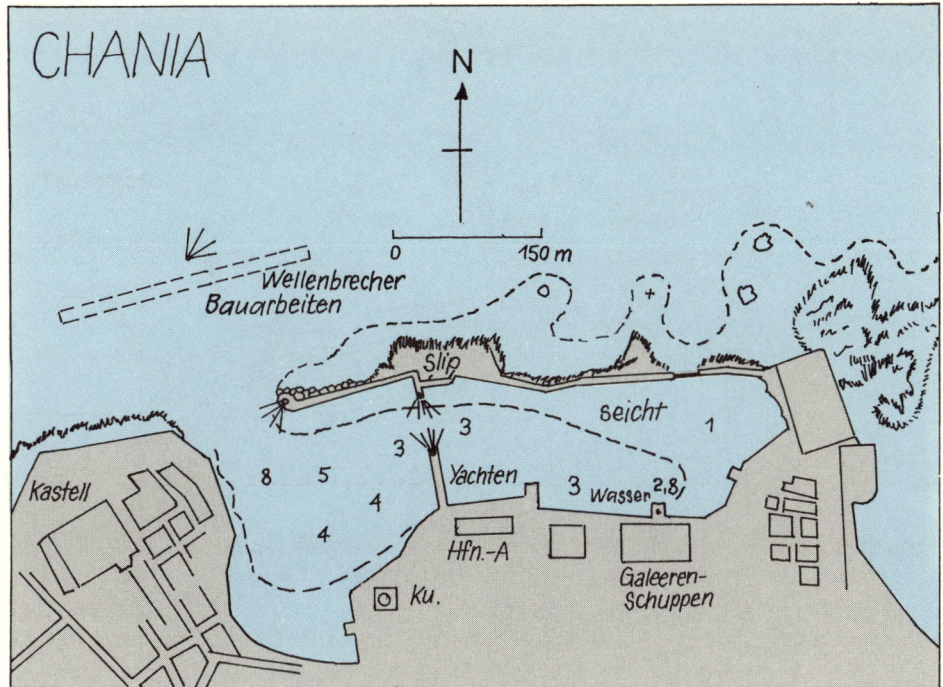

Die Umgebung von Chania wird intensiv landwirtschaftlich genutzt.

Chania wurde erstmals als Kydonia auf den Linear-B-Tafeln erwähnt, die man in Knossos fand. Nach Kydonia haben die Quitten ihren Namen, für die Stadt und Umgebung durch alle Zeiten berühmt waren. Bis in römische Zeit war Chania selbständig. Dann hatte es wie ganz Kreta durch Jahrhunderte verschiedene Herren. Unter den Venezianern blühte die Stadt vom 13. Jahrhundert an als La Canea wieder auf. Die Türken eroberten sie endgültig 1645. Von 1841 bis 1970 war Chania Hauptstadt der Insel.

Etwa 15 km westlich von Chania und 1 km südlich der Küstenstraße liegt die Kriegsgräberstätte Maleme, auf der 4500 deutsche Soldaten begraben wurden. Der britische Soldatenfriedhof liegt zwischen Souda und Chania.

Kastelli-Kissamos ist der Hafen der Stadt Kastellion, die auch Kissamos genannt wird. Er liegt an einem einsamen Küstenstreifen in der Südwestecke des Golfes von Kissamos (Kolpos Kissamou), der von den Halbinseln Gramvousa und Rodopou gebildet wird. Das Kap Kavonisi, das sich etwa 1 km nordostwärts ins Meer erstreckt, schützt den Hafen gegen Winde aus dem III. und IV. Quadranten. (Skizze Seite 260.)

Einsteuerung, Liegeplatz und Versorgungsmöglichkeiten: Der Wellenbrecher ist von See her gut auszumachen. In der Einfahrt ist das Wasser 5–6 m tief, entlang dem Kai etwa 4 m. Die Versandung setzt sich fort, doch für die Fähre, die den Hafen ein- bis zweimal wöchentlich auf der Route Piräus – Peloponnes – Kythira – Kastellion anläuft, wird von Zeit zu Zeit gebaggert. Starkwinde aus Norden verursachen so starken Schwell, daß der Hafen unbenutzbar werden kann.

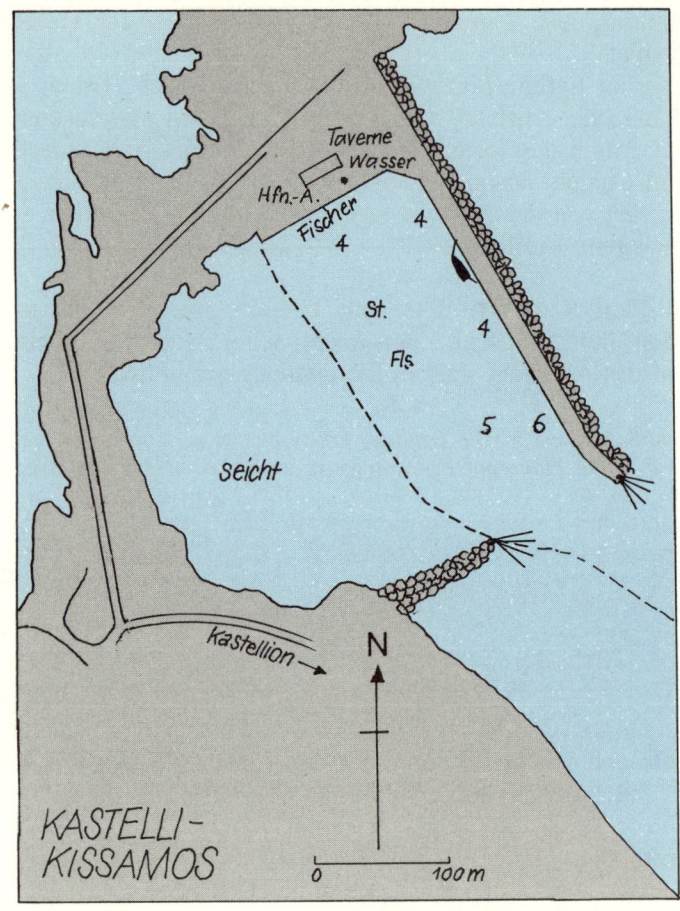

Am besten liegt man längsseits am Kai. Hafenamt und Taverne (mit Telefon) sind in dem-selben Gebäude untergebracht. Für die Fahrt nach Kastellion läßt man sich ein Taxi kommen; dort gibt es Lebensmittelgeschäfte, weitere Tavernen und ein kleines Museum. Busverbindung mit Chania.

Kastellion war das antike Kissamos, eine Stadt mit großer Einwohnerzahl und der Hafen für Polyrrhinia, dessen Überreste 6 km südlich am Berghang liegen. Wegen der herrlichen Aussicht über den Golf sollte man einen Ausflug dorthin machen.

Das moderne Kastellion ist Sitz der Kreisverwaltung und in der Umgebung bekannt für die Qualität seiner Weine und Oliven. Die meisten Einwohner sind in der Landwirtschaft beschäftigt, einige sind Fischer. 2 km ostwärts von Kastelli-Kissamos liegt ein kleiner, aber malerischer Bootshafen.

Nur wenige Yachten kommen nach Kastelli-Kissamos. Meistens sind es solche auf Kurs West, die bei steifen Westwinden hier Wetterbesserung abwarten – wenn sie es nicht ohnehin vorziehen, zu diesem Zweck **Agios Sostis** anzulaufen, eine Ausbuchtung etwa 2 sm südlich von Kap Vouxa. Auch Fischer benutzen diesen Ankerplatz.

Läuft man – von Kythira kommend – die Nordwestecke Kretas an, fällt von weitem die mächtige, sich 20 km weit nach Norden erstreckende Halbinsel Rodopou auf. Wenn das Wetter ruhig ist, hat man die Wahl zwischen Kastelli-Kissamos und Chania, ansonsten sollte man die Souda-Bucht ansteuern.

Wendet man sich von der Nordwestecke Kretas aus nach Süden, so trifft man auf die unbewohnte Insel

Gramvousa (Plan K der D 1093) mit einem Ankerplatz in ansprechender Umgebung an ihrer Südseite, den nicht selten auch einheimische Schiffe anlaufen, um das Abflauen starken Nordwindes abzuwarten.

Einsteuerung und Ankerplatz: Die Bucht ist erkennbar an dem venezianischen Kastell, das sich in etwa 140 m Höhe auf der westlichen Steilwand erhebt. Der Ankerplatz ist bei

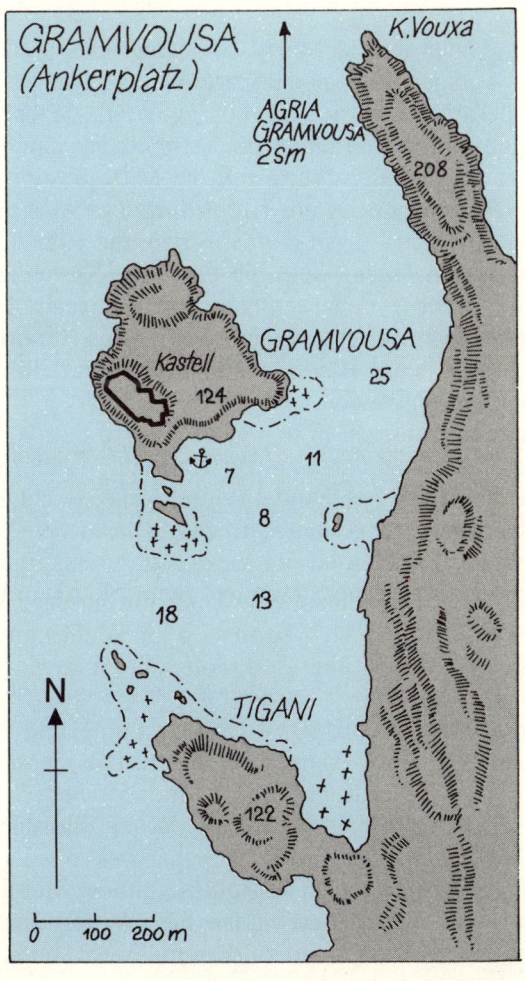

starken Winden aus Südwest nicht sicher, doch bietet er gegen Nordstürme vortrefflichen Schutz.

Bisweilen trifft man hier eine Schar von Schafhirten an, die nach den Schafen und Ziegen sehen, welche auf Kaïken von Kastellion hierhergeschafft werden.

Der Mauerring und einige Tore des venezianischen Kastells sind noch gut erhalten. Zur Zeit des griechischen Unabhängigkeitskrieges war dieser Ort ein Dorn im Fleische aller in der Ägäis Schiffahrt treibenden Nationen. Im Laufe der Jahre hatten Piraten nicht weniger als 155 Schiffe, darunter 28 britische, hierhergebracht, um die Ladung zu verkaufen. Zum Schutze der Schiffahrt wurden neun britische Fregatten in den umliegenden Gewässern stationiert. 1828 räucherte dann eine britisch-französische Expedition den Piratenstützpunkt auf Gramvousa aus, wobei alle Schiffe zerstört und 6000 Leute gefangengenommen wurden. Die geraubten Waren wurden nach Malta gebracht. Nach diesem Unternehmen kam es nur noch zu kleineren Piratenakten in der Ägäis; ganz aufgehört haben sie aber erst in der Mitte des 19. Jahrhunderts.

Folgt man der Küste 6 sm weit südwärts, so gelangt man an das Vorgebirge am Kap Koutri. Die wenigen hier noch vorhandenen Ruinen gehören zu der antiken Stadt Phalasarna, von der Strabo berichtet, sie habe einen überaus kunstvoll angelegten Hafen und einen der Artemis geweihten Tempel gehabt. Captain Spratt, ein Landmesser, führte um die Mitte des letzten Jahrhunderts einige sorgfältige Untersuchungen auf Kreta durch; er wies nach, daß sich die Küste im Südwestteil seit den Tagen der Griechen und Römer ganz beträchtlich gehoben hat. An einigen Stellen liegt die damalige Küstenlinie samt den einstigen Häfen um 8 m über dem heutigen Meeresniveau. Die bedeutendste Hebung hat weiter östlich zwischen Selino und Lissus (Ormos Agios Kirykos) stattgefunden. Dort sind einige Häfen, ehemals Ausfalltore für hellenische Bergstädte, vollkommen verschwunden.

Der Hafen Phalasarna, den man in den gewachsenen Fels gehauen hatte, liegt jetzt 6 m hoch im Kliff über der heutigen Brandungshohlkehle. An manchen Stellen sind kleine Buchten durch Sandablagerungen so seicht geworden, daß sie als Ankerplatz nicht mehr zu gebrauchen sind. Die in den Seekarten angegebenen Wassertiefen der Buchten an der Westküste Kretas sind deshalb nicht in jedem Fall zutreffend, da sich die Strandlinie mehr als 100 m weit seewärts verlagert hat.

Süd- und Ostküste

> *Diese wilden Böen gehen mir über den Verstand;*
> *von allen Seiten brechen Wogen über uns herein,*
> *und das schwarze Schiff treibt hilflos in der aufgewühlten See.*
> Alcaeus, 600 v. Chr.

Es gibt keine schönere und mannigfaltigere Landschaft als die kretische Südküste: die großen Täler, die tief in die Gebirgsketten eingeschnitten sind, an den
Hängen Oliven- und Johannisbrotbäume und hier und da Terrassen, die zum Teil
seit Jahrhunderten nicht mehr bebaut werden, und immer wieder verwinkelte
Dörfer, deren kleine weiße Häuser zwischen Maulbeerbüschen und Eukalyptusbäumen hervorlugen. An der Küste dann die kleinen Häfen, von denen einige
in minoischer Zeit eine nicht geringe Bedeutung hatten. Damals ging von ihnen
ein lebhafter Handel mit Afrika aus. Die Römer haben den Handel dann wie-
derbelebt, besonders mit Ägypten. Als im 13. Jahrhundert die Venezianer
kamen, blühte der Handel abermals auf, freilich überwiegend an der Nordküste.
Als Kreta nach 400 Jahren unter türkische Herrschaft geriet, verringerte sich der
Handel bis zur Bedeutungslosigkeit.

Die Flüsse, die im Diluvium das ganze Jahr hindurch reichlich Wasser führten
– und entsprechend kräftig erodierten –, liegen nun meist trocken da, ausgenommen im Winter sowie nach Gewittergüssen. Abgesehen vom allgemeinen
Rückgang der Niederschläge in den Subtropen im Alluvium hat auch der
radikale Holzschlag zur Austrocknung und Zerstörung der Landschaft beige-
tragen. Die Abholzung der Wälder begann auf Kreta schon in minoischer Zeit,
denn die Importe aus Afrika wurden mit Nutzholz bezahlt. Der Kahlschlag
wurde durch die Jahrhunderte so konsequent fortgesetzt, daß es heute auf Kreta
praktisch keinen zusammenhängenden Wald mehr gibt. Allein im äußersten
Westen findet man wieder einige Kastanienhaine, und auf den höheren Bergen
wachsen verstreut Zypressen, Fichten und vereinzelt Zedern – obgleich die
Zypresse Plinius zufolge von Kreta stammt.

Wie man sich denken kann, verursachen die hohen Berge bei frischem
Nordwind tückische Fallböen bis zu Sturmstärke, und unbedroht und sicher
geschützt liegt man allein in der Loutra-Bucht sowie im Hafen Agia Galini. Das
bedenke man bei einer Fahrt entlang der Südküste.

Palaiochora (Plan J der D 1093). Das ins Auge fallende Vorgebirge Selino
Kastelli mit der kleinen Ortschaft Palaiochora hat – je nach Wetterlage – an der
West- oder Ostseite seiner Landenge einen geschützten Ankerplatz zu bieten.

Einsteuerung und Ankerplätze: Normalerweise steuern Yachten den Ankerplatz auf der Ost-
seite des Vorgebirges vor dem Ort an, wobei es keine Schwierigkeiten gibt. Man läßt den
Anker 200–300 m vor der kleinen steinernen Pier auf 5 m Wasser über Sandboden fallen.
Die Bucht ist zwischen Ostnordost und Süd völlig offen. Bei Starkwinden aus Nord ist der
Ankerplatz an der Westseite der Halbinsel vorzuziehen.

Liegeplatz: Die von den Fischern immer schon benutzte Bucht am Südende der Halbinsel wurde zu einem kleinen, durch eine hohe Mauer gut geschützten Hafen ausgebaut. In die Südmole wurden die gefährlichen Klippen vor der Einfahrt großenteils einbezogen. Trotzdem größte Vorsicht beim Einsteuern! Nachts und bei bewegter See nicht einlaufen. Bauarbeiten noch im Gange; Molenlicht provisorisch. Entlang dem Kai um 3 m Wassertiefe.

Versorgungsmöglichkeiten: Reichlich frische Lebensmittel. Tomaten und Gurken werden in Gewächshäusern westlich des Strandes gezogen, Orangen und Mandarinen reifen an den Hügeln oberhalb des Ortes. Tavernen und Cafés im Ort. Busverbindung mit Chania, Bootsverbindung mit der 30 sm entfernten Insel Gavdos.

Der recht anziehende Ort mit seinen mehr als 1000 Einwohnern ist vor allem bei jungen Touristen sehr beliebt. Die Hauptstraße ist von Maulbeerbüschen und Akazien gesäumt. Die Schwellen der kleinen Häuser und die Randsteine sind sorgfältig weiß getüncht. Die Einheimischen arbeiten überwiegend in der Fischerei oder in den Gartenbaubetrieben.

Von dem venezianischen Kastell ist kaum etwas erhalten; die meisten Steine wurden, wie in früheren Zeiten üblich, anderen Zwecken zugeführt. Hinaus auf das Vorgebirge mit seinem kleinen Hafen und dem goldgelben Sandstrand führt eine Promenade, die in der Abendkühle viele Spaziergänger anzieht.

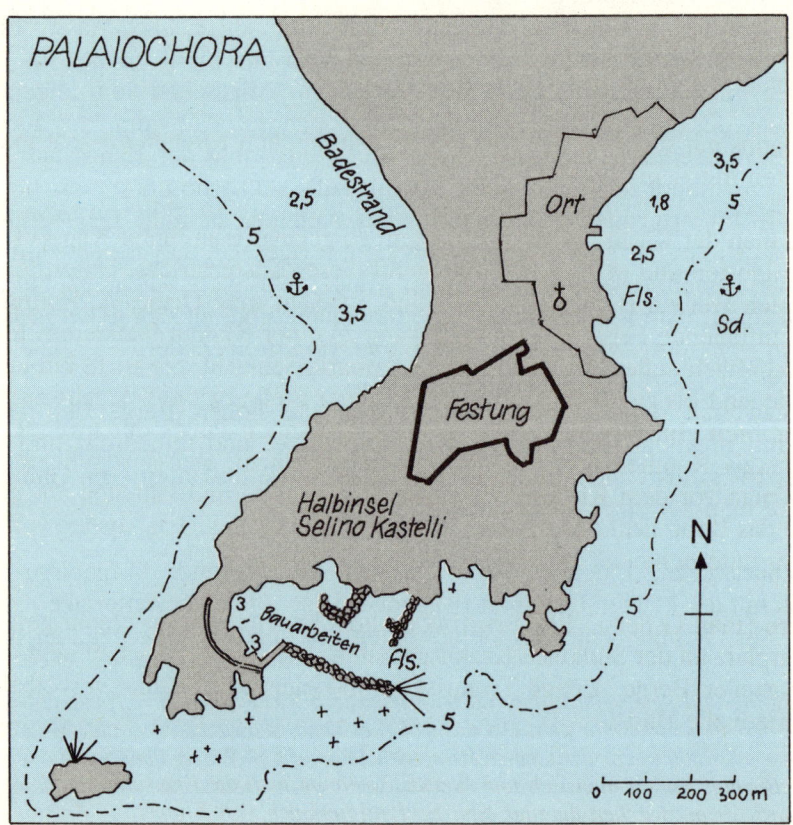

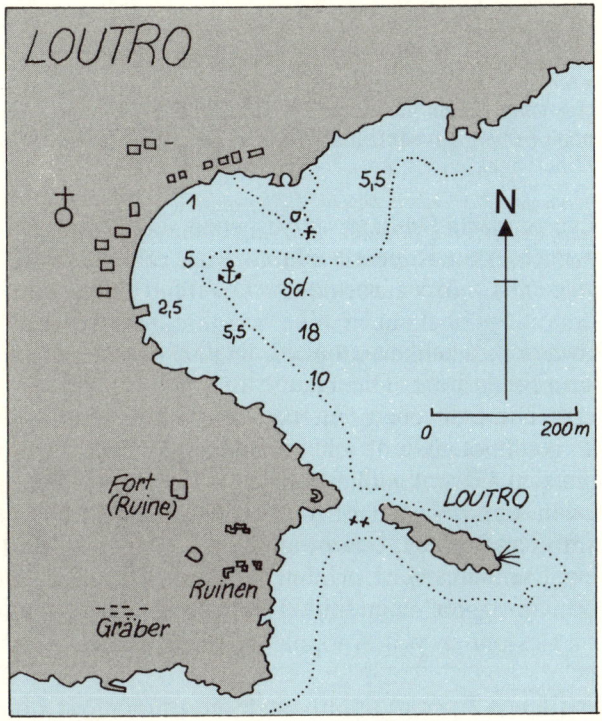

Kandanos mit seinen freskobemalten byzantinischen Kirchen erreicht man in 40 Minuten mit dem Bus.

Folgt man der Küste weiter nach Osten, so gelangt man hinter Kap Phlomes zu der wildesten und malerischsten Gegend dieses Küstenstrichs. Unter den Levka Ori, den Weißen Bergen, dahinsegelnd, erreicht man **Ormos A. Roumelis,** wo zwei auffallende Felsspitzen den Eingang zu einer Klamm flankieren. Es ist die landschaftlich außerordentlich schöne Samaria-Schlucht. Sie ist 18 km lang, ihre Wände sind bis zu 300 m hoch, und an einer Stelle ist die Schlucht nur wenige Meter breit. Im Sommer kann man sie trockenen Fußes durchwandern. Das Dorf Agia Roumeli liegt am Ausgang der Schlucht. Bei ganz ruhigem Wetter kann man vor dem Kiesstrand ankern, doch der Grund fällt steil ab, und man sollte das Boot nicht ohne Aufsicht lassen. Besser ist es, den Ausflug von Loutro aus zu unternehmen.

Loutro (Plan G der D 1093) wird von alters her für den am besten geschützten Ankerplatz an der Südküste Kretas gehalten. Die kleine Ortschaft liegt am Fuße öder, steiler Berge. Einige Tamarisken und eine hohe Palme vervollständigen das friedvolle Bild.

Einsteuerung: Nähert man sich von Westen, so runde man die Leuchtturminsel Loutro seewärts, denn zwischen ihr und dem Festland befinden sich Klippen.

265

Ankerplatz: Man ankere auf passender Tiefe, Bug gegen Ostsüdost, Heckanker ausgelegt, mit genügend Abstand zur Pier, an der das Fährboot anlegt. Man liegt hier mit sicherem Halt gut geschützt.

Versorgungsmöglichkeiten: Kleine Tavernen am Strand. Ein Fußpfad führt hoch über die Berge nach Anopoli (zwei Stunden) und von dort über eine gut ausgebaute Serpentinenstraße nach Chora Sphakion (12 km).

Um die großartige Samaria-Schlucht aufzusuchen, kann man frühmorgens mit einem Fährboot nach Agia Roumeli fahren. Man erkundige sich, zu welchen Zeiten das Boot nach Loutro zurückfährt. Der Pfad durch die Schlucht führt 18 km stetig bergauf – doch auch eine kleinere Strecke des Weges ist ein Erlebnis. Eine andere Möglichkeit wäre, die Schluchtwanderung von Chania aus mit einer Reisegruppe zu unternehmen.

Römische Inschriften haben erwiesen, daß in Loutro Schiffe aus Alexandria anlegten. Das antike Phoenix soll mit Phoinikos identisch sein, von dem sich wenige Ruinenreste auf der Anhöhe befinden. Der Name hat sich in Ormos Phoinikias, der weit weniger geschützten Nachbarbucht, erhalten. Den Hafen erwähnt auch Strabo als Tor zur Außenwelt für Anopolis, das einst ein Platz mit einiger Bedeutung war, von dem in dem heutigen Ort aber nur noch einige Säulen und Bögen übriggeblieben sind. Loutro galt als Katopolis, die Unterstadt, zu der die Bewohner von Anopolis (Oberstadt) im Winter herunterzukommen pflegten.

Nach der venezianischen Epoche unterhielten die Bürger von Loutro noch eine Flotte von kleinen Rahseglern, von denen bis nach der Zeit Napoleons etwa 16 hier ständig beheimatet waren. Dann aber begann der Niedergang der Handelsschiffahrt, und um die Mitte des vorigen Jahrhunderts waren die Bewohner von Loutro berüchtigt für ihre „gesetzlosen, kecken Unternehmungen". Vermutlich veranlaßte das die Türken, das kleine Fort auf der Landspitze und den rötlichgelben Wachtturm am Berghang zu bauen, die beide noch existieren.

Chora Sphakion (auch Sfakia, Plan D der D 1093) am Ormos Sphakion verdankt seinen regen Tourismus der Tatsache, daß die meisten Samaria-Schluchtwanderer von Agia Roumeli mit dem Fährboot hierhergebracht werden, um mit dem Bus zu ihrem Ausgangspunkt zurückzufahren.

Ankerplatz und Versorgungsmöglichkeiten: Für Yachten ist in dem seichten Bootshafen schon wegen des Fährbetriebs kein Platz, weshalb man bei beständigem Wetter außerhalb auf 5 m Wassertiefe ankert. Geringer Wellenschag durch kräftige Fallböen aus Norden. Restaurants an der Wasserfront, Lebensmittelgeschäfte. Im Sommer mehrmalige Busverbindung mit Chania (zweieinhalb Stunden), außerdem mit Anopolis, das über eine Asphaltstraße nach 12 km erreicht wird. Der Weg über das Gebirge von Sphakion nach Agia Roumeli ist 27 km lang.

Die Bewohner sind bekannt für ihren durch die Jahrhunderte nie erlahmten Kampf für die Freiheit, für die Reinheit ihres Dialekts und für ihren Glauben an – Vampire.

Von dem venezianischen Kastell auf dem südostwärtigen Vorgebirge wird gesagt, es habe in seinen besseren Tagen wie ein befestigtes Schloß ausgesehen.

Die Ruinen oberhalb von Chora Sphakion stammen von einem viel größeren Dorf, das im Jahre 1821 noch 1200 Einwohner hatte. Jetzt leben in Chora Sphakion nur 400 Menschen.

Während des Zweiten Weltkrieges diente der Strand zur Evakuierung derjenigen Alliierten, die sich von der Nordküste durch das Gebirge hierher durchschlagen konnten. In der Nacht vom 22. auf den 23. Mai 1941 wurde hier der König von Griechenland von einem britischen Kreuzer an Bord genommen, und am 29./30. Mai wurden die letzten 6000 Überlebenden des einst 32000 Mann starken Expeditionskorps eingeschifft.

Gavdos. Diese bis 345 m hohe Insel liegt etwa 20 sm südlich vor der Küste. Die wenigen Bewohner sind Bauern, früher aus Sphakion, doch heute haben sie stärkere Bindungen an Palaiochora. Während des Sommers kann man bei der Häusergruppe an der Nordwestküste landen, ebenso an der Ostküste bei Kalergiana, südlich von Kap Bouta, an einem Kiesstrand, wo es eine kleine Pier gibt. Dort legt im allgemeinen das Fährboot von Palaiochora an. Mit Ausnahme von „Kalypsos hochgewölbter Grotte" und einigen rundgewaschenen Felsen gibt es hier nichts Besonderes zu sehen. Kap Trypiti im Südosten von Gavdos ist der südlichste Punkt Europas.

Phrangokastello heißt ein durch ein Kap unzureichend geschützter Ankerplatz 6 sm östlich von Chora Sphakion. In der Nähe des Kaps steht am Rande einer ausgedehnten Hochfläche die Ruine eines mächtigen Venezianerkastells. Ankern kann man auf 3−6 m Wasser dicht unter dem Nordufer, doch muß hier bei starkem Nordwind mit Fallböen von den Bergen gerechnet werden.

Das Kastell wurde am Ende des 14. Jahrhunderts erbaut. Über dem Portal kann man noch den Markuslöwen, das Wahrzeichen Venedigs, erkennen wie auch die Wappen der Guerini und Dolfin. Während der Erhebung wurde hier 1828 Hadschi Mihali Daliana, ein Epirote, der den Rebellen helfen wollte, zusammen mit 1000 seiner Leute getötet. Eine Nonne barg seine Gebeine und bestattete sie in der Kirche Agios Haralambos, die jetzt eine Ruine ist. Alljährlich Ende Mai, Anfang Juni kommt kurz vor Sonnenaufgang ein Geisterbataillon aus den Ruinen und marschiert in die See. Wenn auch Wissenschaftler behaupten, daß dieses Phänomen durch Strahlenbrechung verursacht wird und es sich dabei um das projizierte Bild von Soldaten handelt, die in Afrika am libyschen Strand exerzieren, glauben die Einheimischen gleichwohl immer noch an Geister.

Plakias, ein lebhafter Ferienort, liegt knapp 8 sm weiter ostwärts an der sandigen Bucht Ormos Plaka. Südlich der neuen Fischermole, die an der Innenseite geringe Wassertiefen hat, kann man auf 4 m Tiefe ankern. Fallböen kommen sowohl aus Nord wie aus Nordost.

Die kleine Bucht etwa 5 sm südöstlich von Plakias (in der deutschen Seekarte ohne Bezeichnung) an der Mündung einer Schlucht ist nur bei ruhigem Wetter geeignet, für kurze Zeit vor Anker zu gehen. Man erkennt den Ankerplatz an dem westlich auf einer Bergkuppe liegenden Kloster **Preveli.** Wie das ebenso berühmte Kloster Arkadi bei Rethymnon war auch dieses im Laufe seiner Geschichte Ort von Widerstandsbewegungen. Man kann es besuchen.

Agia Galini (Limin A. Galinis, Plan P der D 1093) ist ein während des Sommers sicherer Hafen, in dem man normalerweise die Yacht liegenlassen kann, um über Land zu fahren und sich die Ruinen von Phaistos und Agia Triada anzusehen.

Einsteuerung: Von Osten kommend, ist die solide Mole mit ihrer hohen Schutzmauer leicht auszumachen. Sie erstreckt sich 140 m weit ins Meer. Bauarbeiten zur Verlängerung sind im Gange; Leuchttonne und Boje sind seewärts zu runden. An der Innenseite finden sich Wassertiefen von 4 m, die sich weiter binnen bis vor den breiten Kai auf 3 m verringern.

Liegeplatz: Yachten sollten über Bug oder Heck entweder am Kai oder an der Mole festmachen. Ankergrund Sand und Schlick. Der sommerliche Meltemi stört einen hier nicht. Nur gegen Südwinde ist der Hafen nicht geschützt.

Versorgungsmöglichkeiten: Wasser am Kai. Dieselöl am Ende des Kais, Tankstelle in der nächsten Parallelstraße. Restaurants und Tavernen im Überfluß. Lebensmittel aller Art in mehreren Geschäften. Täglich Busverbindung mit Iraklion, Rethymnon und Chania. Taxistand.

Der Hafen wurde 1953 gebaut. Er diente dazu, die landwirtschaftlichen Produkte der Messara-Ebene mit kleinen Frachtern nach Athen zu verschiffen.

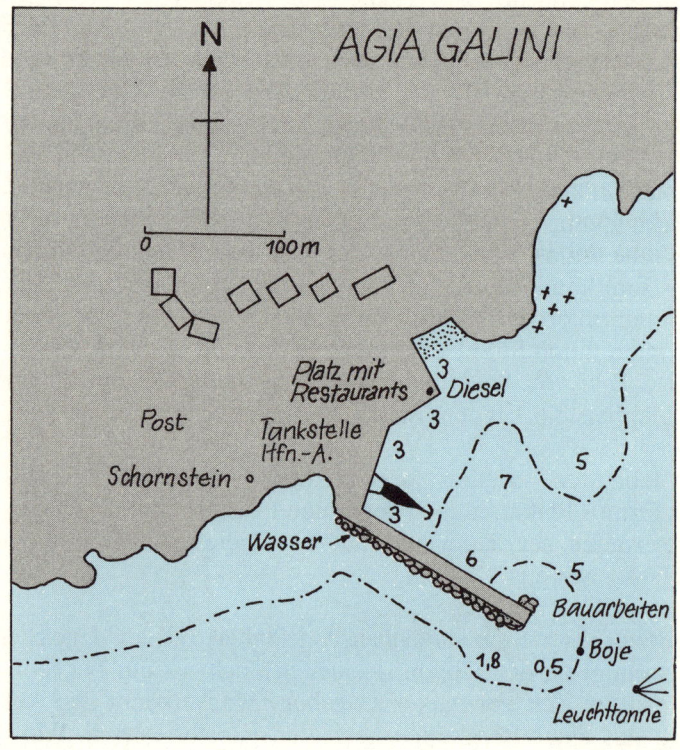

Doch jetzt wird der Transport über Iraklion geleitet, und nur noch einige Fischerboote sind hier stationiert. Dafür ist der Ort ganz groß in das Tourismusgeschäft eingestiegen. Weiße Hotels und Landhäuser bedecken den Hügelhang hinter der Wasserfront. Agia Galini soll im Winter der wärmste und trockenste Ort Griechenlands sein. Infolgedessen gibt es hier zwei Saisons. Die jungen Leute finden jetzt Arbeit in den Hotels und sind nicht mehr ausschließlich auf die Arbeitsplätze in der Ölmühle angewiesen.

Die Bucht von Messara. Der lange Strand, der sich südwärts bis fast nach Matala hin erstreckt, bietet von See her keinen besonderen Anblick. Vom Inneren des Landes aus gesehen, etwa von Agia Triada, wo einst der berühmte minoische Sommerpalast auf einer Bergeshöhe stand, öffnet sich aber das zur Küste führende Tal zu einer anmutig bewaldeten und bebauten Ebene. Mit dem langsamen Versiegen des Flusses, der jahrtausendelang das Gebiet der Messara-Ebene durchfloß, das heißt infolge Verringerung der Schleppkraft, wurde der Sand nicht mehr ins Meer transportiert, sondern schon im Oberlauf abgelagert beziehungsweise durch Mäandrieren die große Ebene aufgeschüttet. Die Meereswellen drangen in die kleine, ausgetrocknete Flußmündung und schütteten ihrerseits den Strand auf.
Im späten Mittelalter versuchte man ein letztes Mal, einen Hafen zur Verschiffung der Landesprodukte einzurichten. Reste dieser Hafenanlagen gibt es am Nordende des Strandes bei

Kokkinos Pyrgos, nur 2,5 sm östlich von Agia Galini. Lange Zeit hatte eine kurze Pier Fischern zum Anlegen gedient. Jetzt ist ein Hafen im Bau; seine Molen sind bereits aufgeschüttet. Der Kai im westlichen Teil hat Wassertiefen von 3–5 m; dort kann man zwischen Fischerbooten festmachen. Heftige Fallböen erschweren freilich das Anlegen, und der Anker wird stark belastet. Zwischen neuen Ferienhäusern und Hotels findet man auch mehrere Tavernen. Die ganze Gegend ist mit Gewächshäusern, Gerüsten mit Plastikplanen, bedeckt, die aus der Ferne in der Sonne wie Wasserflächen glitzern. Auf diese

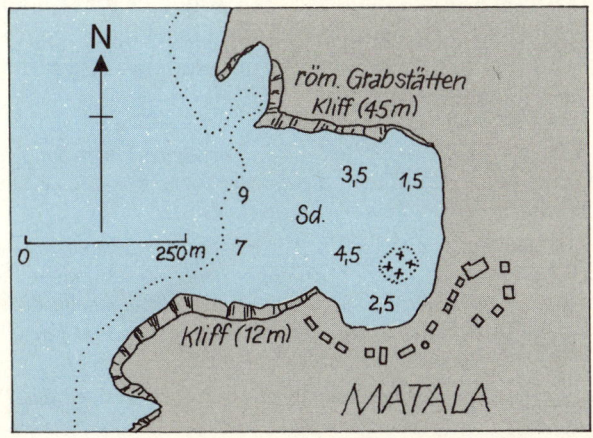

Weise wird das Pflanzenwachstum beschleunigt. Dadurch hat Kreta heute einen großen Marktanteil an Frühgemüse und früh gereiftem Obst.

Matala (Plan L der D 1093). Die hufeisenförmige Bucht Ormos Matala eignet sich wegen ihres vortrefflichen Strandes als Tagesankerplatz für einen Badeaufenthalt (Skizze Seite 269).

Einsteuerung: Die Bucht ist an den weißen Kliffen nördlich der Einfahrt zu erkennen. Man halte sich an das Südufer, um der felsigen Untiefe in Richtung Strand fernzubleiben.

Ankerplatz: In der Südostecke auf Sandboden und passender Tiefe. Die Bucht ist gegen Westen offen, daher führt die Tagesbrise zu Schwell.

Versorgungsmöglichkeiten: Tavernen, Restaurants und etliche Geschäfte mit guter Auswahl. Busverbindung mit Iraklion.

Der Tourismus hat in Matala Hotels, Pensionen und einen Campingplatz entstehen lassen. Früher übernachteten die jungen Leute in den Höhlen, die die Römer ins Kliff gehauen haben; seit längerem ist dies jedoch verboten.

Zur Zeit der Minoer war Matala der Hafen für Phaistos; der Odyssee zufolge wurden hier einige von Menelaos' Schiffen auf der Heimfahrt von Troja an den Strand getrieben. Aus der Römerzeit ist bezeugt, daß dieser Ort als Ausgangshafen für die damalige Provinzhauptstadt Gortyna diente, wenn sie mit afrikanischen Städten Handel trieb. In jenen Tagen war die Bucht von Matala vermutlich ein tiefeingeschnittener, geschützter, weit in die Schlucht reichender Meeresarm. Im Laufe der Zeit aber hat sich die Küste verändert: Die ehemals steilen Ufer sind abgesunken, und durch das Entstehen des Strandes wurde der schmale Meeresarm abgeriegelt.

Einige Häuser, die einst in das Kliff an der Südseite hineingebaut waren, sind jetzt 3−5 m unter Wasser. Das Dach eines Galeerenschuppens kann man unterhalb der Taverne auf dem südlichen Vorgebirge sehen. Stark abgewetzte Poller, einst aus den Felsen herausgehauen, zeugen davon, daß Handelsschiffe sehr lange Zeit hindurch diese Bucht als Hafen benutzt haben.

Kaloi Limenes (Ormos Kalon Limenon, Plan A der D 1093). Der „gute Hafen" der Apostelgeschichte (27, 8) erweist sich als eine kleine, gegen Osten offene Bucht mit ein paar Fischerhütten am Strand und ins Auge fallenden weißen Häusern im höher gelegenen Teil.

Einsteuerung: Auffallende Landmarken sind die Kirche Agios Pavlos und die runden, hellen Öltanks auf dem vorgelagerten Eiland, die aus der Ferne wie eine Festung aussehen. Das Einlaufen in die Bucht bereitet keine Schwierigkeiten.

Ankerplatz: Man läßt den Anker auf 3−4 m Wassertiefe im südlichen Teil der inneren Bucht fallen, dicht bei der Tonne, an der der Schlepper liegt. Zu der nahen Pier auf der Nordseite des Vorgebirges Agios Pavlos sollte man eine Warpleine geben; dort kann man auch an Land gehen. Die Wassertiefe am Kopf der Pier beträgt um 3 m. Die Fallböen vom Kliff sind hier weniger heftig als an vielen anderen Plätzen.

Versorgungsmöglichkeiten: Tavernen mit einfachen Fischgerichten. An der Pier vor dem Ort eventuell Wasser; dort beträgt die Wassertiefe jedoch nur 1,50 m. Der Bus nach Mires

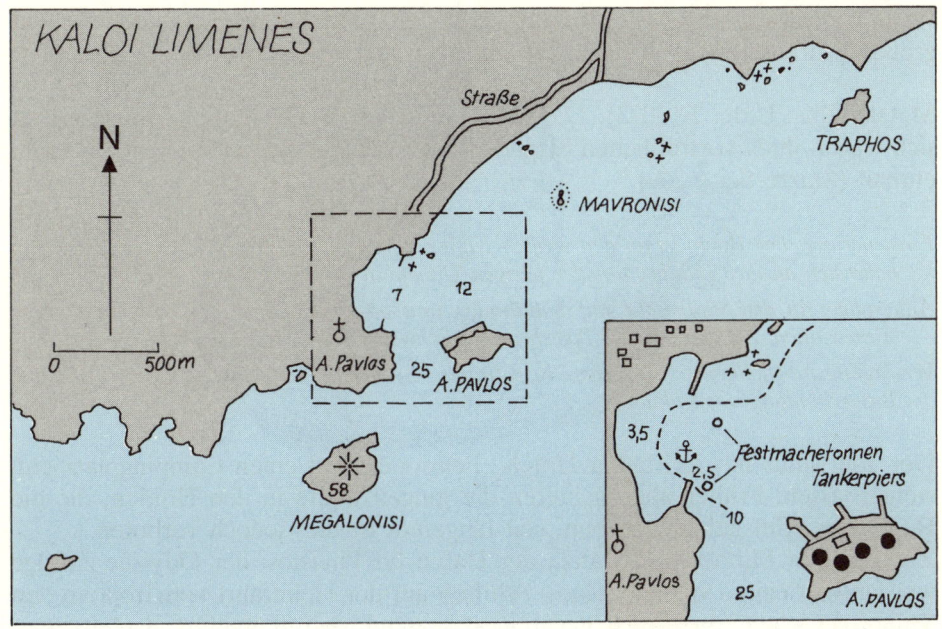

braucht für die 23 km lange Fahrt auf einer Schotterstraße über die Berge mindestens zwei Stunden, doch die Straße wird ausgebaut.

Etwa 50 Menschen leben in dem Weiler; sie arbeiten auf ihren Äckern in den Bergen, wo sie Tomaten und Oliven anbauen. Ein halbes Dutzend sind Fischer; von Mitte November bis Ende März sind ihre Boote wegen der Winterstürme aus Südost an Land geholt. Neuerdings finden trotz der schlechten Straße auch ein paar einheimische Touristen hierher.

Die Bucht hat wie so viele auf Kreta eine reiche Vergangenheit. Ins grelle Licht der Geschichte rückte sie zum erstenmal im Jahre 59, als der Apostel Paulus auf einem Getreideschiff von Myra nach Rom reiste. Starke Nordwestwinde in der Ägäis zwangen dazu, unter der Südostküste Kretas Schutz zu suchen. Das Schiff machte in Kaloi Limenes halt und wollte dann zum nächsten Hafen an der Küste, Phoenix (wahrscheinlich die heutige Phoinikias-Bucht), weitersegeln. Der Südwind schien günstig für diese Strecke. Sie setzten Segel und fuhren dicht unter der Küste dahin. Der Erzähler berichtet weiter in der Apostelgeschichte (27, 13), daß bald darauf ein ablandiger, böiger und heftiger Nordost blies, der das Schiff zur Insel Clauda (heute Gavdos) versetzte.

Solche Winddrehungen um Kap Lithinon sind nicht selten und bringen Schiffe immer wieder in Schwierigkeiten.

Lentas heißt eine kleine offene Bucht dicht bei dem eindrucksvollen Kap Kephala (Leon), das einem kauernden Löwen ähnelt. Sie liegt 6 sm östlich von Kaloi Limenes. Man findet dort Schutz gegen Westwind und eine Wassertiefe von 5–6 m, aber die See kann ziemlich ungemütlich sein.

271

Römisches Handelsschiff − etwa 2. Jahrhundert.
Seine Tragfähigkeit betrug ungefähr 250 Tonnen.

Ehemals Lebena genannt, diente die Bucht Ende der Minoerzeit Gortyna als Hafen. Der Platz war auch berühmt wegen seiner Heilquellen, deren Wasser noch heute auf Flaschen gezogen auf Kreta verkauft wird. Auf der Halbinsel sind noch einige Überreste minoischer Bauten zu sehen, ebenso ein späterer griechischer Tempel des Äskulap am Bergeshang. Man muß lange klettern, um dort hinaufzugelangen.

Ierapetra (Ormos Ierapetras, Plan H der D 1093) ist mit 10000 Einwohnern die größte Ortschaft an der Südküste Kretas; sie hat sich zu einem Touristenzentrum entwickelt. Von dem geplanten neuen Hafen ist nicht viel verwirklicht worden. Zwar wurde der Nordkai des kleinen Hafenbeckens beim Kastell ausgebaut und der Grund davor auf 4 m ausgebaggert, doch nach wie vor bestehen Unklarheiten über die Wassertiefen vor der Hafeneinfahrt.

Einsteuerung: Der Ort ist von See her leicht auszumachen, weil seine Häuser sich von den Bergen klar abheben. Auffallend ist vor allem das Fort beim kleinen Hafen.

Liege- und Ankerplatz: a) Im Hafen am Nordkai zwischen den Fischerbooten; solange die Fahrrinne zwischen den Untiefen vor der Hafeneinfahrt nicht eindeutig markiert ist, sollte man das Hafenbecken nur mit ortskundiger Hilfe anlaufen.
b) Die Pier vor dem Ort, an der die Ausflugsboote Vorrang haben, kann man zum Wasserbunkern benutzen. Sie sollte mit größter Vorsicht nur von Osten her angelaufen werden; die Wassertiefe nimmt von 2,50 m in der Nähe des Kopfes zum Ufer hin ab.
c) Ohne Probleme ist der Ankerplatz nordöstlich der Pier anzulaufen. Der Sandboden hält ausgezeichnet. Wassertiefe 3−4 m. Bei dem Slip kann man mit dem Beiboot landen.

Versorgungsmöglichkeiten: Wasser an der Pier oder im Fischerhafen. Kraftstoff von einer Tankstelle im Ort. Restaurants, Tavernen und Cafés an der Wasserfront. Obst und Gemüse von den umliegenden Plantagen auf dem Markt, viele Geschäfte aller Branchen im Ort. Busverbindung mit Iraklion, Agios Nikolaos, Siteia und den nahegelegenen Dörfern. Ein schöner Badestrand wird auch noch geboten.

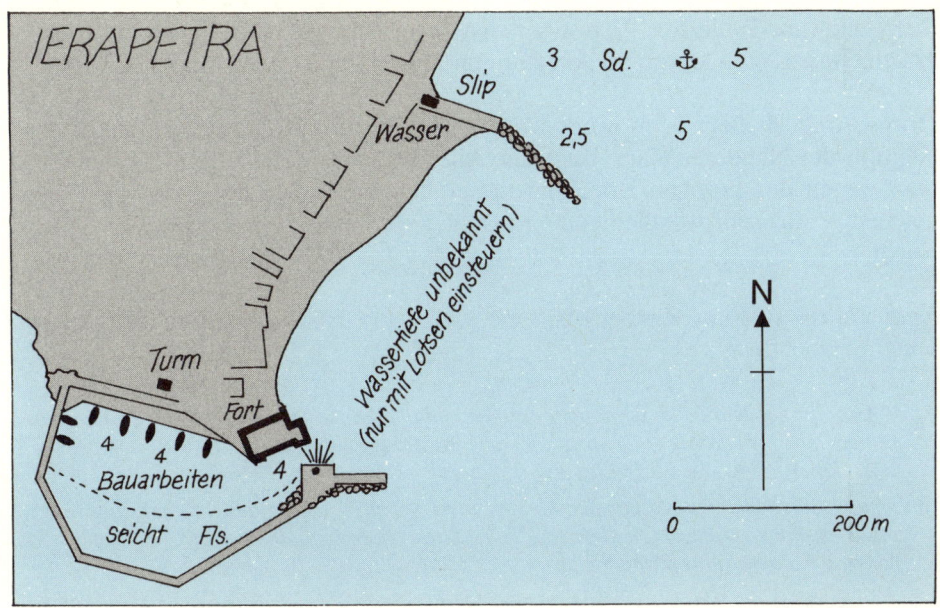

Ierapetra hatte durch die Jahrhunderte etwa gleich große Bedeutung. Zur Römerzeit war es schon eine große Stadt mit drei kleinen Häfen. Noch im Mittelalter wußten Reisende von den Ruinen des Amphitheaters, zweier Theater, etlicher Tempel, Bäder und Aquädukte zu berichten. Damals war der Ort noch von Mauern umgeben, aber durch ein heftiges Erdbeben wurde 1508 alles zerstört. Die venezianische Festung ist wiederaufgebaut, und Teile der mittelalterlichen Infrastruktur beziehungsweise alte Fundamente sind noch heute erkennbar. Unter dem Putz mancher moderner Häuser würden teilweise sehr alte Steine zum Vorschein kommen – soweit sie nicht ohnehin offen zutage liegen. Die Türken ummauerten die Festung im 17. Jahrhundert. Sie hinterließen außerdem eine Moschee mit einem schönen Brunnen. Ein kleines Museum beherbergt unter anderem einen bemerkenswert schönen spätminoischen Sarkophag.

Gaidouronisi ist eine uninteressante Insel, aber im Notfall kann man bei Südsturm in Lee der Insel einen Ankergrund finden. Manchmal kommen Boote von Ierapetra hierher, um in dieser Gegend zu fischen.

Makrys Gyalos. Etwa 12 sm östlich von Ierapetra befindet sich ein kleiner Fischerhafen im Westen der weiten, sandigen Bucht Ormos Makrys Gyalos. In der Nähe des befeuerten Molenkopfes sind 4 m Wassertiefe. Ist kein Platz zum Anlegen vorhanden, ankert man vor dem Strand bei 4 m Wasser über Sandgrund. Bei Südwind sind Bucht und Hafen für einen Aufenthalt ungeeignet. An der Straße entlang findet man Restaurants, Geschäfte und eine Tankstelle.

Vor der Südostspitze Kretas liegen die **Kouphonisi-Inseln,** an ihren weißen Kliffen leicht auszumachen. Die größte Insel dieser Gruppe ist flach, sie ragt an ihrer höchsten Stelle nur 73 m über den Meeresspiegel. Die Inseln, auf denen es kein Wasser gibt, waren im Altertum und bis ins Mittelalter hinein bewohnt.

Ormos Ampelos liegt 6 sm nordostwärts. Es gibt dort Ankermöglichkeiten, vor allem in der Nähe des Kaps Trachilas. Aber während der Meltemi-Saison sollte man wegen der heftigen Böen um diesen Teil der Küste einen weiten Bogen machen – was sehr wörtlich gemeint ist! 4,5 sm weiter liegt die sandige Zakros-Bucht.

Kato Zakros (Ormos Zakrou) ist eine kleine Ortschaft vor einer wildromantischen Schlucht.

Ankerplatz: In der Nordecke der Bucht auf passender Tiefe; so entgeht man der Felsbank mit weniger als 1 m Wasser darüber, die sich im Scheitel der Bucht 100 m weit seewärts erstreckt. Auch in der Südhälfte der Bucht gibt es Unterwasserfelsen.

Versorgungsmöglichkeiten: Außer den kleinen Tavernen ein Laden mit Grundnahrungsmitteln und Getränken. Gutes Quellwasser. Eine Straße führt zu dem 8 km entfernten Ano Zakros. Busverbindung mit Siteia.

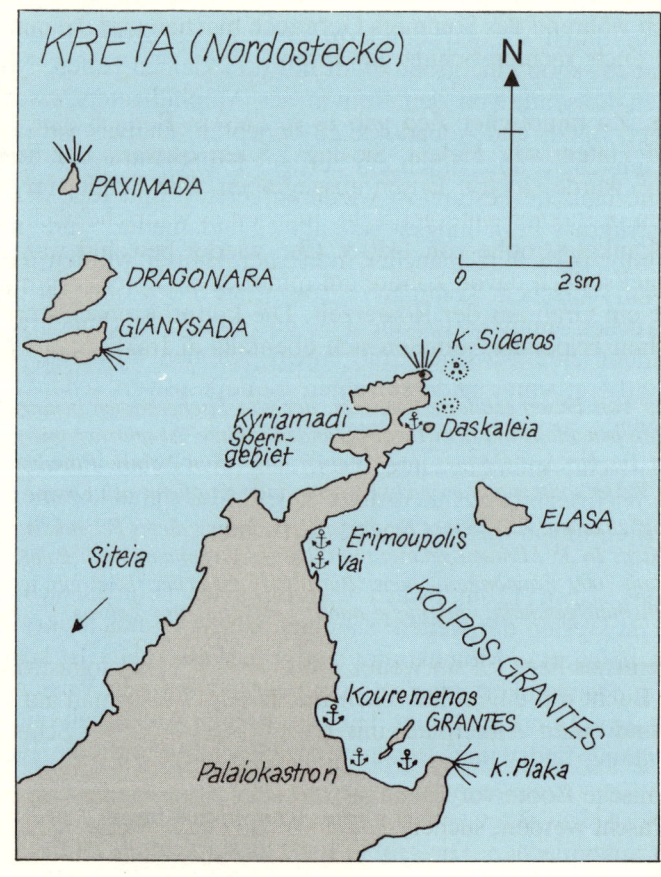

Das Interessante an diesem Ort sind die Bananenhaine und die ausgegrabene minoische Stadt. Bereits 1901 hatte der britische Archäologe Hogarth Grabungen durchgeführt, um festzustellen, ob Zakros ein antiker Hafen war, der Handel mit Afrika trieb. Seit 1960 wurde dann ein großer minoischer Palast freigelegt, der wahrscheinlich aus der Zeit um 1500 v. Chr. stammt. Zahlreiche Vasen, Vorratskrüge, Kupferbarren, Werkzeuge, Elfenbeinzähne und vieles andere mehr wurden in den Ruinen entdeckt und dem Museum in Iraklion zugeführt. Bemerkenswert sind die feinen Terrakotta-Keramiken und die außergewöhnlich reich mit Juwelen verzierten Schmuckstücke. Die Ausbeute war deshalb so groß, weil der Palast von Kato Zakros als einziger nicht geplündert worden war, bevor er freigelegt wurde.

Kolpos Grantes. Nach Runden des hochragenden Kaps Plaka gelangt man in den Grantes-Golf. Höchstwahrscheinlich ist das Kap identisch mit dem Kap Salmone der Apostelgeschichte (27, 7), bei dem das Schiff des Apostels Paulus Ende September 59 seinen Landfall machte, als es von Knidos nach Rom unterwegs war.
Im südlichen Teil des Grantes-Golfes, wo der Zugang zur Küste allerdings oft durch Felsbrocken versperrt ist, gibt es einige Ankerplätze, von denen einheimische Kaïken während des Sommers Gebrauch machen und die unter gewissen Bedingungen auch Yachten Schutz gewähren.

Palaiokastron. Zu minoischer Zeit gab es in diesem Bereich eine bedeutende Handels- und Hafenstadt: Heleia. Sie lag 1,5 km ostwärts der heutigen Ortschaft. 1962/63 wurde sie von Briten ausgegraben. Die Funde, im Archäologischen Museum in Iraklion untergebracht, machen es wahrscheinlich, daß Heleia nach der Vulkankatastrophe von 1450 v. Chr. wieder bewohnt war.
Auf dem Hügel südlich davon konnte ein minoisches Gipfelheiligtum freigelegt werden sowie ein Grab aus der Römerzeit. Die kulturhistorisch wertvollen und aufschlußreichen Exponate befinden sich ebenfalls in Iraklion.

Ankerplatz: Der von Felsen gebildete Naturkai, der von Fischerbooten benutzt wird und an dem man gegebenenfalls mit dem Beiboot landen könnte, ist sehr exponiert. Er liegt südwestlich der Inselgruppe Grantes und ist auch unter dem Namen Elliniko bekannt. Bei unsicherem Wetter sollte man hier nicht bleiben; dann empfiehlt sich Ormos Kouremenos.

Versorgungsmöglichkeiten: Ein kleines Restaurant am Anfang dieses Felsenkais; Stangeneis ist auch erhältlich. In 35 Minuten gelangt man durch Olivenhaine nach Palaiokastron, eine Gemeinde mit 1000 Einwohnern, meist Bauern und Fischer. Dort gibt es zwei Restaurants, Lebensmittelgeschäfte und Busse nach Siteia und Ano Zakros.

Ormos Kouremenos liegt 1,5 sm weiter nordwärts, von Palaiokastron 3 km entfernt. In der Bucht mit einem hübschen Badestrand findet man auf 3 m Wasser über Sandgrund einen Ankerplatz mit nahezu umfassendem Schutz − außer gegen Ost.
Wenn einheimische Boote vor Palaiokastron oder Kouremenos von starken Ostwinden überrascht werden, suchen sie Schutz in Lee der Südwestspitze der Insel Grantes.

Vai, 2,5 sm nördlich von Kouremenos, ist durch die dichten Palmenwälder an der Küste leicht auszumachen.

Ankerplatz und Versorgungsmöglichkeiten: Man ankert südlich der Klippeninsel vor dem Sandstrand auf Sandgrund. Die beiden Restaurants in der Südecke der Bucht sind während des ganzen Sommers geöffnet. Busverbindung mit Siteia. Die Asphaltstraße, die von Palaiokastron nach Erimoupolis führt, berührt auch diesen Strand. Die wenigen Häuser von Vai sind 3 km entfernt.

Die meisten Leute nennen die Gegend zwar Phinikos, der volle Name ist jedoch Phinikodasos (Palmenhain). Die Bäume sollen im 9. Jahrhundert von den Arabern eingeführt worden sein; die Lokalsage will indessen wissen, daß sie aus Kernen entsprossen sind, die sarazenische Piraten oder ägyptische Matrosen ausgespuckt haben. Wahrscheinlich aber ist der Palmenhain ganz ohne menschliches Zutun entstanden.

Erimoupolis (Itanos). Dieser gut geschützte Ankerplatz liegt 8 kbl nördlich von Vai. Man ankert dicht vor der Küste auf Sandboden am nördlichen Ende der Bucht (Ormos Erimoupoleos). Nahe der Akropolis findet man Überreste aus der frühgeschichtlichen Epoche des geometrischen Stils ebenso wie solche aus hellenistischer Zeit; ferner steht noch ein Teil einer frühchristlichen Kirche. Heute ist die Gegend ziemlich einsam; zur Römerzeit aber wurde die Bucht vor allem von Frachtschiffen angelaufen, die auf dem Wege von Ägypten in die Ägäis hier besseres Wetter abwarteten.

Folgt man der Küste mit ihren unfruchtbaren Hügeln nordwärts und läuft zwischen ihr und der Insel Elasa hindurch, so gelangt man zur

Daskaleia-Bucht. Sie bietet Schutz gegen Norden und Westen — die im Sommer vorherrschenden Windrichtungen — und wird deshalb oft von einheimischen Booten aufgesucht. Der Meeresboden steigt aus 10 m Tiefe langsam an. Empfohlen wird als Ankerplatz die Südecke. Es ist verboten, an Land zu gehen (Sperrgebiet; siehe auch Seite 247).
Auf dem nördlichsten Punkt des Vorgebirges, Kap Sideros, ragt ein mächtiger Leuchtturm empor. Wer von hier aus den Kurs zu den Inseln Kasos und Karpathos absetzen will, der schlage Seite 244 dieses Buches auf.

O weites Meer, du wogest immerzu!
Zehntausend Schiffe schwimmen stets auf dir.
Die Erde zwar beherrscht der Mensch ohn' Ruh' –
dich jedoch – nie.

Byron

Register

Bücher für die Küstenfahrt

Das ist Küstensegeln
Ratschläge und Hilfen von J. D. SLEIGHTHOLME
für die Praxis, die das grundlegende Führerschein-
wissen sinnvoll ergänzen und erweitern.
160 Seiten mit 283 farbigen Fotos und Zeichnungen, gebunden DM 34,–

Yachtsegel
DICK KENNY vermittelt Kenntnisse über Rigg und
Segel, die wichtig und nützlich sind für jeden,
der von seiner Besegelung optimale Vortriebskräfte
erwartet. 160 Seiten mit 178 Farbfotos und
90 farbigen Zeichnungen, gebunden DM 34,–

Knoten, Fancywork und Spleiße
Wichtige Gebrauchsknoten, die gebräuchlichsten
Spleiße und ein Menge schöner Zierknoten,
von FLORIS HIN/THEO KAMPA und JAAP HILLE.
160 Seiten mit 193 Farbfotos, gebunden DM 34,–

Praktische Seemannschaft in Bildern
Unterschiedlichste Situationen aus der Praxis in
überschaubaren Zeichnungen dargestellt
und erläutert von ROBBERT DAS und HARALD
SCHWARZLOSE. 272 Seiten mit 403 Zeichnungen, gebunden DM 36,–

Medizin an Bord
Ein ärztlicher Ratgeber für den Notfall von Dr. med.
KLAUS BANDTLOW, der weit über die Erste Hilfe
hinausgeht und auf keiner Yacht fehlen sollte.
144 Seiten mit 47 Zeichnungen, kartoniert
DM 16,80

Kleine Kreuzer
Der instruktive und anschauliche Ratgeber von
HARALD SCHWARZLOSE mit den vielen Tips und
Anregungen für jeden, der einen kleinen Kreuzer
segeln, ausrüsten und/oder trailern möchte.
384 Seiten mit 130 Fotos und 97 Zeichnungen,
gebunden DM 44,–

Richtig ankern
Alles, was es über Anker und die Praxis des
Ankerns zu wissen gibt, aufgezeichnet von
JOACHIM SCHULT. 264 Seiten mit 222 Zeich-
nungen, kartoniert DM 18,80

Yacht-Bordbuch
Nützliche Informationen im Taschenformat,
fürs Cockpit zusammengestellt von HANS DONAT.
256 Seiten mit 220 Abbildungen, kartoniert DM 24,–

Kollisionsverhütungsregeln
Die „Regeln zur Verhütung von Zusammenstößen
auf See" als Nachfolger der Seestraßenordnung,
für Wassersportler analysiert und kommentiert von
AXEL BARK. 88 Seiten mit 100 meist farbigen
Abbildungen, kartoniert DM 15,80

Das Wetter von morgen
Eine Anleitung von DIETER KARNETZKI,
alle Hilfsmittel der Wettervorhersage richtig zu
deuten, mit meteorologischer Revierkunde für
Nordsee, Ostsee und Mittelmeer. 180 Seiten
mit 201 meist farbigen Abbildungen,
gebunden DM 38,–

Bootsmanöver richtig und sicher gefahren
Anleitungen und Hilfen von DICK EVERITT und
RODGER WITT für alle Möglichkeiten, sein Boot
unter Segel und Motor im Hafen den Gegebenheiten entsprechend zu bewegen. 114 Seiten mit
95 farbigen Zeichnungen und 19 Farbfotos,
gebunden DM 32,–

Notfälle an Bord – was tun?
Ein Ratgeber von JOACHIM SCHULT für richtige
Vorsorge gegen ernsthafte Schäden und zweckmä-
ßige Abhilfe bei eingetretenen Notsituationen.
480 Seiten mit 405 Abbildungen, kartoniert DM 36,–

Segeln auf See
Theorie und Praxis des Fahrtensegelns
Das übersichtliche, bebilderte Nachschlage-
werk von WILFRIED ERDMANN (Hrsg.) für den
Fahrtensegler der 90er Jahre mit Fachbeiträgen
bekannter Segelautoren. 344 Seiten mit 420
meist farbigen Abbildungen, Großformat,
gebunden DM 78,–

Seglers Windfibel
Alles, was der Segler über seine Antriebsenergie,
den Wind, wissen sollte, von ALAN WATTS.
96 Seiten mit 185 Zeichnungen,
kartoniert DM 14,80

Signaltafeln für die Berufs- und Sportschiffahrt
Alle Tag- und Nachtsignale, alle Lichter und
Schallzeichen aller Verordnungen übersichtlich auf
Tafeln zusammengestellt. 11 farbige Tafeln DIN A 5
in cellophanierter Ausführung, in Klarsichthülle,
DM 14,80

(Preisänderungen vorbehalten!)

 Delius Klasing Verlag

Bücher für die Freiwache

Nur Segeln ist schöner
Mit allen Wassern gewaschen

Köstliche Cartoons über einen herrlichen Sport,
der leider nicht immer ein reines Vergnügen ist,
von MIKE PEYTON. Jeder Band 96 Seiten mit
88 Zeichnungen, gebunden je DM 14,80

Himmel, muß ich denn schon wieder segeln?

Selbst erlebt und locker beschrieben von LESLEY
BLACK: das Familiensegeln aus der Sicht einer
Frau und Mutter, mit Illustrationen von Mike Peyton.
104 Seiten mit 28 Zeichnungen, gebunden
DM 14,80

Ein Traum wird wahr
Als erste Deutsche einhand um die Welt

Mit ihrer Serienyacht „Mädchen" besteht GUDRUN
CALLIGARO allein die Gefahren einer Weltumseglung. Offen und ehrlich beschreibt sie die Erleb-
nisse und Gefühle auf ihrer zweijährigen Fahrt.
264 Seiten mit 42 Farbfotos und 1 Karte,
gebunden DM 36,–

Segeln über dem Vulkan
Meine Jahre unter Seglern und Abenteurern

Viereinhalb Jahre segelte KLAUS HYMPENDAHL
um die Welt. Hier beschreibt er vor allem die
Menschen, die er traf, ihre Schicksale, Träume,
Spleens. 336 Seiten mit 31 Farbfotos und
1 Routenkarte, gebunden DM 36,–

Die Welt im Sturm erobert

Ein exzentrischer Vater schickt seine junge Tochter
ohne große Segelpraxis „einhand" um die Welt.
Der Erlebnisbericht von TANIA AEBI ist fesselnd
wie ein Roman. 368 Seiten mit 24 Farbfotos,
gebunden DM 38,–

Abenteuer unter arktischer Sonne –
Shangri La

Die letzte Etappe der 10jährigen Reise führt
BURGHARD PIESKE durch die grandiose
nordische Natur, durch Stürme und Eis, zu einem
triumphalen Empfang im Heimathafen. 288 Seiten
mit 34 Farbfotos, gebunden DM 34,–

Gestrandet in der weißen Hölle

Überwinterung in der grandiosen, kristallenen
Antarktis. Das war das Ziel des Seglerehepaares
HEIDE und ERICH WILTS. Doch eine Strandung in
der eisigen Brandung führt zu einem sechsmona-
tigen Kampf ums Überleben. 296 Seiten mit
66 Farbfotos, 19 S/W-Fotos und 6 Karten,
gebunden DM 36,–

Paradies im Stundenglas

Ein letztes Mal segeln ERNST-JÜRGEN und ELGA
KOCH mit ihrer „Kairos" von der Ostküste der USA
südwärts in die Karibik und müssen erkennen, daß
die Paradiese weniger geworden sind – zerronnen
wie der Sand im Stundenglas. 408 Seiten mit
41 Farbfotos, gebunden DM 36,–

Saga Siglar
Die erste Weltumseglung im offenen Wikingerboot

RAGNAR THORSETH berichtet über seine
spektakuläre Weltumseglung im Original-Nachbau
eines offenen Wikingerbootes. 128 Seiten mit 78
Farbfotos, 4 Schwarzweiß-Fotos, 3 Zeichnungen
und 5 Rissen, gebunden DM 48,–

Ein unmöglicher Törn
Transatlantik mit GATSBY und Gewinnern

WILFRIED ERDMANN führt zweimal acht
Gewinner eines Preisausschreibens über den
Atlantik, die vorher kaum ahnten, auf was sie sich
eingelassen hatten. 278 Seiten mit 37 Farbfotos
und 54 Abbildungen, gebunden DM 36,–

Viele andere Bücher beschäftigen sich neben
diesen noch mit dem Segeln und auch mit dem
Motorbootfahren. Verlangen Sie unser ausführ-
liches Verzeichnis über Ihre Buchhandlung, oder
direkt vom Verlag (4800 Bielefeld 1, Postfach
10 16 71).

(Preisänderungen vorbehalten!)

 Delius Klasing Verlag